秦漢碑刻校勘圖鑑

李志賢 編著

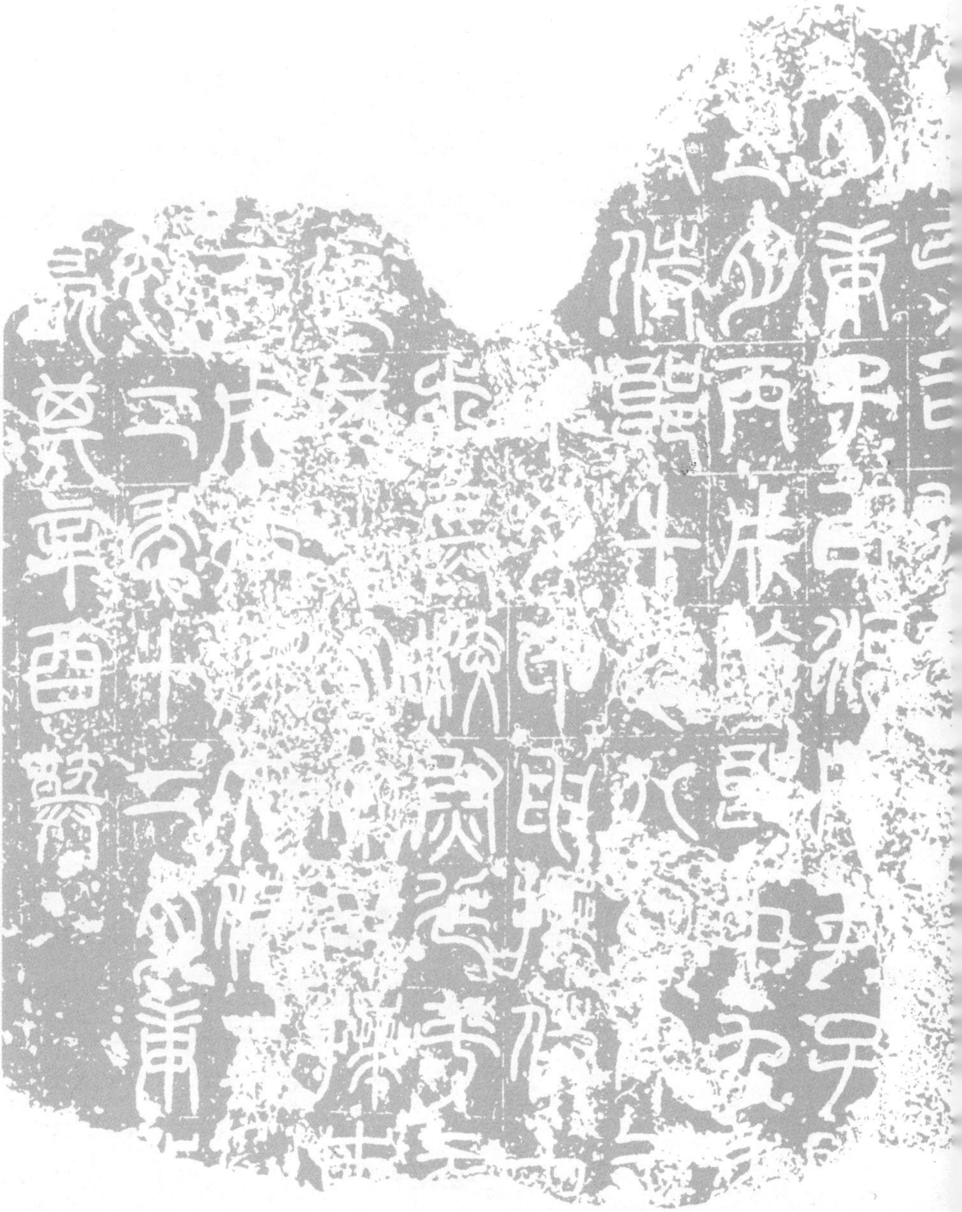

文物出版社

封面設計　周小瑋
責任印製　王少華
責任編輯　崔　陟

圖書在版編目（CIP）數據

秦漢碑刻校勘圖鑒/李志賢編.—北京：文物出版社，2007.11

ISBN 978-7-5010-2158-1

Ⅰ.秦… Ⅱ.李… Ⅲ.碑刻—匯編—中國—秦漢時代 Ⅳ.K877.42

中國版本圖書館 CIP 數據核字（2007）第 164238 號

秦漢碑刻校勘圖鑒
李志賢　編著
*
文 物 出 版 社 出 版 發 行
北京市東直門内北小街 2 號樓
郵 政 編 碼 ： 1 0 0 0 0 7
http：//www.wenwu.com
E-mail：web@wenwu.com
北京燕泰美術製版印刷有限責任公司印製
新　華　書　店　經　銷

889 × 1194　　1/16　　印張：22.5
2007 年 11 月第 1 版　　2007 年 11 月第 1 次印刷
ISBN 978-7-5010-2158-1　　定價：一〇八圓

秦漢碑刻校勘圖鑑　敘

李志賢

研究金石碑版椎拓版本的學者、商估歷來不乏其人，著作自多。後人可以借助這些經驗了解古時碑石的變化情況。有人考古做學問，有人據以作僞謀利潤。現今時代雖然不同了，可是在新興科技日新月異的今日以至將來研究和發揚優秀的民族文化是永恒的，不可能中斷的。

後人無法親自看到碑石文字在某朝某代的具體變化，自古以來也很少有人可以借助拓片有系統地作出研究。因此從前人的著録題跋中討取捷徑是個很好的方法。前人的有些著録題跋確實給後人創造了很好的學習指導。

前人接觸古物的機會多，然而再多也肯定有局限性。因爲歷史越往前推，科技就越落後，甚至還没發明影印技術，這一點倒反不如現代。所以前人的著録題跋也有尋聲揣源的可能。偶然出錯不足爲怪。還有，出於虛榮心或謀利的需要，我們也看到很多著録題跋有意地拔高椎拓的年代，也有些學者出於保守求穩的心態，有意壓低拓本的椎拓年代。這些情況都是可以理解的，但對正確判斷這些古物産生了作用，不利於後之來者。

碑帖上的字是圖像。用文字來記録圖像，文字水平再高也是一件難事，不可能讓讀者看到你的文字後大腦裏就還原出一幅逼真的圖像來，更何況前人的著録中經常出現的『稍有泐損』、『泐損增加』等定性不定量的詞匯，足以使未見實物或乍見實物而無法作實物比較的讀者越看越懸乎。

現代印刷技術昌明，很多古拓善本已影印發表，這滿足了一般學習愛好者的需要。可是在文物市場上中等版本和近代拓本出現的概率極高，加上翻刻、僞刻本摻雜其間，人們稍有疏忽就會在精神上經濟上蒙受重大損失。

因此，搜集各朝各代的原石原拓，精選其中典型的字例，有系統地將之編製成標本圖譜，讓實物圖像説話，告訴讀者某碑在某朝某代時某一字是甚麽樣的，一定可使讀者一目了然，如果讀者手中有拓片，那麽一經對照，即可得出拓成於何時的概念，這是一件多好的事啊！

從二十世紀七十年代起，我就開始了接觸、搜集、整理、編撰碑帖的工作，三十多年來以我個人的力量嘔心瀝血搜集到了不少資料，現在終於編成了這部《秦漢碑刻校勘圖鑒》。盡管其過程很不容易，費了大量的精力、心血，可是自己清楚這件事仍屬初創，我的見識仍然有限，世間還有大量的資料。譬如，不少碑石在『文革』中遭到不同程度的損壞，而新拓片反而難得，我未能找到，甚至一輩子也碰不到，這是很正常的，就是換了任何一位專家來搞，其結果也未必能十全十美。但如果能因爲資料不齊而不讓它成書面世，其結果也必然是永遠成不了書。我考慮再三下了决心先出書，寧可讓廣大讀者指出我的不是、補充我的缺乏，或者讓後人在我的基礎上，踏在我的肩膀上逐漸充實完善，那麽此事總有相對完善的時日的。

此書是在汲取前人經驗的基礎上編撰的，本書有與前人記載不一之處，讓圖片自己去説話吧！因此署爲『圖鑒』。必須説明，讀者在將舊拓與本《圖鑒》標本詳爲對照考訂時，我建議應先對手持的拓本作一審視，確定舊拓是否出於原石，二應細看考據文字及其周邊有無填墨、拚補的痕迹。因爲若有此二弊，對照考證就得不出正確的結論。

發稿在即，我却心中忐忑不安，我已不太可能繼續再編秦漢以後的大部分碑刻了，本書在編校過程中曾有行家以爲不足，不足在本書所列考據没能涉及拓工優劣。這是因爲我在取材時没有能力全从原拓上着手，有很大部分是从新舊影印本中選來的。這確實是因爲個人力量太過渺小之故。我也只能寄希望於後之來者了。

二〇〇七年六月

凡例

本書是爲考證碑刻椎拓年代提供佐證之工具書。

一、本書既稱『碑刻』，就不收甲骨文、金文。

二、僞刻之碑不收，如：《岣嶁碑》之類。

三、無校勘必要的碑刻不收，如：

1　只要數出存在字數量即可斷其椎拓年代者，如：《泰山刻石》。

2　《華山廟碑》原石原拓，存世四件外，未發現有第五件。

3　原石原拓存世僅有孤本，如：《張玄墓志》。

4　近年新出土者不收，如：《鮮于璜碑》等。

四、零星殘石、磚、瓦、權、量不收，如：《熹平石經》、《正始石經》等。

五、翻刻、重刻碑石不收，如：《夏承碑》之類。

六、碑字的選用，盡可能地保持原大或接近於原大，對少量實在太大，甚至每個字超過本書圖版的，祇能給予適當地縮小，如：《大開通》等。

七、本書用詞，如：『近拓』、『明末清初』等，在時間概念上說是不嚴密的，如：『近拓』不能用歷史學概念來解釋，而實際只是一種大約的概念，包括『近年』、『清末』、『民國』等含義。其年代的上限和下限，均未能用確切的數字定量。

八、拙撰的幾篇小論文，或許對讀者有參考作用，故不辭簡陋，附之於後。

目録

附　文

石鼓文

或稱獵碣，形似鼓，故名。先秦時刻於歧陽（今陝西寶鷄附近）。唐代發現後聞於世。數共十。是我國流傳有緒的、最古的石刻文字。現石存北京故宫博物院，由於傳世年代久長，文字損泐變化不斷，故考校椎拓年代的要素較爲繁複。

傳世北宋拓『先鋒』、『中權』、『後勁』三本相去不遠，故本書未收『中權』、『後勁』二本實例。石鼓文字的泐損，以南宋至明初間爲甚，尤其是『馬薦』鼓，至明初時已一字無存。故此特附『馬薦鼓圖説』，用『先鋒』、『中權』、『後勁』、『宋元』四本并列，可觀其沿革變化。

明清以來石鼓文翻刻傳世者衆多，此特再附四種選頁，以資參閲。

明拓	明初	南宋	北宋
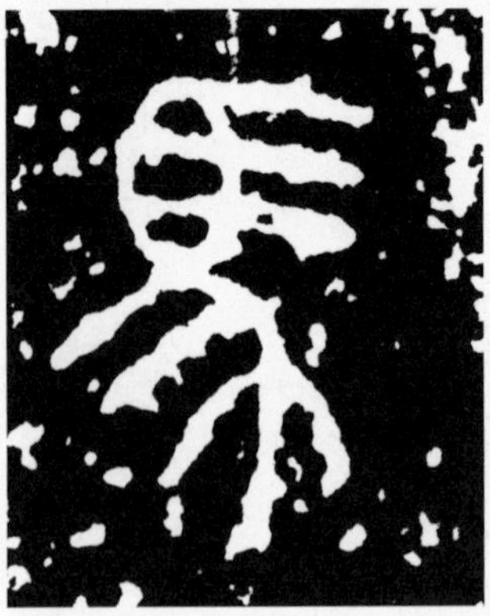	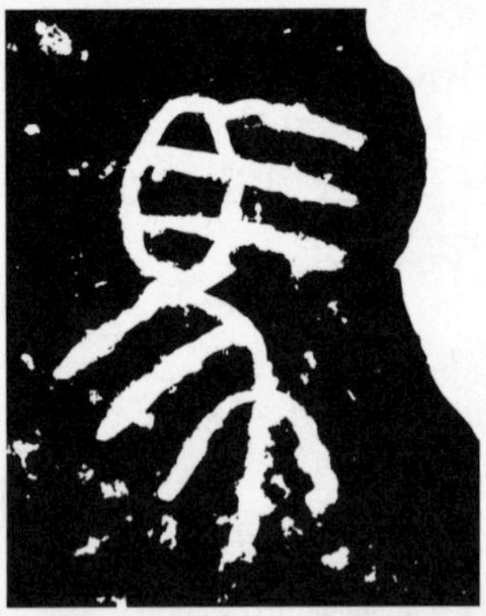	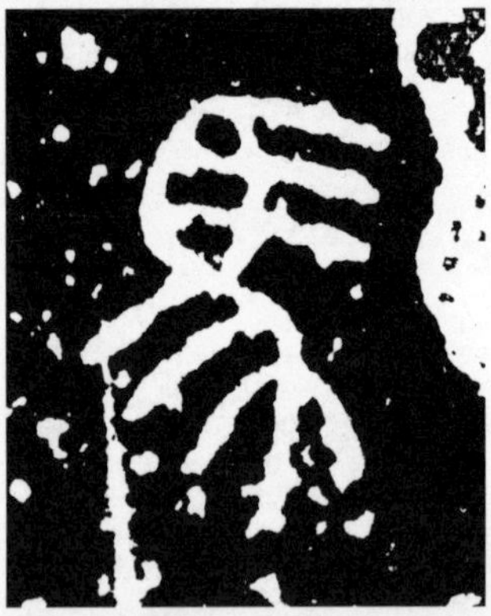	
泐盡			
泐盡			
	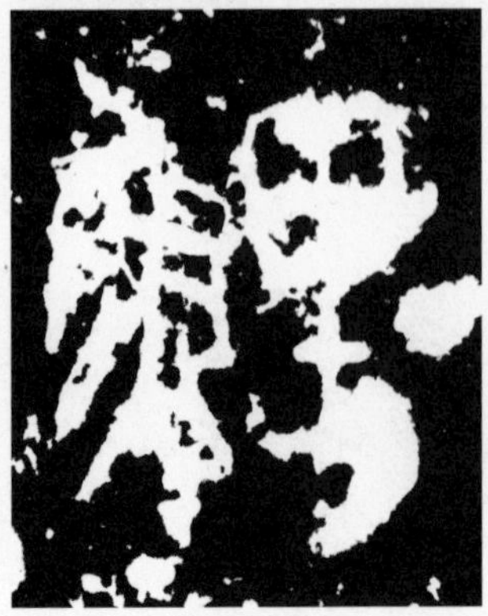	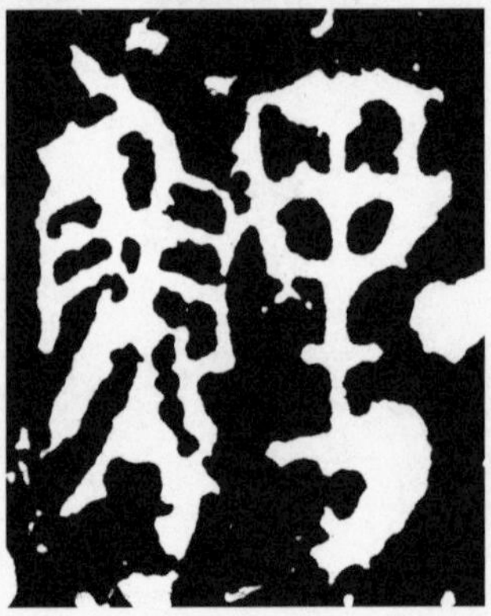	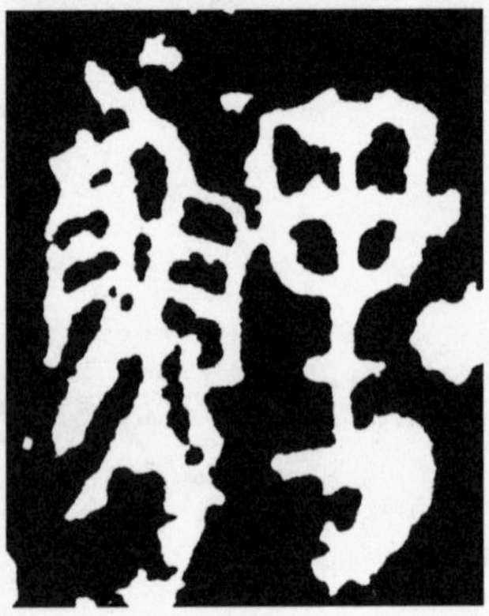

	近拓	咸同	清初
	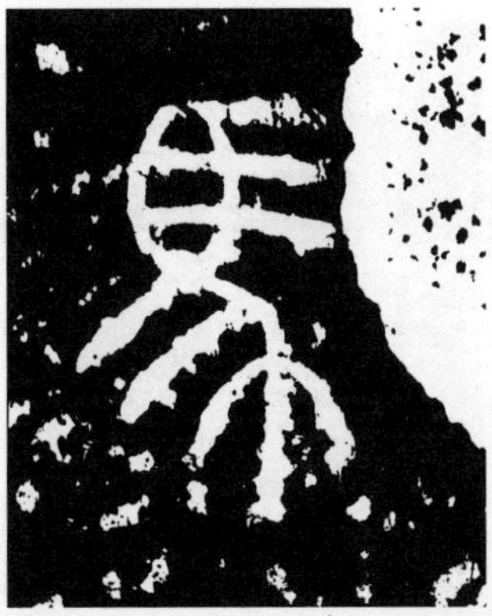		
	泐盡	泐盡	泐盡
	泐盡	泐盡	泐盡
	泐盡	泐盡	泐盡

明拓　　明初　　南宋　　北宋

	近拓	咸同	清初
	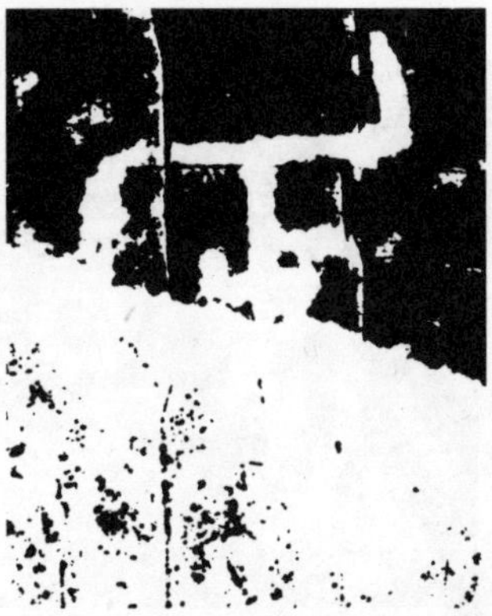	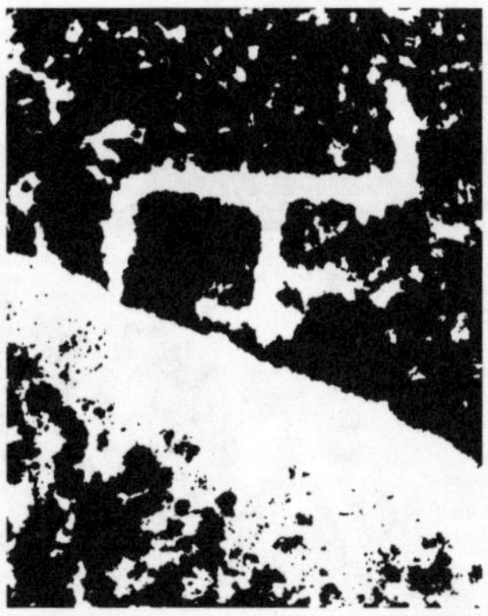	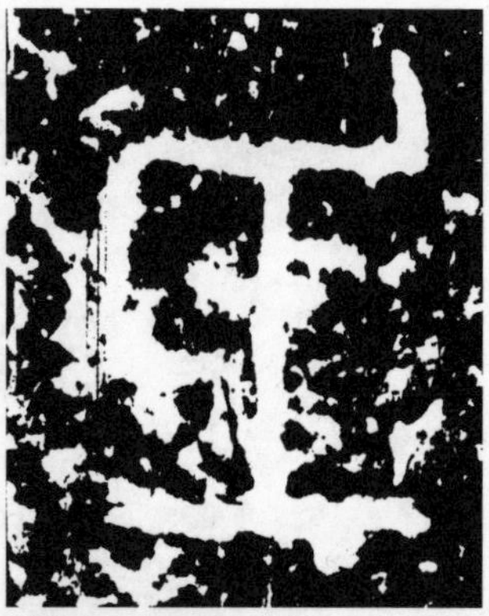
	泐盡	泐盡	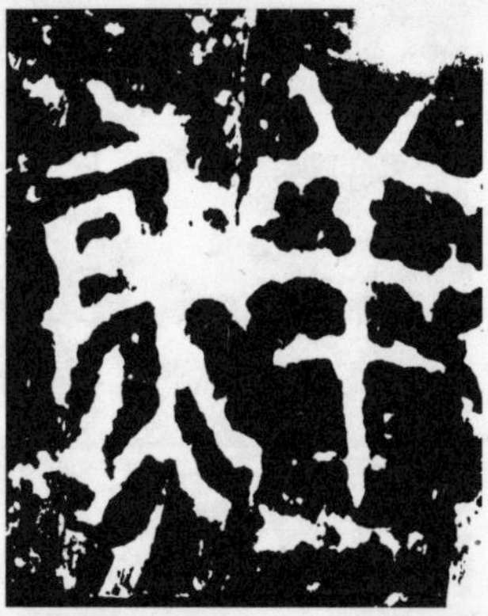
	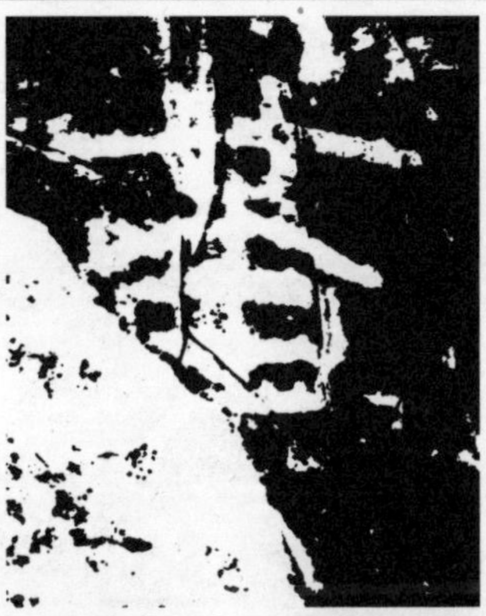	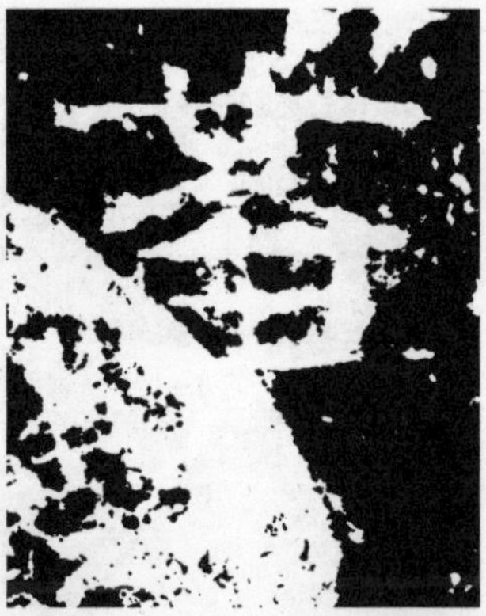	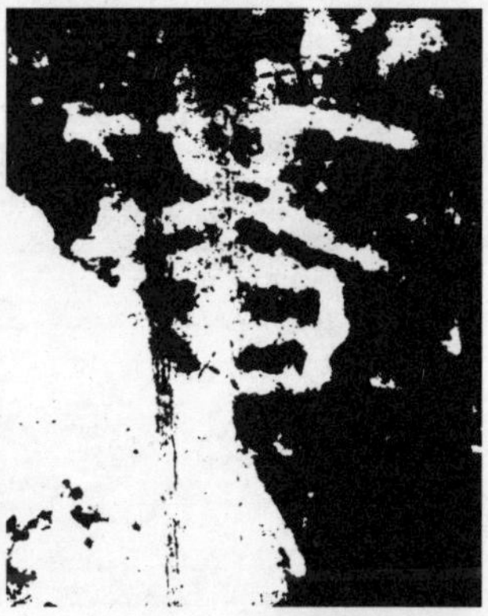
	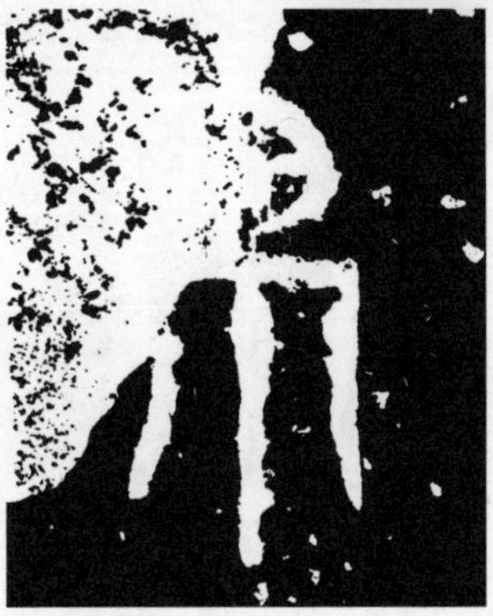	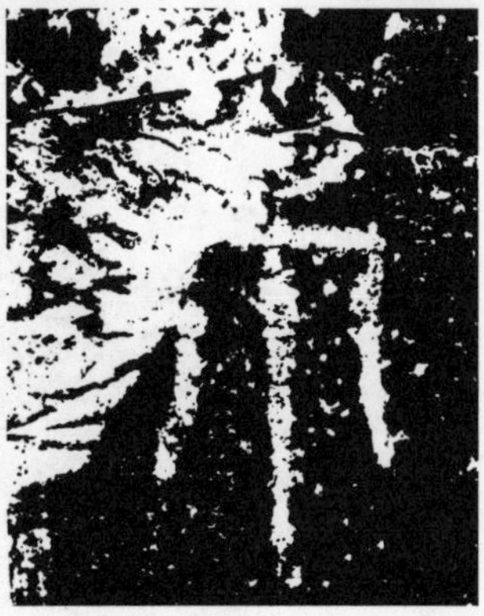	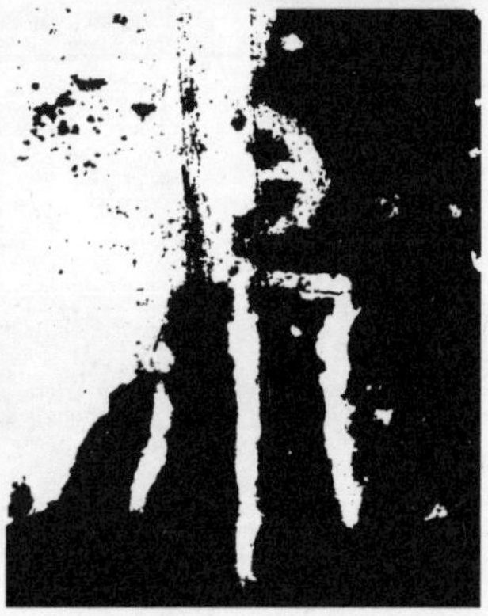

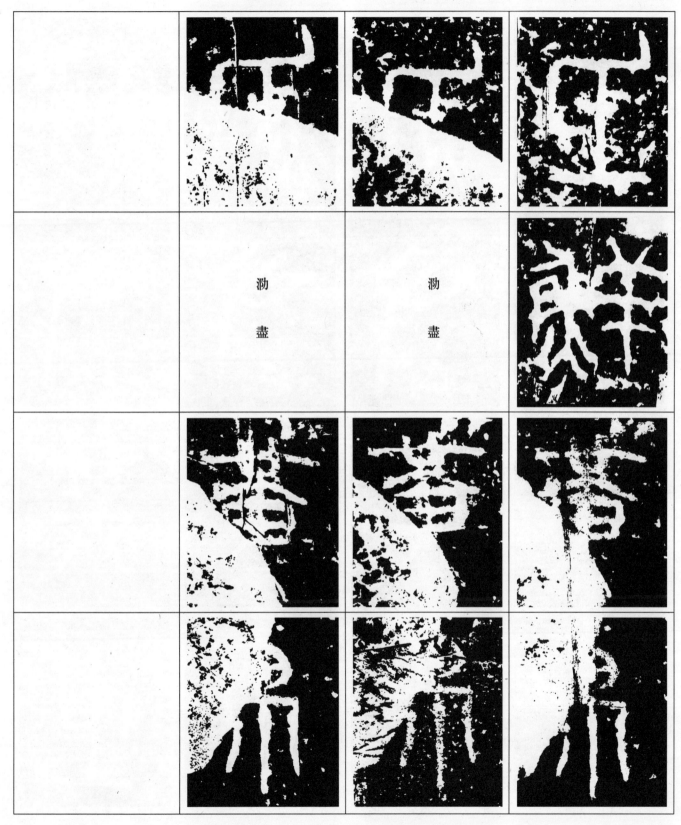

明拓　　明初　　南宋　　北宋

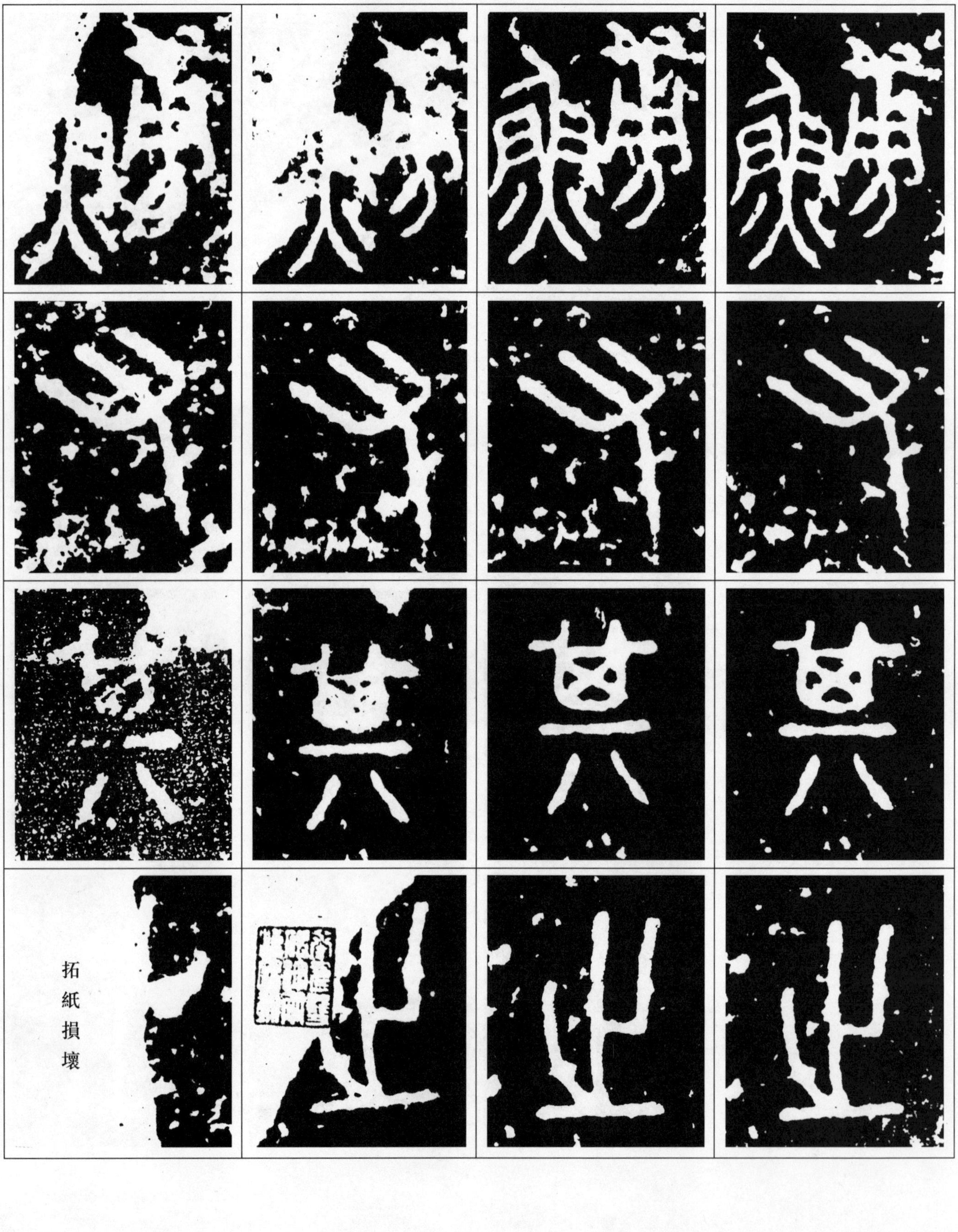

	近拓	咸同	清初
	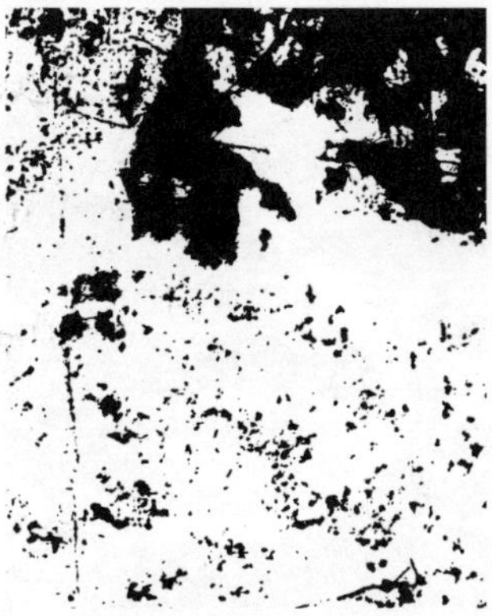	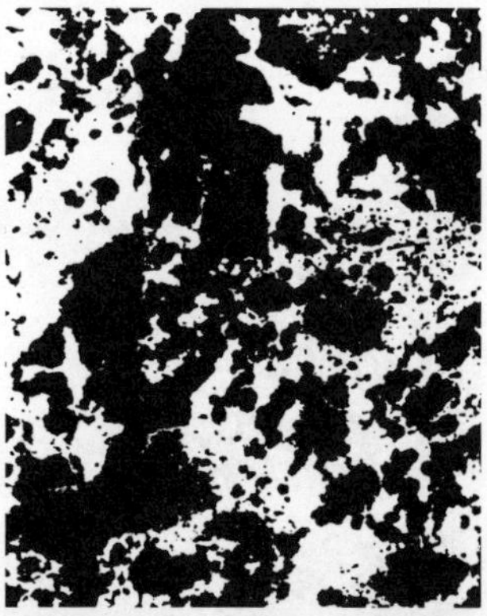	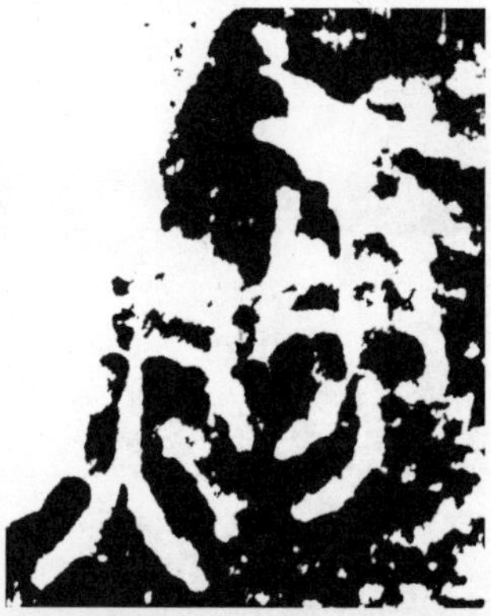
	泐盡	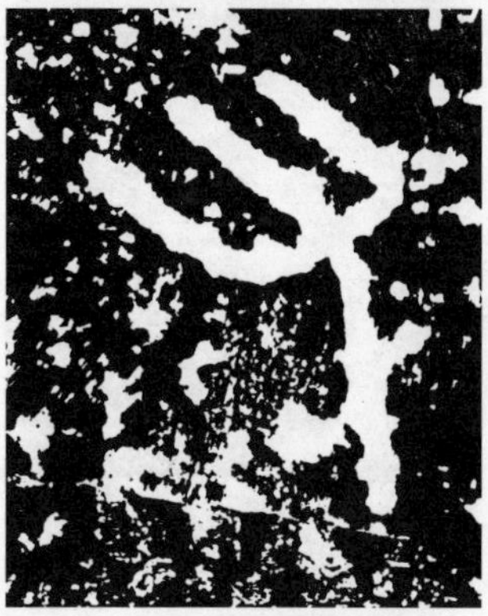	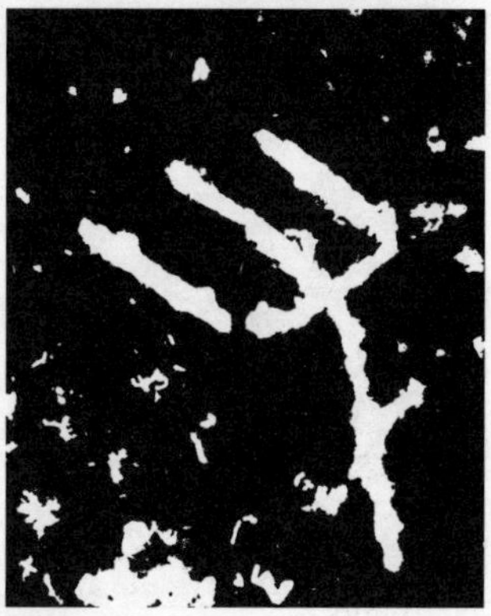
	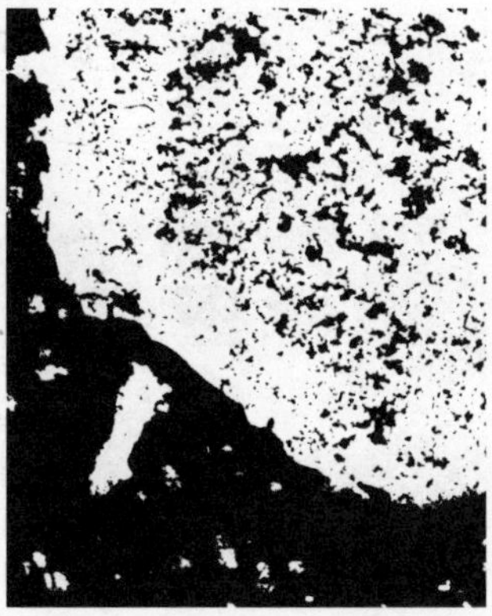	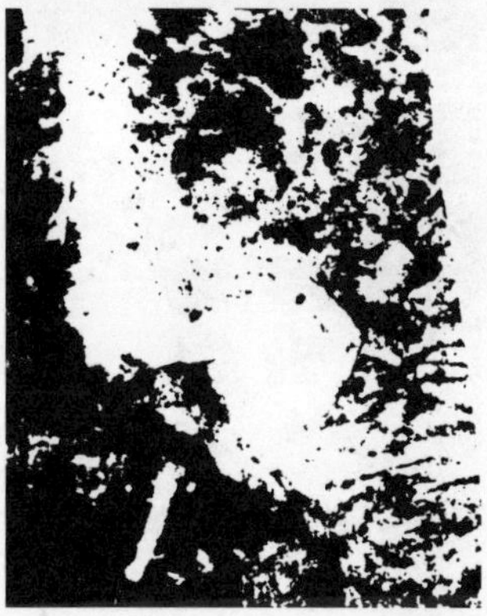	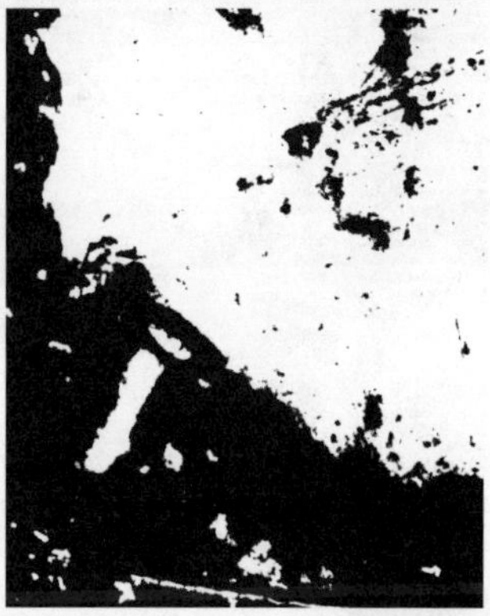
	泐盡	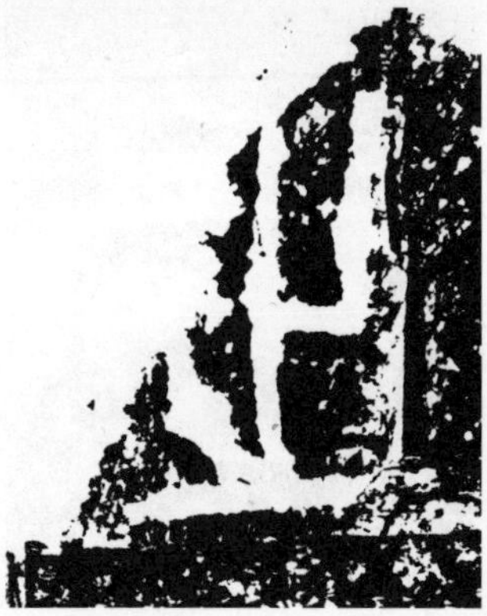	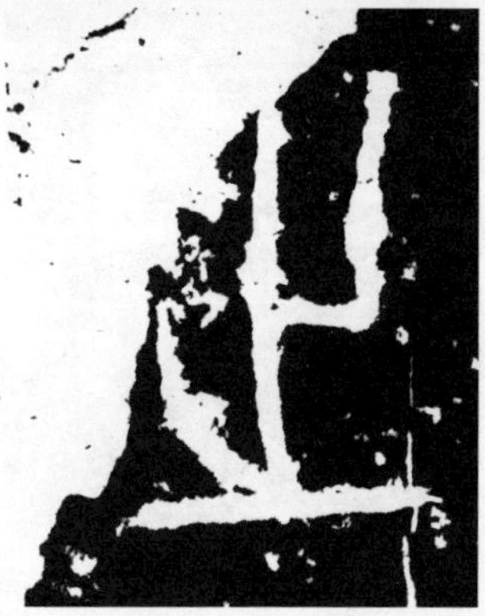

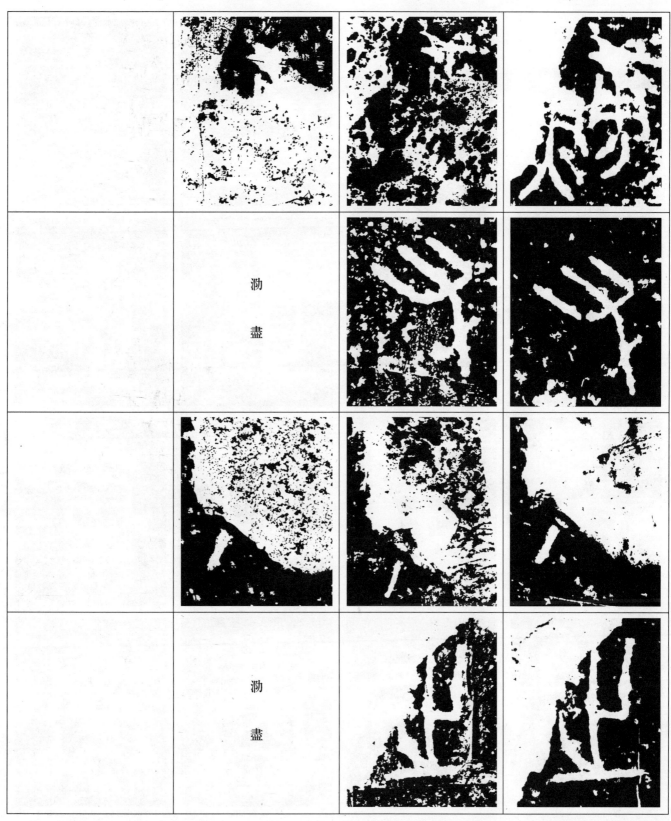

明拓　明初　南宋　北宋

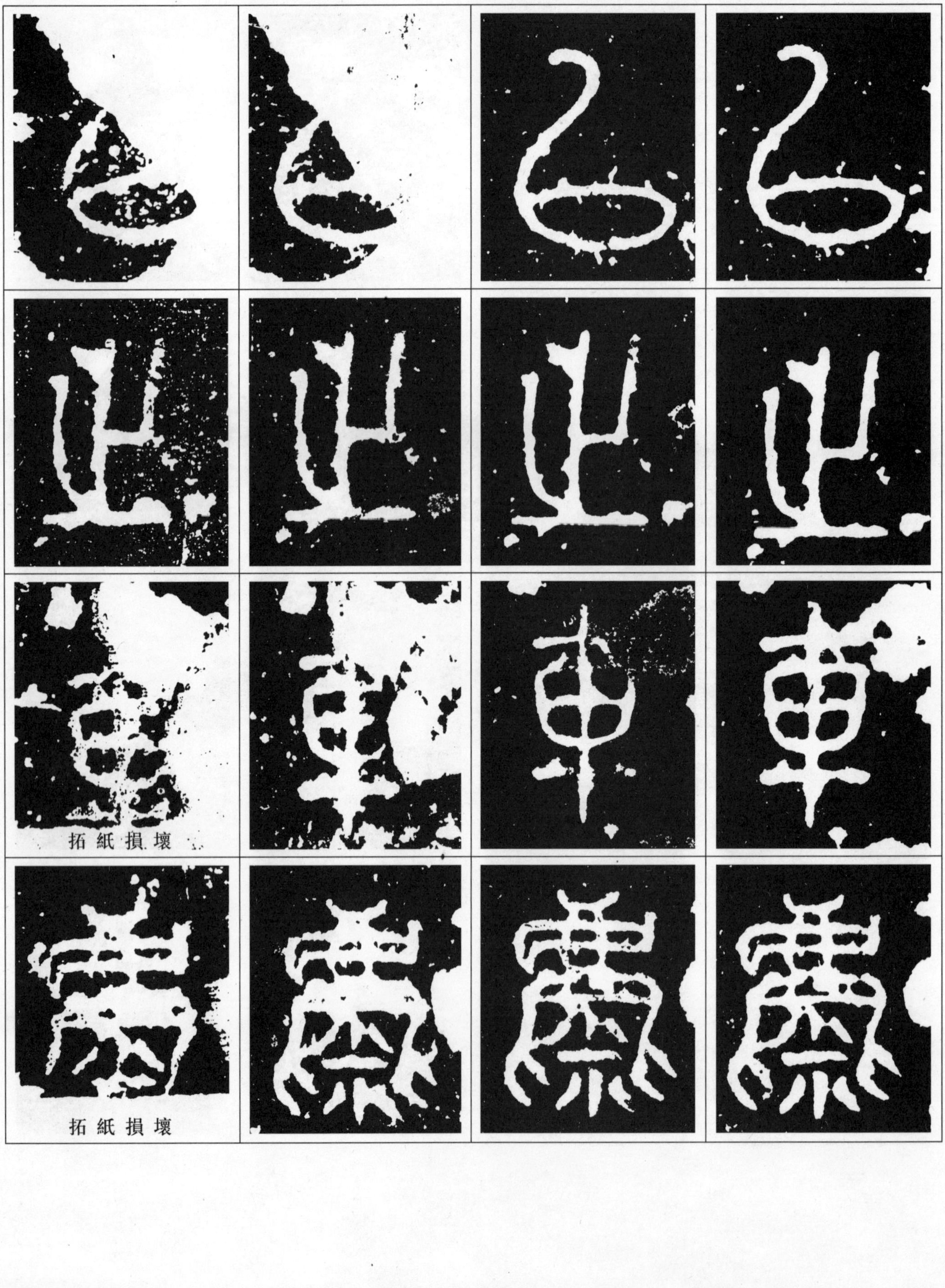

	近拓	咸同	清初
	泐 畫	泐 畫	泐 畫
	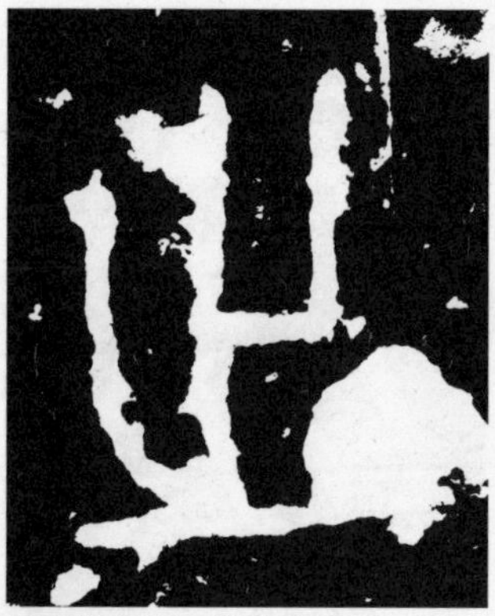	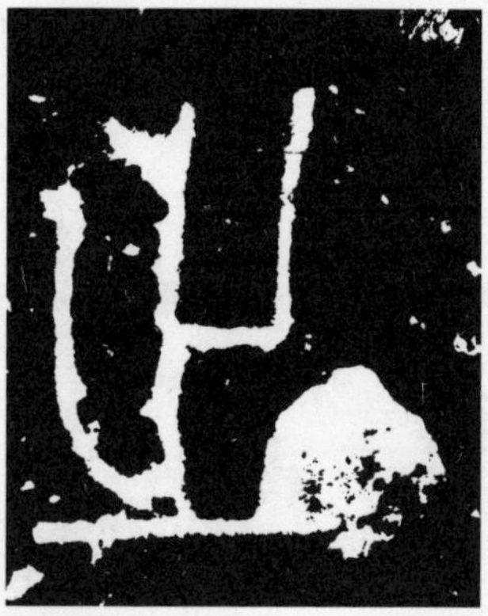	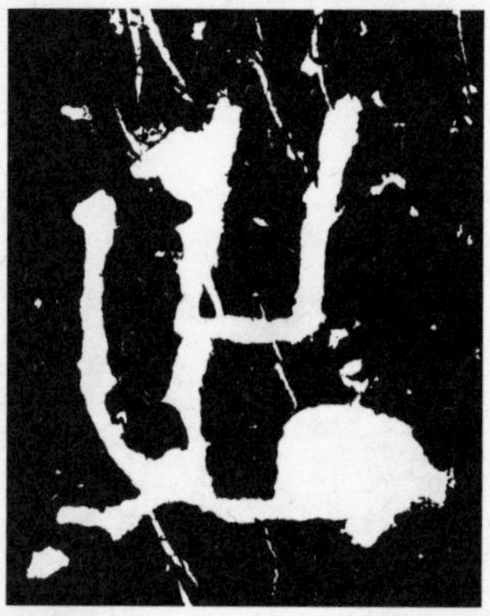
		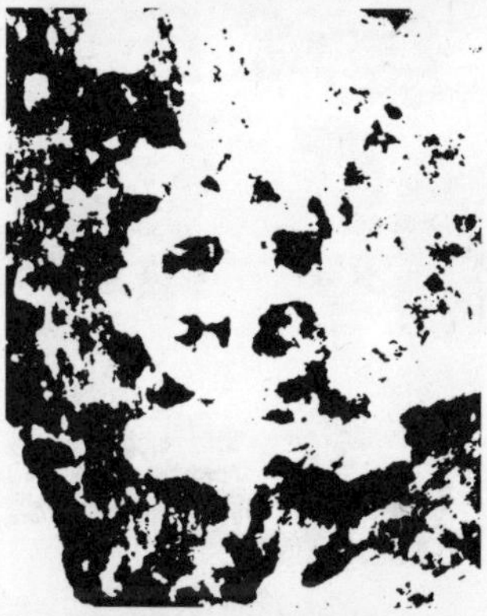	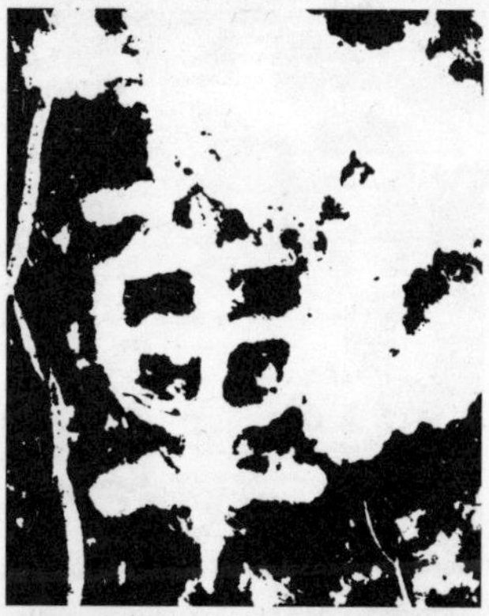
	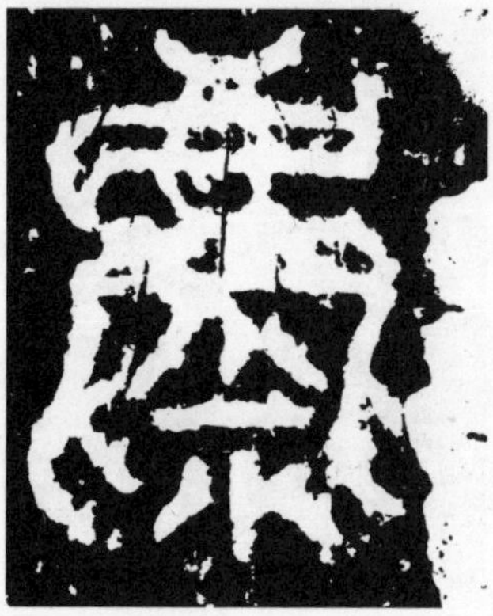		

明拓　明初　南宋　北宋

	近拓	咸同	清初

	泐盡		

	泐盡	泐盡	泐盡

明拓　　明初　　南宋　　北宋

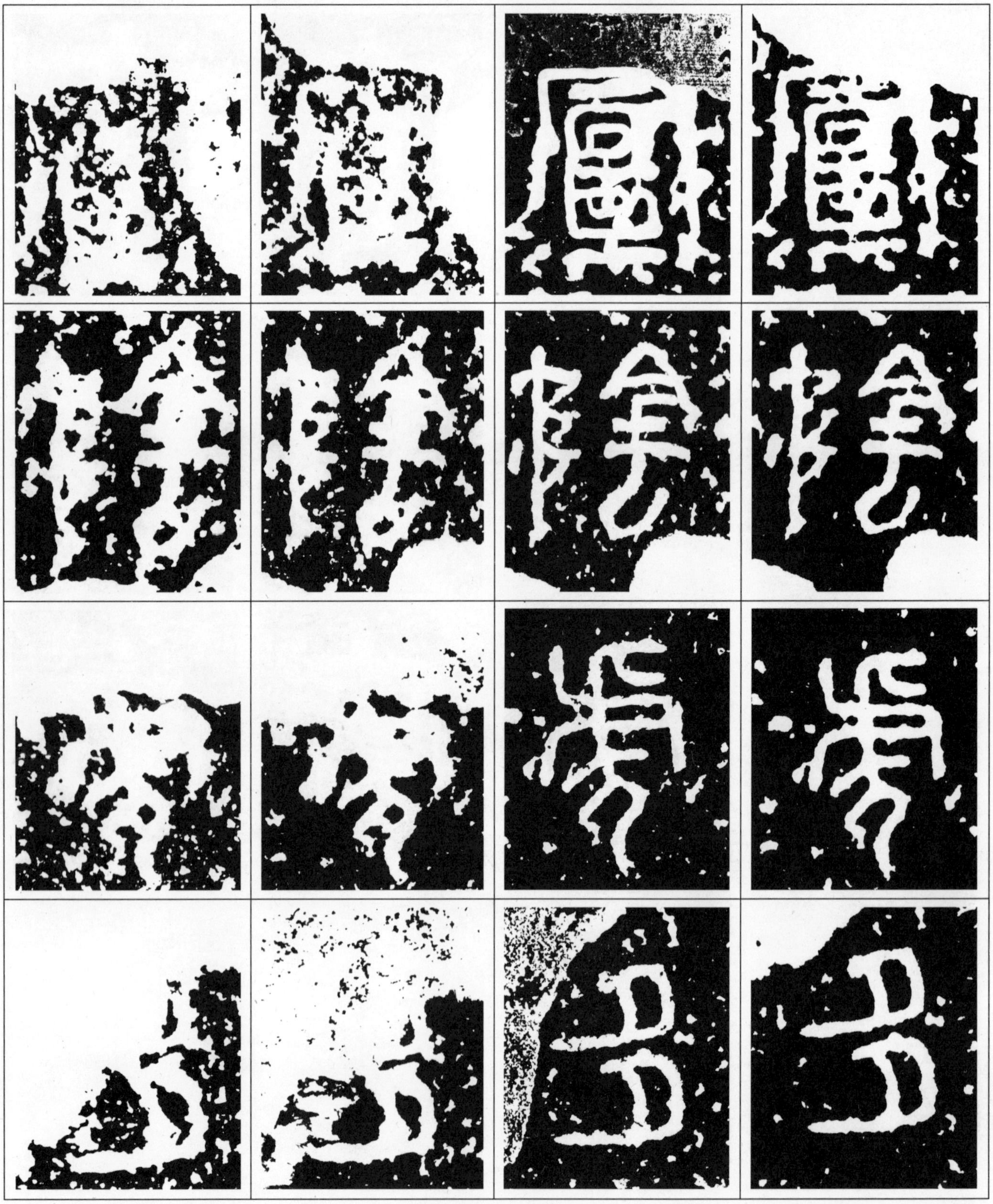

近拓	咸同	清初
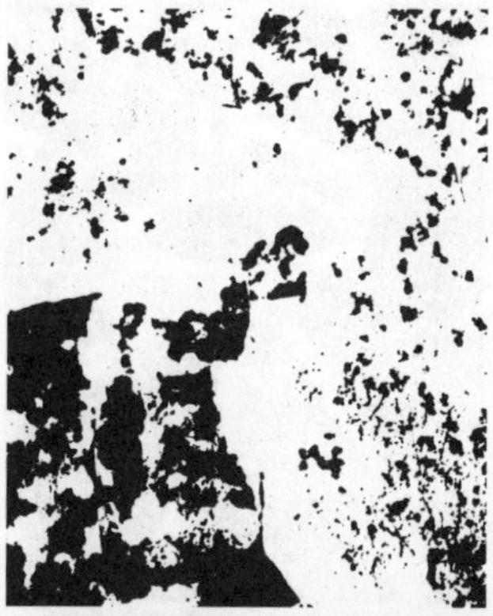	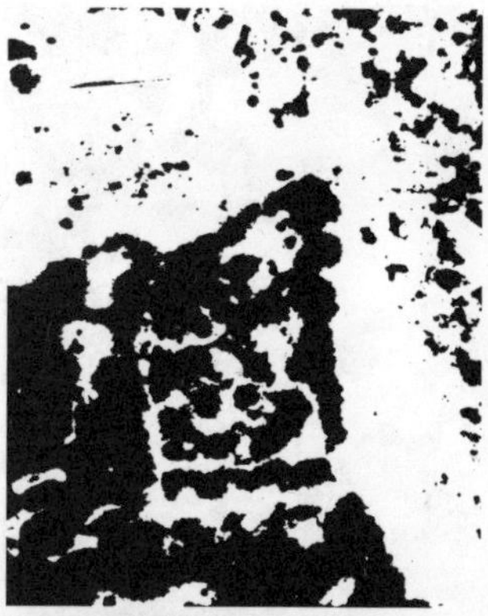	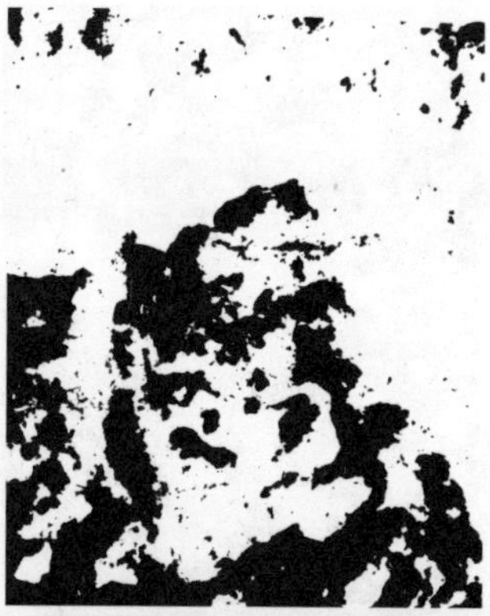
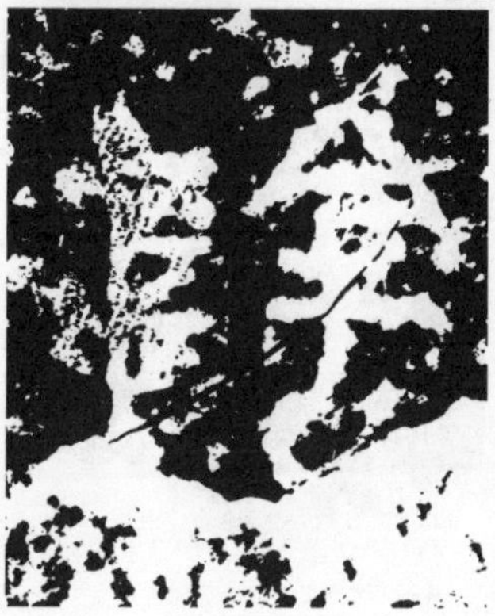	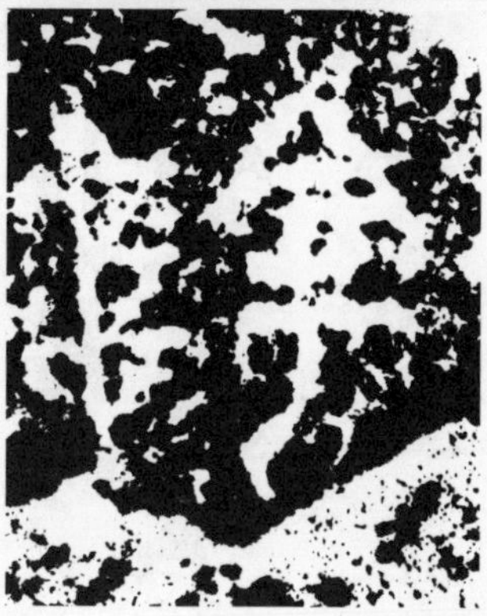	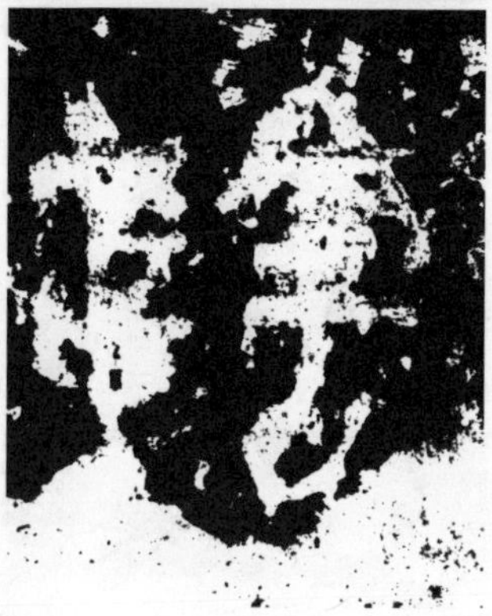
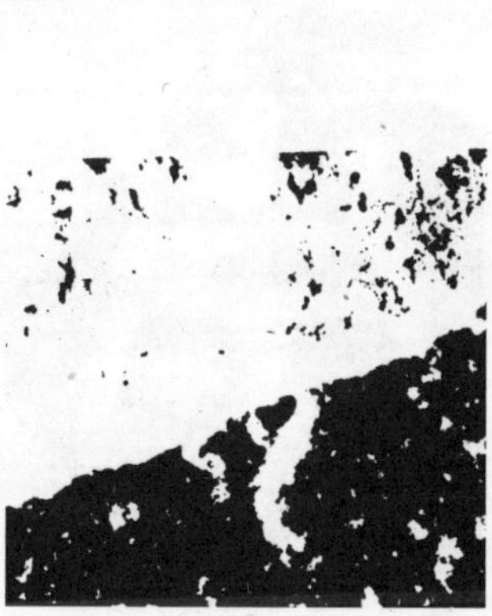	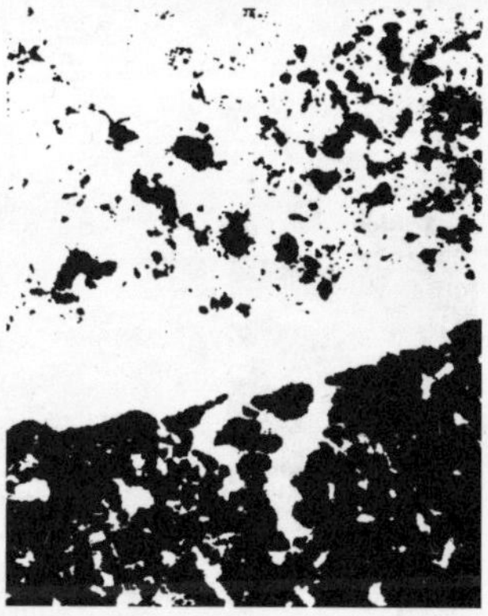	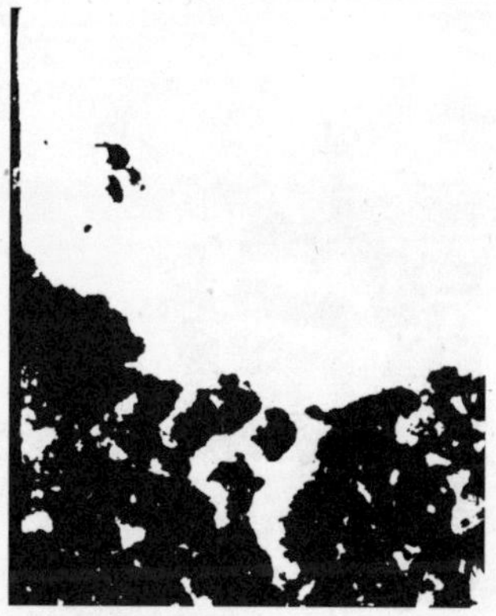
泐盡	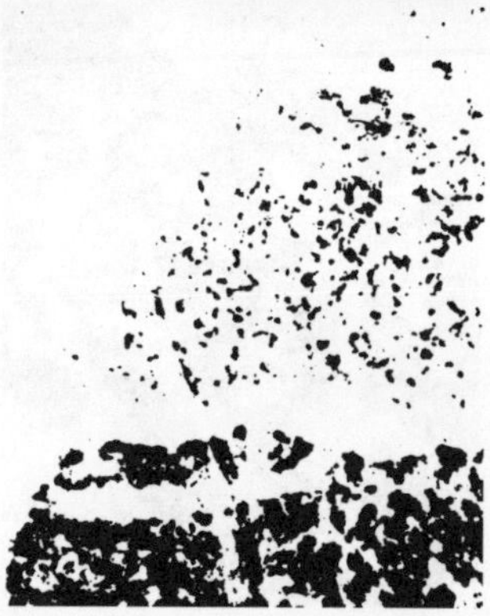	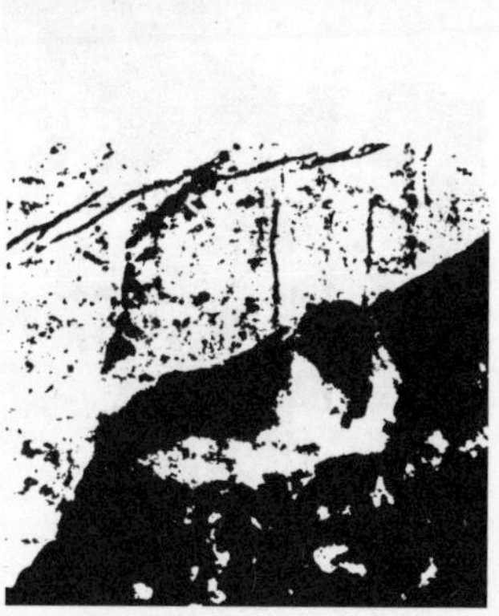

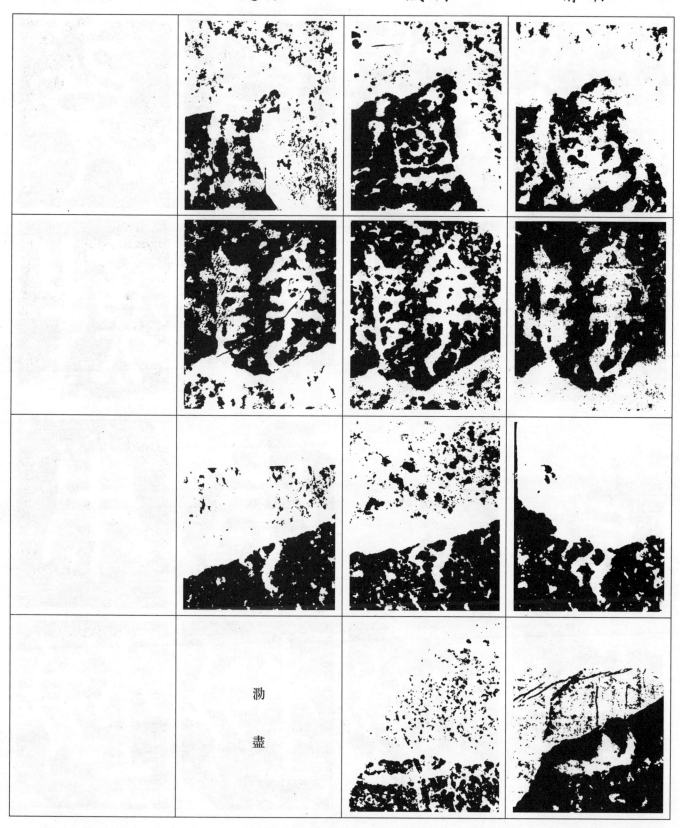

明拓　明初　南宋　北宋

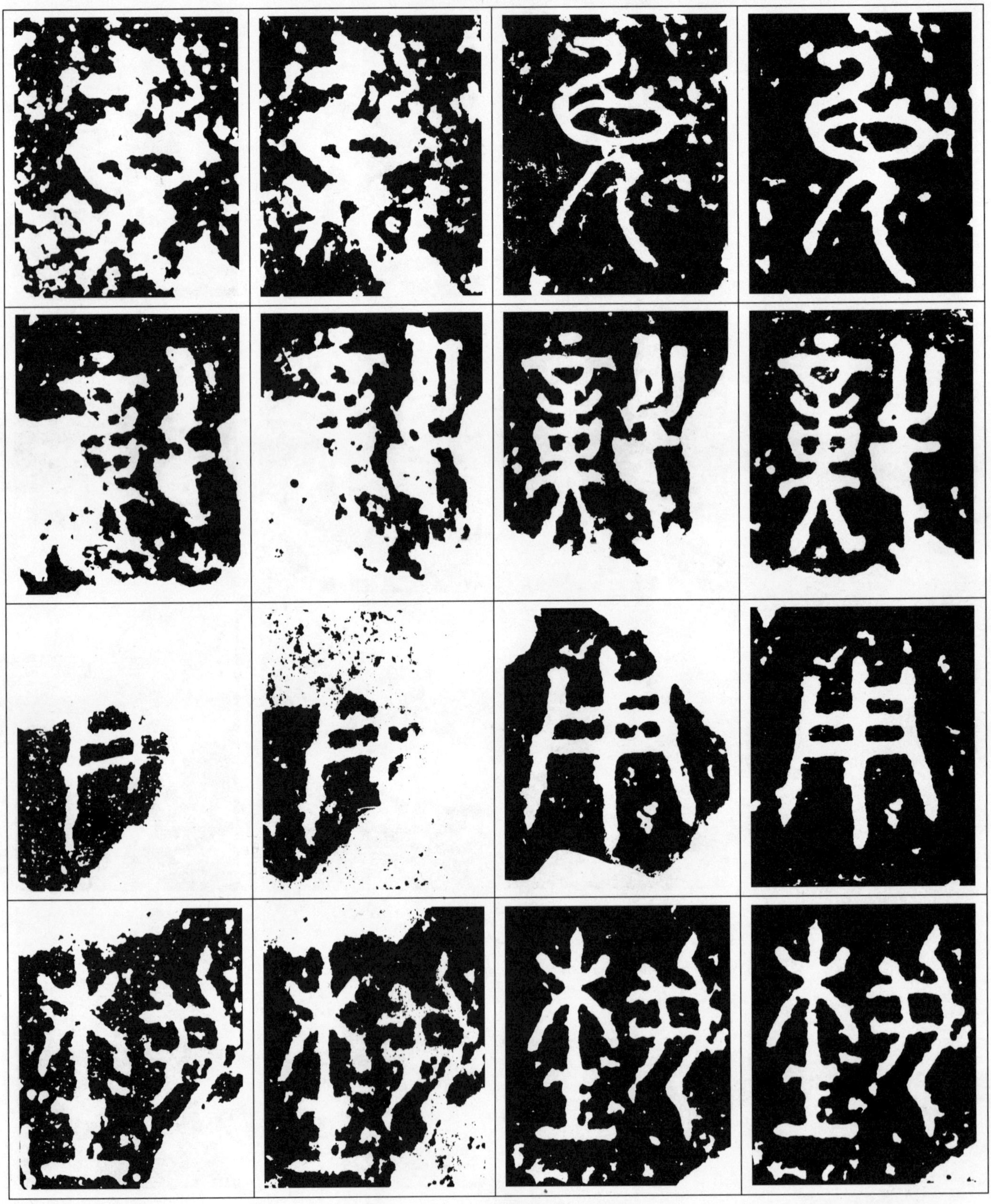

近拓　　咸同　　清初

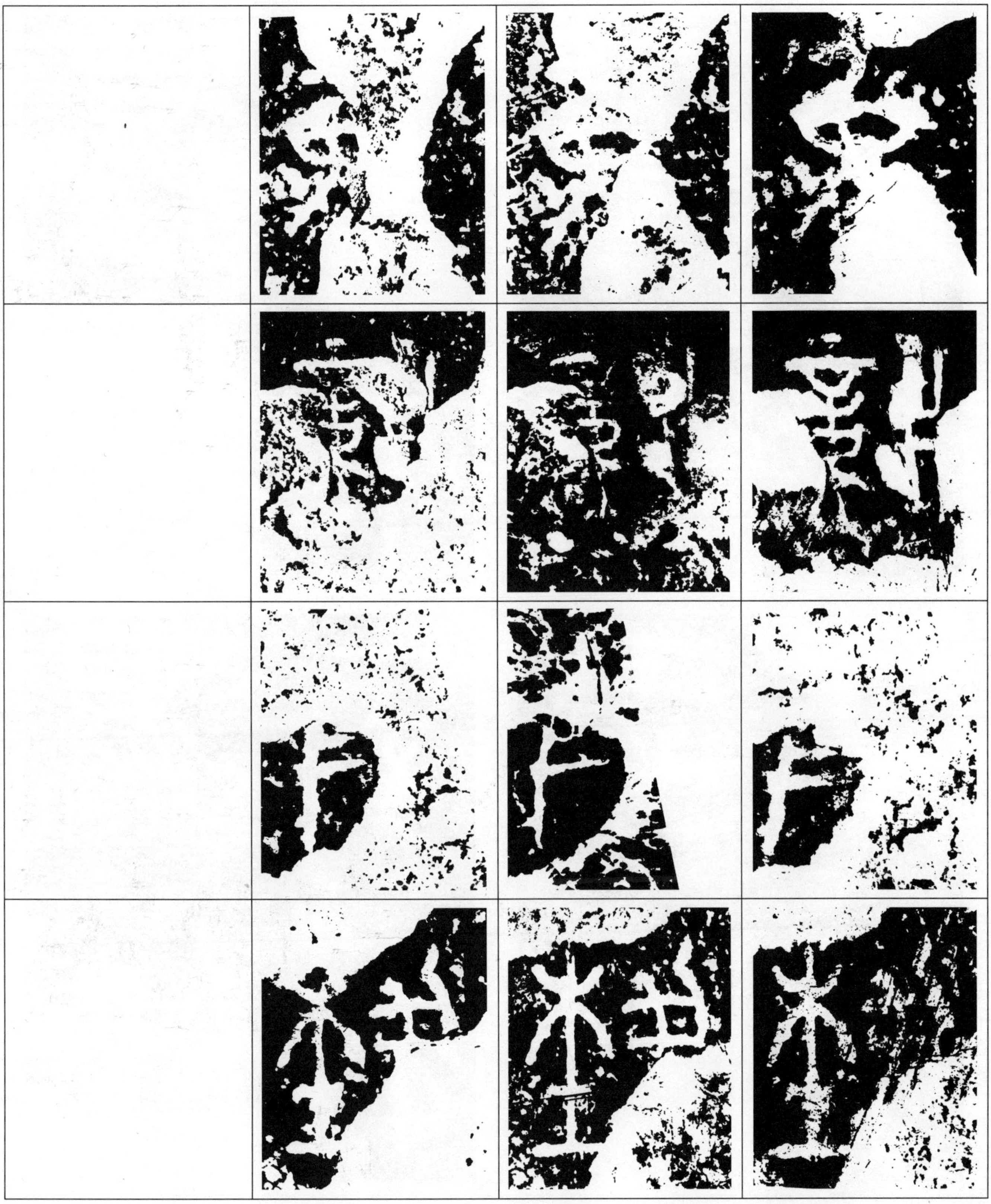

明初

北宋

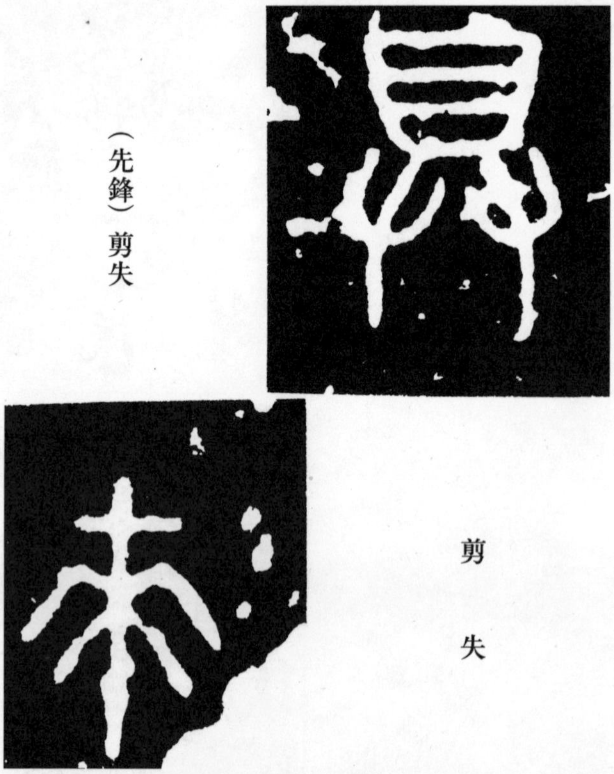

明拓

南宋

近拓

清初

咸同

北宋

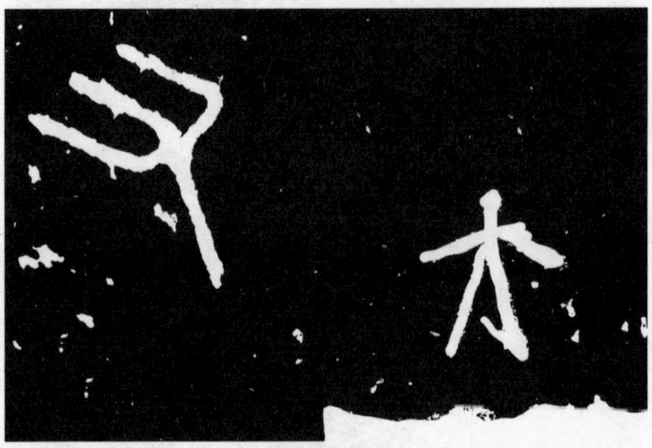
南宋

明初

明拓

清初

咸同

近拓

明拓

明初

南宋

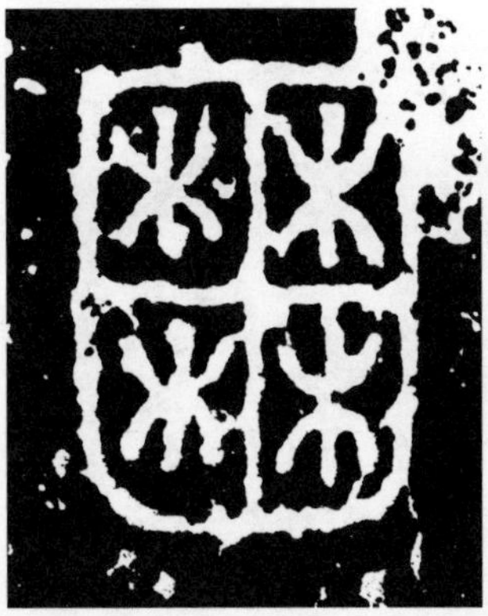

北宋

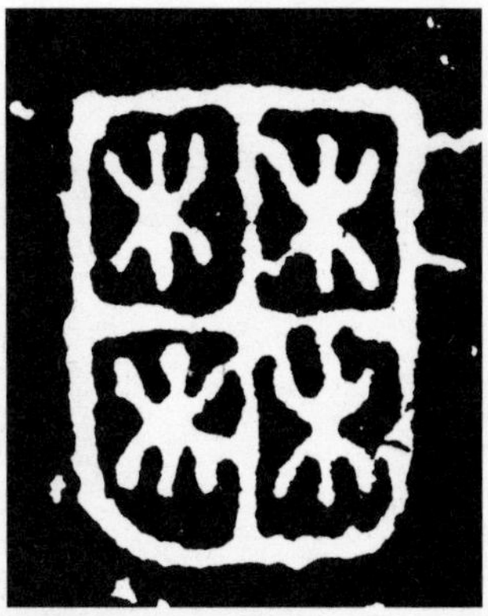

近拓

咸同

清初

先鋒

剪失

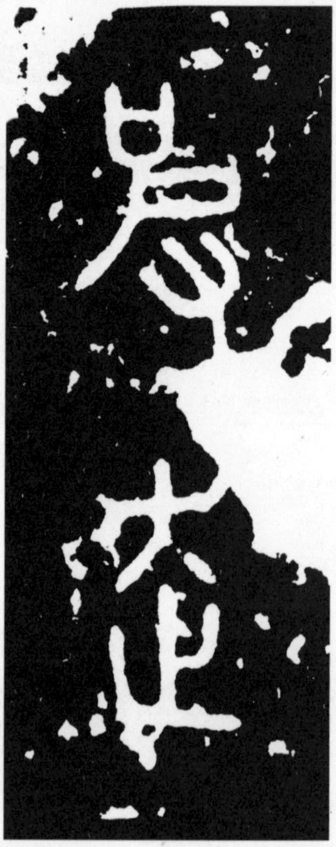

中權

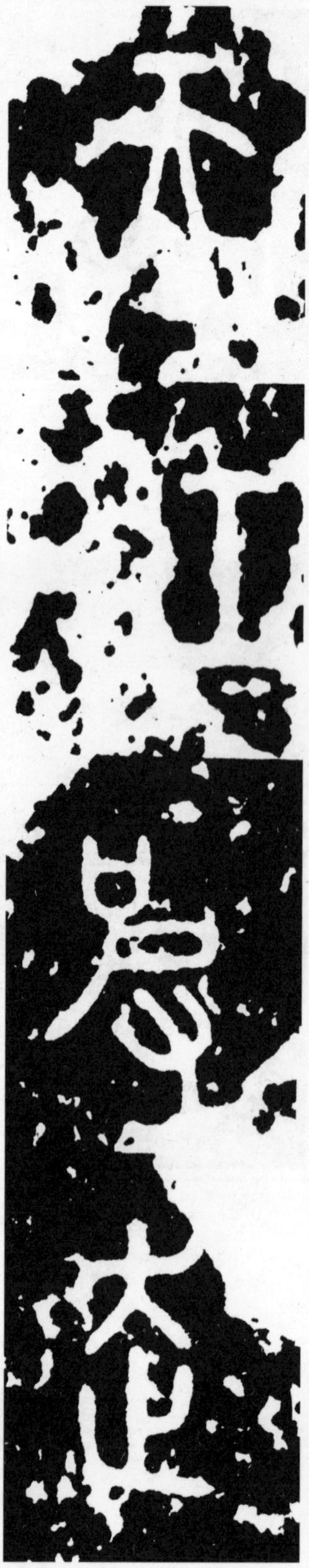

後勁

宋元

泐盡

泐盡

泐盡

泐盡

宋元	後勁	中權	先鋒
泐盡	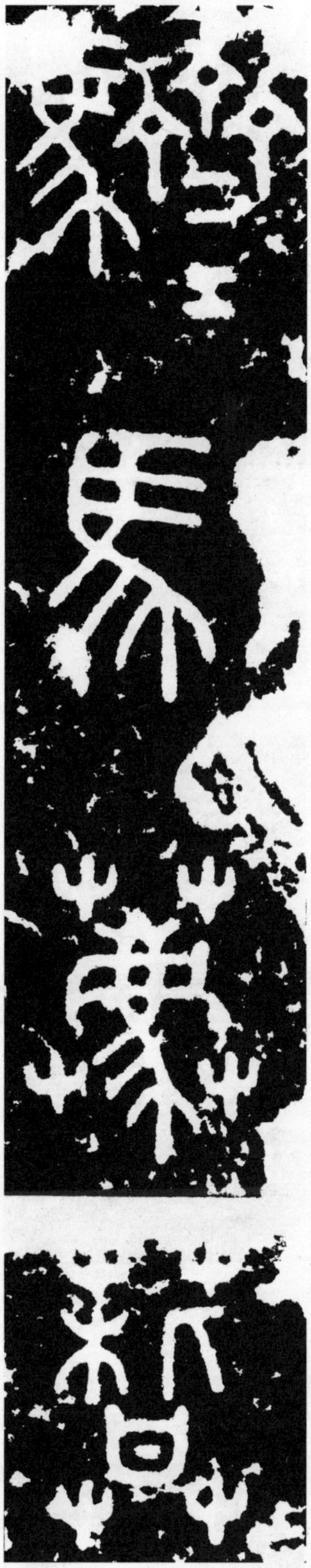	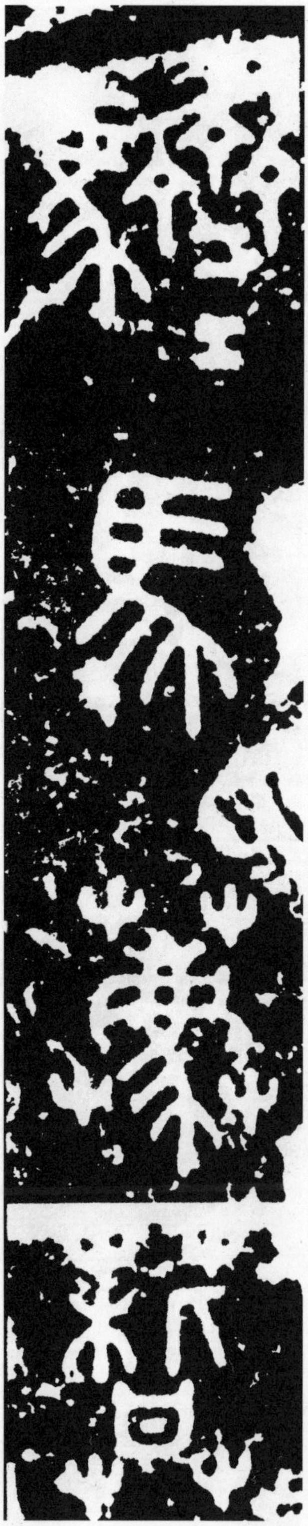	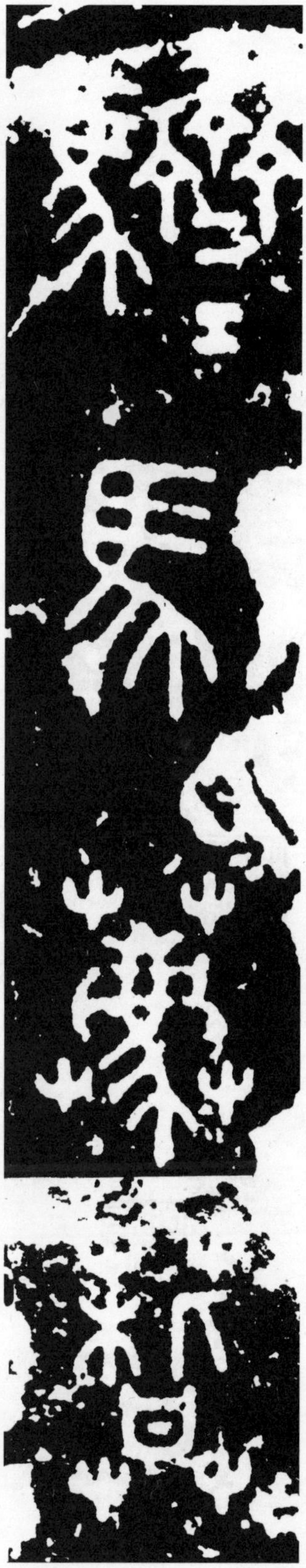
泐盡			
泐盡			
泐盡			

先鋒

剪失

中權

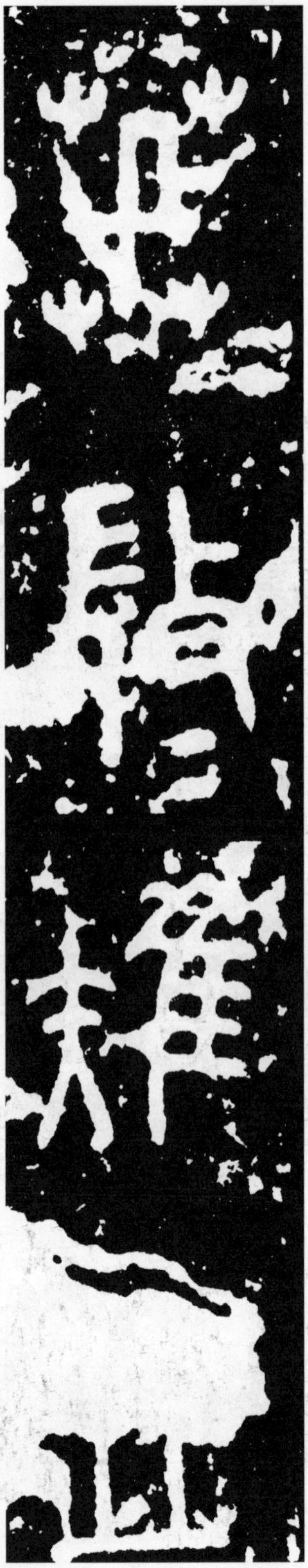

後勁

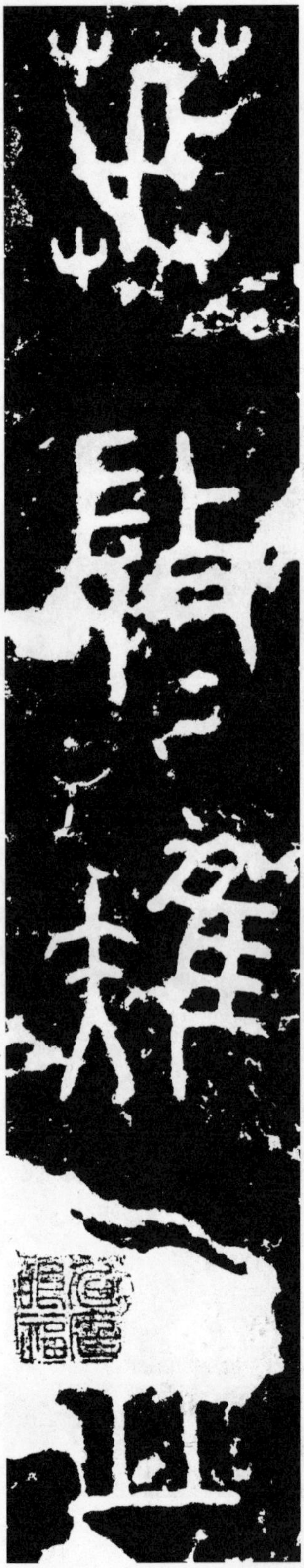

宋元

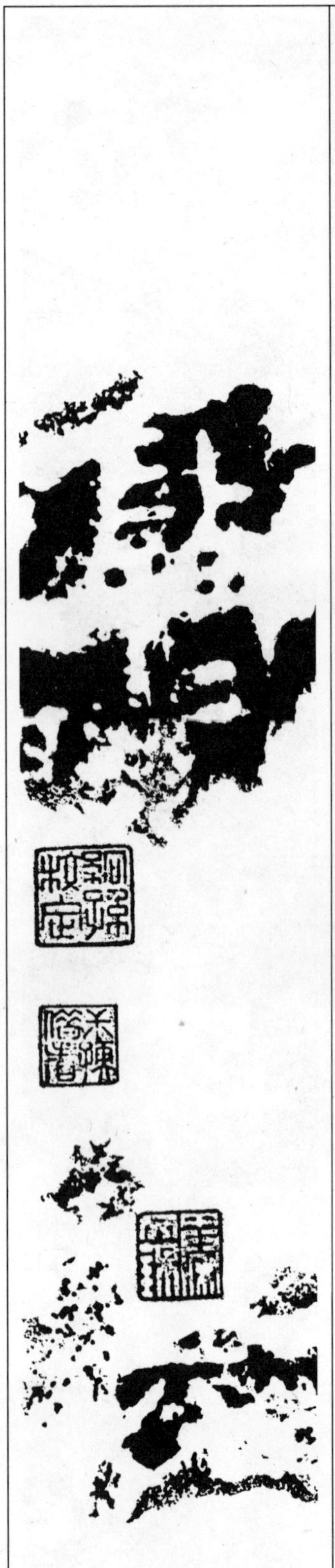

宋元	後勁	中權	先鋒
泐盡			剪失
泐盡			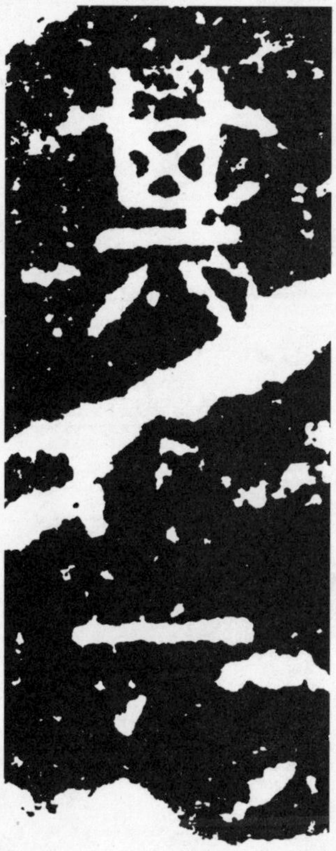
泐盡			
泐盡			剪失

宋元	後勁	中權	先鋒
泐盡		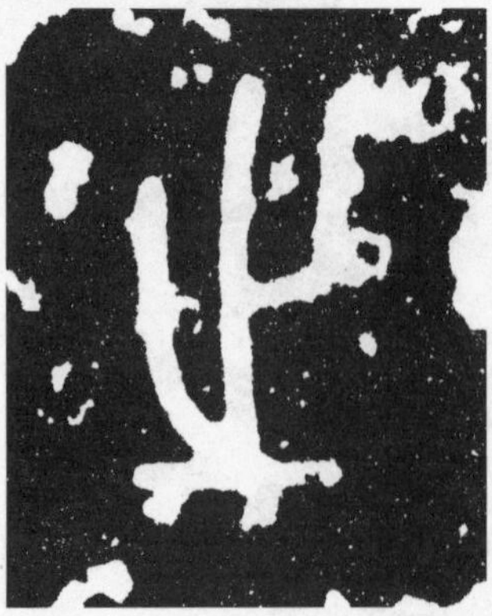	

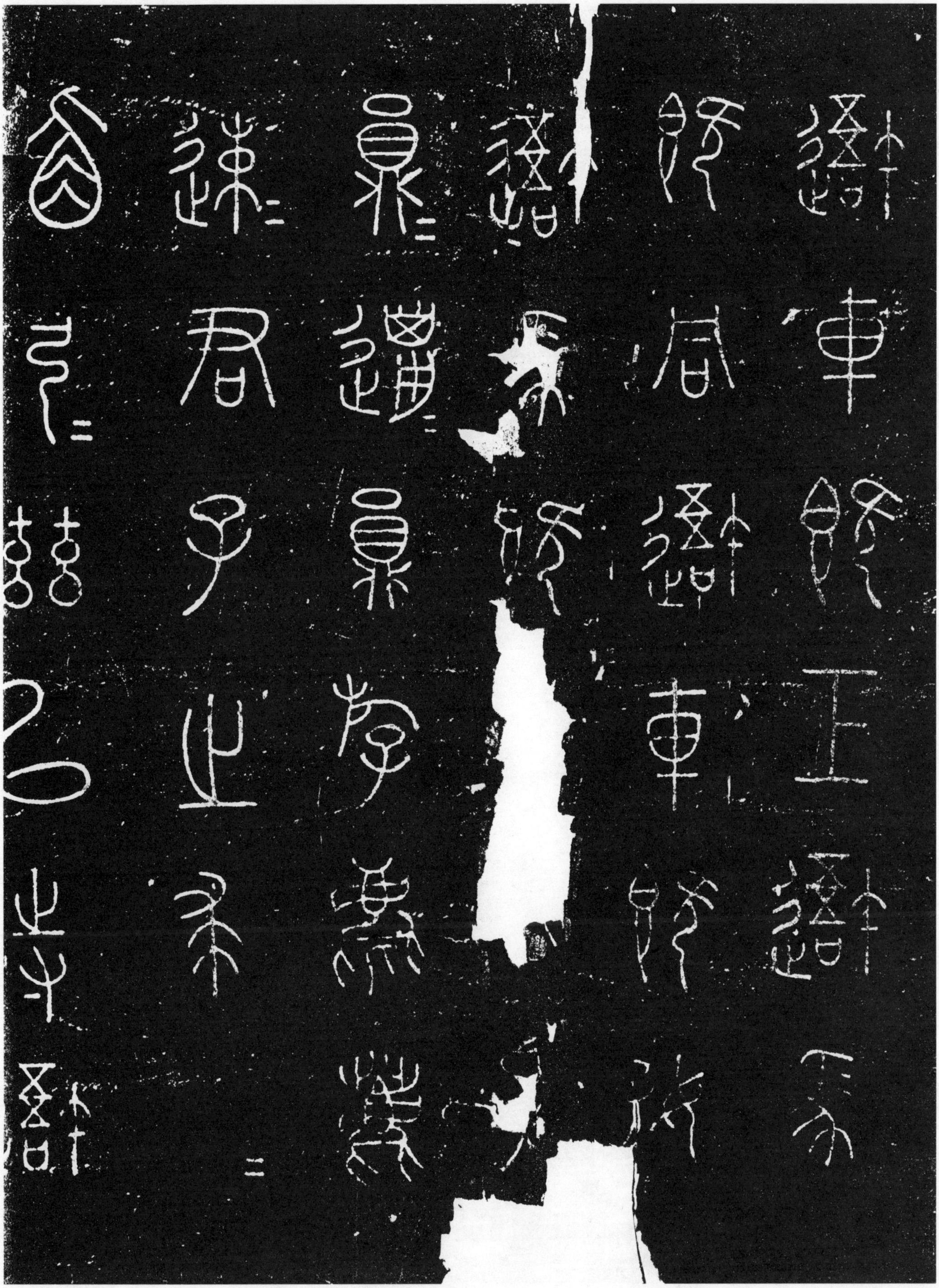

清阮元翻刻本

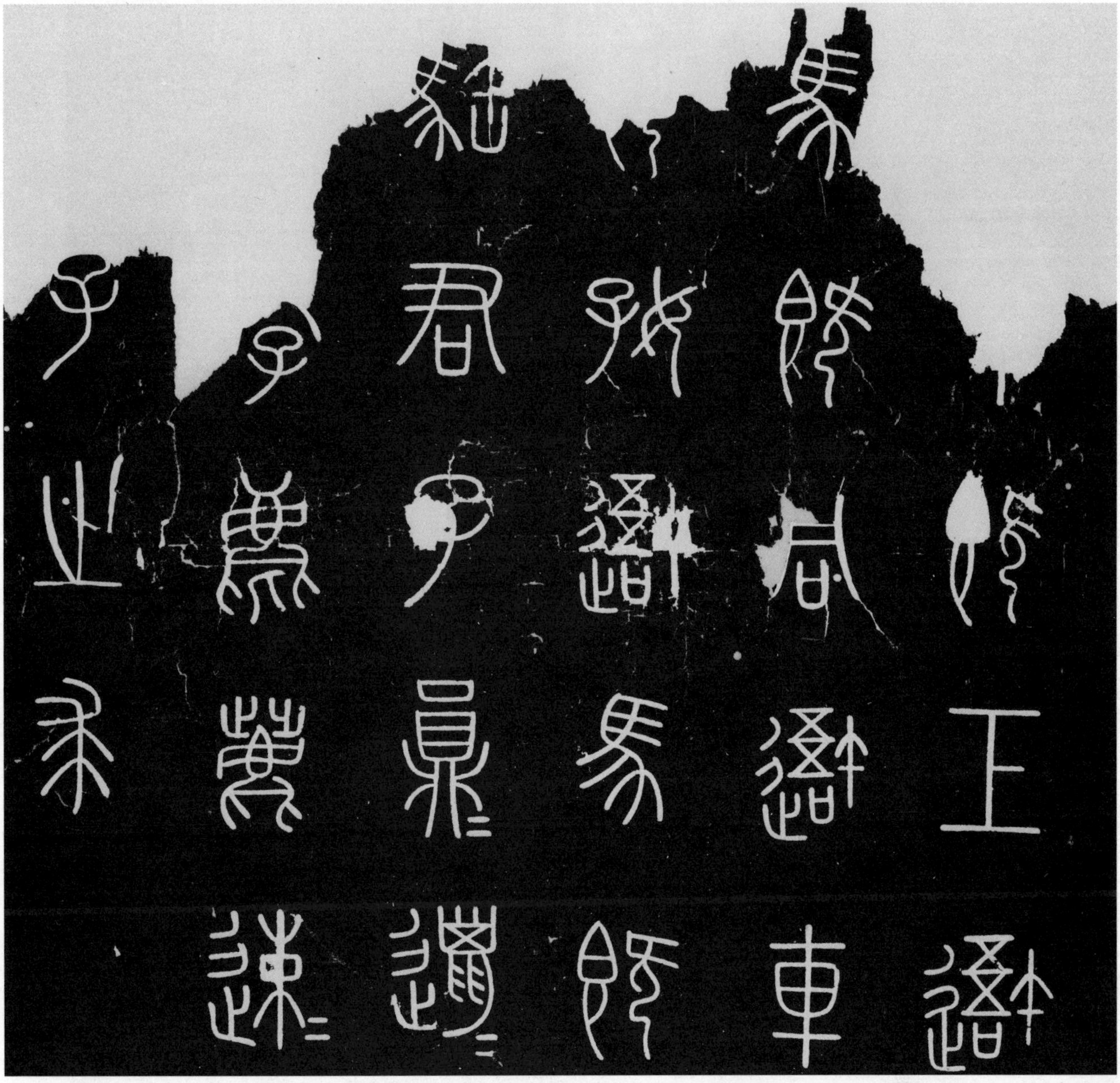

清盛昱黄士陵翻刻本

光緒十二年八月國子監祭酒宗室盛昱重摹阮氏覆宋本石鼓文刻石龕置
韓文公祠壁

崇志堂學錄德清蔡右年校文

監生黟縣黃士陵刻

拔貢生諸城尹彭壽續刻

瑯琊臺刻石

秦始皇廿八年（公元前二一九年）李斯書，刻於山東諸城東南瑯琊臺上。傳至清代存篆書十三行，行八字。清乾隆間泰州宫懋讓因見石裂，溶鐵束之。其後，七行『後嗣爲之』之『之』字被鐵末砂土所封。道光間束鐵斷脱，『之』字復現。未知何時何人第二次束鐵，使八行『成功盛德』之『德』字又被鐵末砂土填封。清末束鐵又脱，『德』字始被洗出。民國後，首行『五大夫』石碎亡。原石今存北京中國歷史博物館。

清初

嘉慶

失拓

失拓

晚清

民國

近拓以上殘石部分已碎亡

民國	晚清	嘉慶	清初

清初

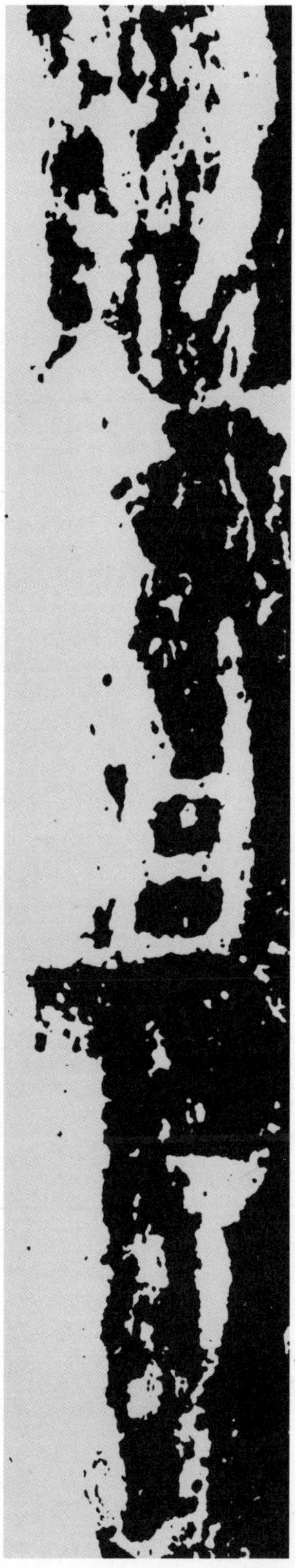

嘉慶

失拓

失拓

失拓

晚清

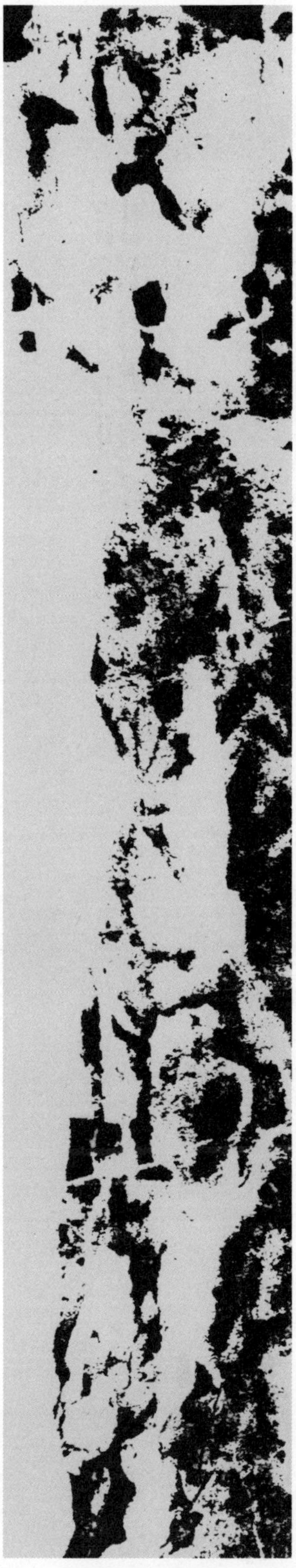

近拓

群臣上醻刻石

西漢後元六年（趙二十二年，公元前一五八年）刻，又稱『趙王刻石』。清道光間發現於河北永年。篆書一行，『趙廿二年八月丙寅群臣上醻此石北』，計十五字。

本書所收『舊拓』，依我之見，紙、墨之舊，近似道光，只是未得充分可靠之文字憑證，故未敢逕指爲『道光初拓』。

近拓　　　　舊拓

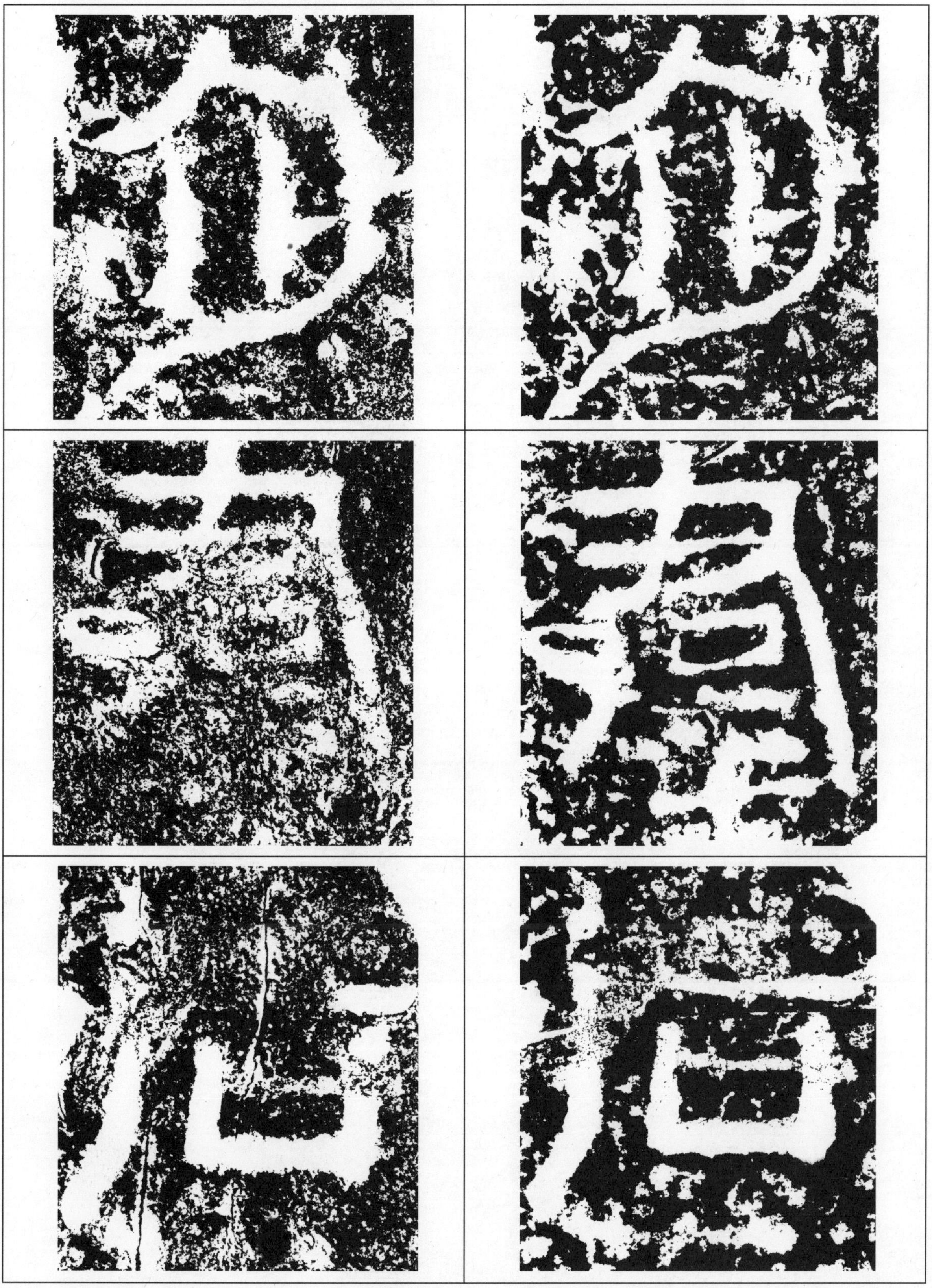

五鳳刻石

西漢五鳳二年（魯三十四年，公元前五六年）刻，又稱『漢魯孝王刻石』。金明昌二年（公元一一九一年）出土，今藏山東曲阜孔廟。計『五鳳二年魯卅四年六月四日成』十三字。傳有明拓本存世。

附：乾隆原拓石陰題記

《北京大學圖書館藏歷代金石拓本菁華》第六三號與本編所收第一種乾隆拓本相彷，而鑒定爲明拓，不知所據。

乾隆

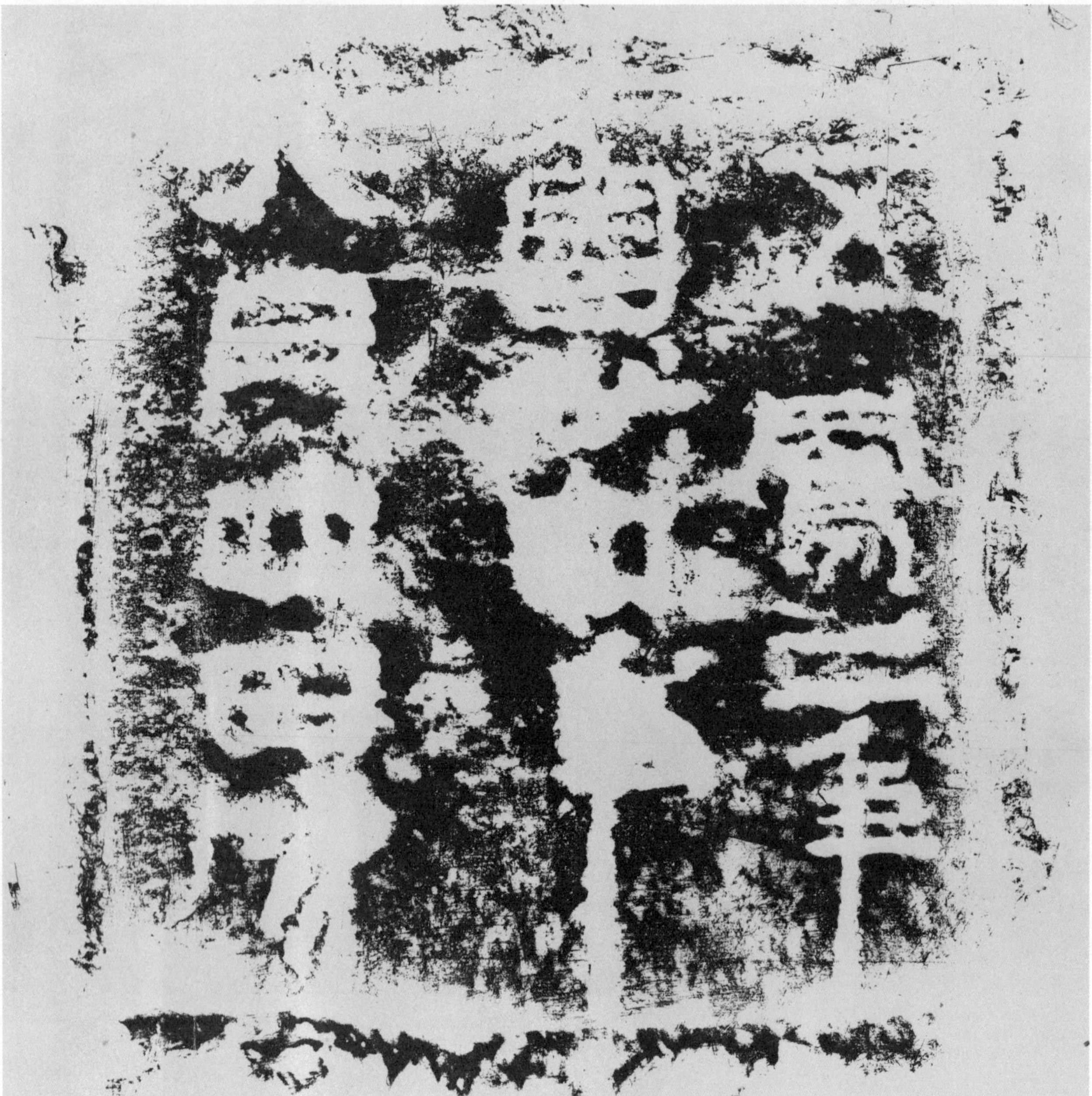

近拓

近拓

萊子侯刻石

亦稱『天鳳刻石』。新莽天鳳三年（公元一六年）二月刻。横六五、高四四、厚四·六厘米。隸書七行，行五字，共三十五字。清嘉慶二年（公元一八一七年）秋，顔逢甲、孫生容、王補仲在山東鄒縣南嶧山西南二十餘里的卧虎山前發現，後移置鄒縣孟廟。

此刻石質較好，近二百年來所傳拓片字口差異不大。辨别舊拓，向以石右顔逢甲等題記字口是否模糊爲準。

此處所收舊拓，顔題字口清晰，拓紙近似道光時白綿紙，可供參考。

嘉慶丁丑秋滕七十老人顏逢甲同郡孫生容王補仲德
山得此於卧佛山前盖封田疇獲勒石戒子孫者亦三
千年未泐亦無知者可异也逢甲記生容書

三老碑

東漢建武二十八年（公元五二年）五月立。亦稱『三老忌日碑』。清咸豐二年（公元一八五二年）五月浙江餘姚客星山出土。旋歸里人周世熊。清末石流出周家，民國辛酉（公元一九二一年）轉至上海，歸陳渭泉。時日本人欲以重金購之，浙人姚煜、沈寶昌遂急起募款，以八千金售得，並築石室於杭州西泠印社，專貯此石。

此碑早期拓片上有周世熊收藏印。蓋有西泠印社印鉴者乃是二十世纪二三十年代以後之拓本。《北京大學圖書館藏歷代金石拓本菁華》第一二一號，當是二十世紀民國十一年(辛酉公元一九二一年)以後之近拓。拙撰《漢三老碑流傳始末》可資參閱。

初拓

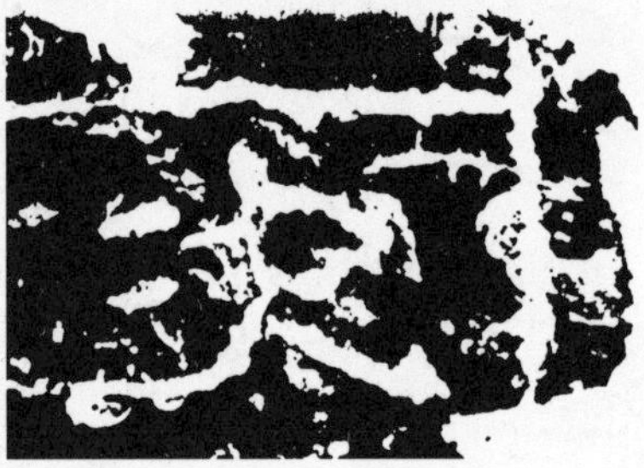

一

清末

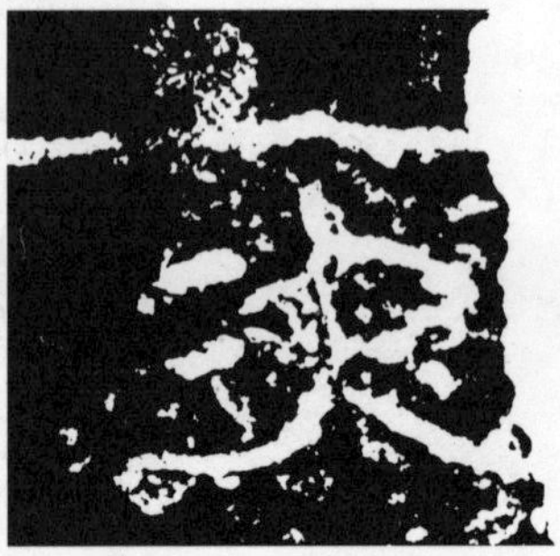

二

民國後

三

翻刻

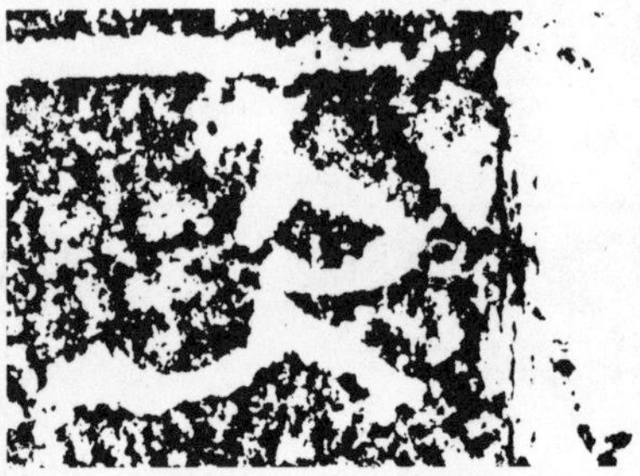

四

五

六

七

八

九

十

開通褒斜道刻石

全稱『鄐君開通褒斜道刻石』。因另有『漢右扶風丞李禹表刻石』，故俗稱前者爲『大開通』，後者爲『小開通』。東漢永平六年（公元六三年）刻於陝西褒斜道石門。清乾隆時畢秋帆訪得後大聞於世。一九六〇年因石門建造水庫，與《石門頌》、《楊淮表記》、《石門銘》等一起，被整石鑿出，移藏漢中博物館。

此石清乾隆以前拓本極稀見。道光後，字口漫漶日甚，故被剜洗加刻，神韻大損。『文革』以後盜拓之本多用現代墨汁和宣紙，極易辨識。

注：《北京大學圖書館藏歷代金石拓本菁華》第一二三號晚於本編所收道光拓片。

乾隆

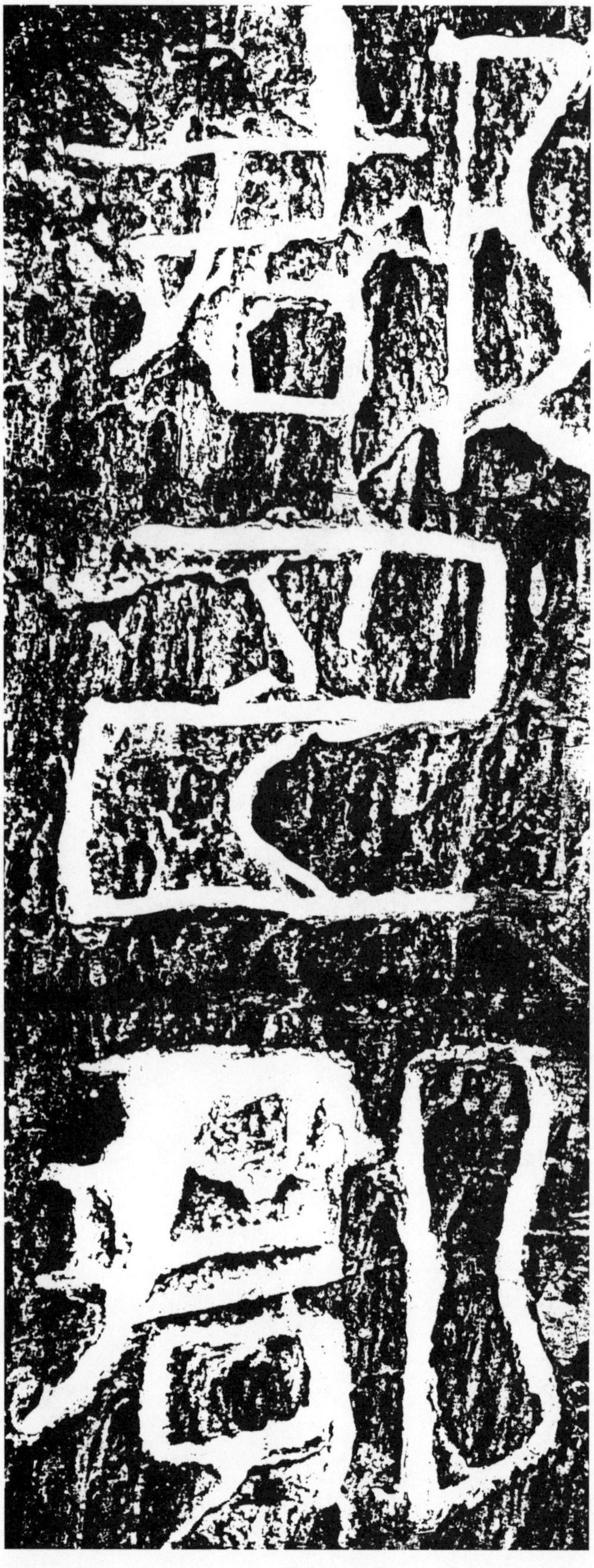

清初

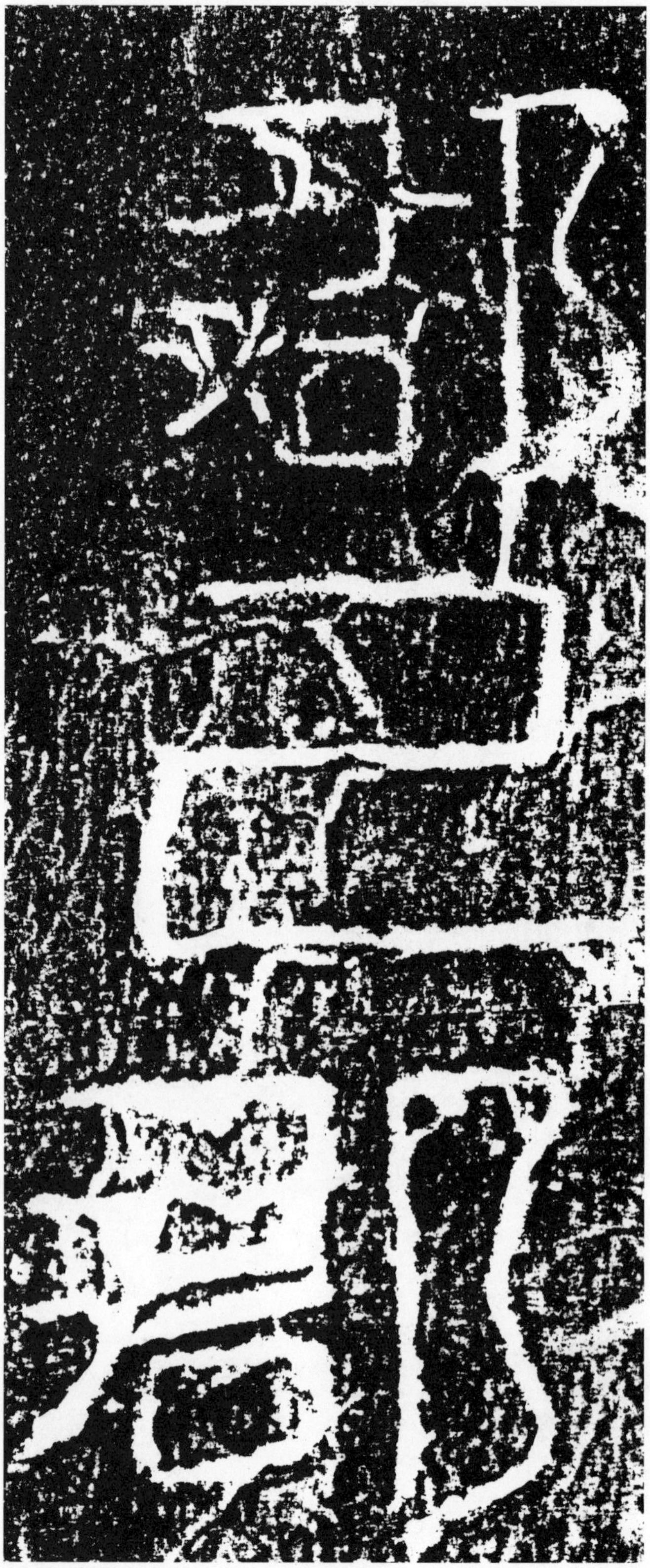

近拓

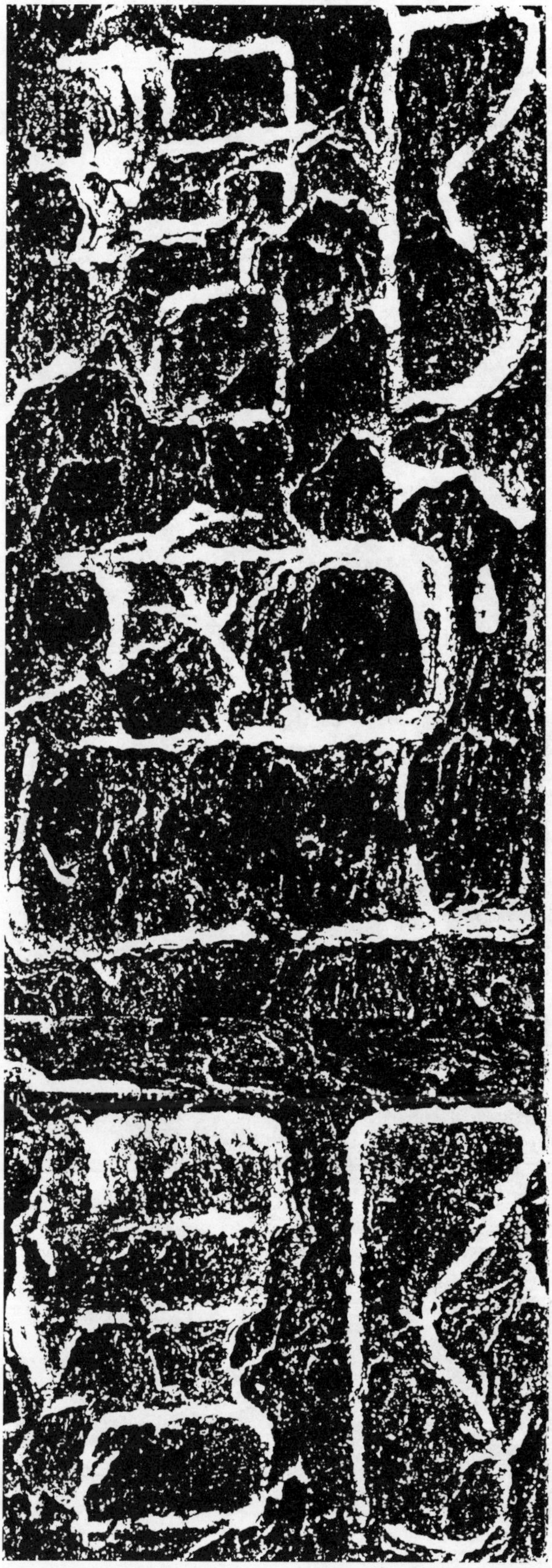

道光

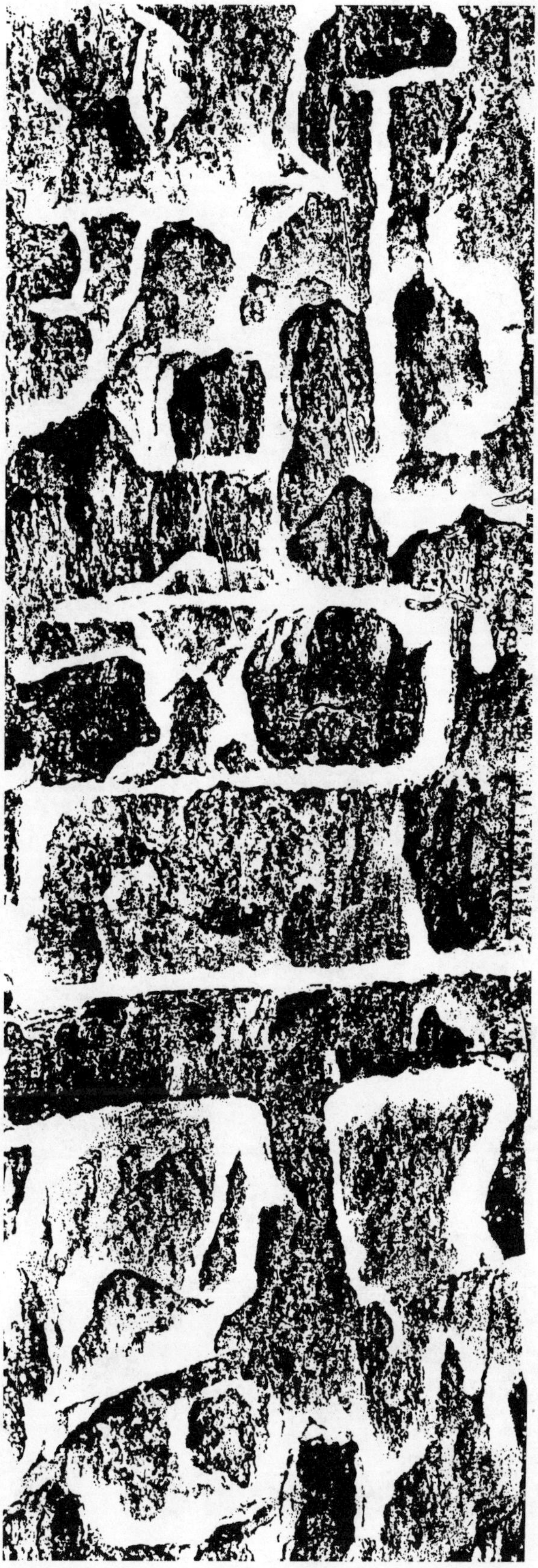

乾隆

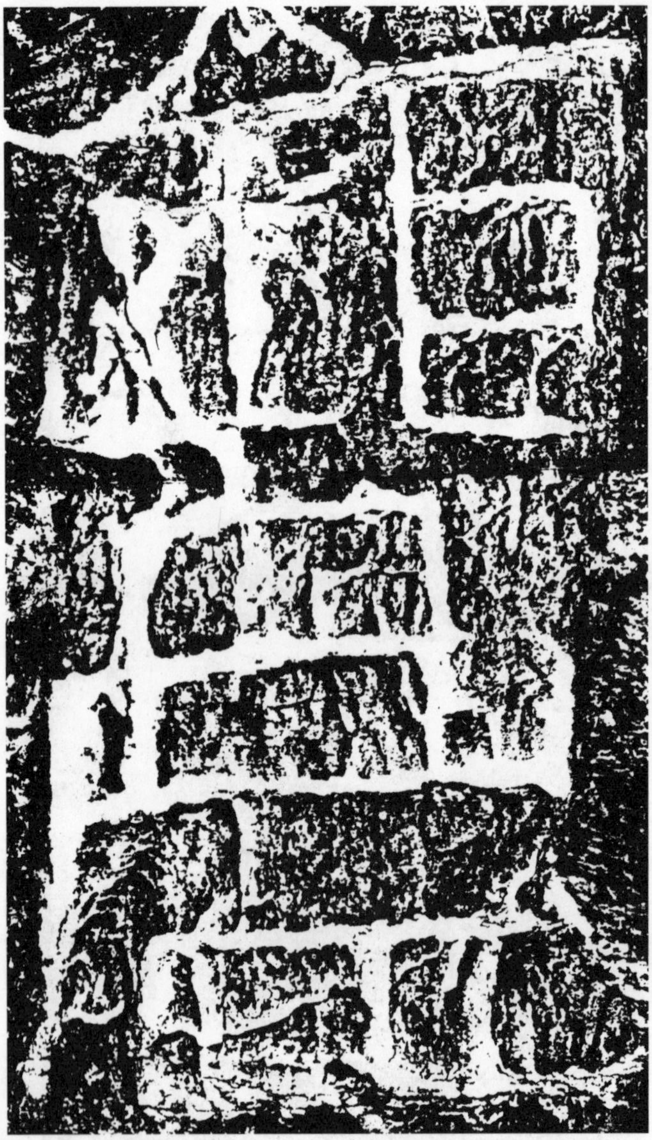

清初

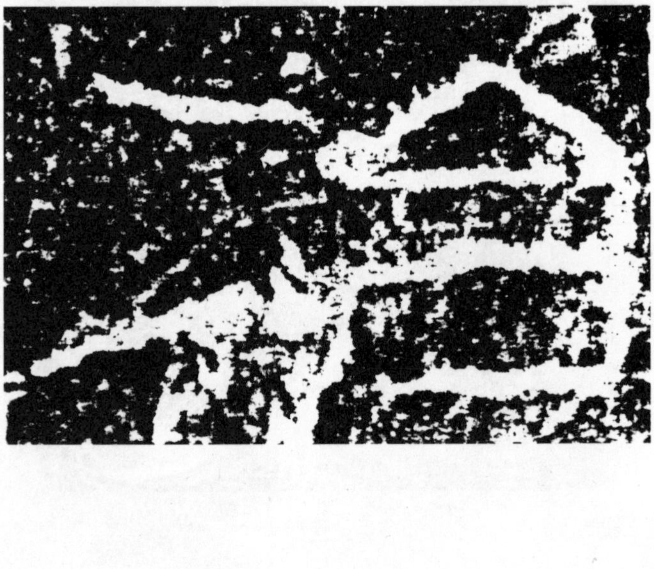

近拓

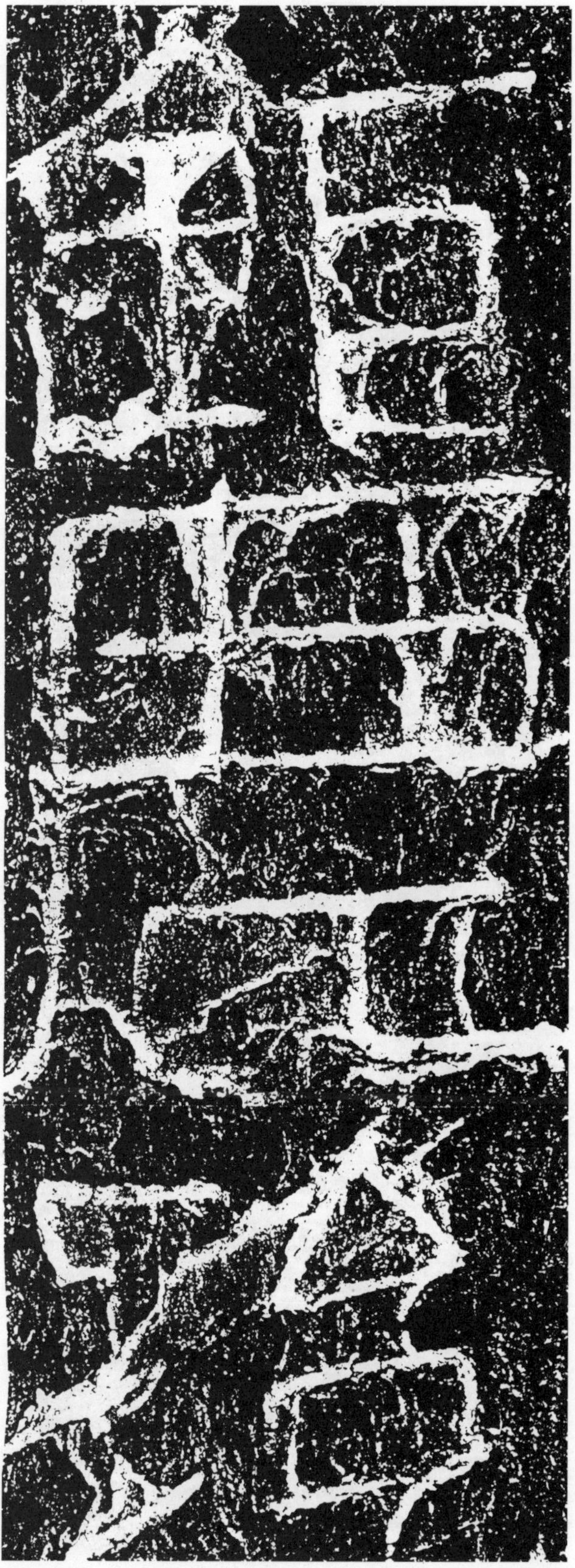

道光

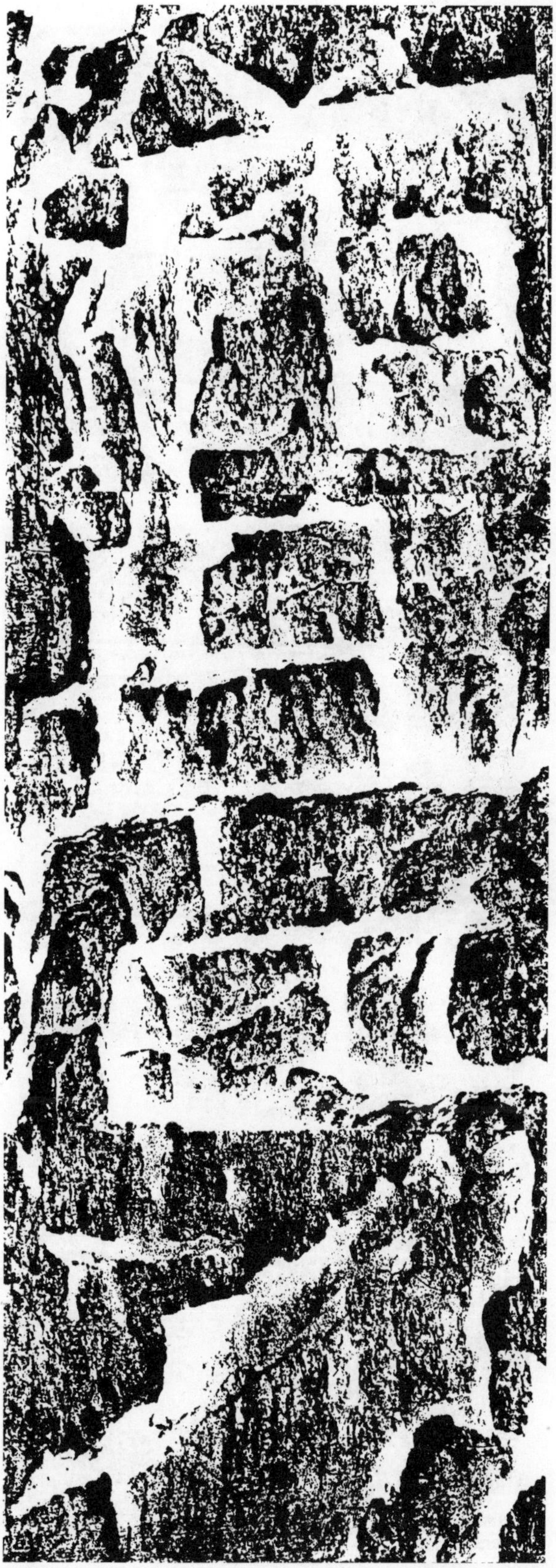

乾隆

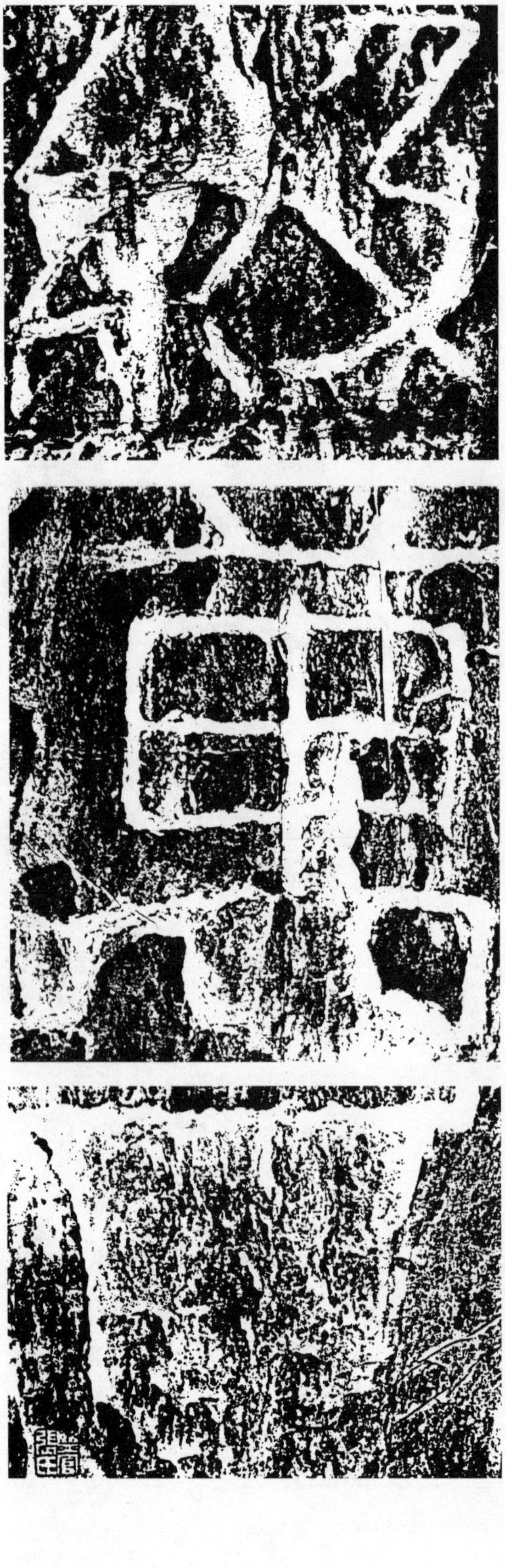

清初

近拓

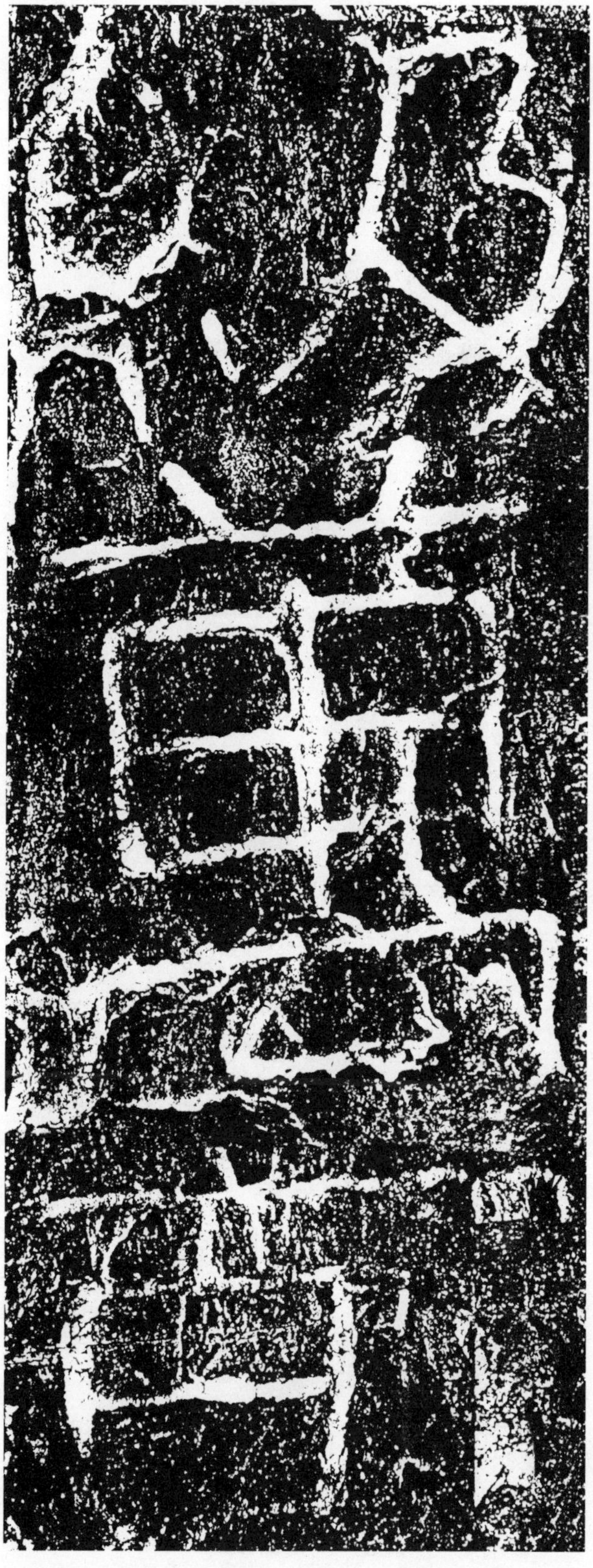

道光

祀三公山碑

或稱『常山相隴西馮君碑』、『大三公山碑』。東漢元初四年（公元一一七年）立。清乾隆三十九年（公元一七七四年）縣令王治岐訪得於河北元氏縣城郊野坡，後移縣立第一高級小學，今在封龍山書院舊址。篆書十行，行十四至二十三字不等。

傳有初拓本附有翁方綱跋，黃易、趙魏木刻縮臨及釋文共四紙。

本編所收第一種版本明顯早於二玄社道咸拓片，但不見首行『元』字下二筆中『乚』，『處』字左下已有石花。故只能推斷其爲乾嘉時拓。

本編所收第三種版本，因晚於道咸本而早於光緒本，姑稱其爲咸同拓。

近拓　咸同　道咸　乾嘉

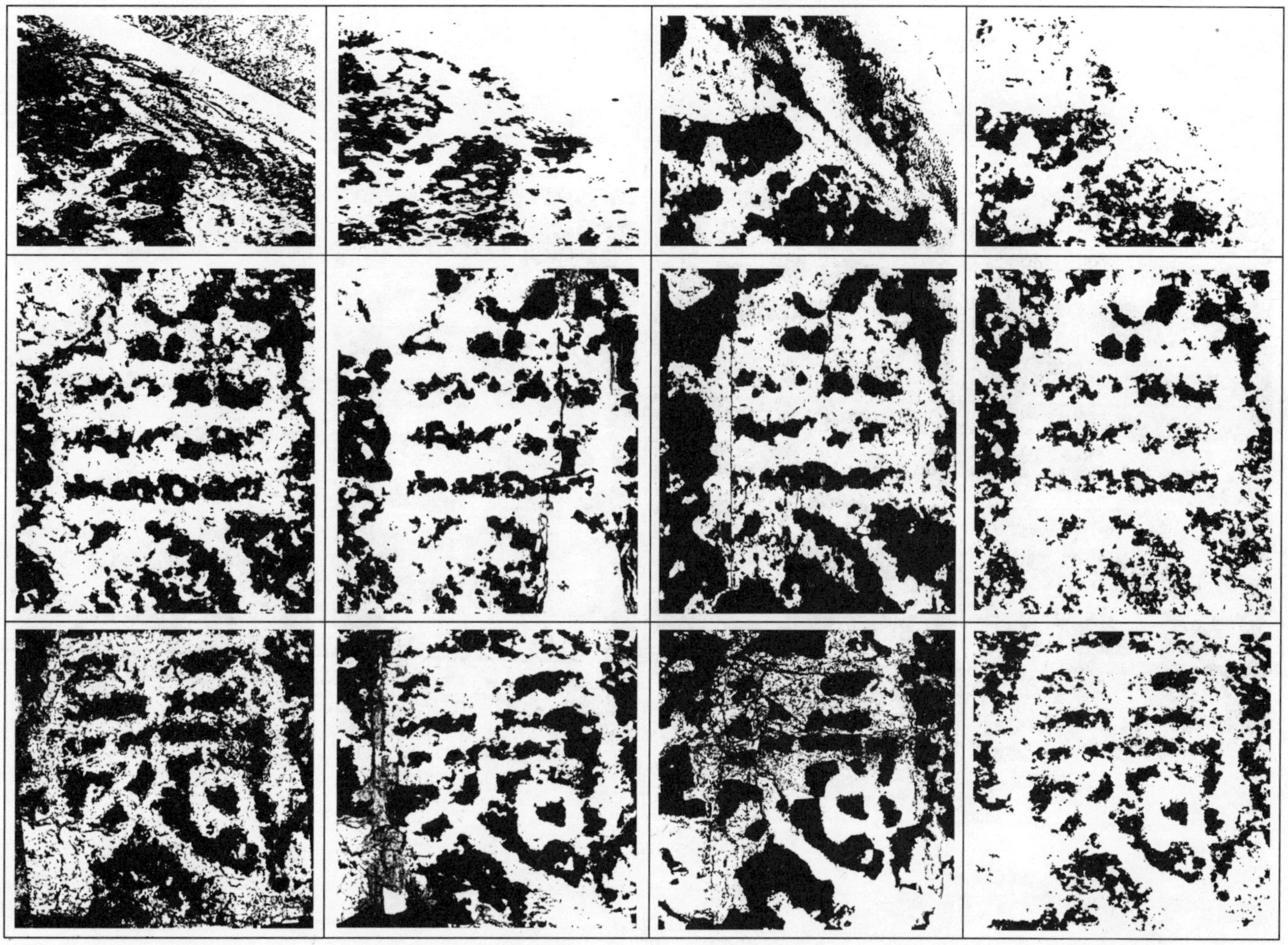

近拓

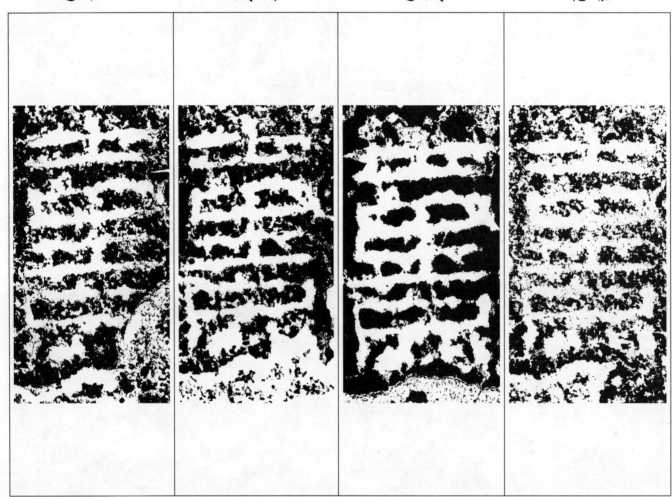

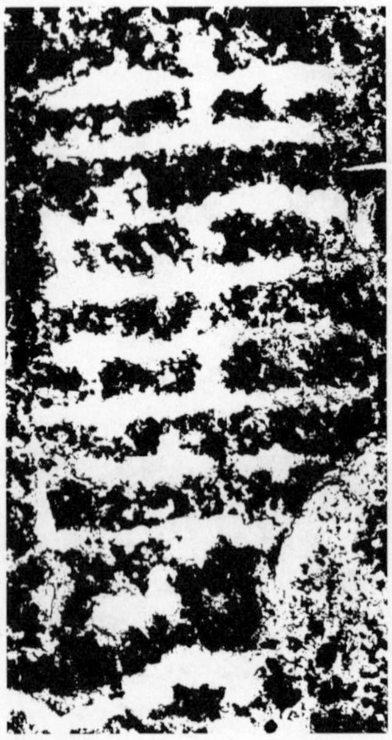

咸同

道咸

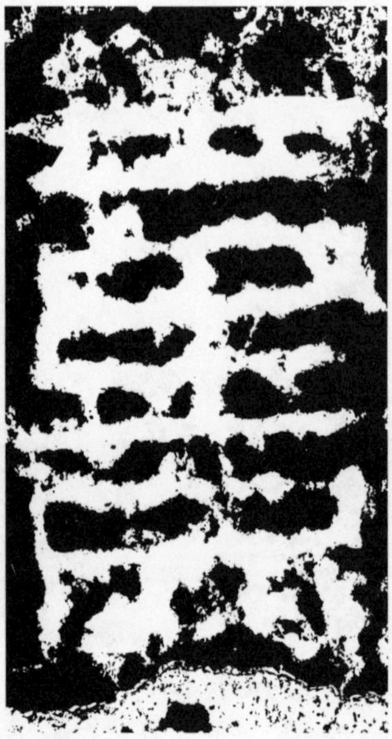

乾嘉

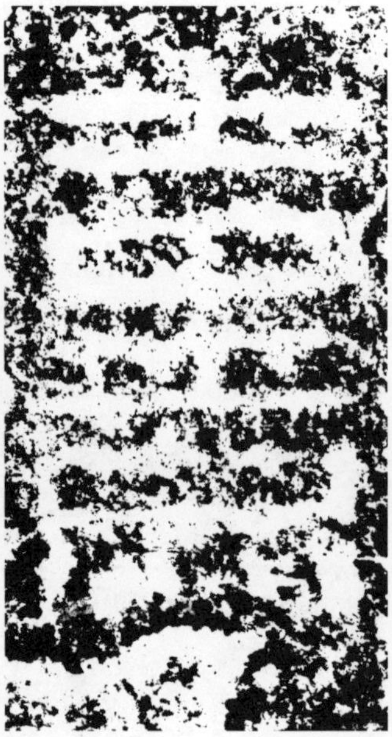

太室石闕銘

東漢元初五年（公元一一八年）四月刻於河南登封縣中嶽廟前。隸書。二十七行，行九字。傳有宋拓本存世，未見。

清末　清中　乾隆　清初

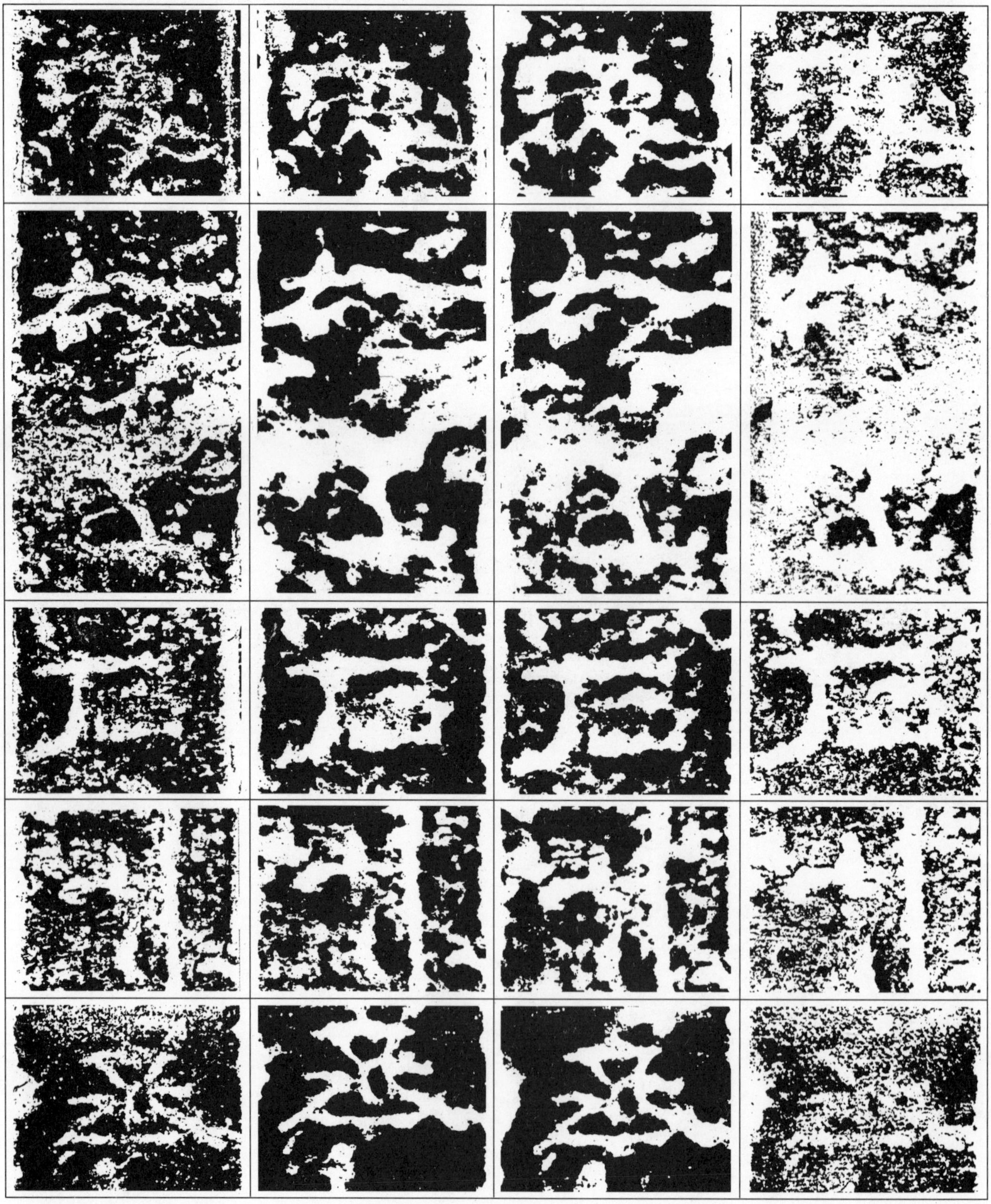

清末　清中　乾隆　清初

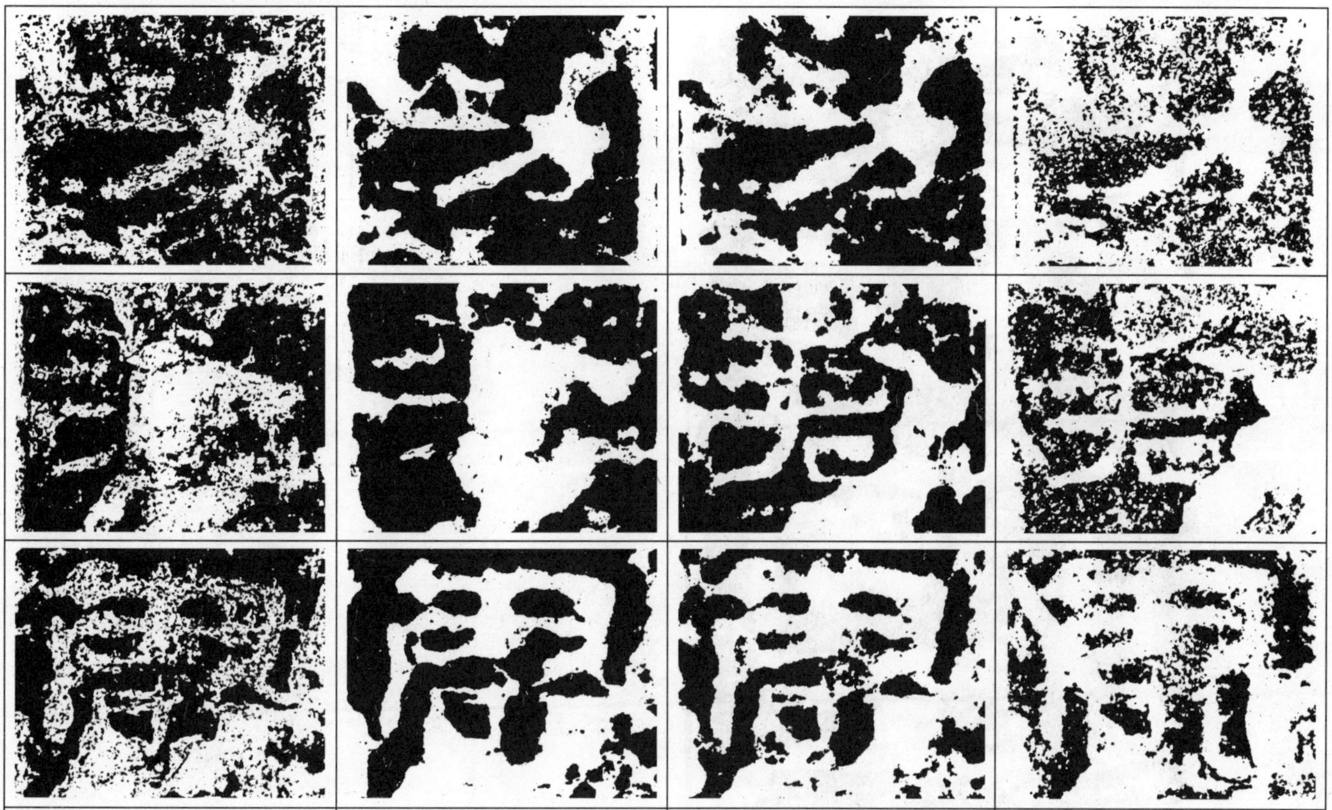

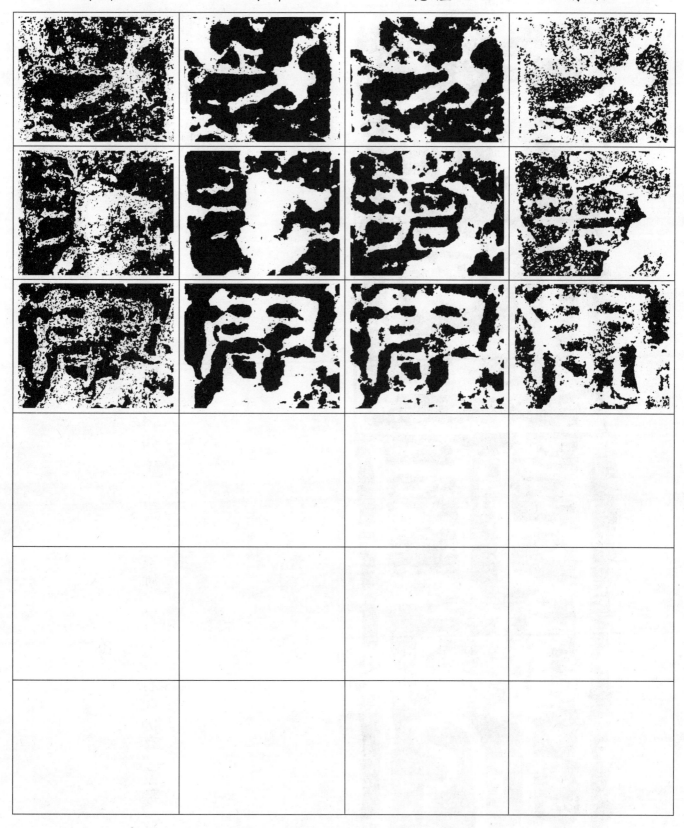

少室石闕銘

東漢延光二年（公元一二三年）三月刻于河南登封西十二里之少室廟，廟已毁，石闕仍存。篆額，銘文篆書，存二十二行，行四字。

明末拓

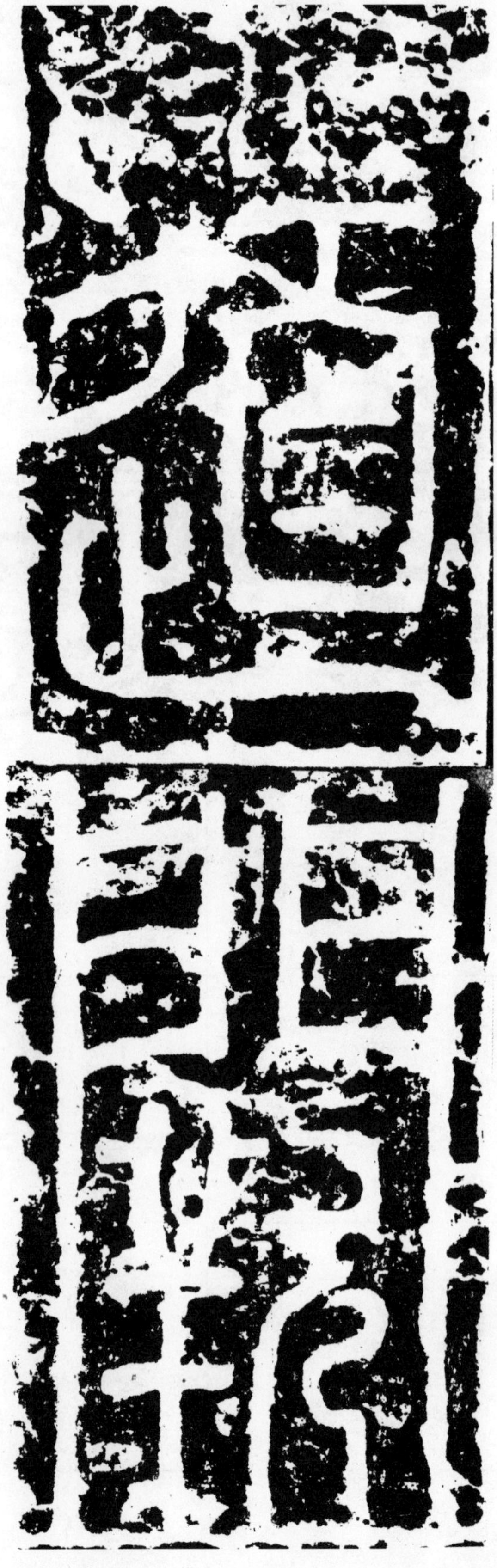

咸同

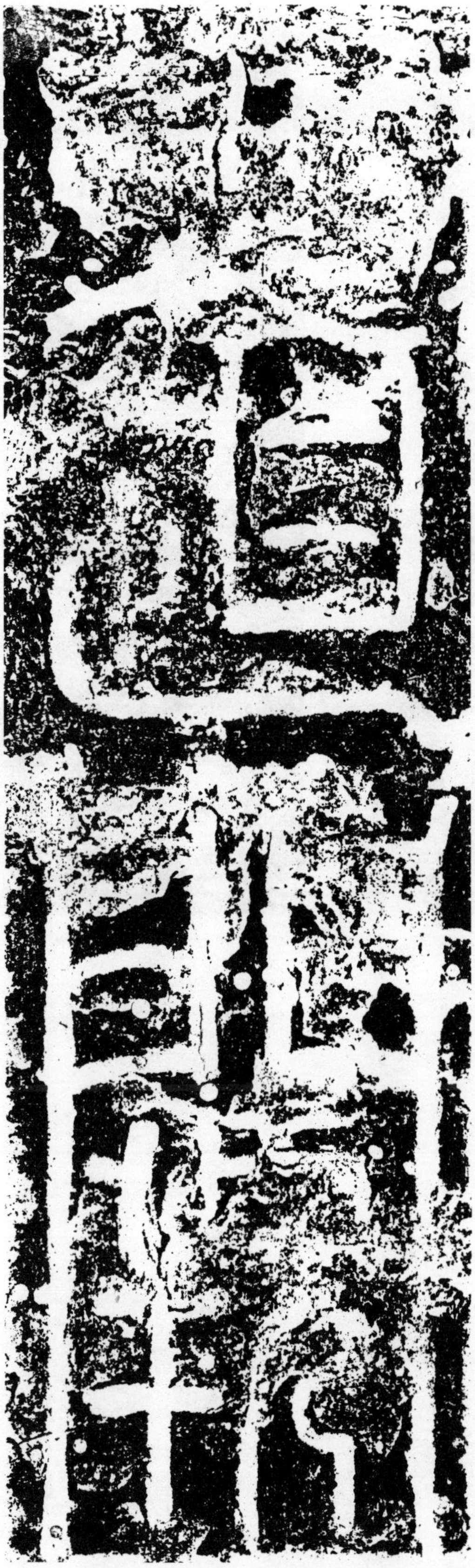

乾隆

咸同

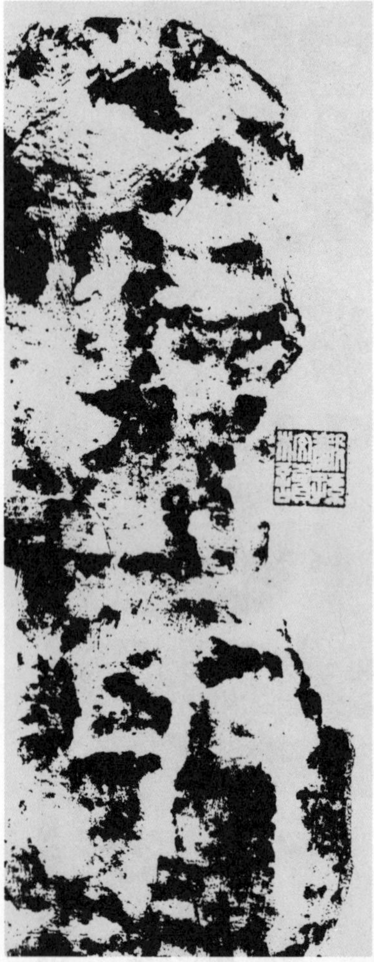

乾隆

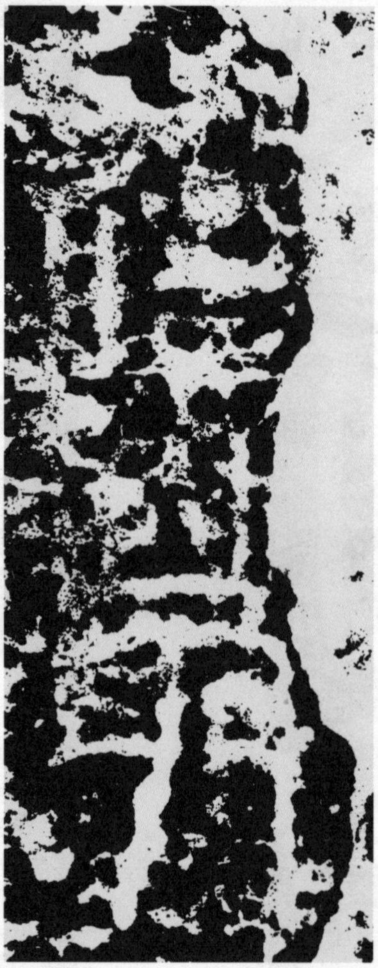

明末

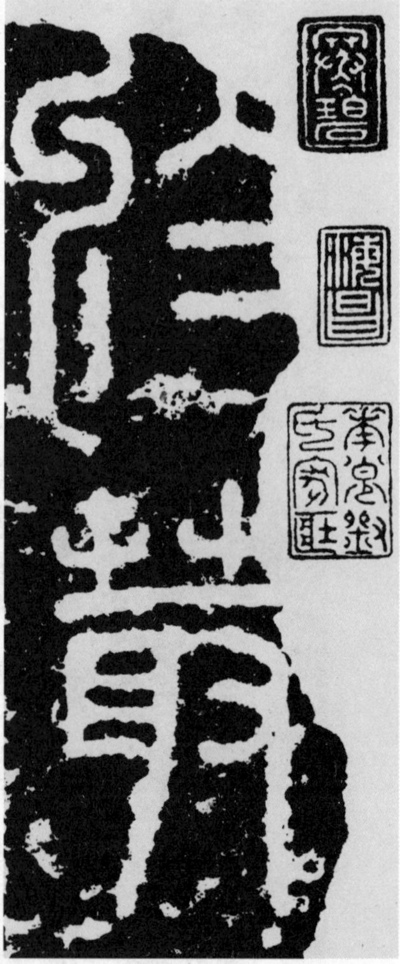

開母石闕銘

東漢延光二年（公元一二三年），刻於河南登封北十里崇福觀開母廟舊址。篆書二十五行，行十二字。傳北京故宮博物院藏有吳熙載、王懿榮二種明拓本。

晚清　　清中　　清初　　明末

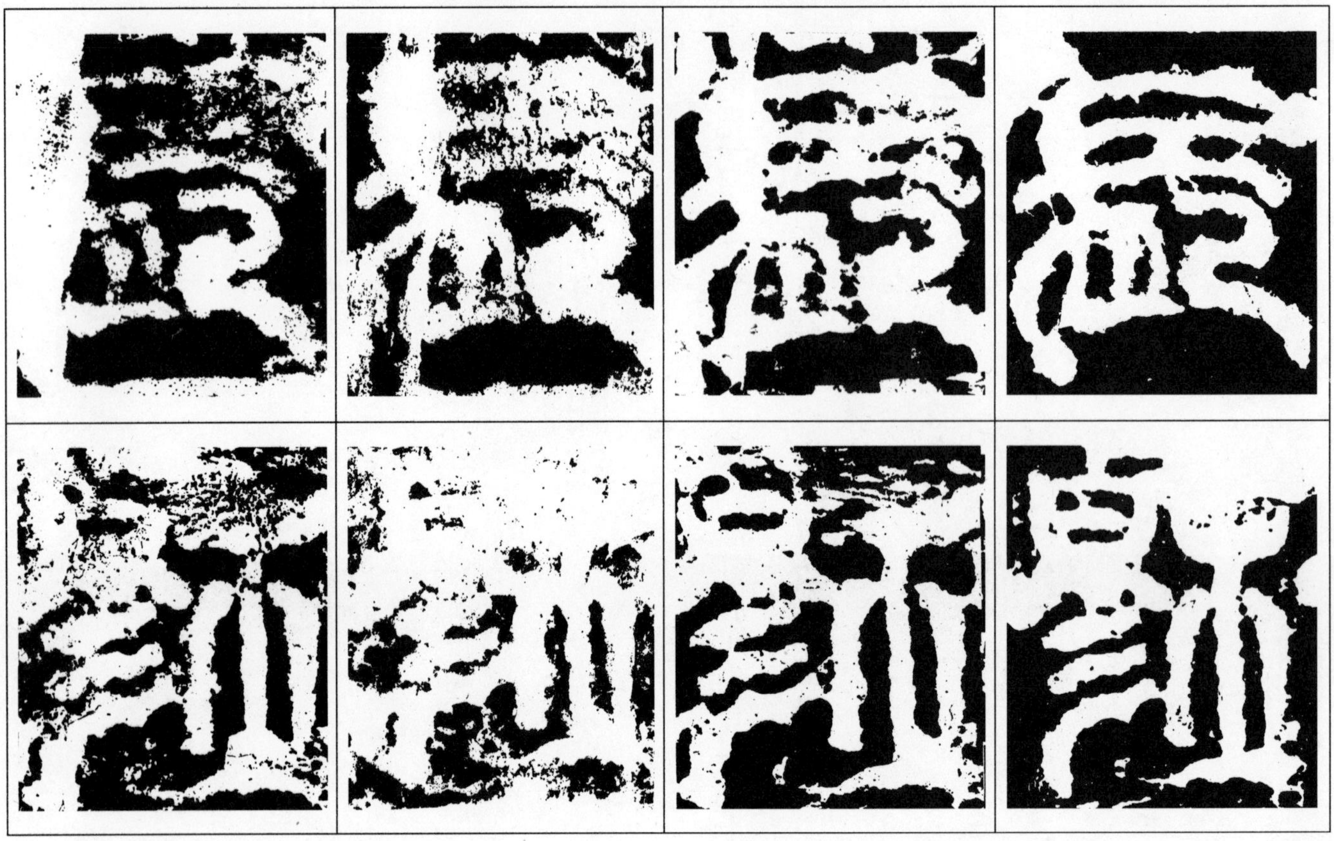

晚清　　清中　　清初　　明末

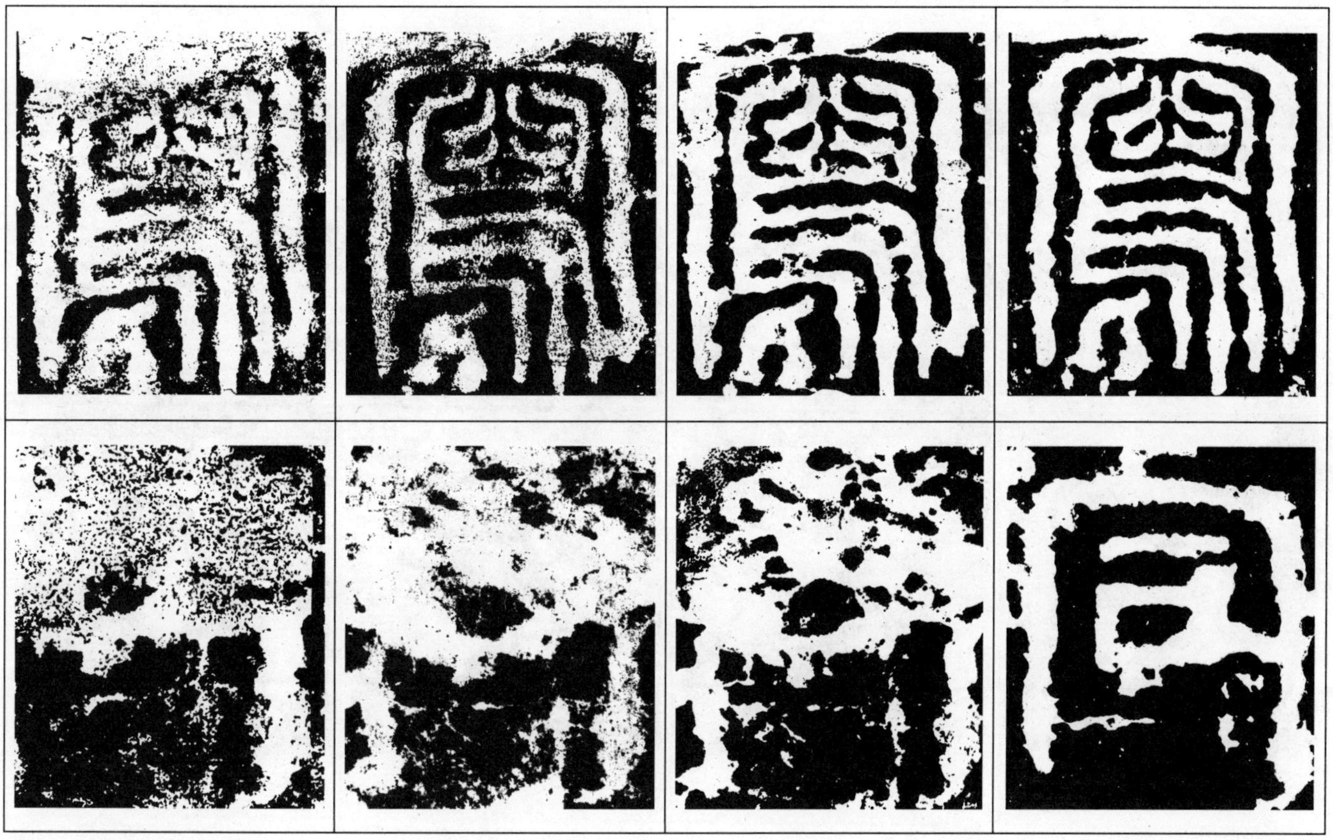

晚清	清中	清初	明末
		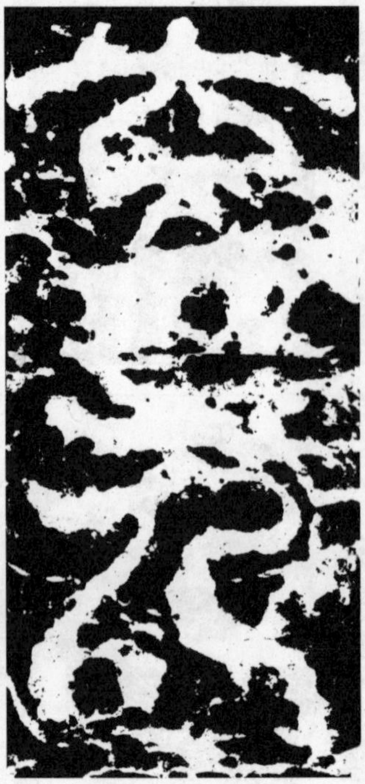	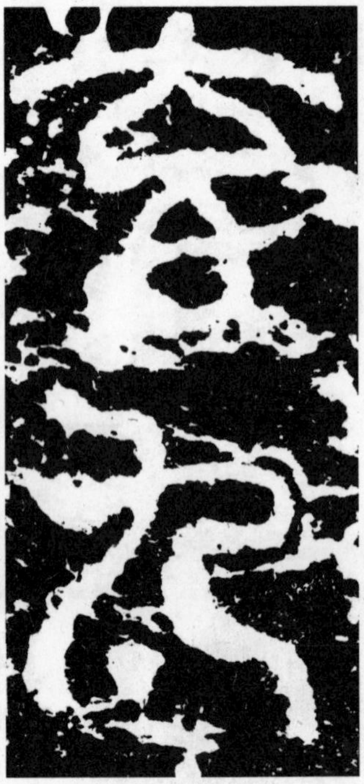

晚清

清中

清初

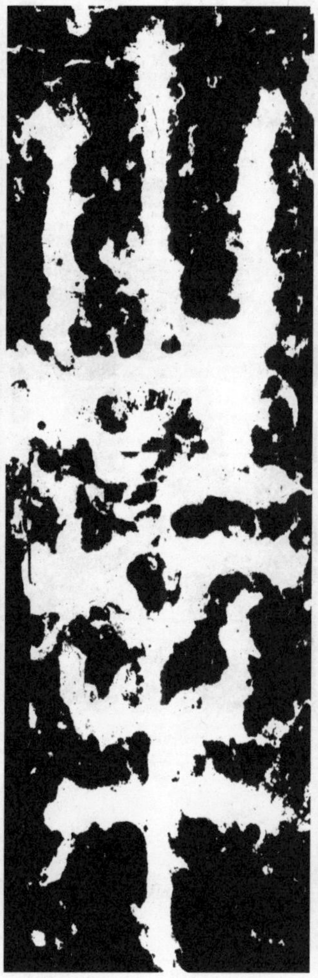

明末

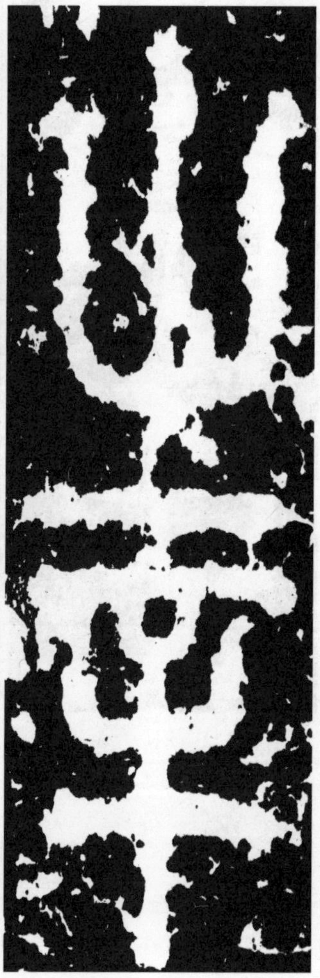

晚清

清中

清初

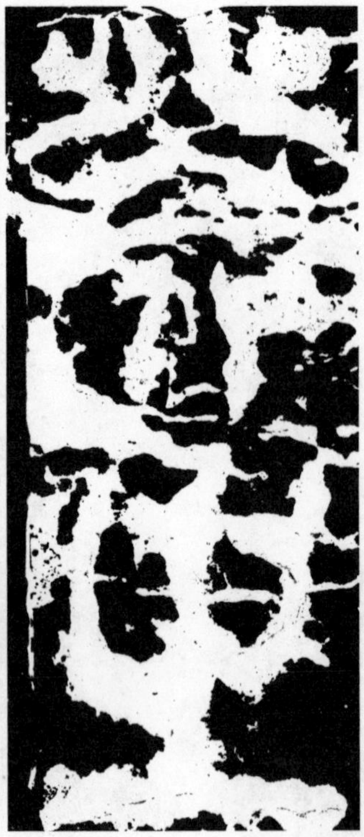

明末

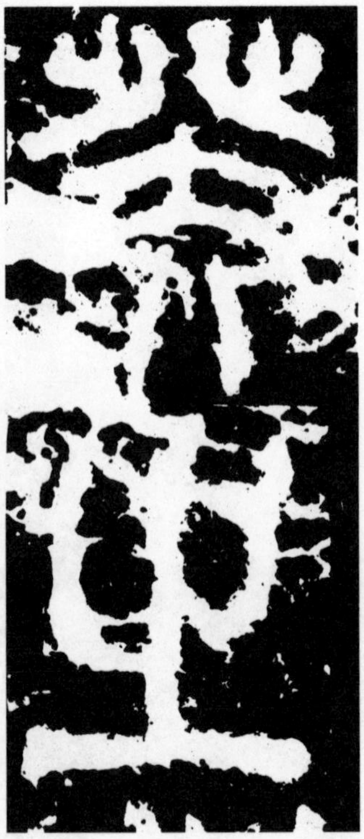

晚清

清中

清初

明末

晚清　　清中　　清初　　明末

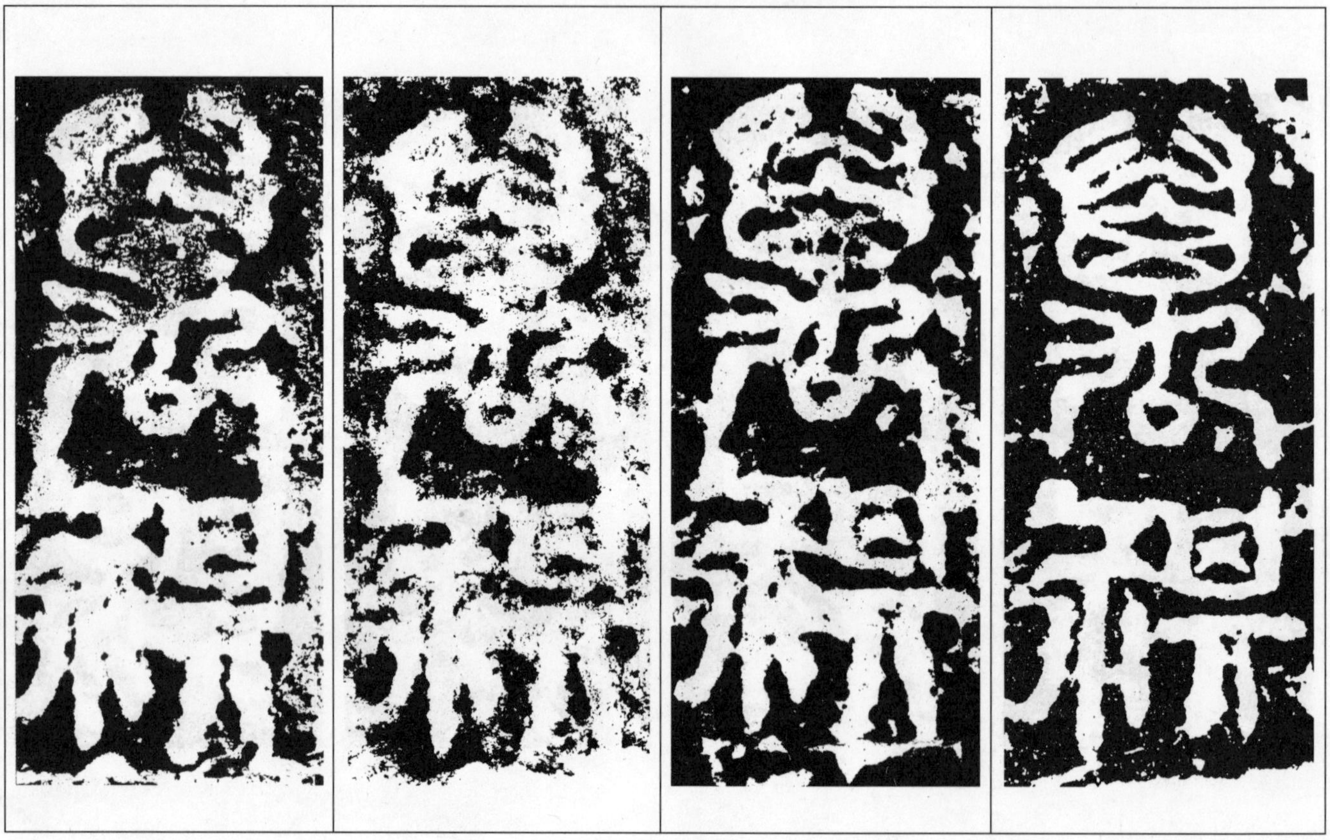

晚清

清中

清初

明末

裴岑紀功碑

或稱『敦煌太守碑』。漢永和二年（公元一三七年）八月立。清雍正七年（公元一七二九年）岳鍾琪發現。後存新疆巴里坤關帝廟。因地處偏遠，故舊拓精拓難得。

舊拓　　近拓

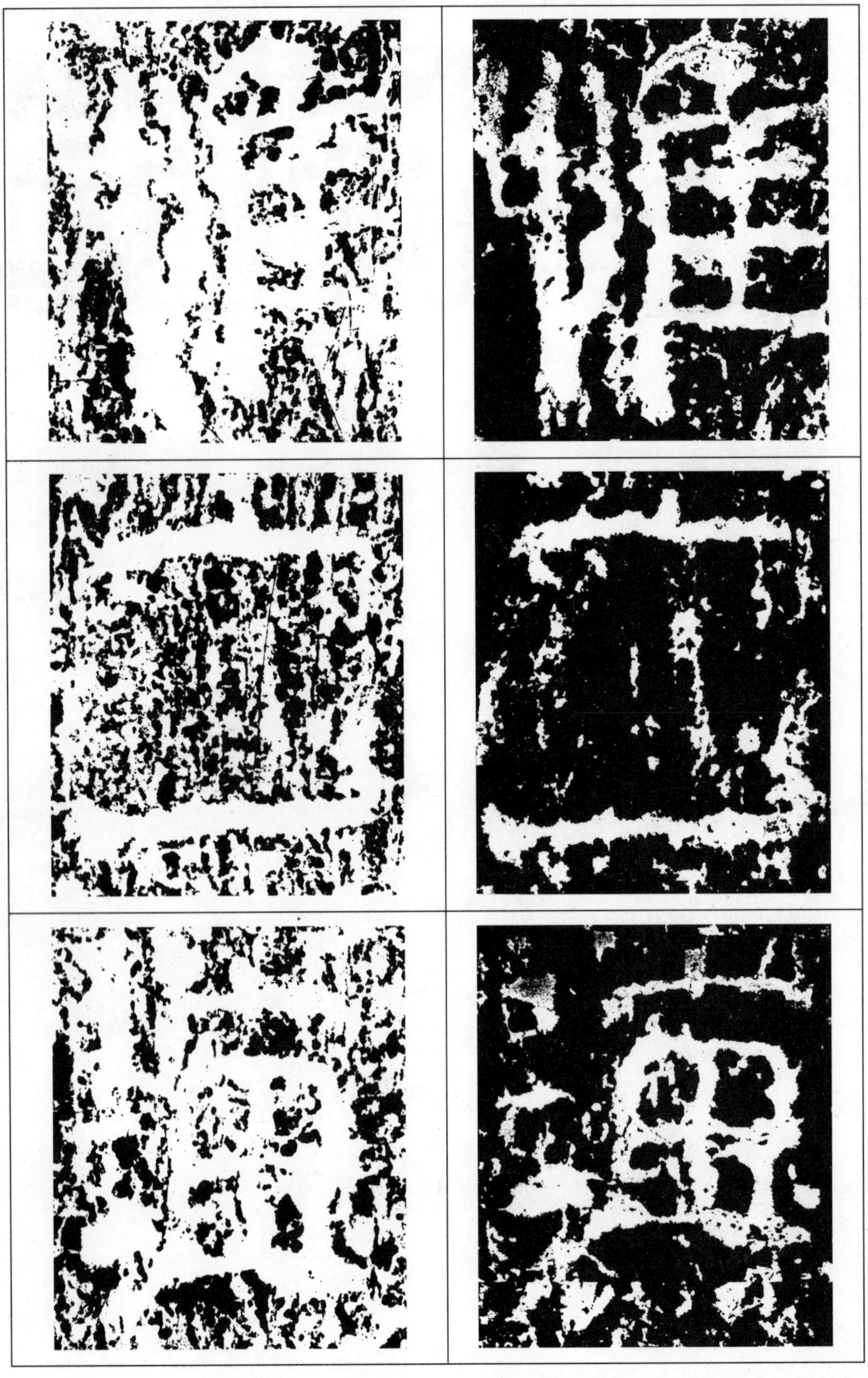

景君碑

東漢漢安二年（公元一四三年）八月立於山東濟寧任城。今在濟寧市博物館。篆額『漢故益州太守北海相景君銘』，正文隸書十七行，行三十四字；碑套四列，上三列各十八行，第四列一行。後刻四字韵一行。聞有明拓本存世。

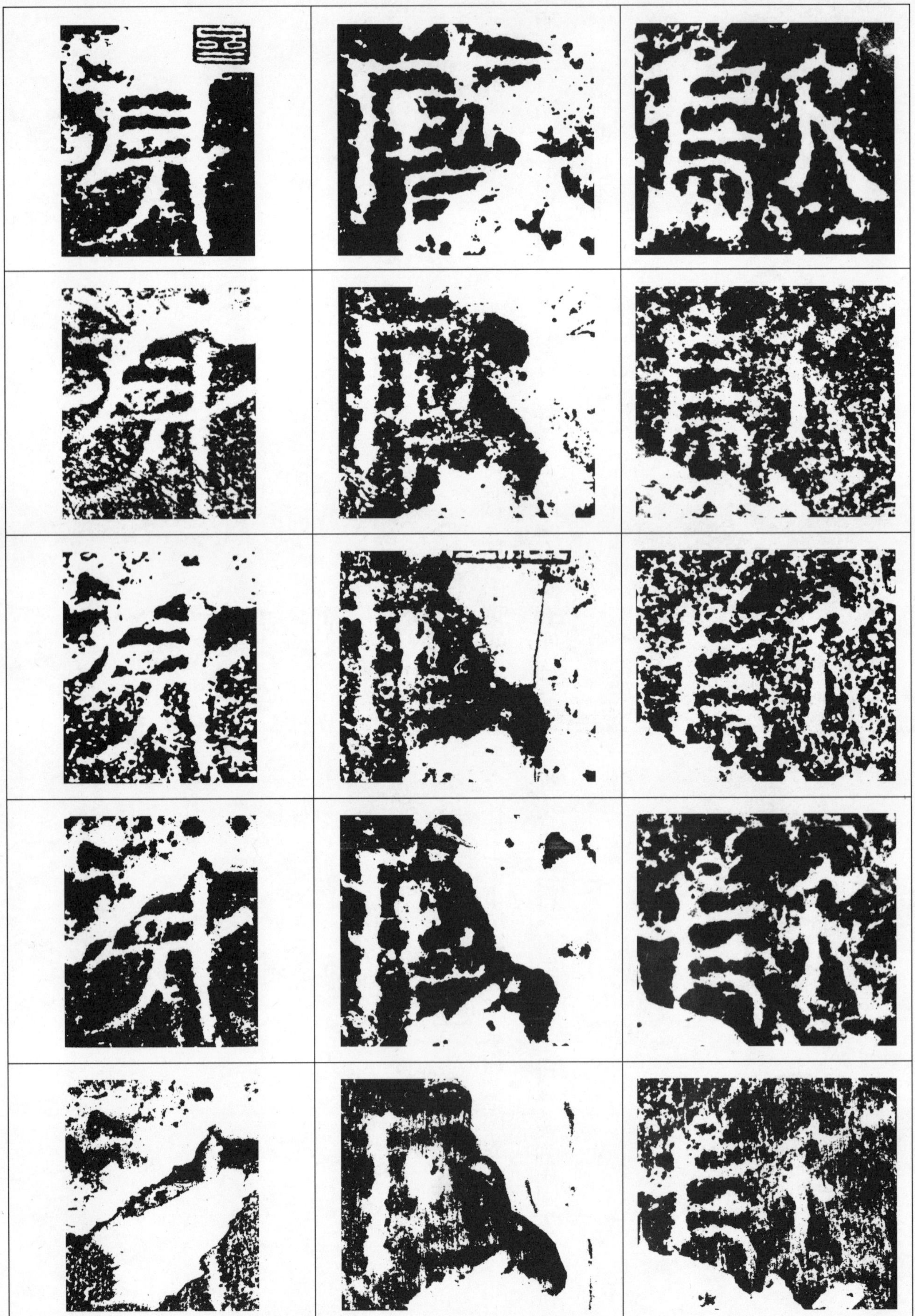

明末

清初

乾隆

嘉道

近拓

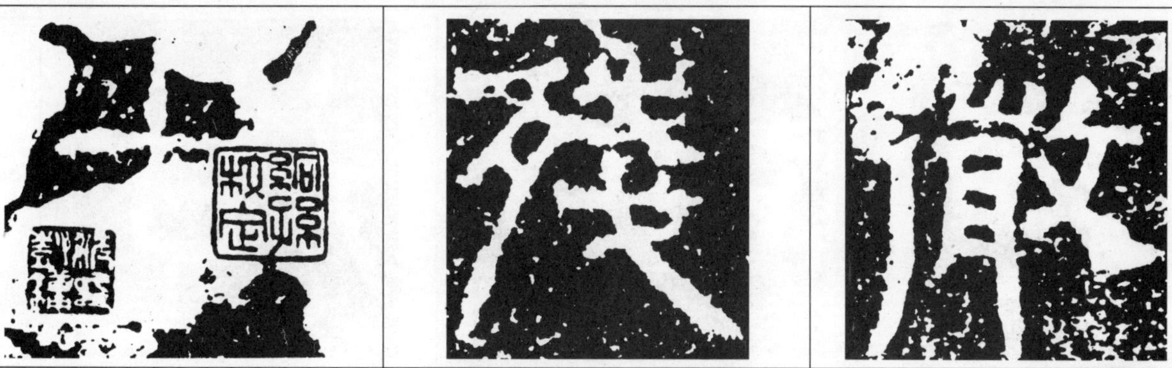

明末

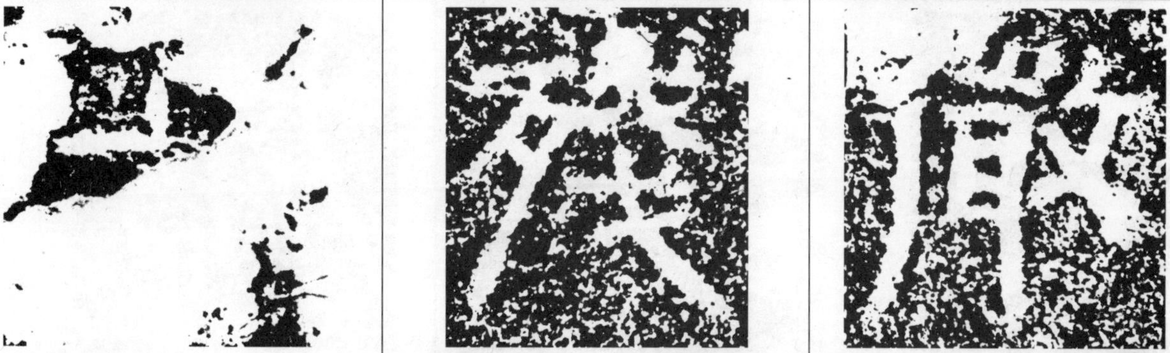

清初

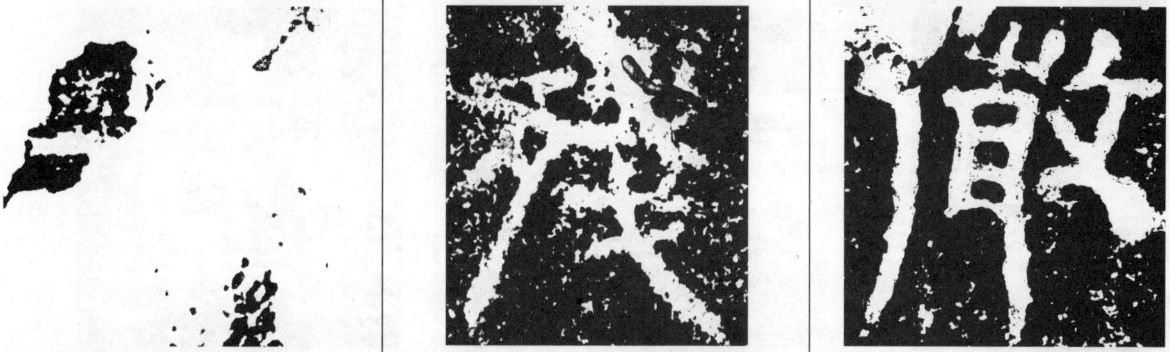

乾隆

嘉道

剪失

近拓

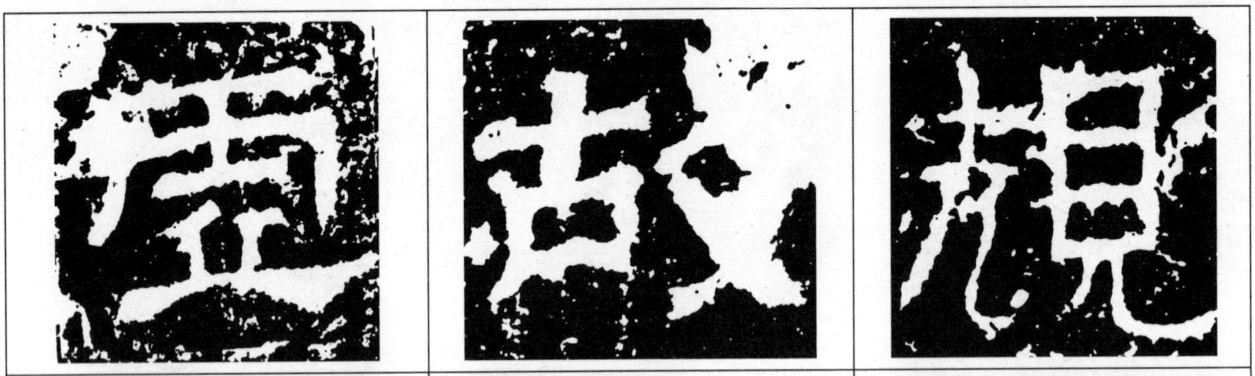
明末

清初

乾隆

嘉道

近拓

石門頌

額題：『故司隸校尉楗爲楊君頌』。東漢建和二年（公元一四八年）刻於陝西漢中褒斜道石門崖壁。今在漢中博物館，隸書二十二行，行三十至三十七字不等。

前輩著録，第十七行，『春秋記異』之『春秋記』三字右邊長筆末是否泐損是校碑考據。據我親訪原石，此處是長年下水之深溝，筆畫至今仍在三字末筆均深陷溝底，致使舊時多數拓片無法拓到，故此三字不足以爲考據。第二十一行『高』下口，從原石上也可看出，是明顯的挖補而成，與原字整體不和諧。

近年盜拓用宣紙、墨汁，與舊拓有明顯不同。

清初　　明拓

近拓　　嘉道　　乾隆

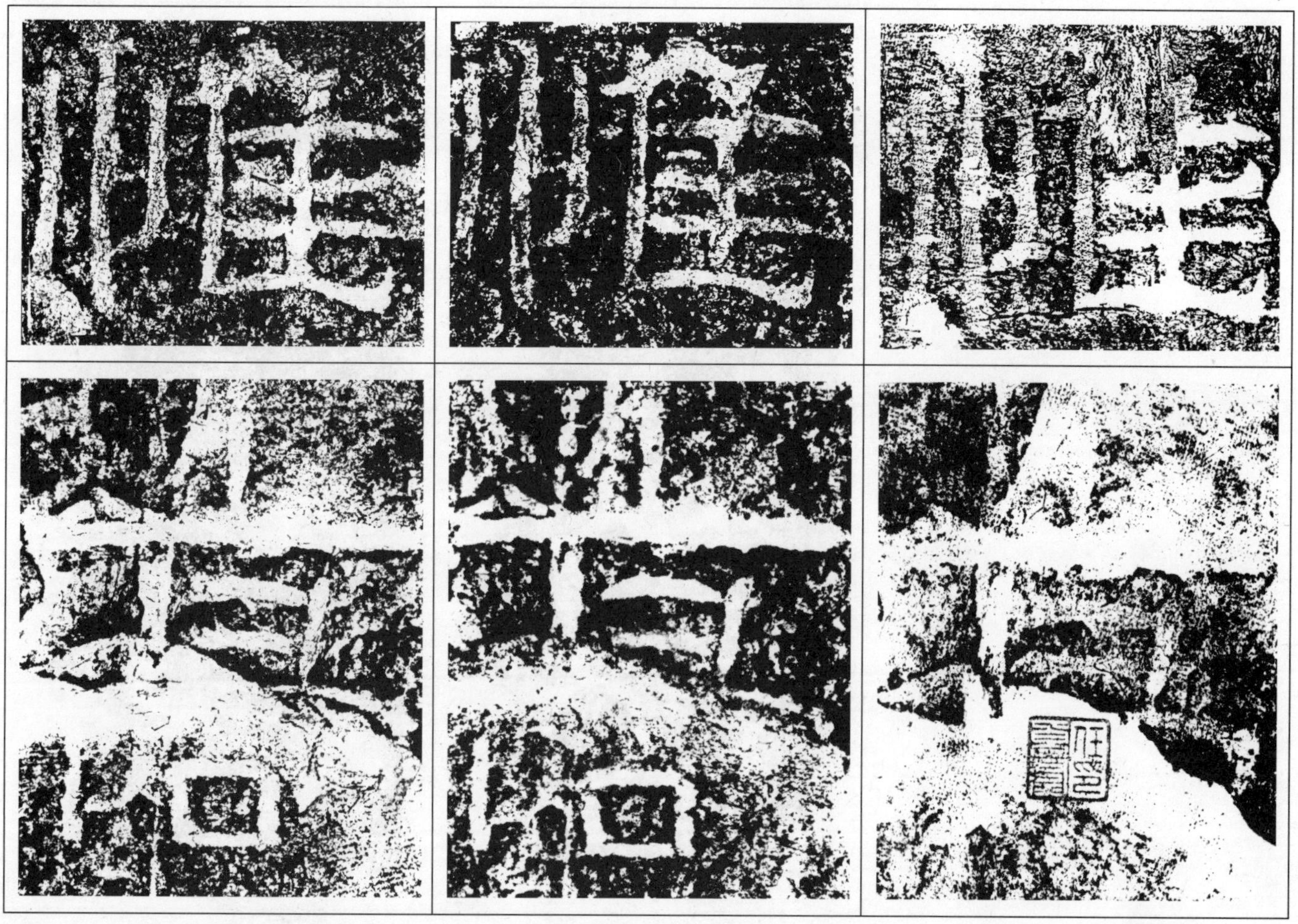

清初

明拓

乾隆

嘉道

近拓

乙瑛碑

全稱『魯相乙瑛請置百石卒史碑』，或稱『百石卒史碑』。東漢永興元年（公元一五三年）六月立於山東曲阜孔廟。隸書，十八行，行四十字。

明末　　明中　　明初

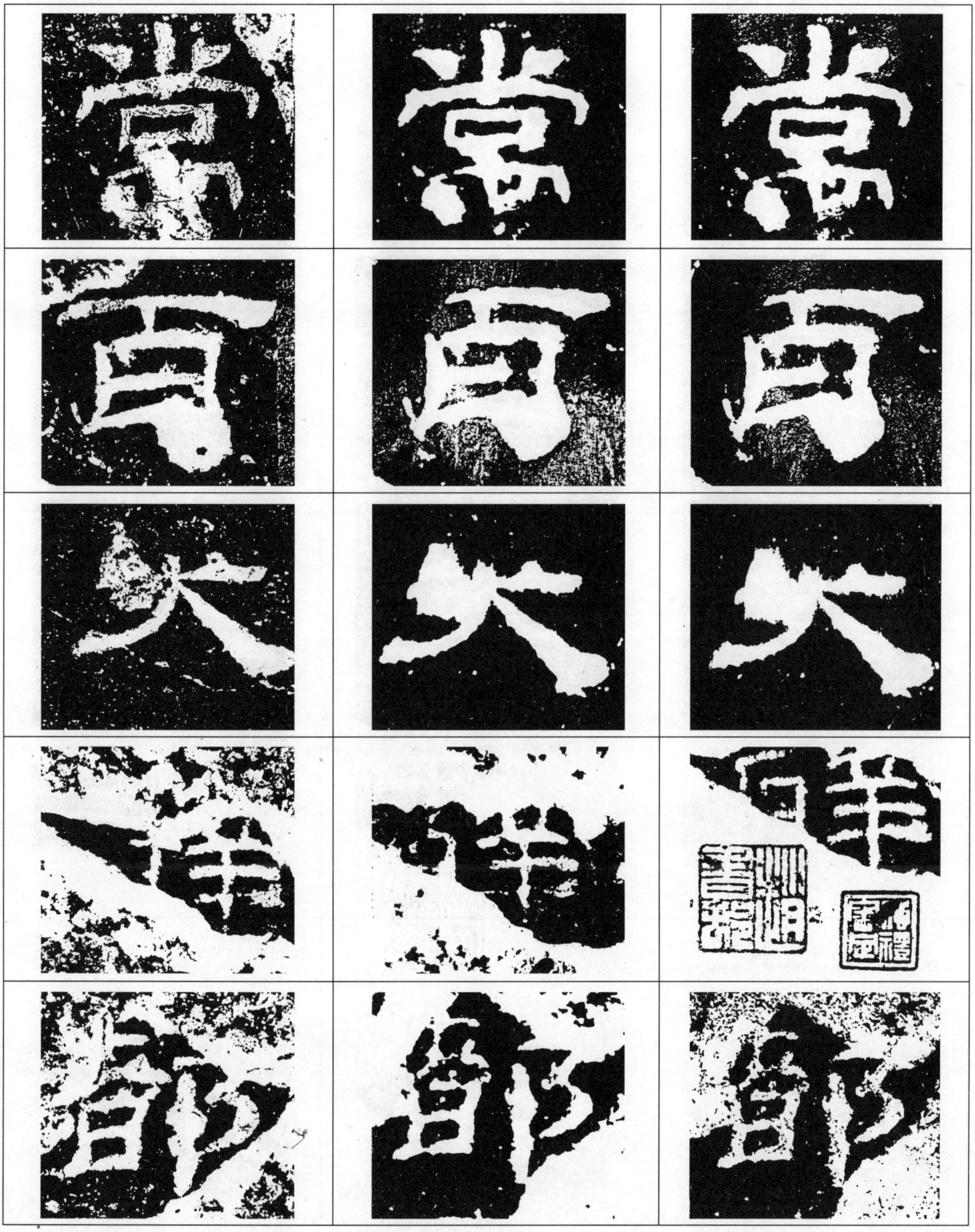

乾隆　　雍乾　　清初

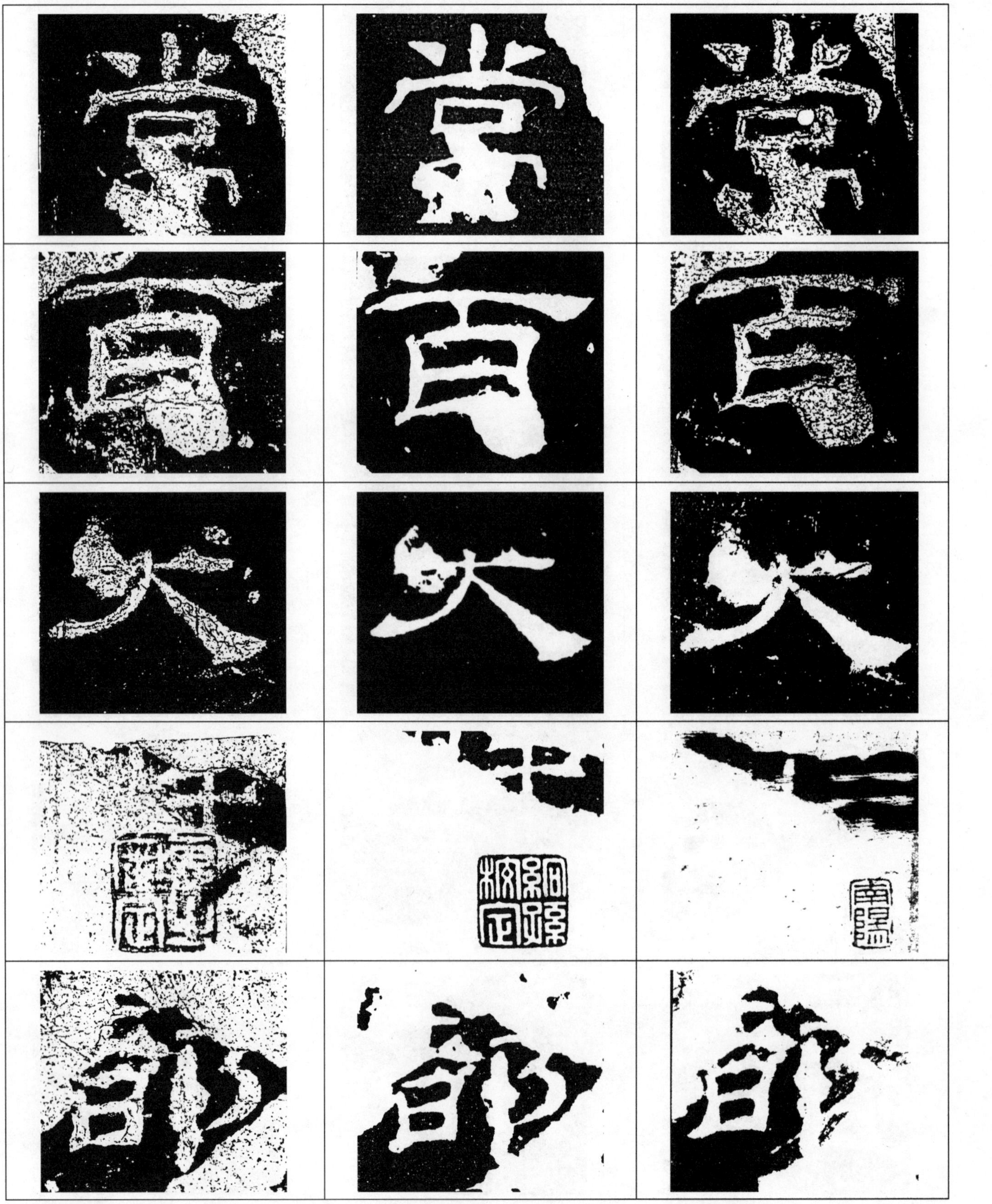

	同光及以后	嘉慶

	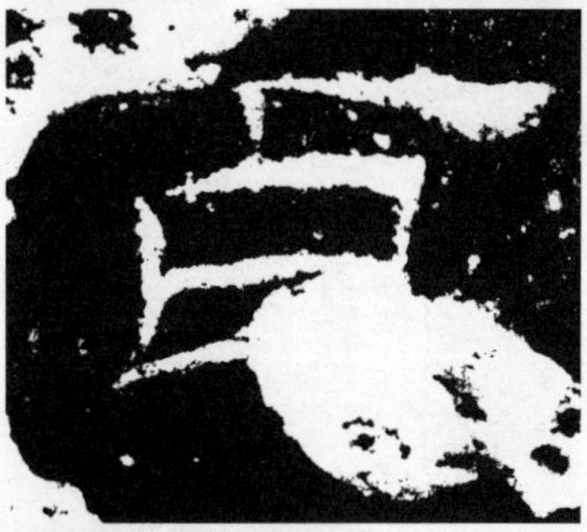	

李孟初碑

全稱『漢宛令李孟初神祠碑』。東漢永興二年（公元一五四年）六月立。清乾隆間白河水漲衝出土，旋佚，道光咸豐間（公元一八二一年至一八六一年）又出土，被運往南陽，咸豐十年（公元一八六〇年）金梁刻跋於碑石下方泐殘處。今藏河南南陽市博物館。

隸書，首二行大字標題。文及題名十五行，下部漫漶，行存約二十字不等。

道咸

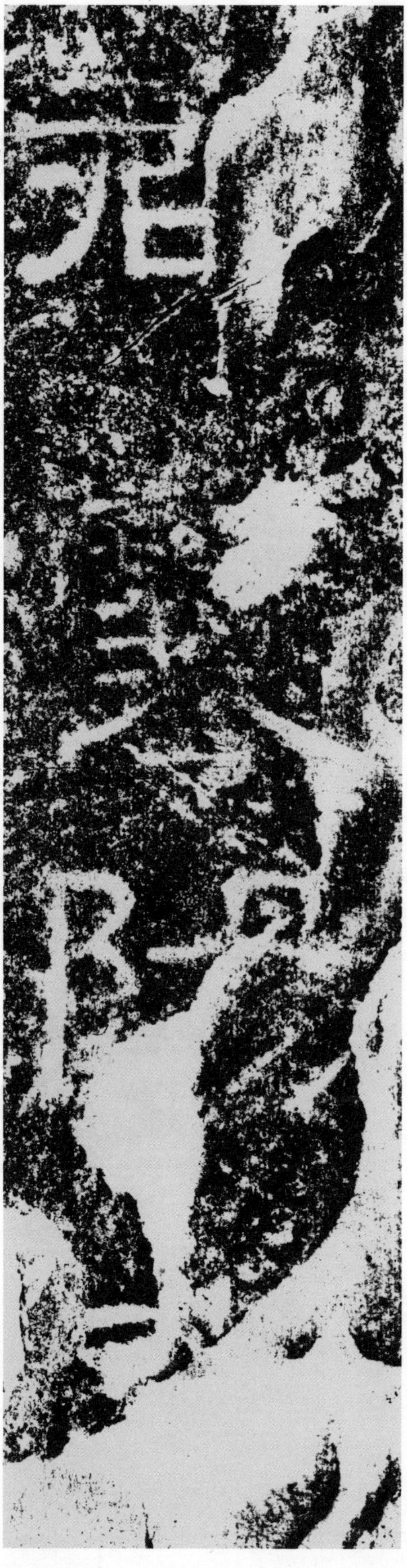

乾嘉

近拓

咸同

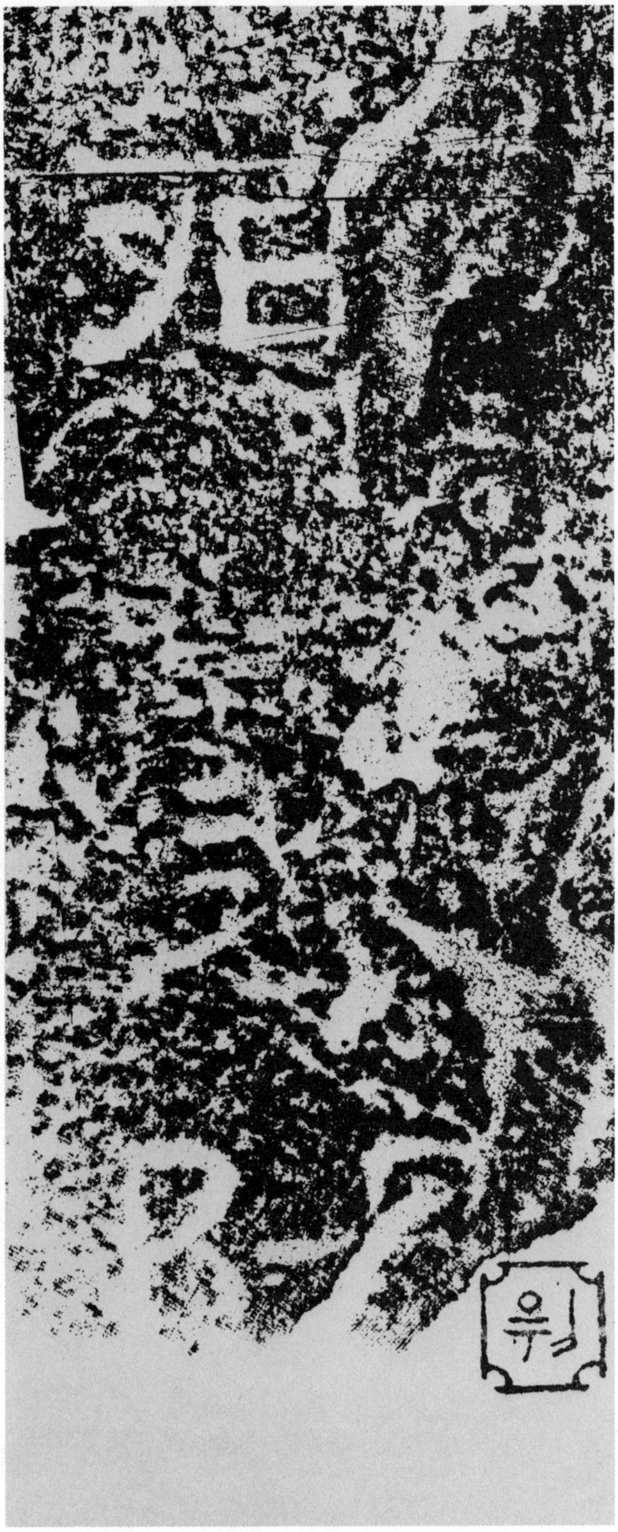

禮器碑

全稱『漢魯相韓敕造孔廟禮器碑』。東漢永壽二年（公元一五六年）立於山東曲阜孔廟。碑未入土，至今仍在。宋代以來著録完整。傳世拓片頗多。隸書。十六行，行三十六字：碑陰三列，各十七行：左側三列各四行，右側四列各四行，另有題名數處。

聞有宋元或明初拓片存世，未見。

拙撰《禮器碑·明拓本》可資參閲。

乾隆	清初	明末	明中

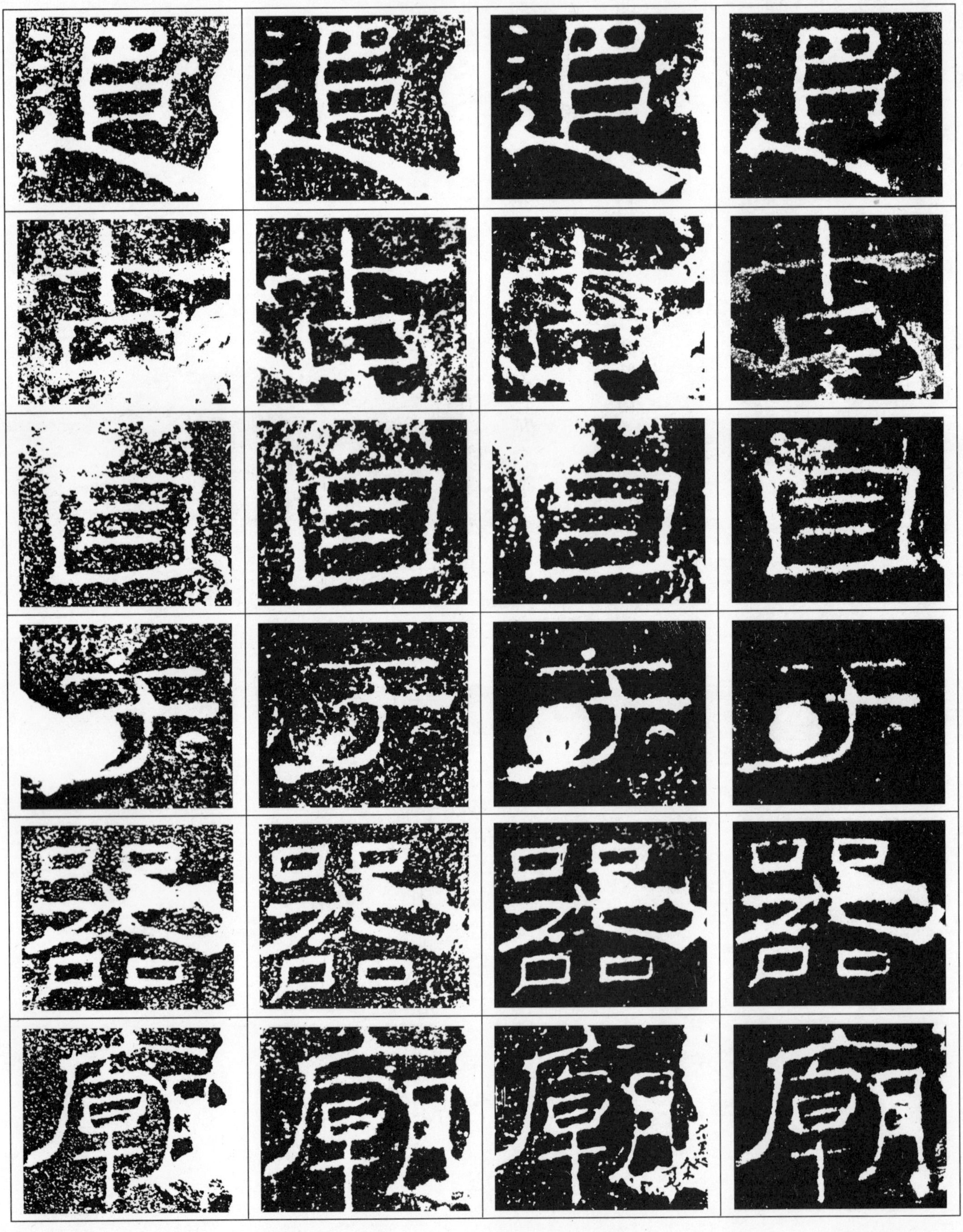

		光緒	嘉道

			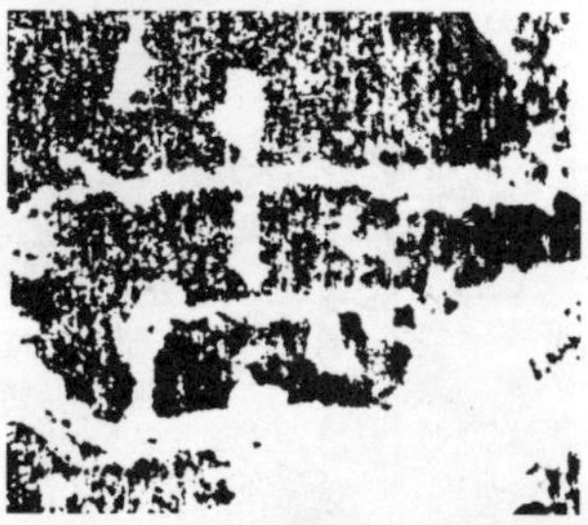
		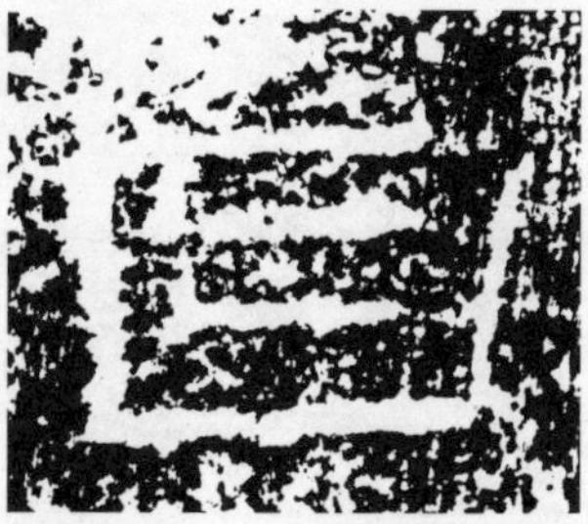	
		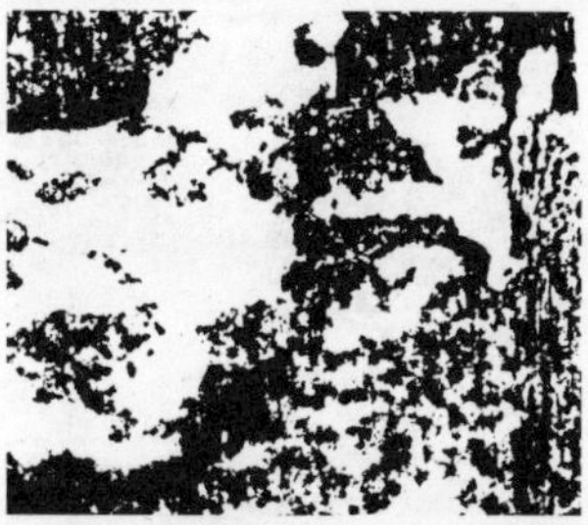	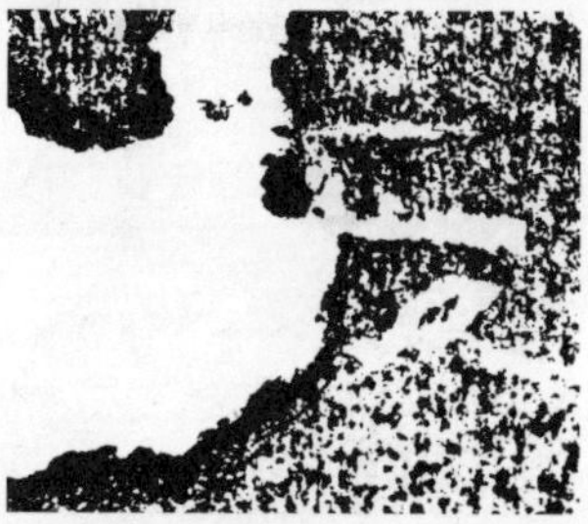
		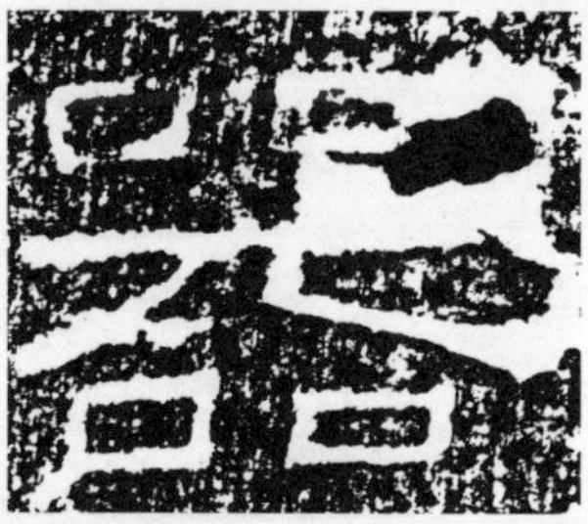	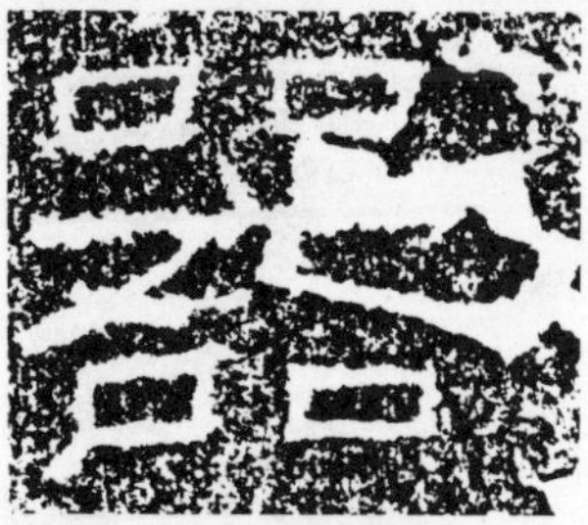

乾隆　清初　明末　明中

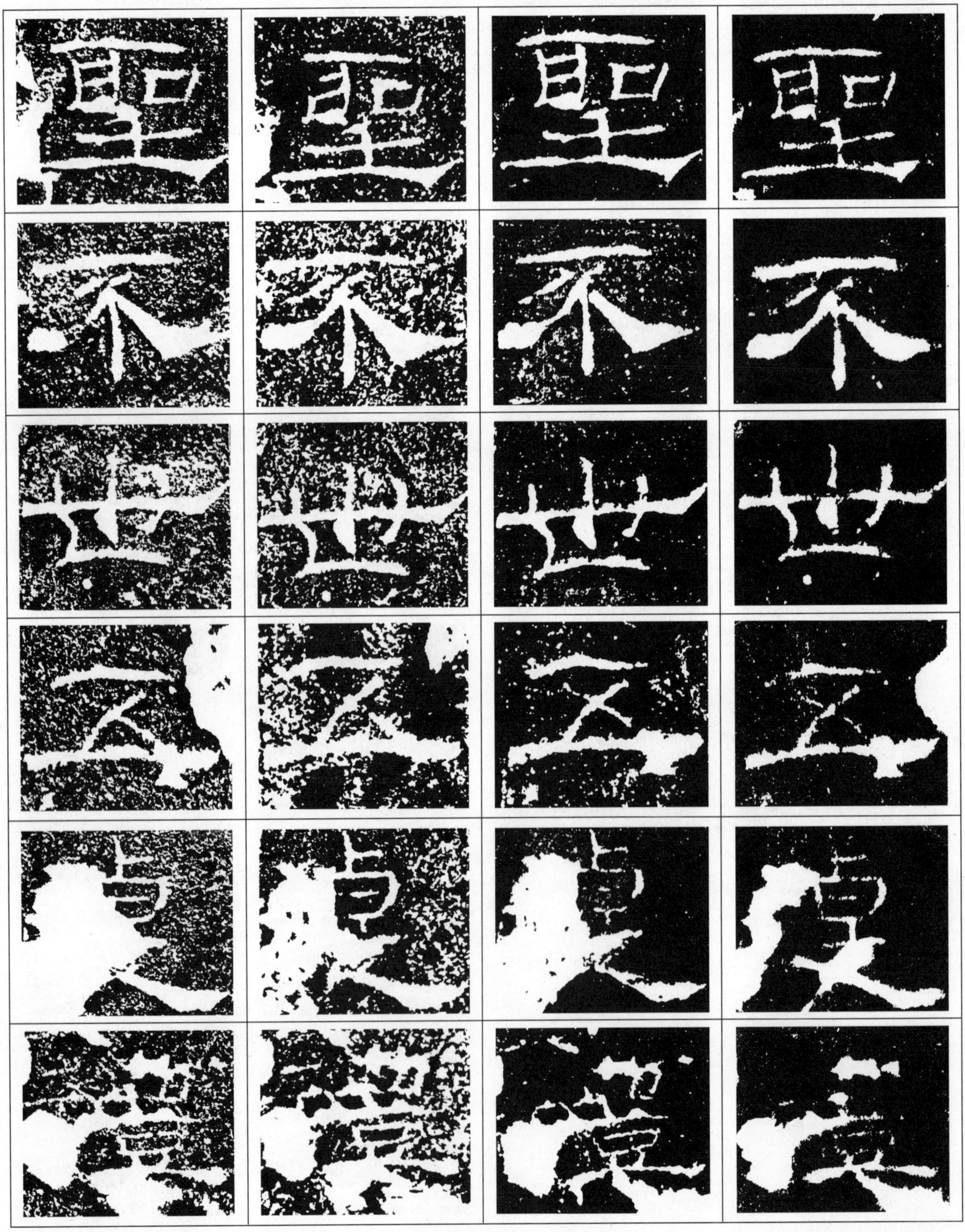

		光緒	嘉道

		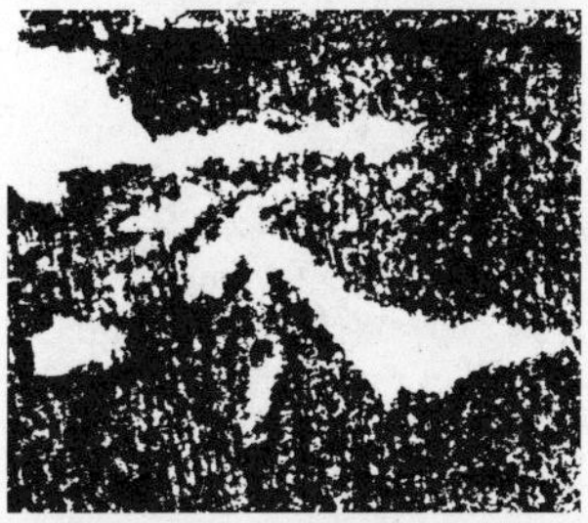	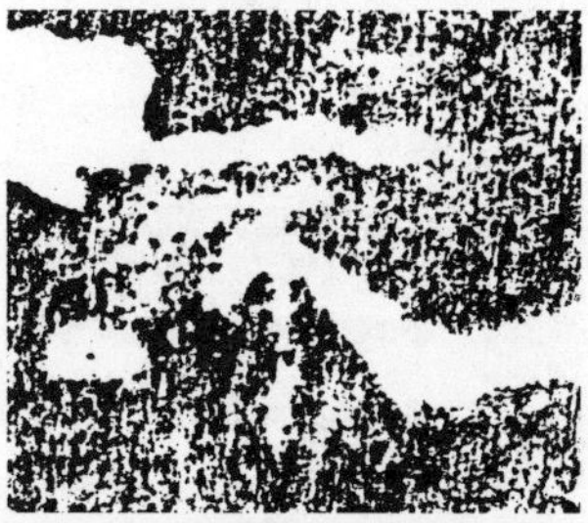
			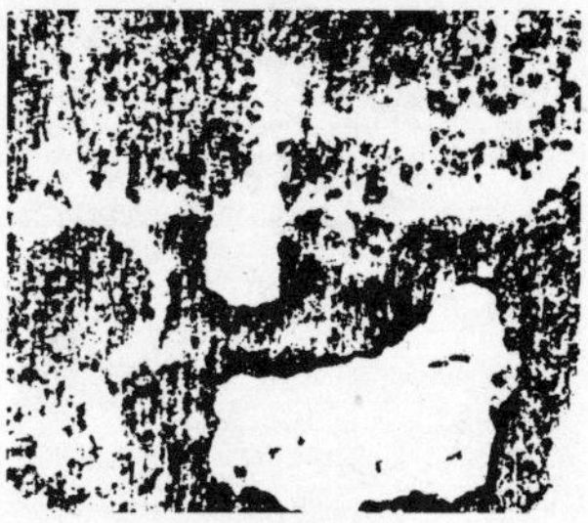
		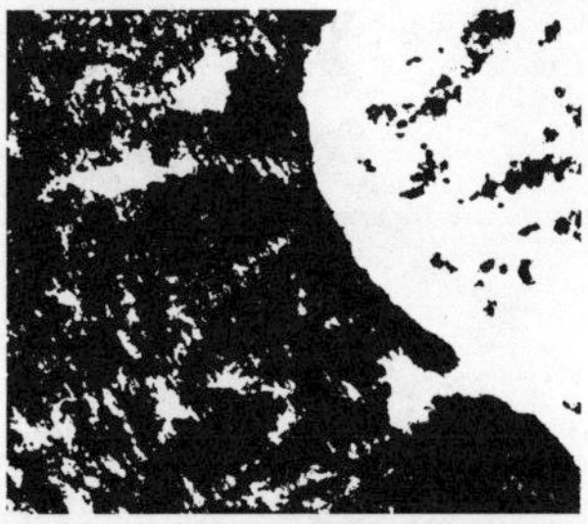	
		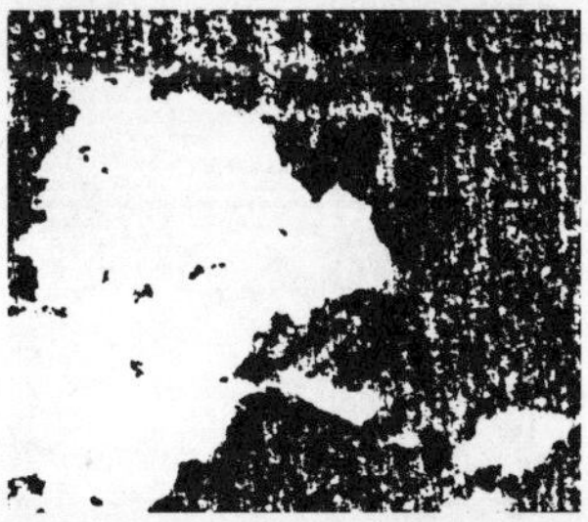	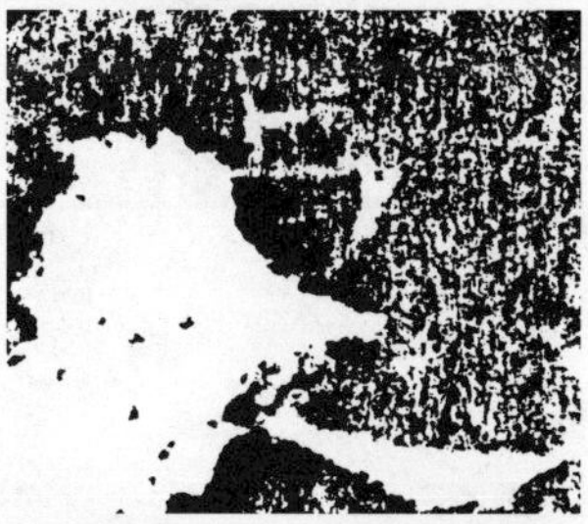

乾隆　清初　明末　明中

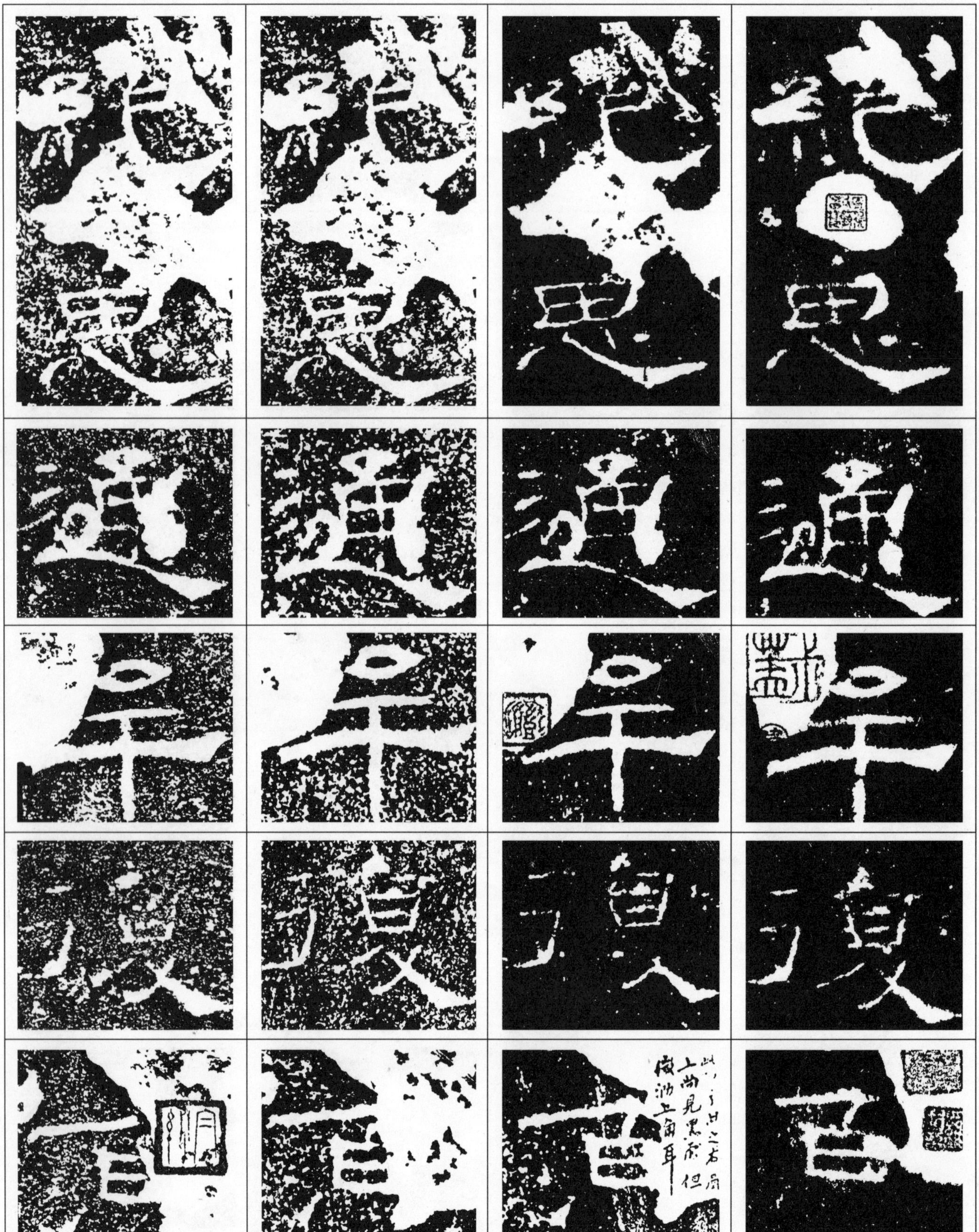

		光緒	嘉道

			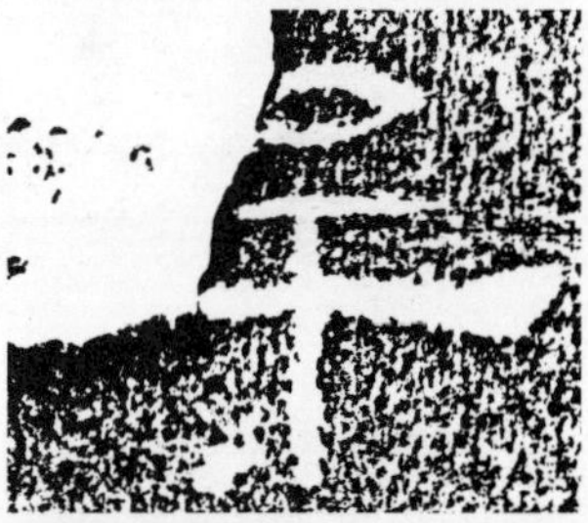

鄭固碑

篆額二行八字『漢故郎中鄭君之碑』東漢延熹元年（公元一五八年）四月立，今在山東濟寧市博物館。正文隸書，十五行，行廿九字。碑石下截原埋土中。清雍正六年（公元一七二八年）李鶡得右下截一角，共二十二字。乾隆四十三年（公元一七七八年）李東琪、藍嘉瑄掘出下截，行八字。

有正書局本『膺』字剪失，可能底本該字已泐盡，但也不妨其爲乾隆拓。

《北京大學圖書館藏歷代金石拓本菁華》第一二九號，署名明末清初拓，但實似清乾隆拓。

嘉慶	乾隆	雍乾
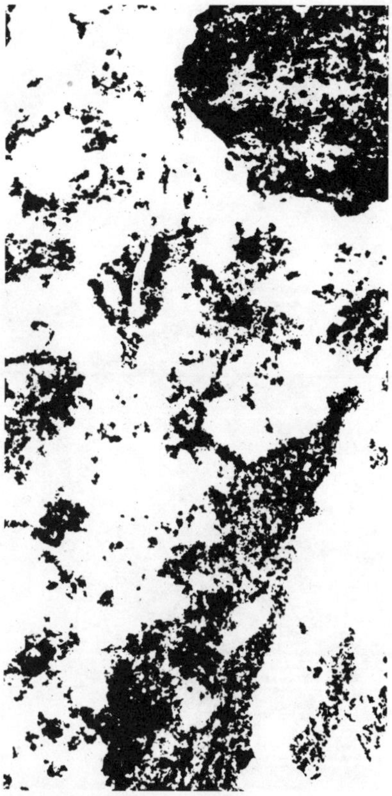	 剪失	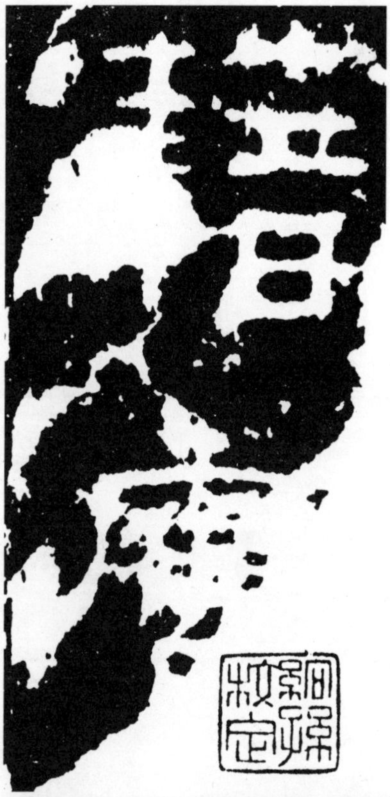
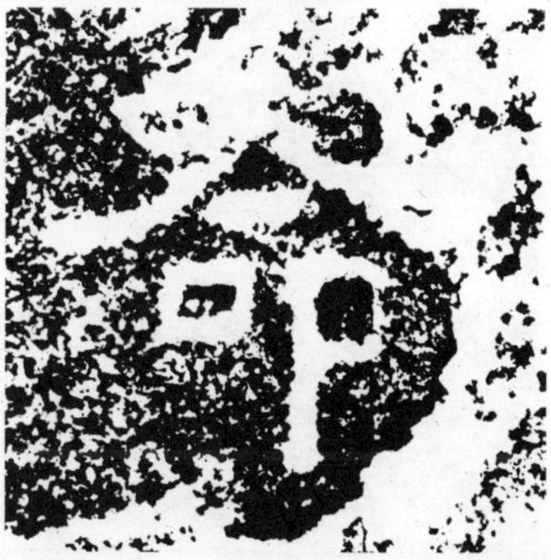	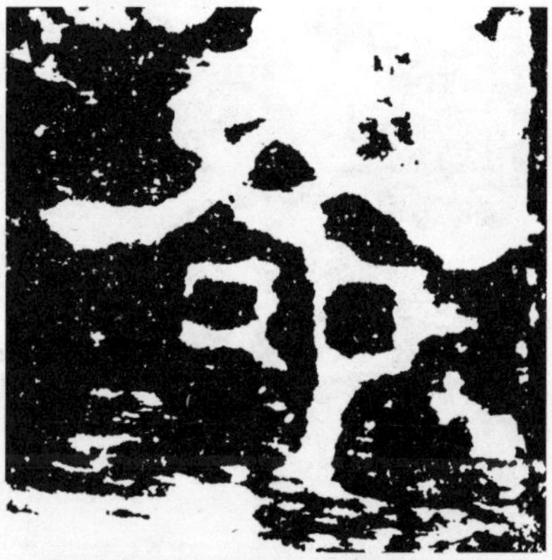	
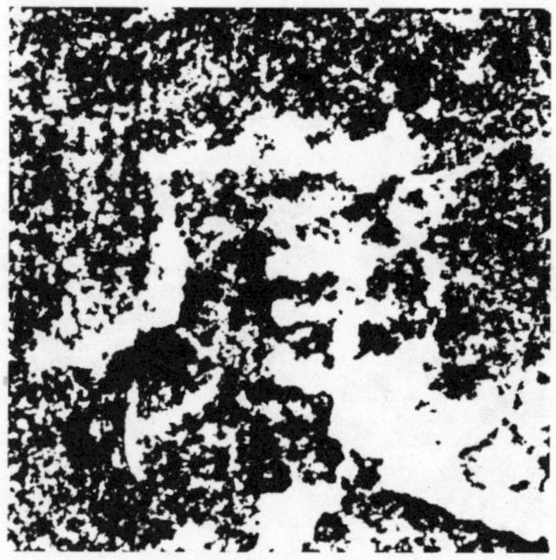	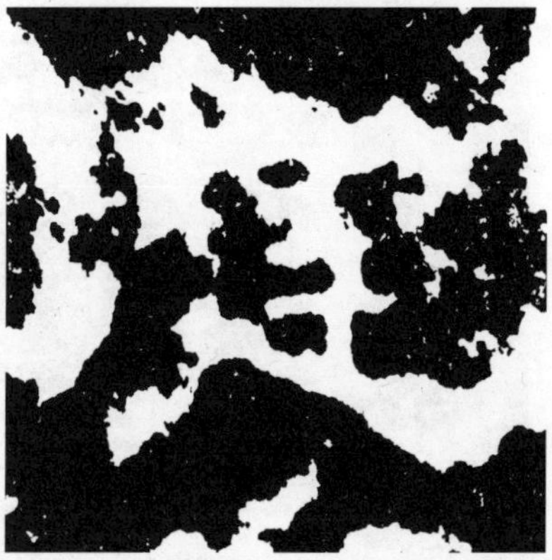	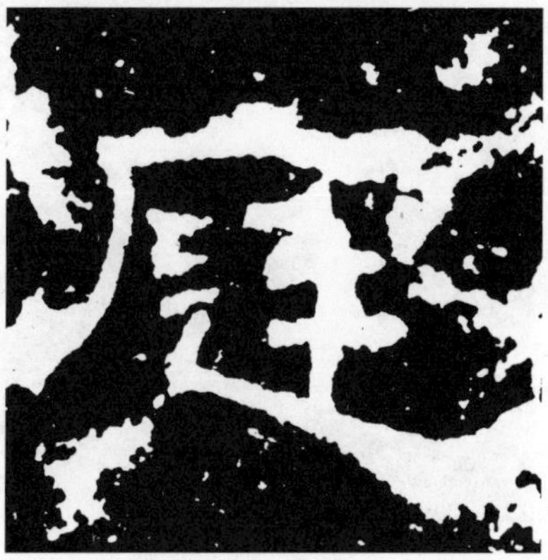

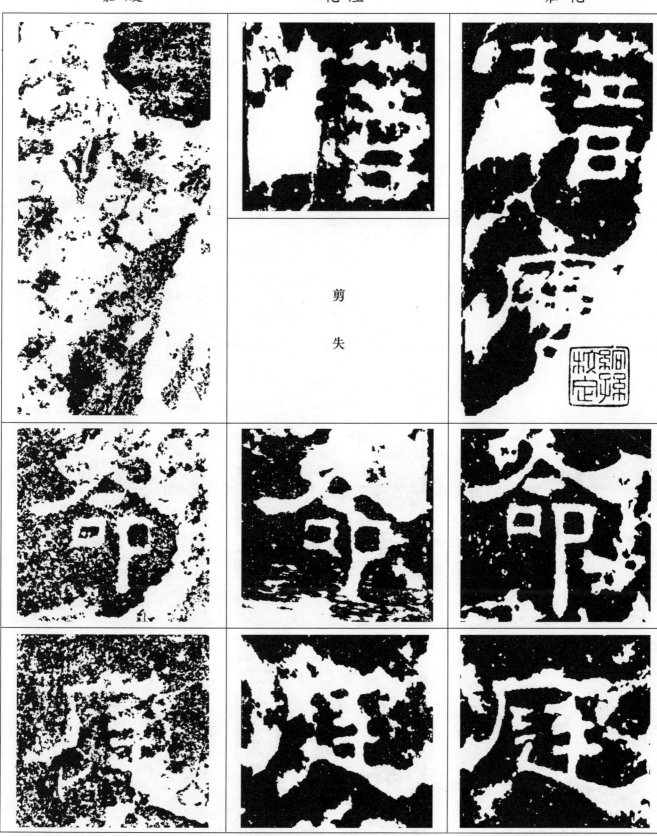

近拓	清末	道光
泐盡	泐盡	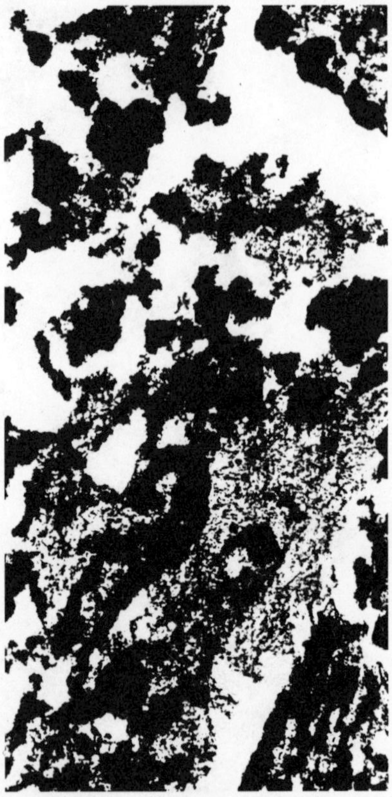
泐盡	泐盡	

	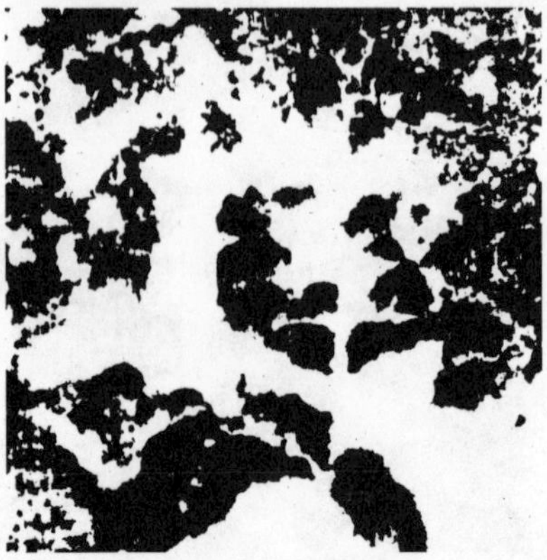	

附藝苑本
小殘石考據

劉平國刻石

東漢永壽四年（公元一五八年）八月刻於新疆阿克蘇賽里木城東北二百里大山岩壁。清光緒五年（公元一八七九年）發現，未幾即毁。隸書八行。行七至十五字不等，後發現三行，爲『京北長安·淳于伯隗·作此誦』十一字。初拓所用紙墨及拓工均不精。

拙撰《劉平國刻石初拓本》可資參閱。

初拓

舊拓

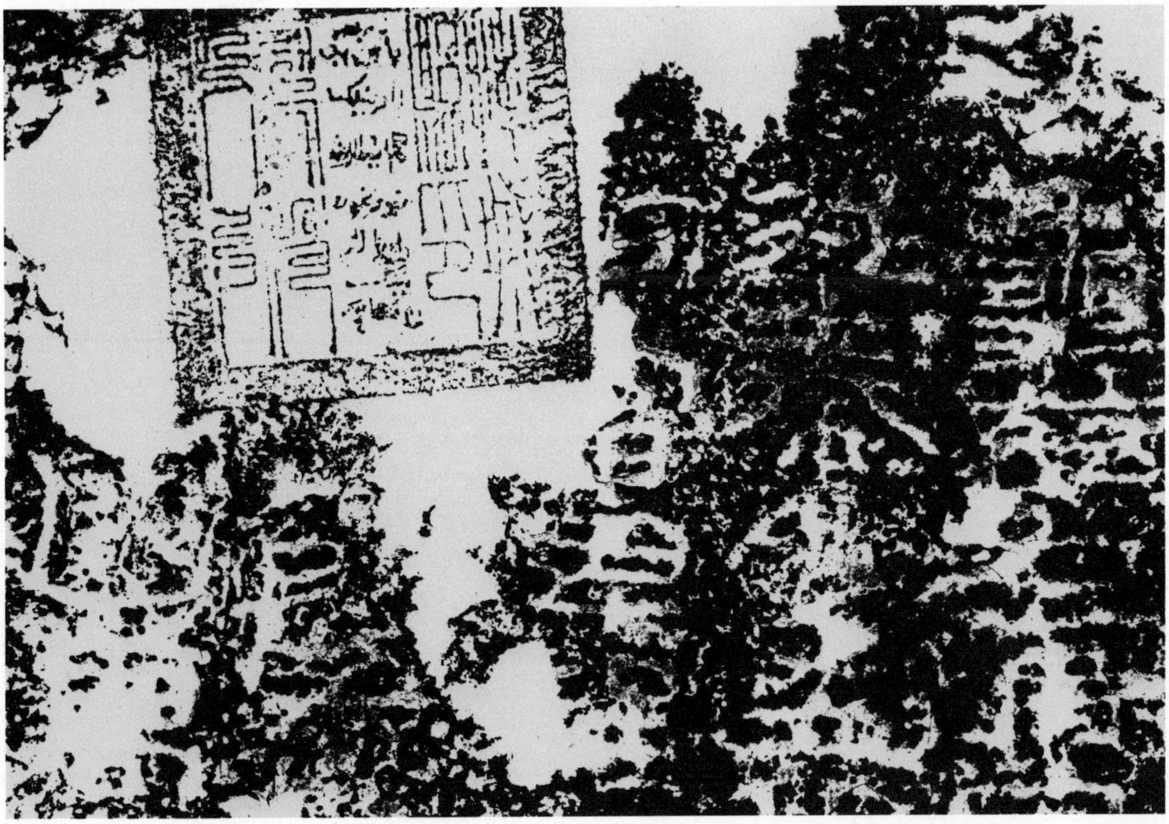

近拓

孔宙碑

東漢延熹七年（公元一六四年）七月立。今在山東曲阜孔廟。碑陽篆額二行『漢泰山都尉孔君之碑』九字。正文隸書十五行，行二十八字。碑陰篆額『門生故吏名』一行五字。正文隸書分三列，列二十一行。聞舊時《東方雜誌》刊有羅振玉長跋本，傳是存世最佳本。

清初　　明末　　明中　　明初

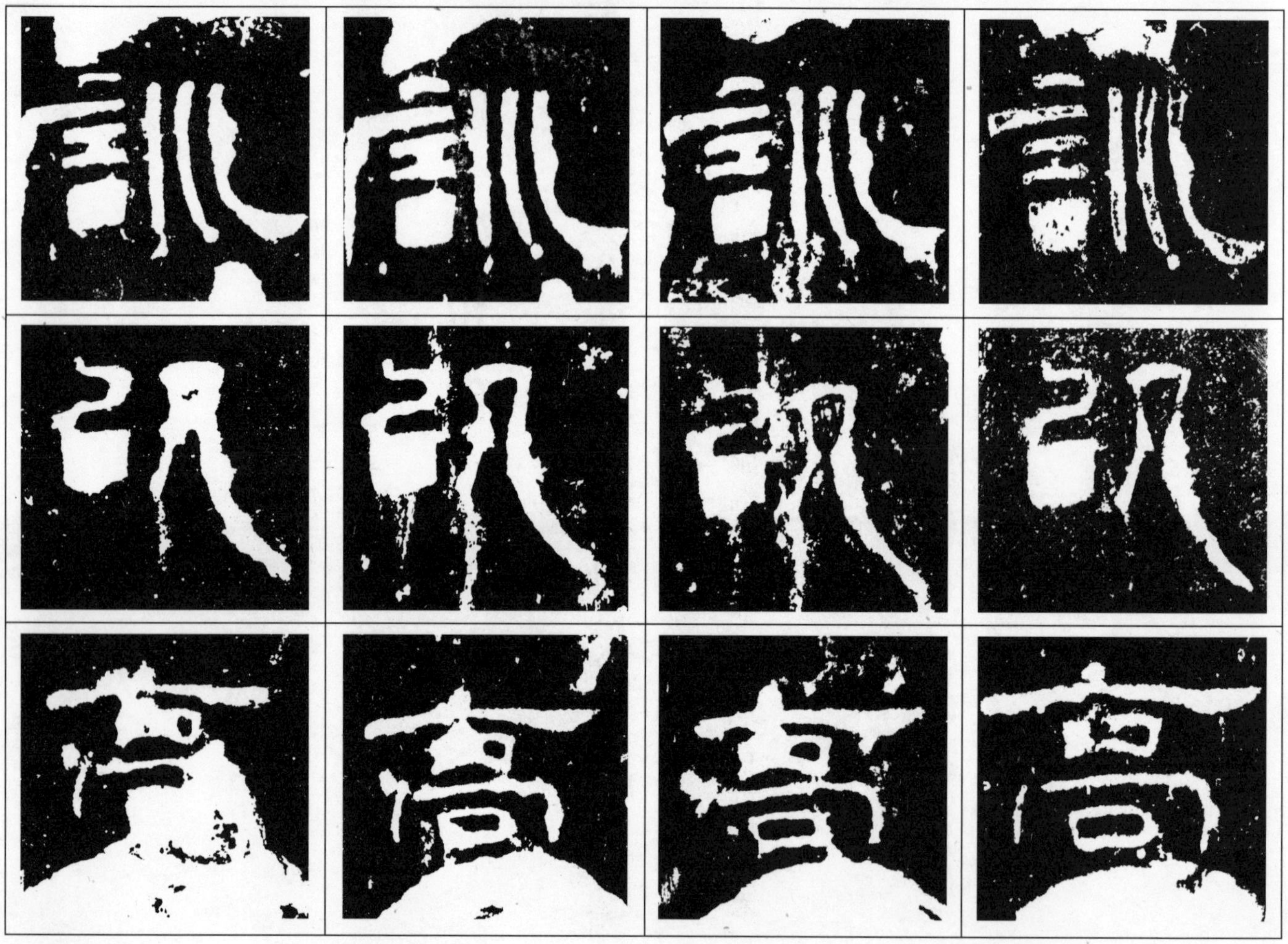

	光緒	咸同	乾嘉
	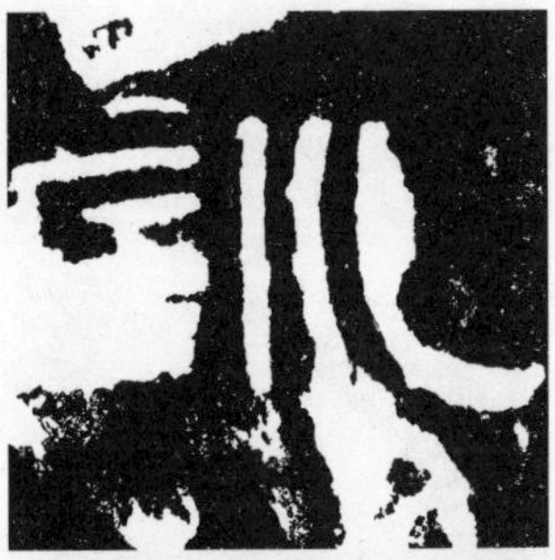		

		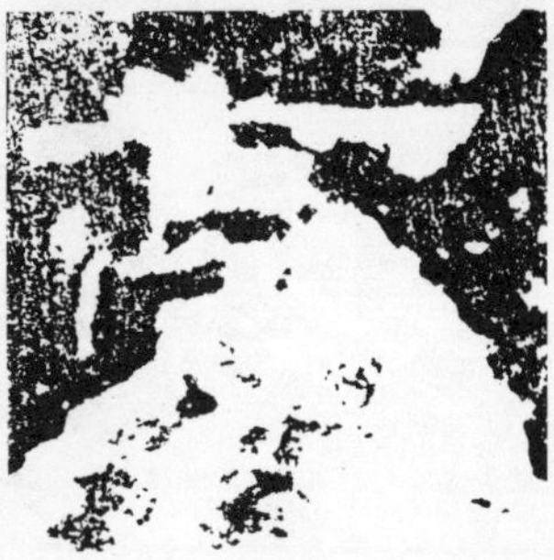	

清初　明末　明中　明初

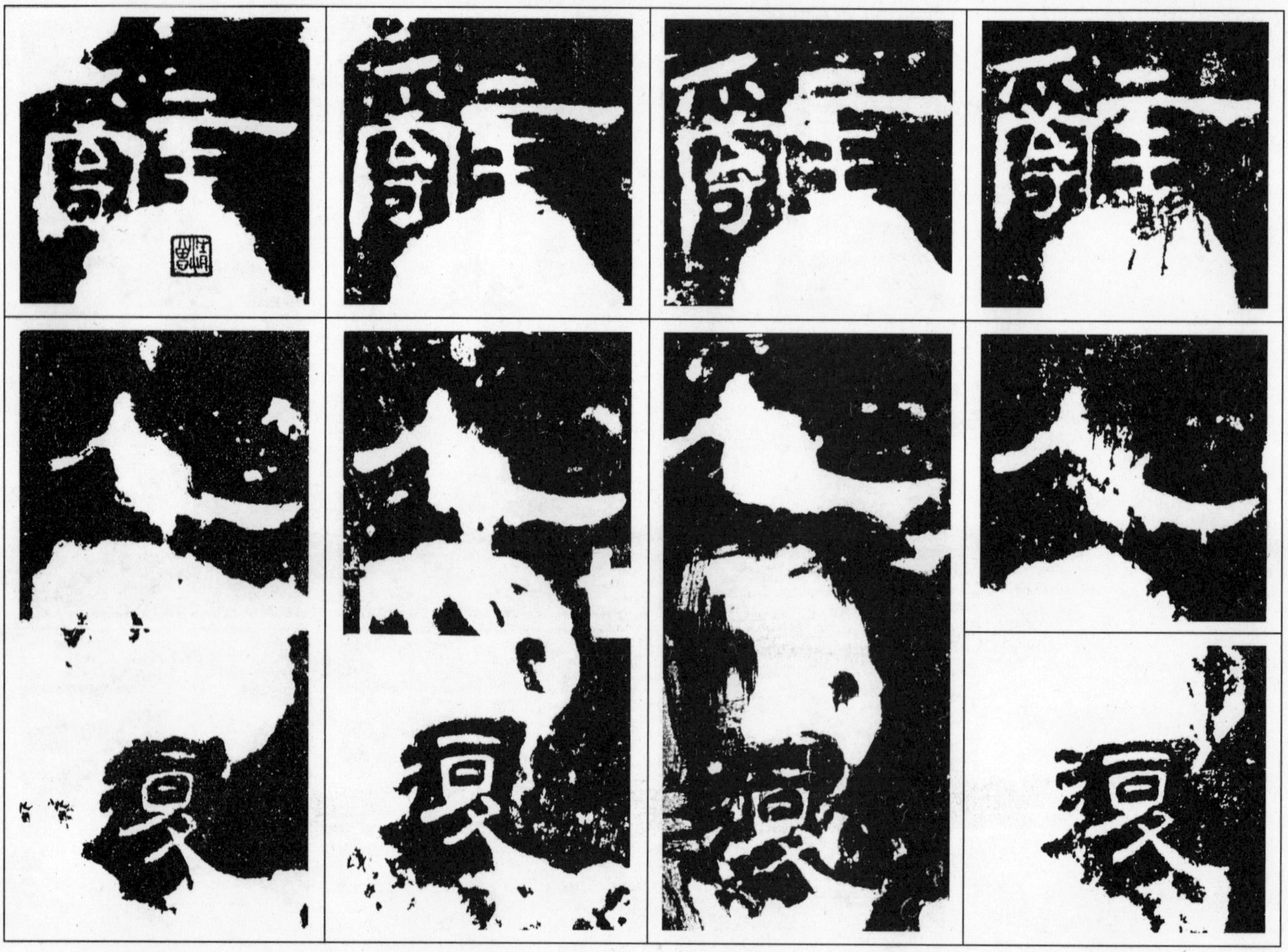

	光緒	咸同	乾嘉
	剪失	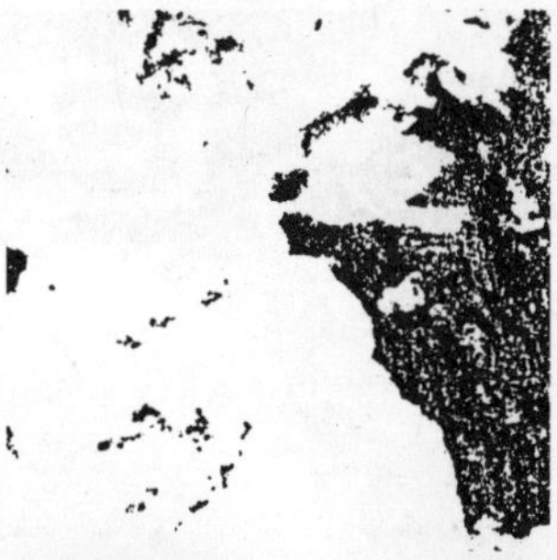	
			剪失
			剪失

清初	明末	明中	明初
		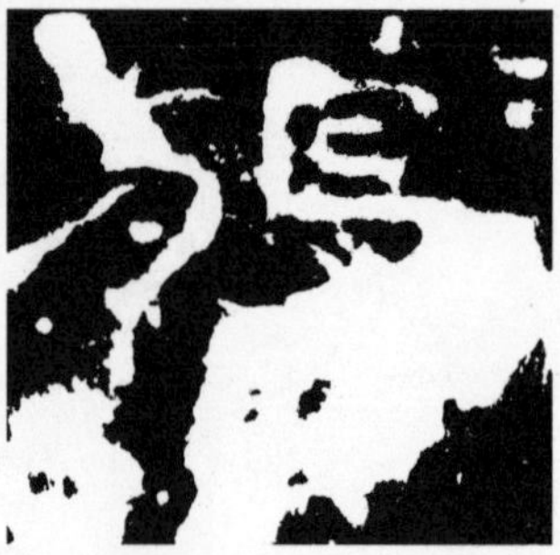	
		剪　　失	剪　　失

	光緒	咸同	乾嘉
			剪　失
			剪　失

封龍山碑

漢延熹七年（公元一六四年）十月立於河北元氏縣西北四十五里王村山下。宋代有著録，清道光二十七年（公元一八四七年）知縣劉寶楠訪得後運置縣學，運工惡其重，乃裂爲二截。

道光初拓

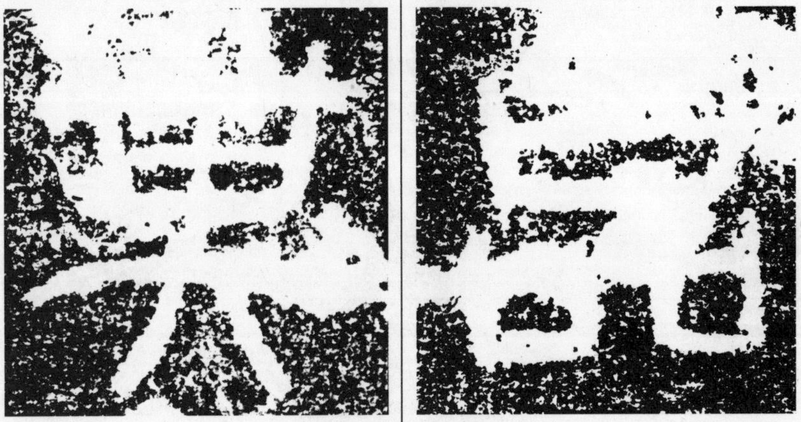

咸同

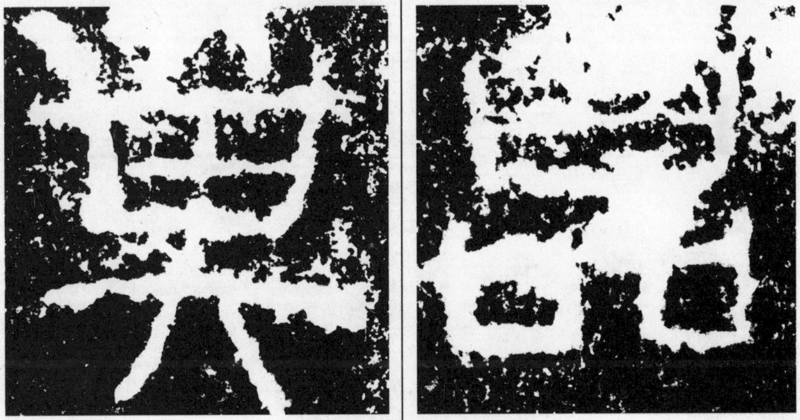

同治

光緒

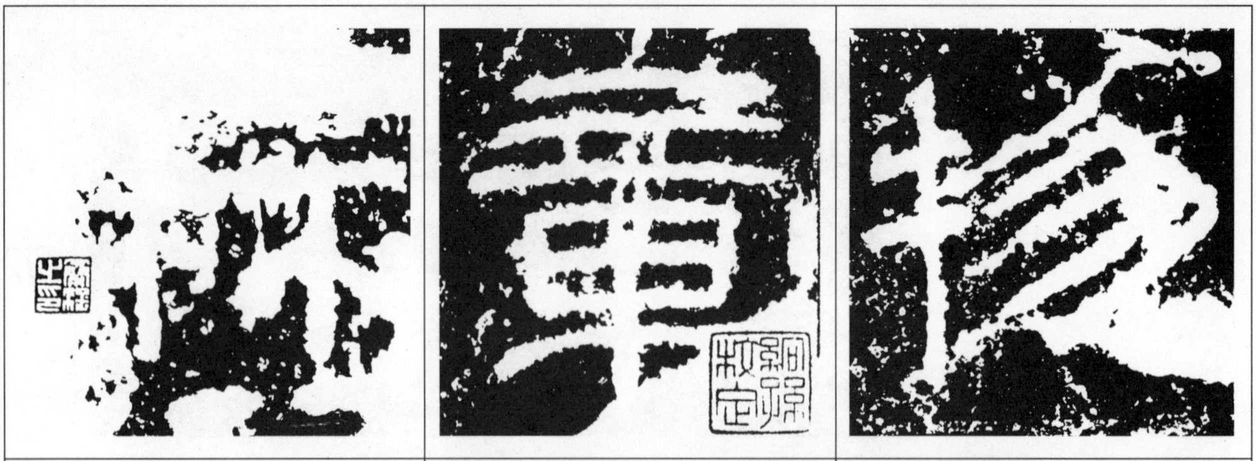

道光初拓

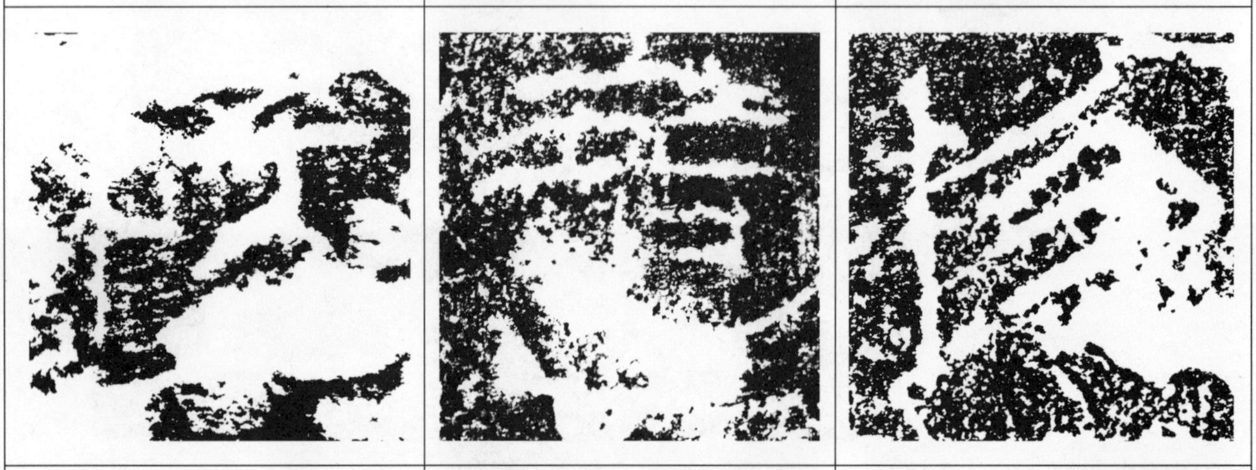

咸同

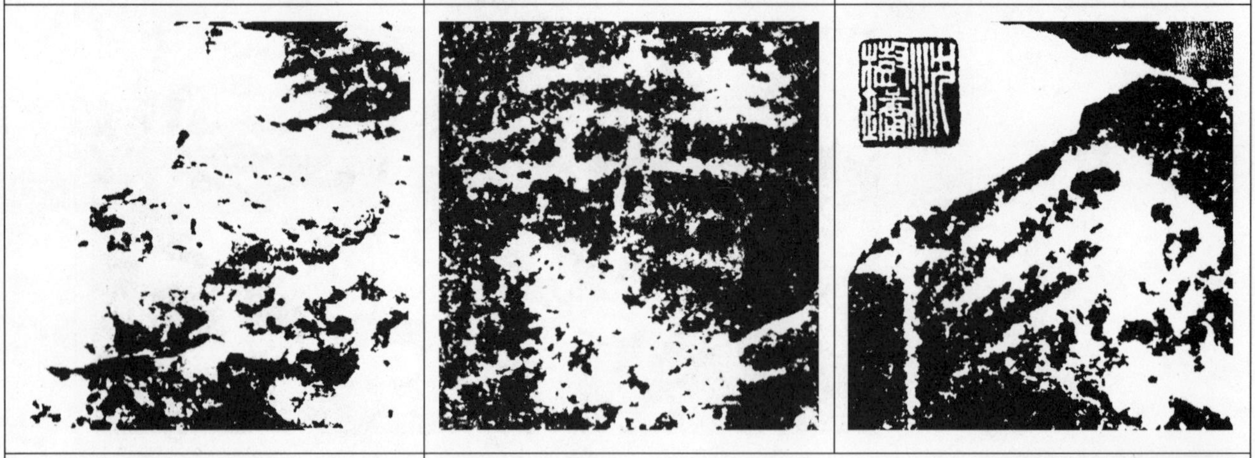

同治

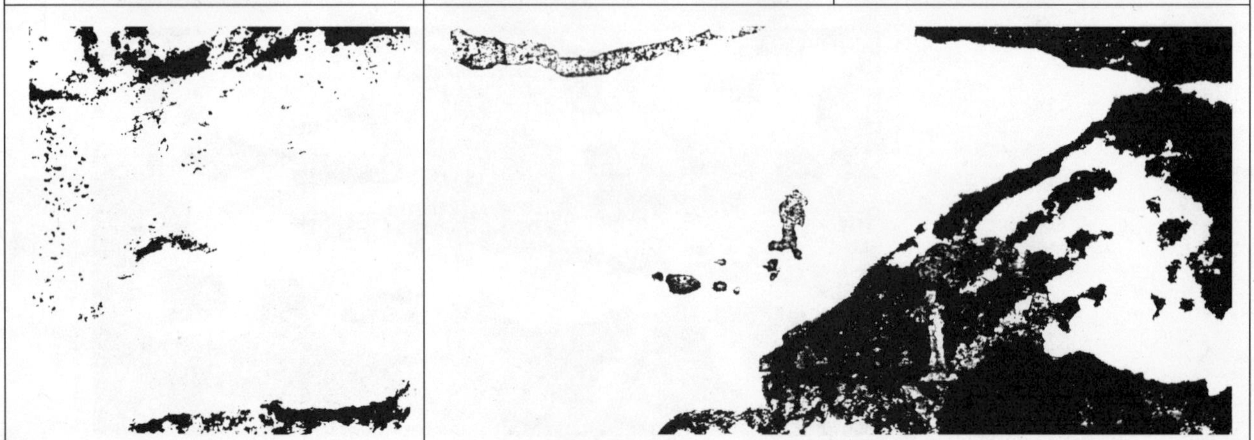

光緒

武榮碑

東漢永康元年（公元一六七年）立於山東濟寧。碑額陽文隸書二行十字『漢故執金吾丞武君之碑』。正文隸書十行，行三十一字。此碑自清乾隆五十一年（公元一七八八年）爲黄易訪得後始聞於世。此前似應有拓本傳世，近人張彦生《善本碑帖録》説見過明拓本，而著録的考據則未見有明顯不同於入清後所拓。因此，只能有待於新的發現。

一九九八年第三期《書法叢刊》（總第五十五期）發表了徐州博物館藏《武榮碑》『明拓本』。經校勘，定爲『明拓』是有問題的。拙撰《徐州博物館藏〈漢武榮碑〉似非明拓》，已在《書法叢刊》一九九九年第一期（總第五十七期）上發表。

注：

一、本編嘉道拓『君察』兩字，係原拓紙受損缺壞，非碑石泐損，推測此二字與乾隆拓相比，應該相去不遠。

二、北京大學圖書館藏本是清道光拓本。

近拓	晚清	嘉道	乾隆	清初
渺 盡	渺 盡		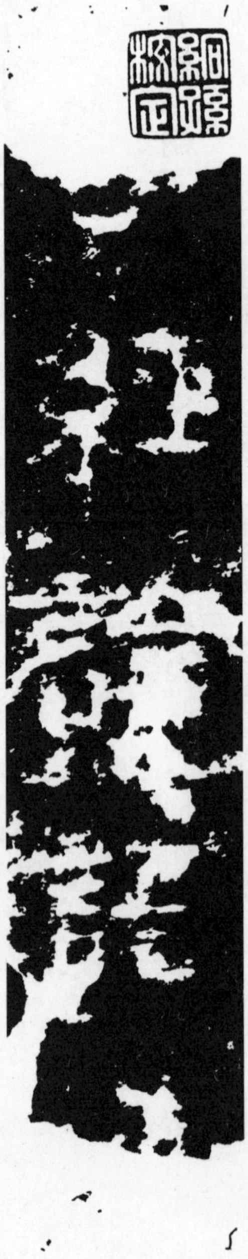	 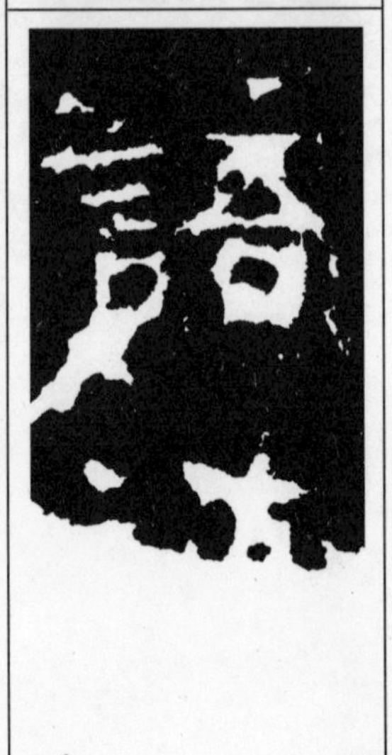

近拓	晚清	嘉道	乾隆	清初
		泐盡		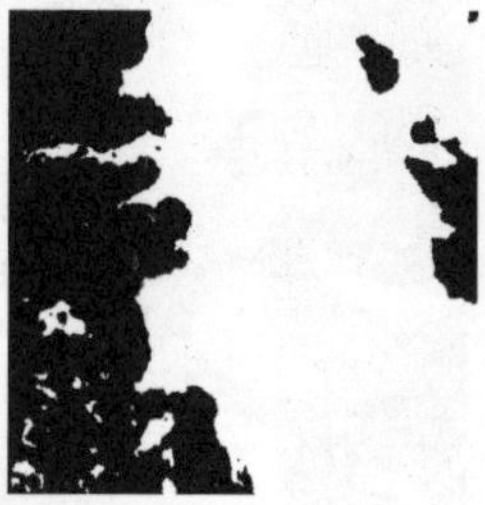
泐盡	泐盡			

近拓	晚清	嘉道	乾隆	清初

		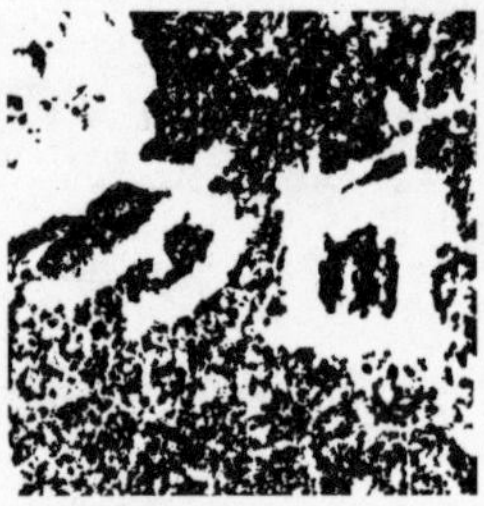	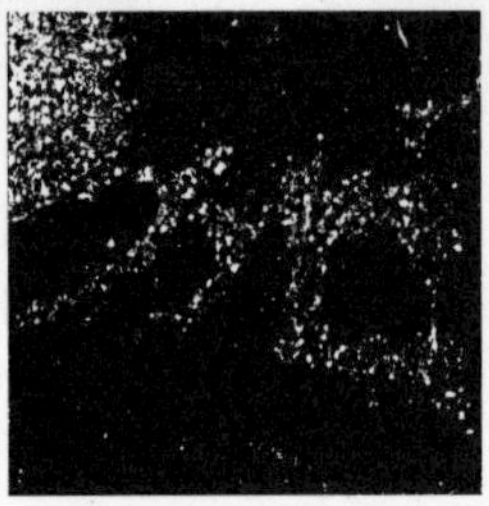	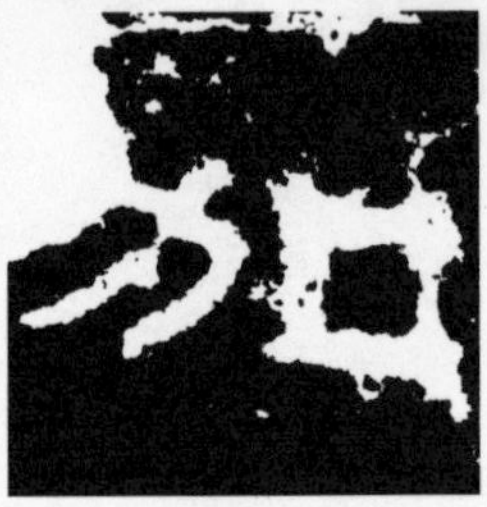
泐盡	泐盡			

張壽碑

東漢建寧元年（公元一六八年）五月立於山東城武縣古文亭山（或稱雲亭山）。明代時碑石被改爲碑座。清乾隆五十六年（公元一七九一年）知縣林紹龍訪得後在碑座中方孔處嵌入木刻跋。原石今存縣城中。隸書存十六行，行十五字，中鑿孔處毀十行，行四字。

近拓　道光　嘉慶　乾隆　明末清初

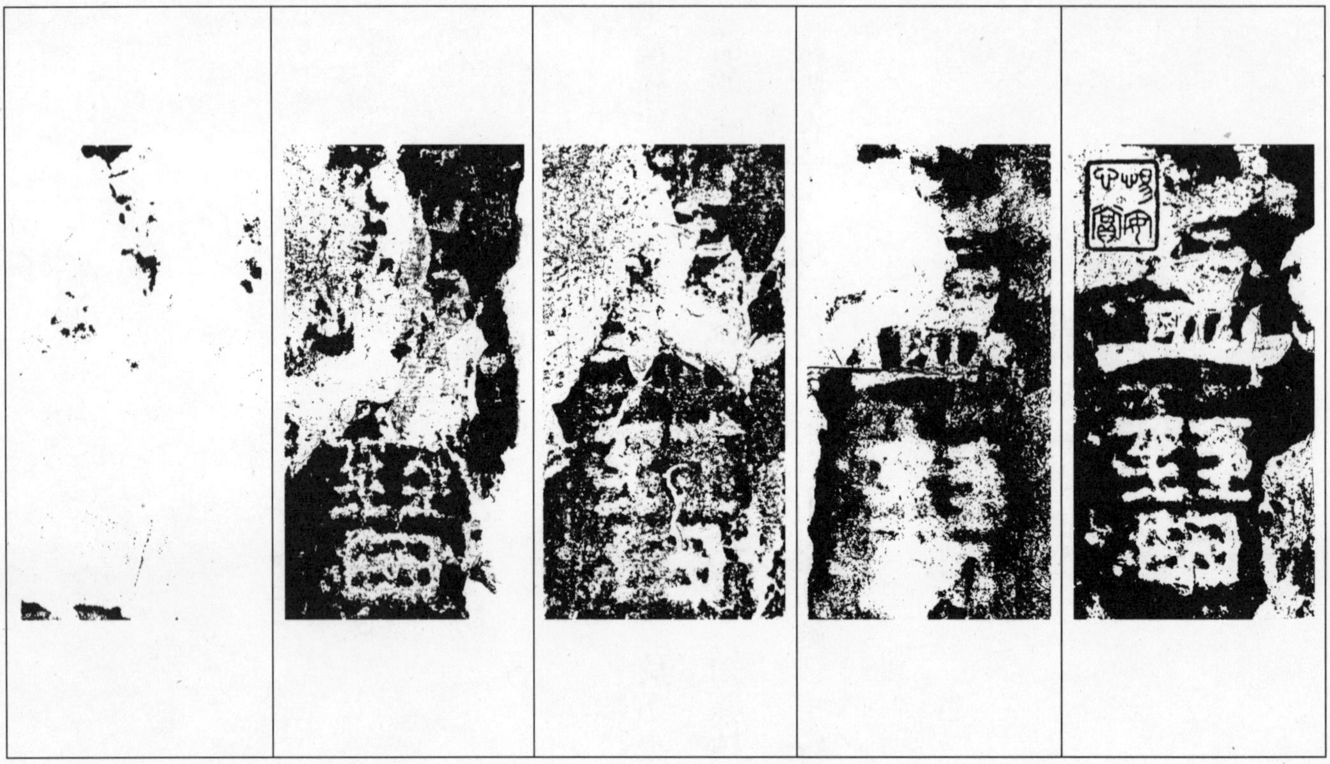

衡方碑

隸書碑額題『漢故衛尉卿衡府君之碑』陽文二行十字。東漢建寧元年（公元一六八年）九月立於山東汶上。清雍正間（公元一七二三年至一七三五年）汶水決，碑仆，後重立，今存山東泰安岱廟。文字漫漶已甚。隸書二十三行，行三十六字。碑陰二列。

《北京大學圖書館藏歷代金石拓本菁華》第一三四號署爲明拓，可惜圖版縮得太小，既無法看清，更不可能印取實樣列入本編。已故的日本中濱先生曾親見之，告我說，重要考據均係填墨而成。并認可：目前以文明書局本爲最佳。

有以爲舊時文明書局版沈樹鏞藏清初拓本，似有填墨痕。因此本下落未明，無法從原本上仔細辨認，只有等發現真正明拓本後，始可作出的結論。

近拓	道光	嘉慶	雍乾	清初
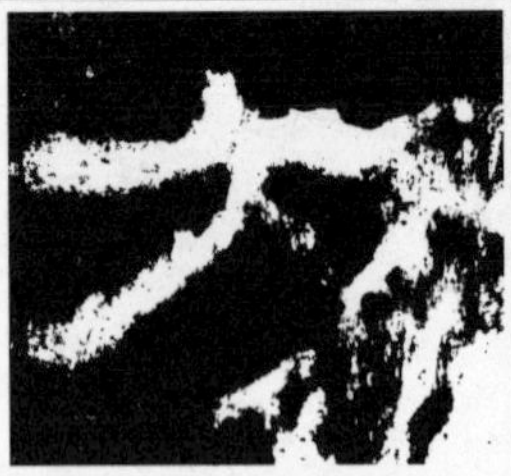				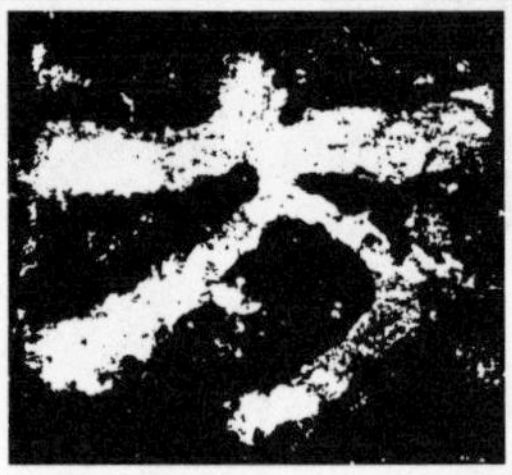
泐盡	泐盡	泐盡		（而）剪失
泐盡	泐盡	泐盡		（氏）剪失
泐盡	泐盡	泐盡		（馬）剪失

近拓　道光　嘉慶　雍乾　清初

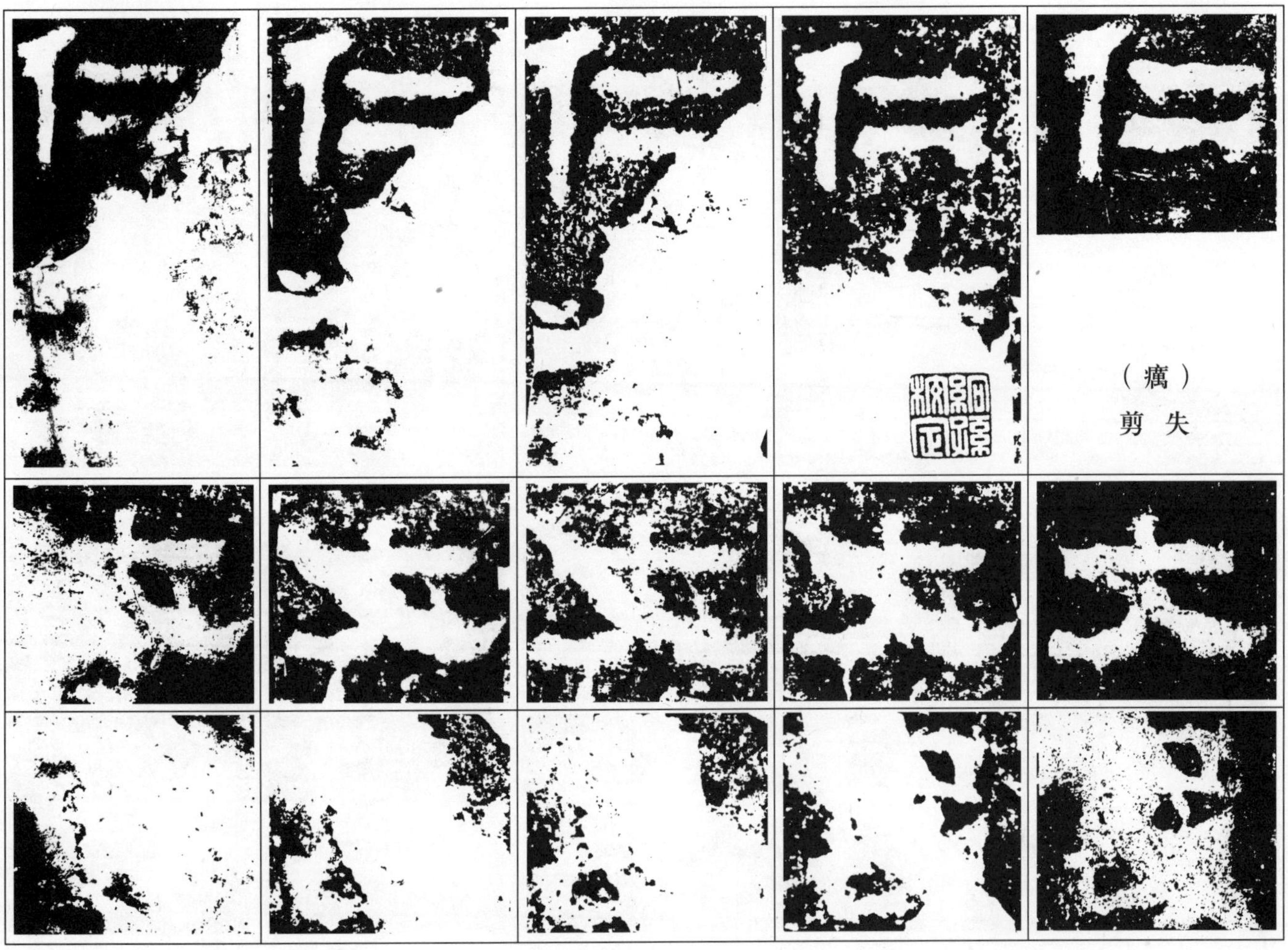

近拓　　道光　　嘉慶　　雍乾　　清初

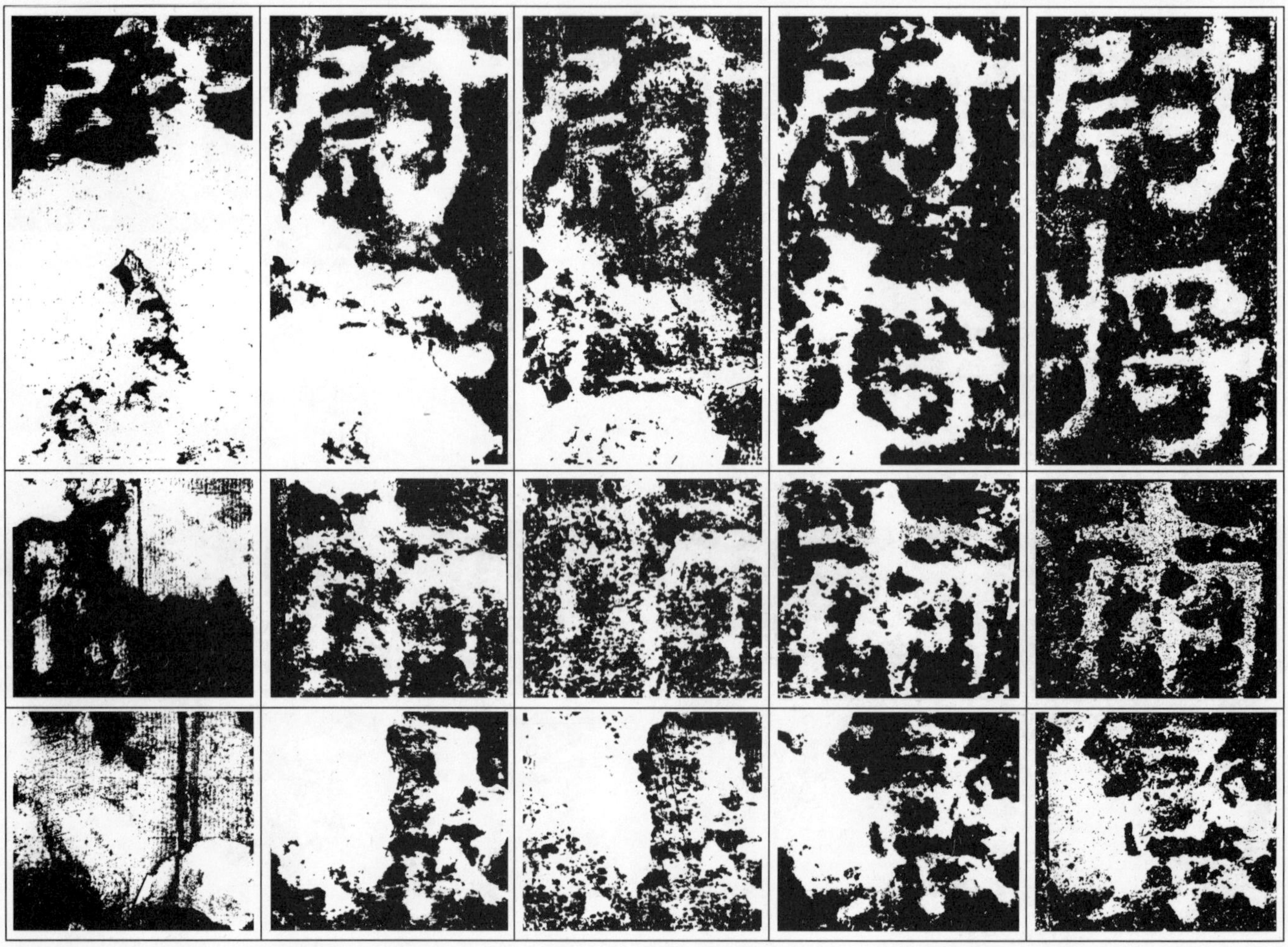

近拓　　道光　　嘉慶　　雍乾　　清初

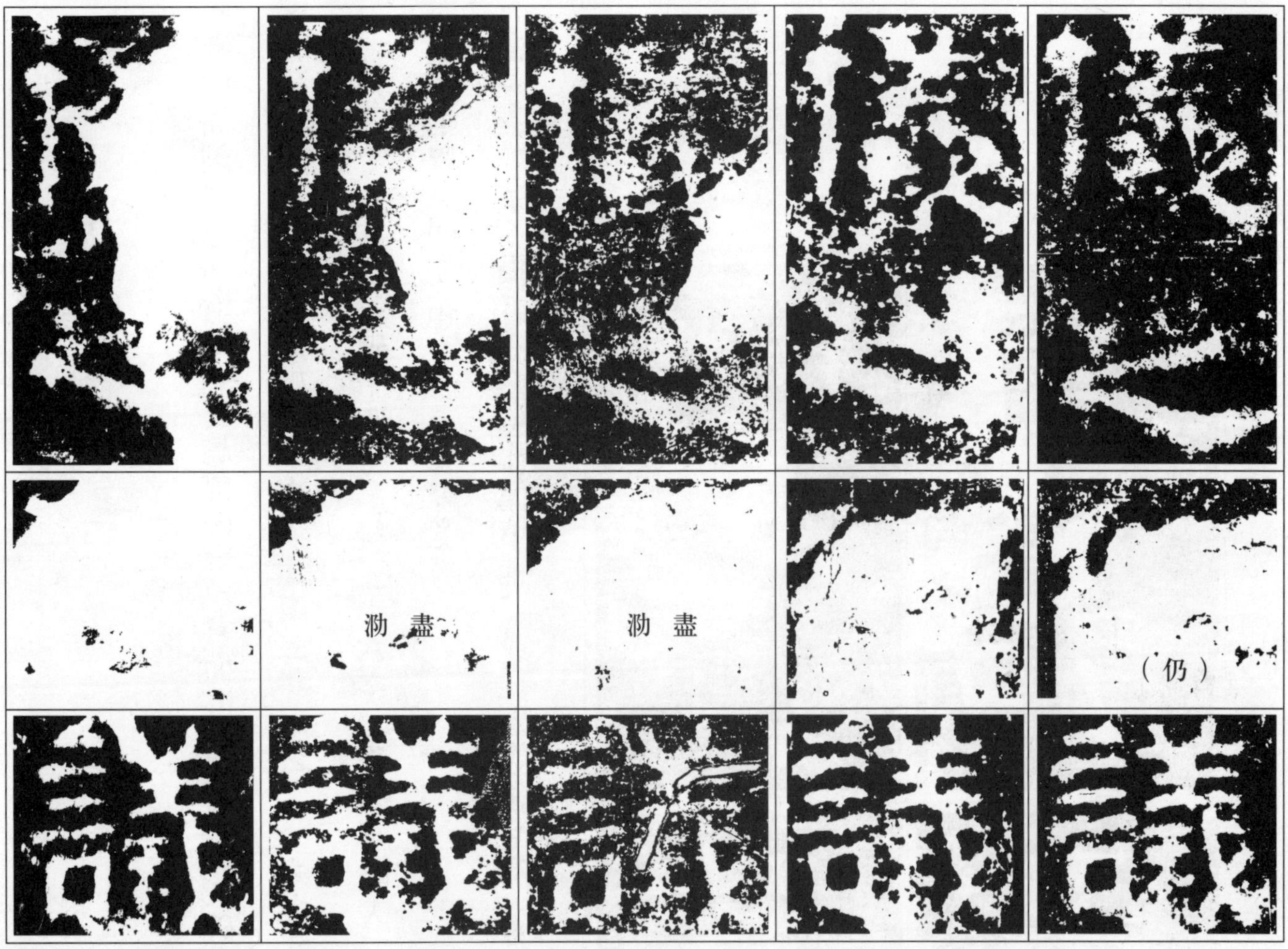

史晨碑

此碑兩面刻，正面俗稱『史晨前碑』，背面俗稱『史晨後碑』。背陽全稱『魯相史晨祀孔子奏銘』，背陰全稱『魯相史晨饗孔廟碑』。東漢建寧二年（公元一六九年）立，今在山東曲阜孔廟。隸書。前碑十七行，行三十六字；後碑十四行，行三十六字。後碑字略大，前后二碑書法出於一人之手。

有前輩稱曾見明初拓本，未知究竟。

有稱『春』字不損者。多係作僞填補，或從別處移配的。拙撰《史晨春秋》可供參閱。

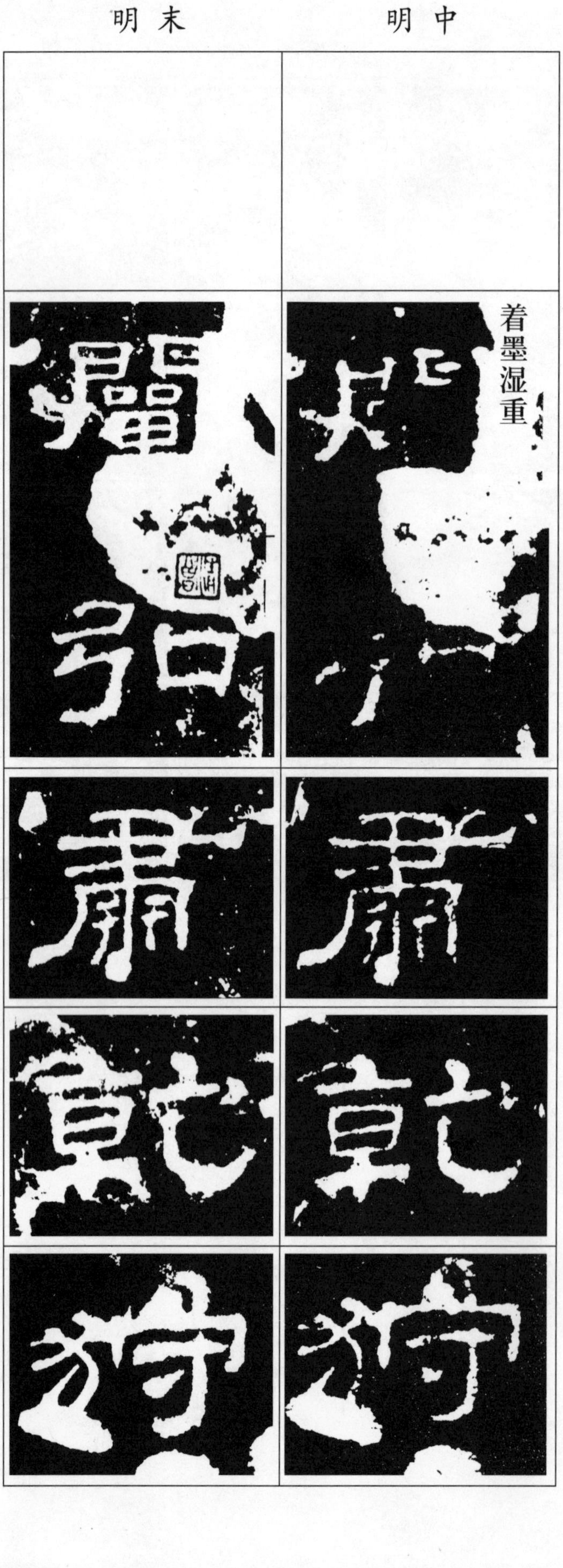

光緒	道光	乾隆	清初
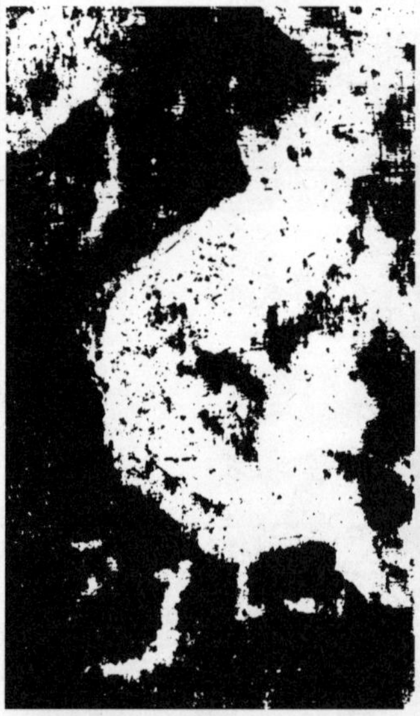	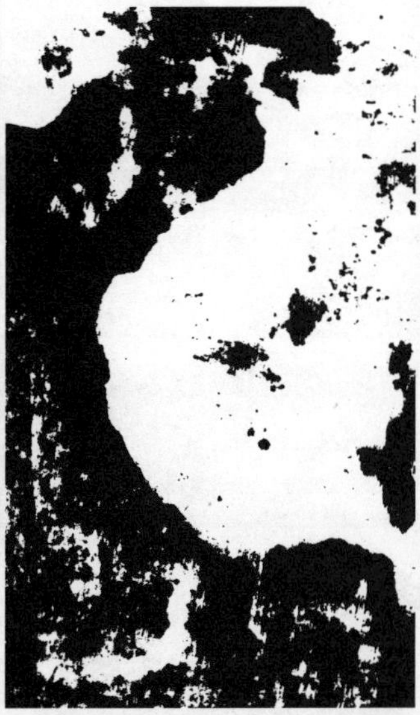	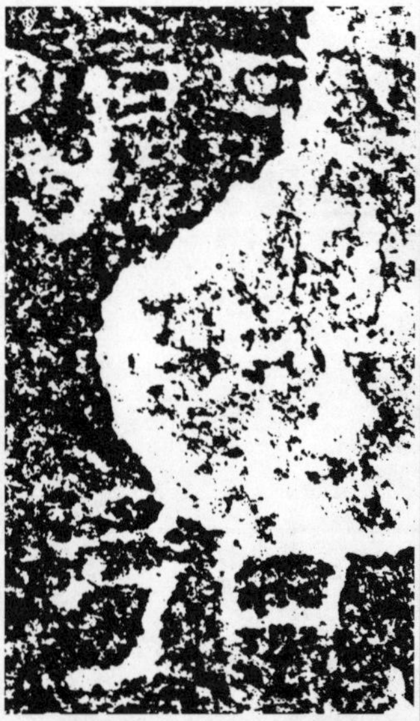	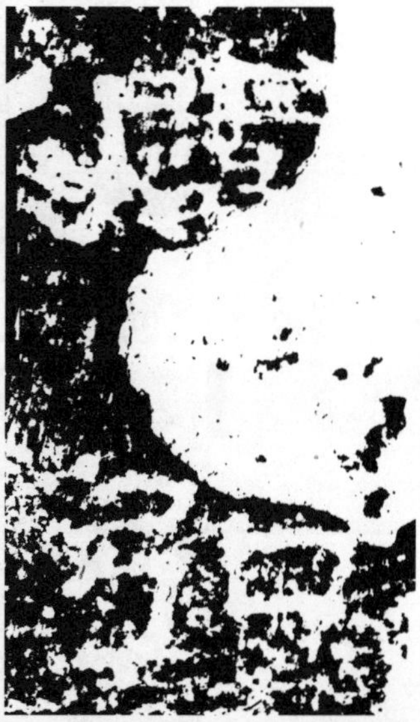
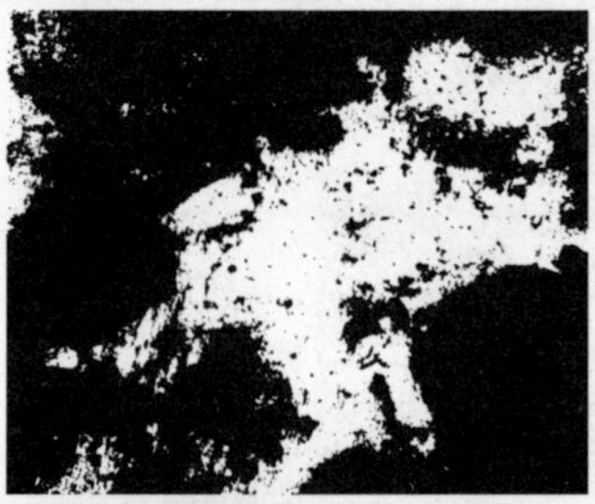	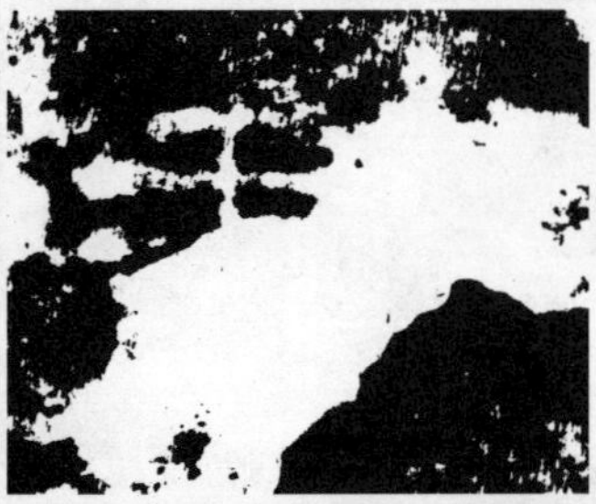	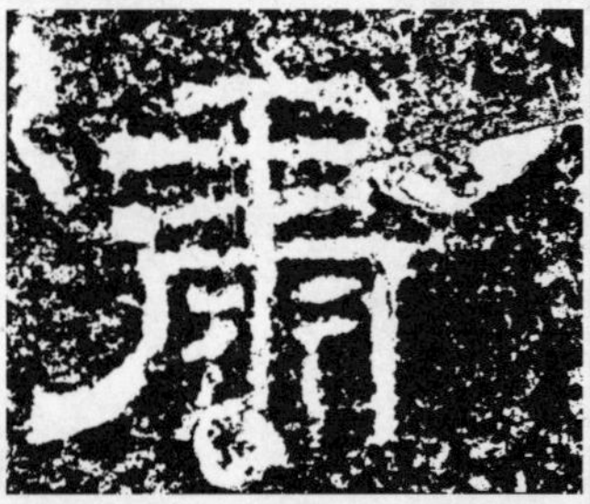	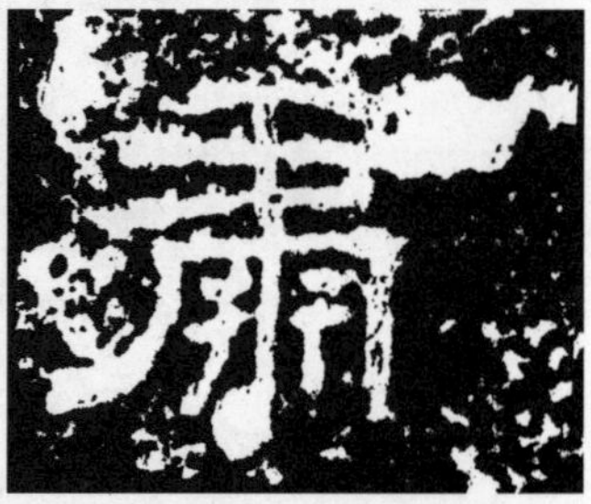
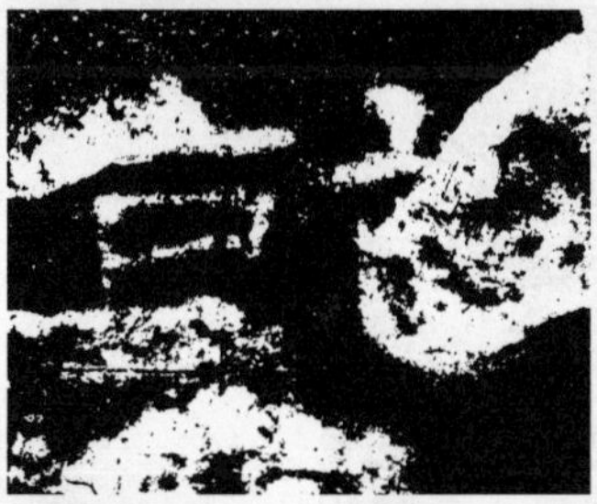	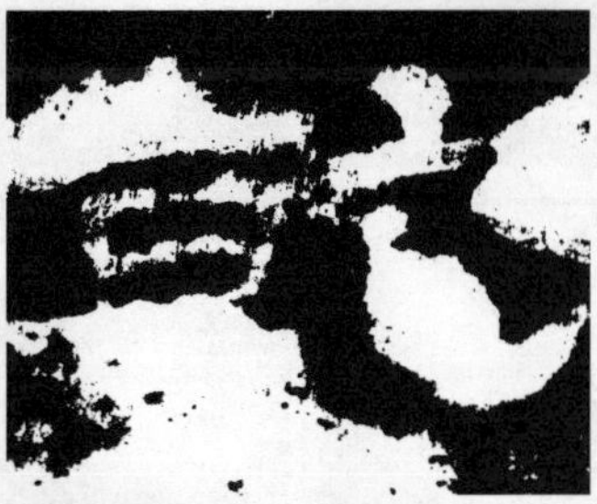	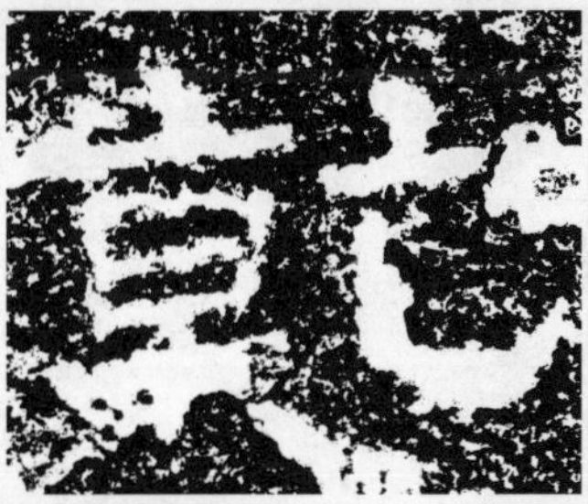	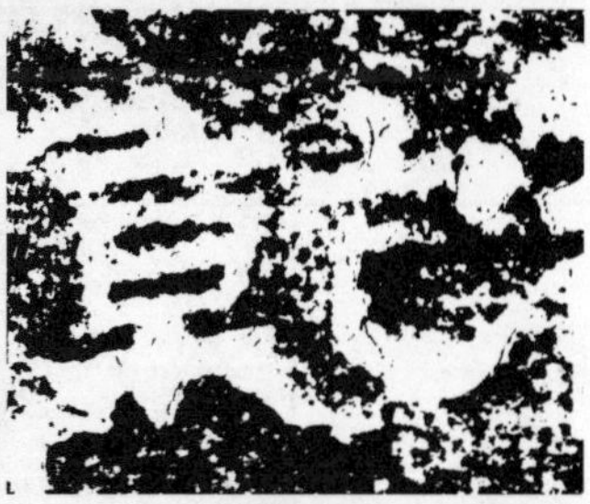
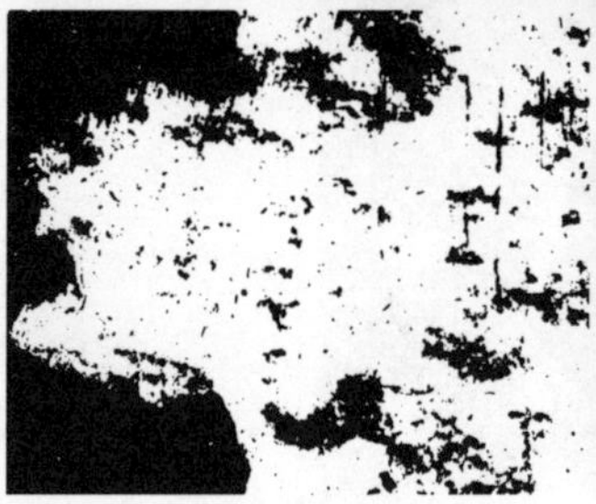		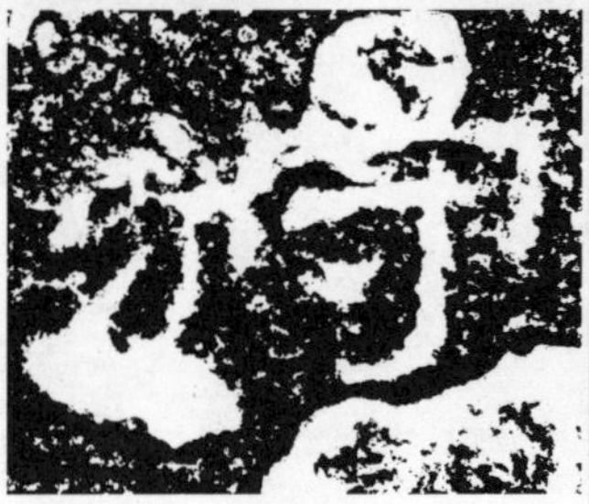	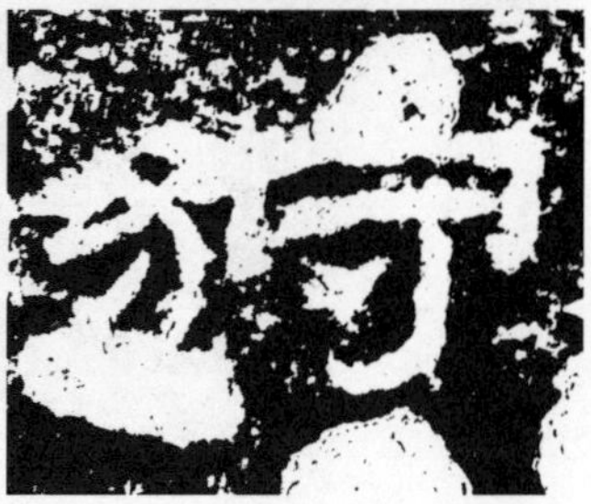

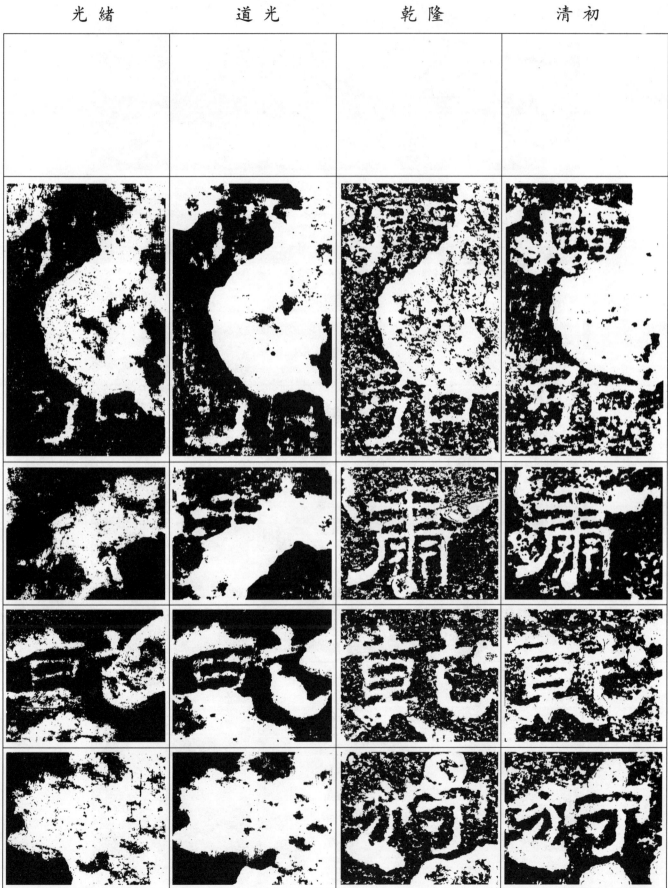

清初 明末 明中

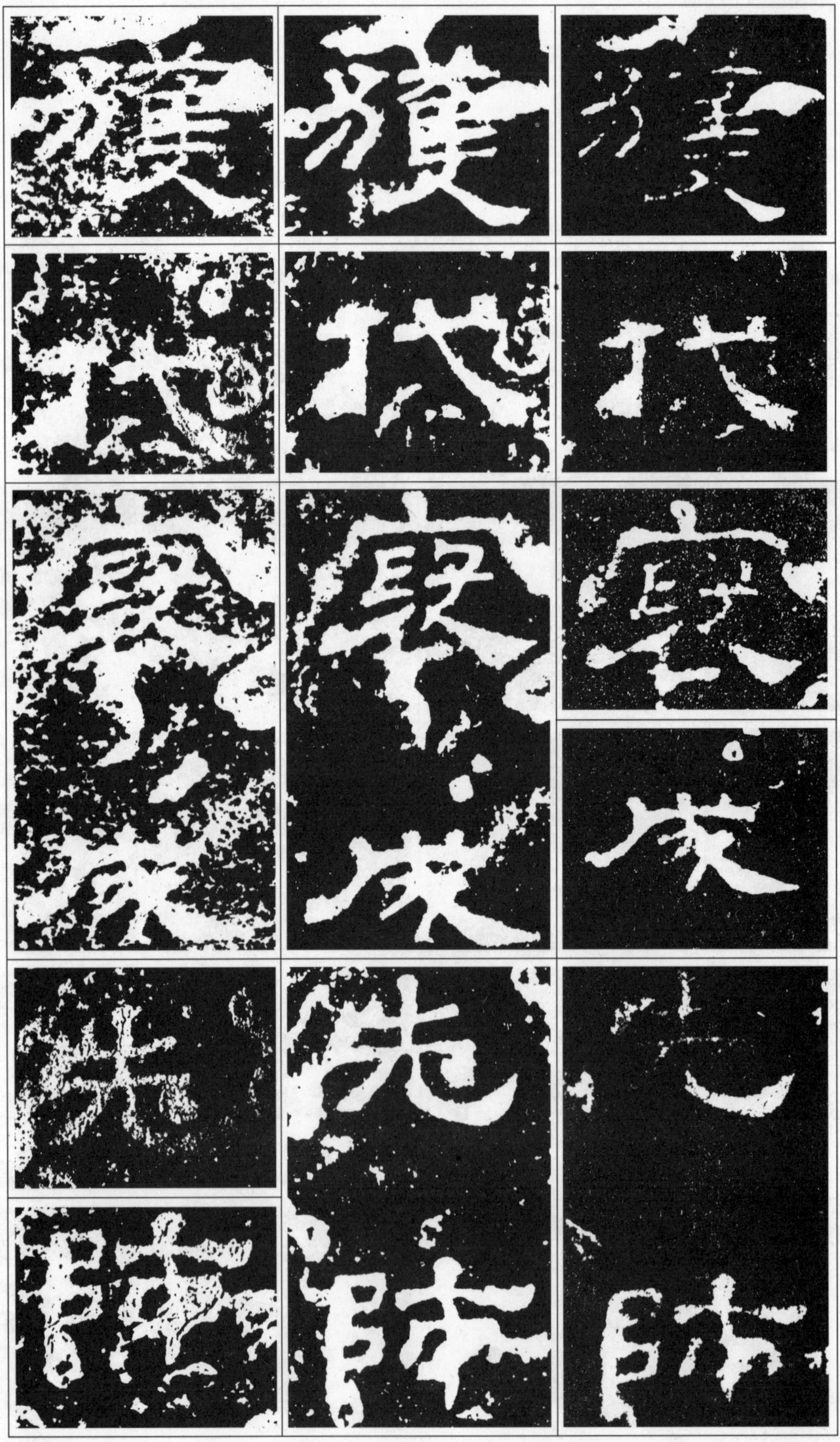

光緒　　道光　　乾隆

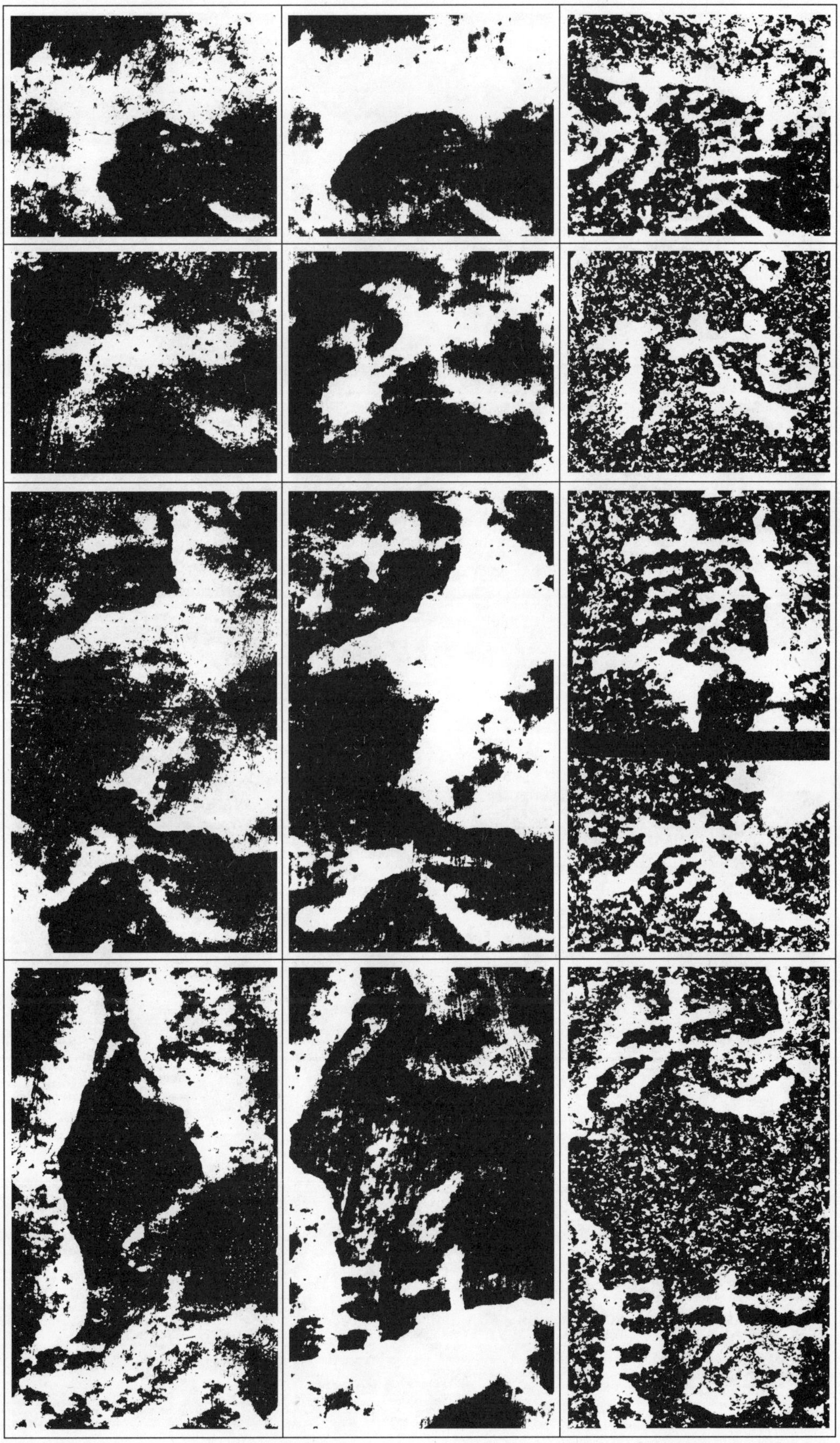

清初　明末　明中

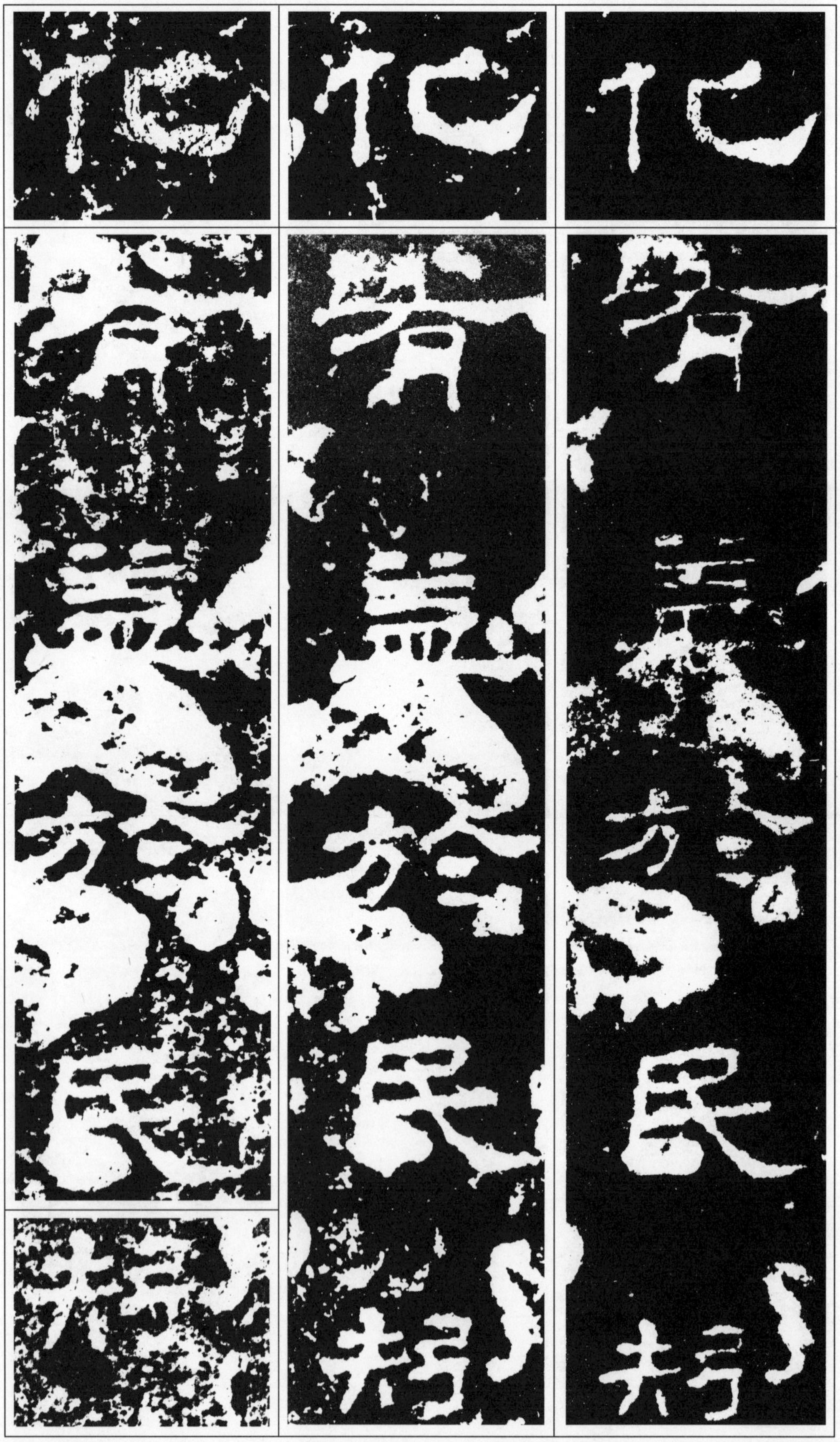

光緒　　道光　　乾隆

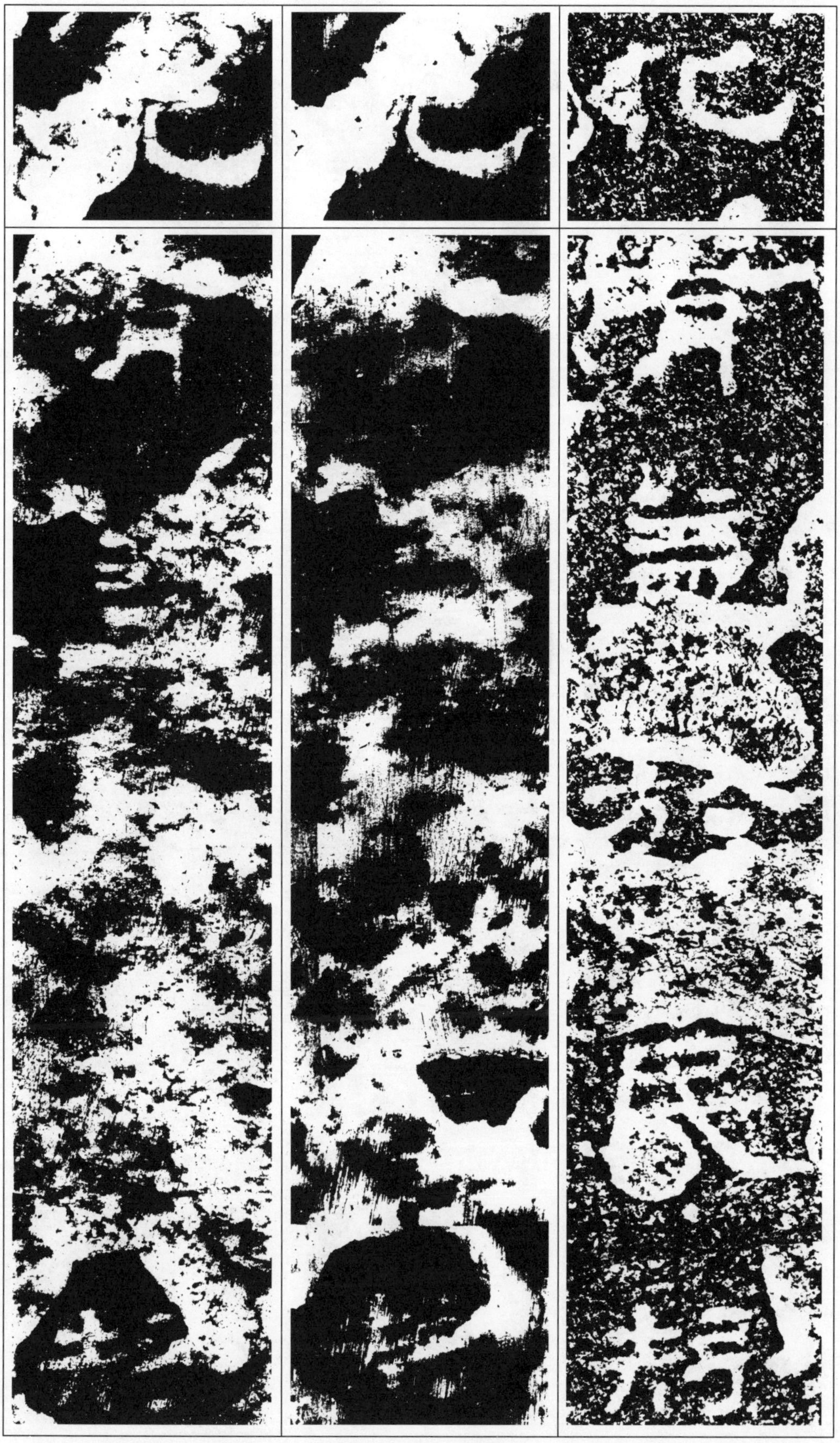

清初　明末　明中

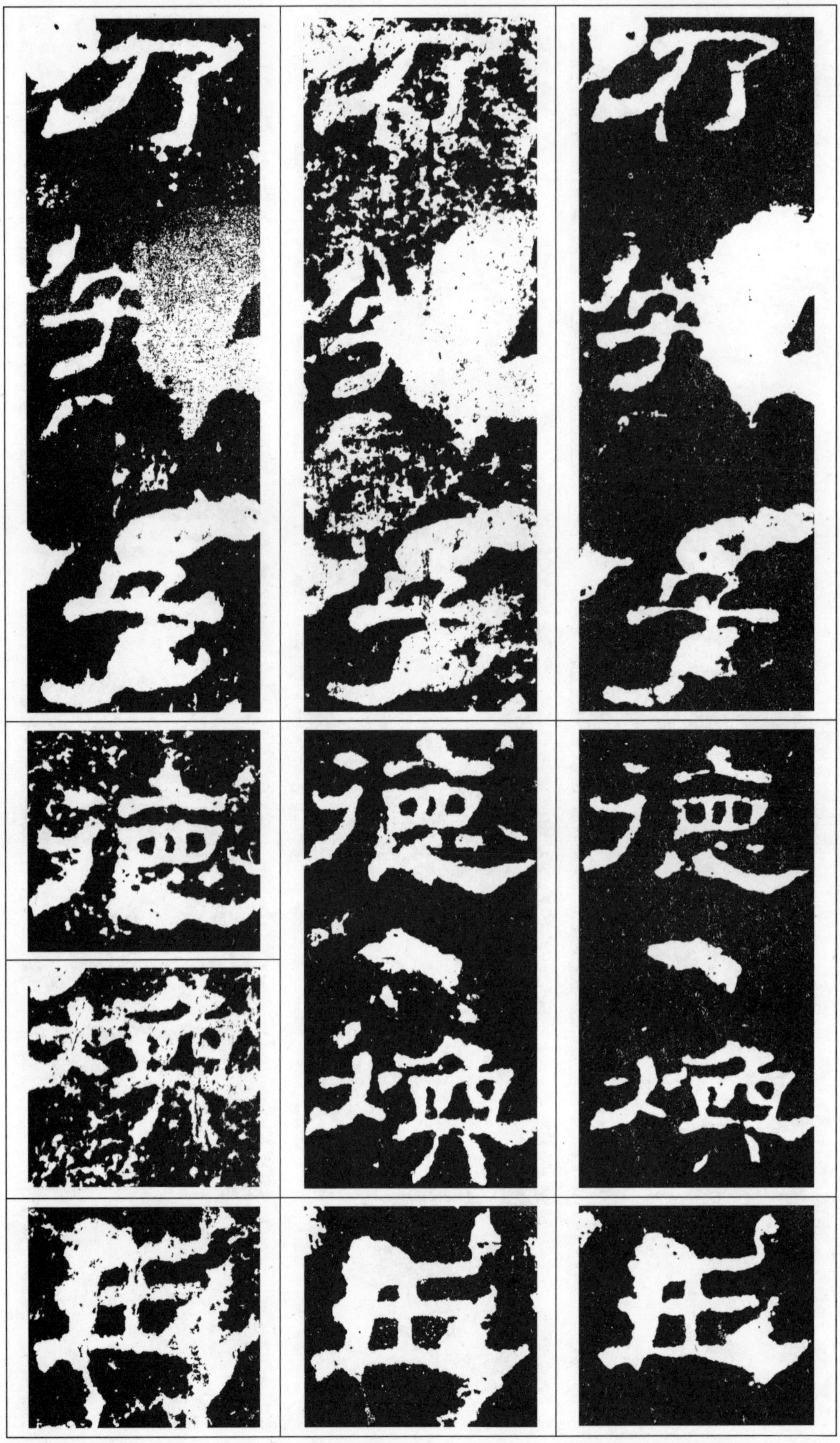

光緒　　道光　　乾隆

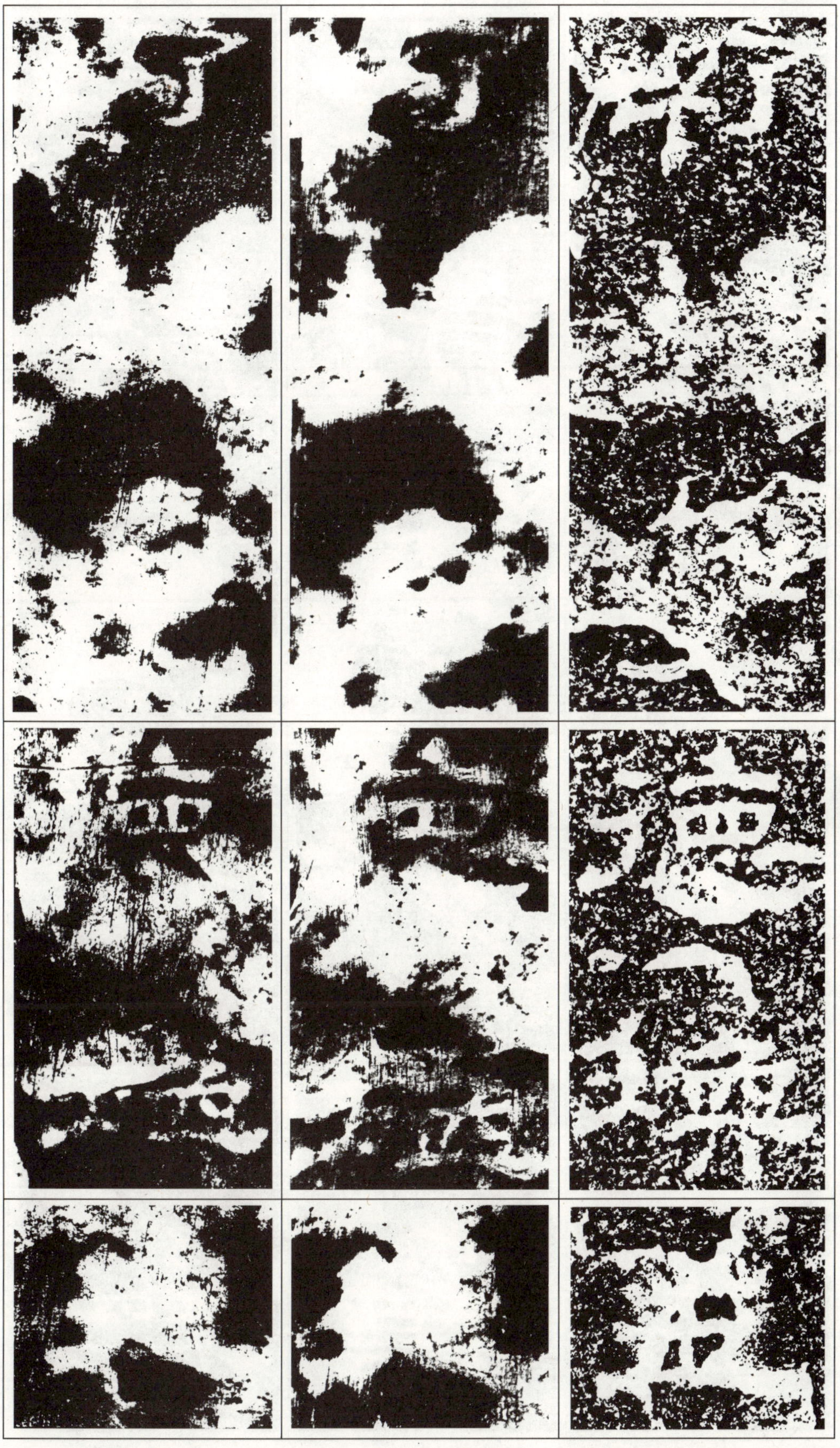

明中　　明末　　清初

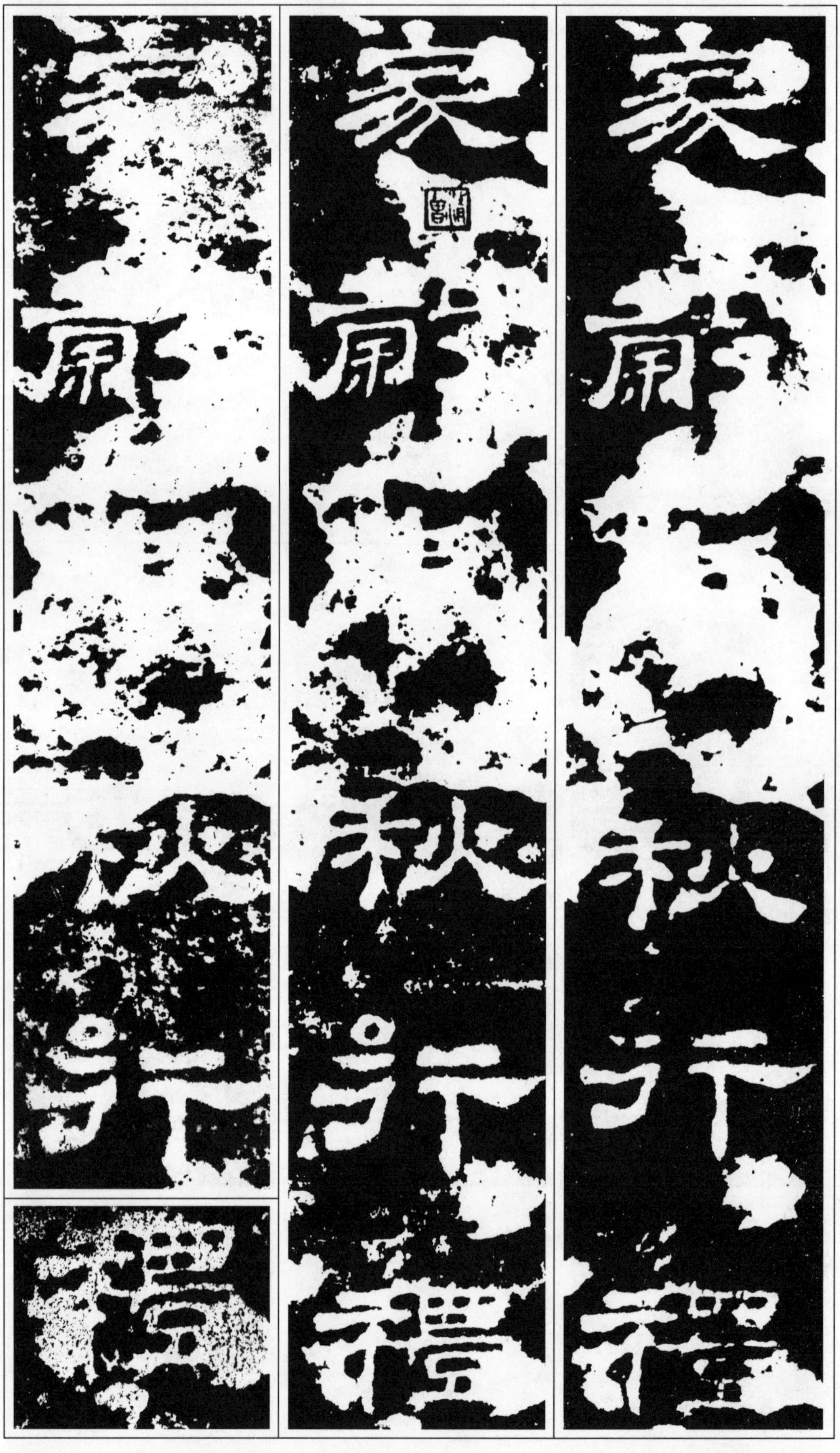

乾隆　道光　光緒

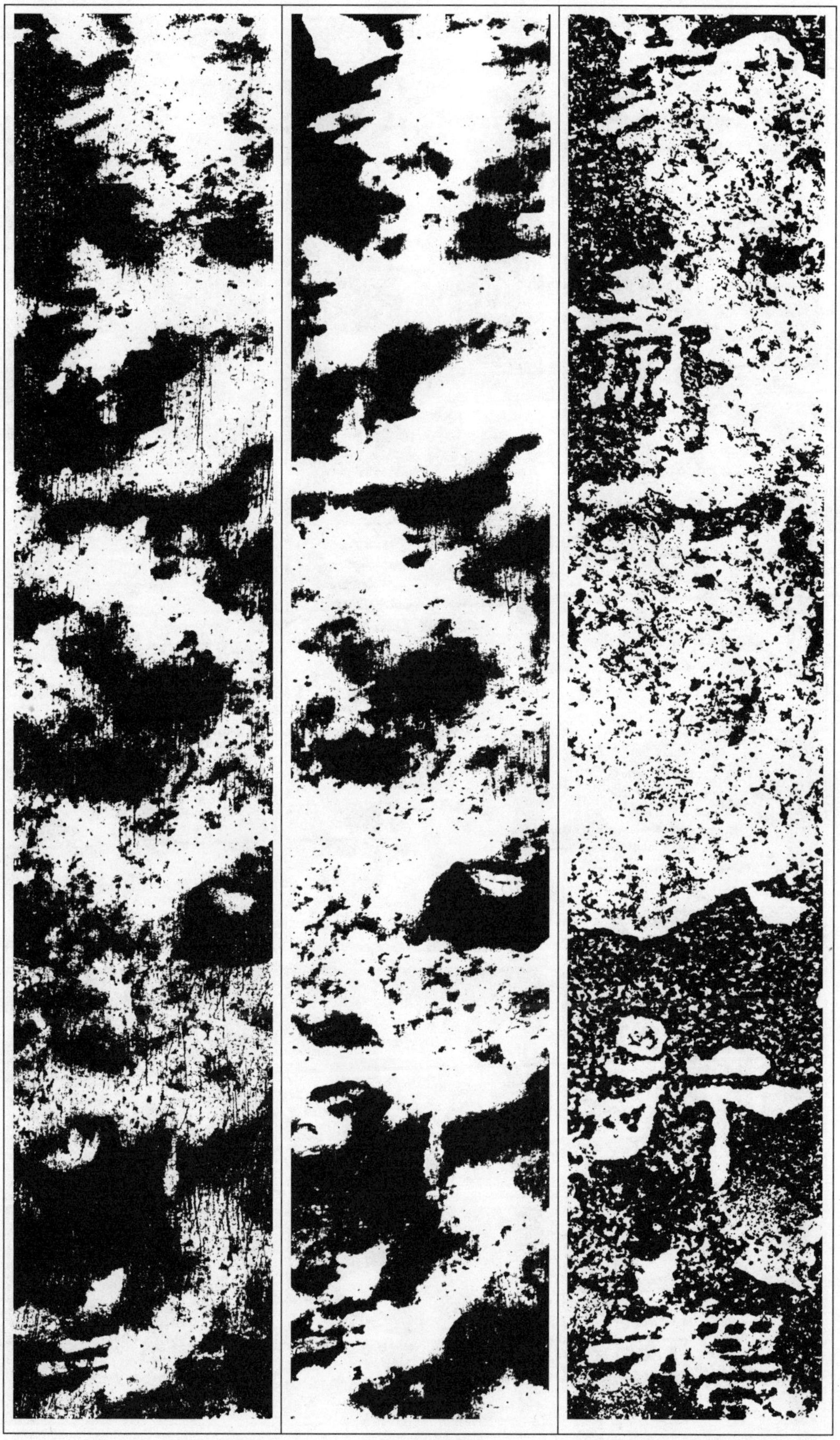

清初　　明末　　明中

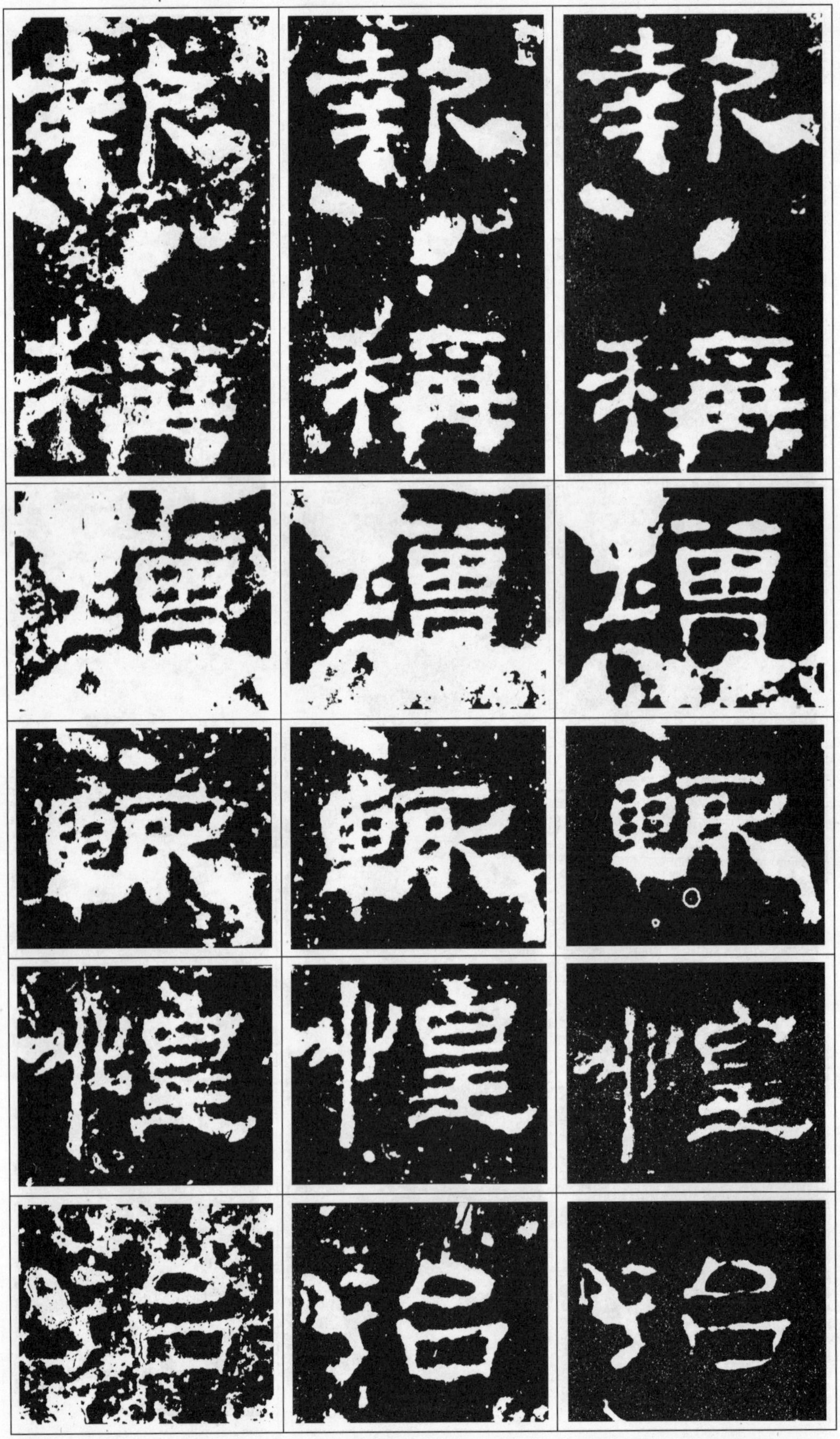

光緒　　道光　　乾隆

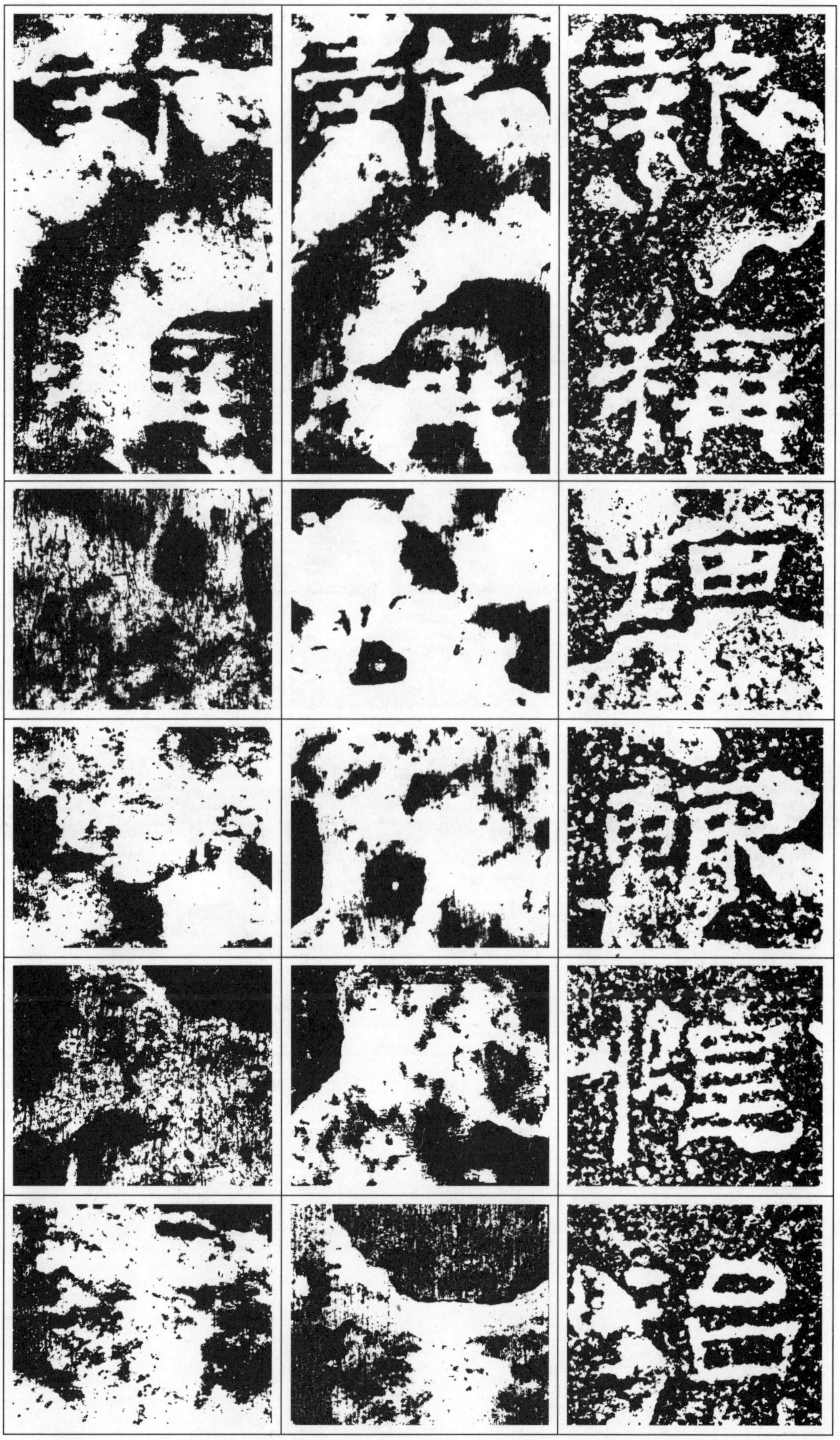

清初	明末	明中
	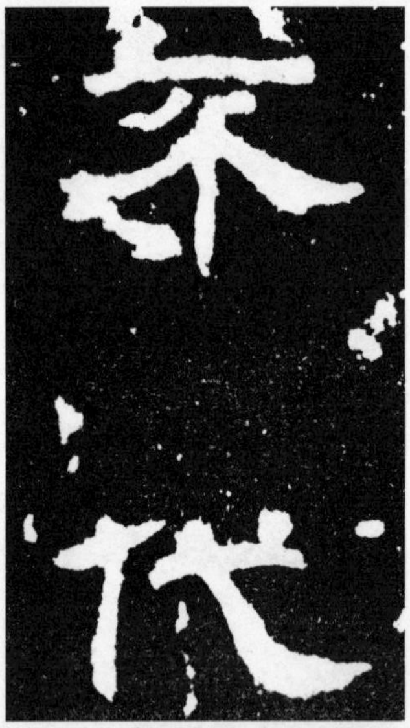	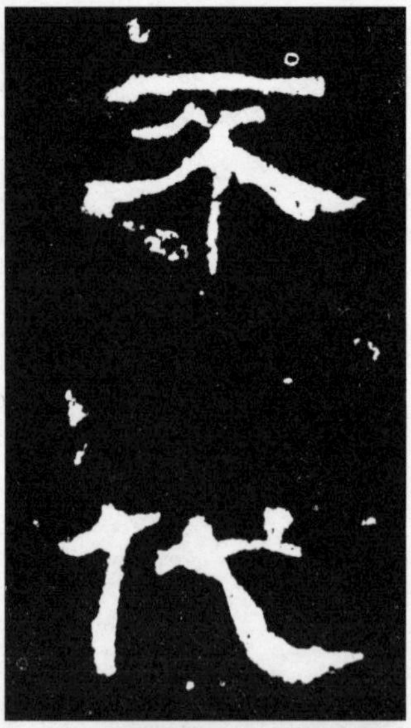

光緒　道光　乾隆

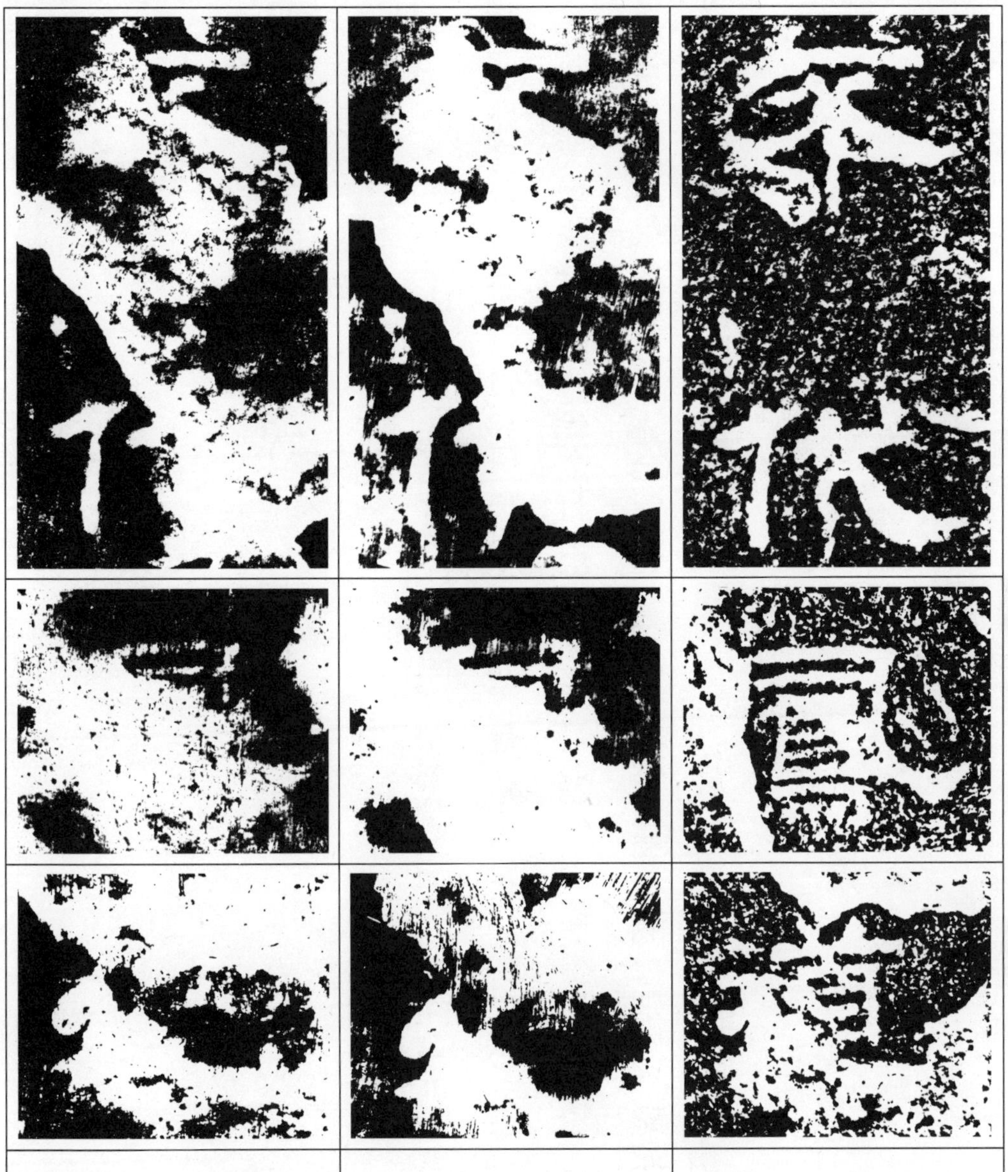

楊叔恭碑

東漢建寧四年（公元一七一年）七月立。清嘉慶二十一年（公元一八一六年）四月馬邦玉於山東鉅野昌邑集路旁購置家塾。已殘，僅存左下角，隸書十二行，行字不一。今藏北京故宫博物院。

《北京大學圖書館藏歷代金石拓本菁華》第七四號，鑒定爲『初拓』，有馬邦玉之子馬星翼題鑒，其考據情况，與本編所收版本完全一致。如果馬星翼題鑒排除從别處移配而來的話，『北大本』與本編收輯的舊拓就可信爲『初拓』。

近拓

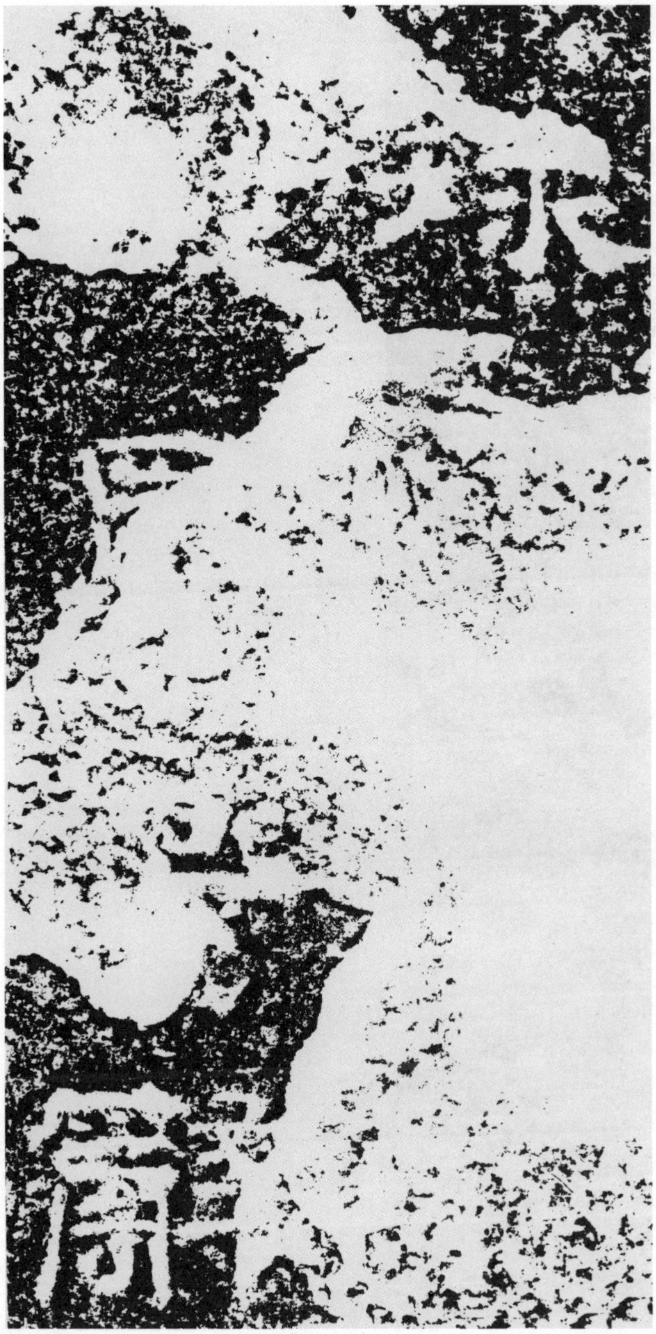

初拓

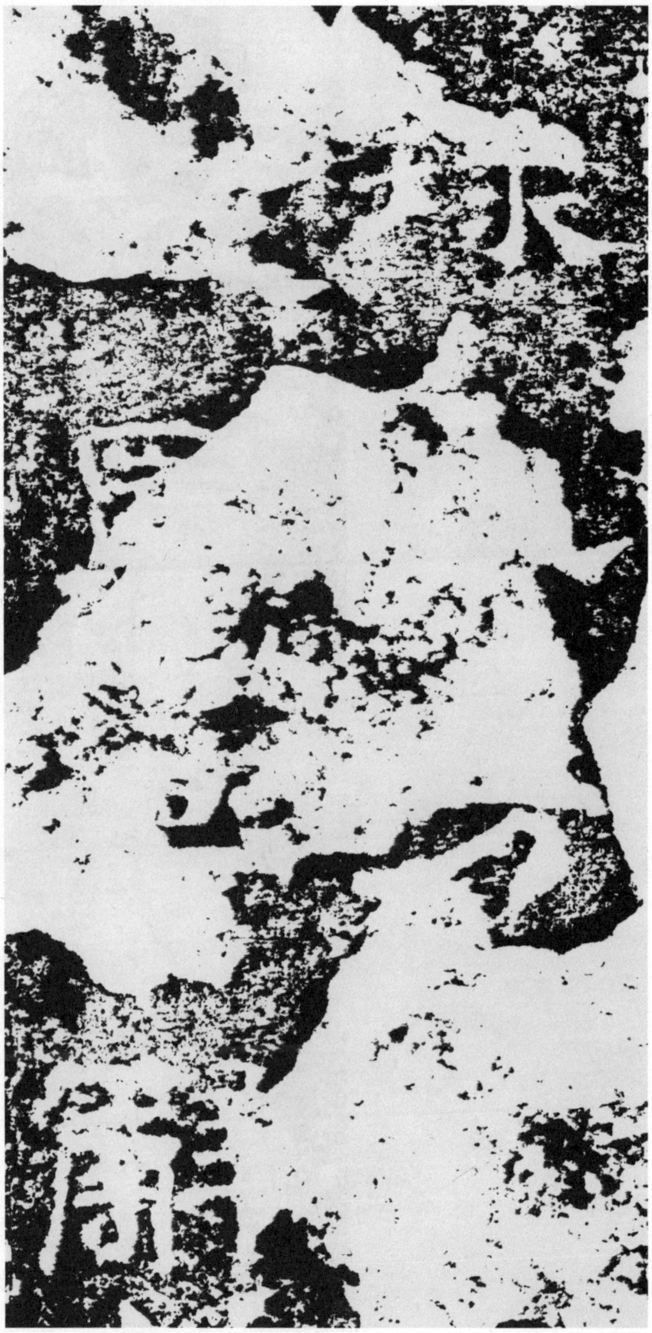

附：剜補本

球字剜過
放字補刻

孔彪碑

篆額『漢故博陵太守孔府君碑』二行十字。東漢建寧四年（公元一七一年）七月立。今存山東曲阜孔廟。隸書，十八行。行四十五字。碑陰一列十三行。聞北京故宮博物院有明拓本。

嘉慶	乾隆	清初	明末
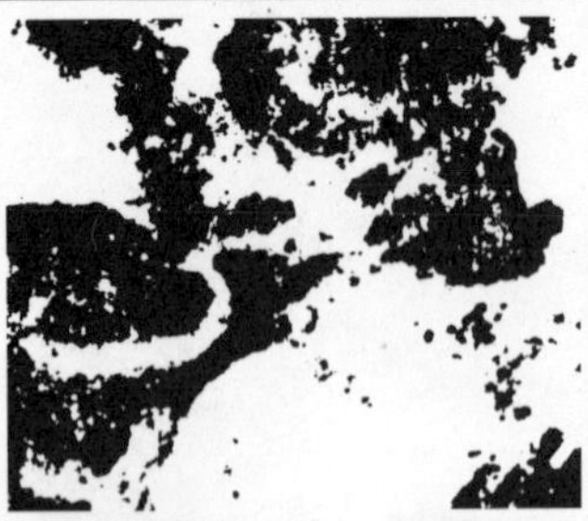	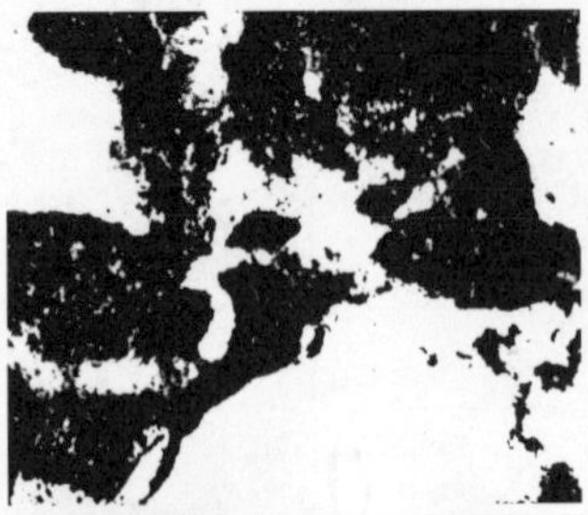		
	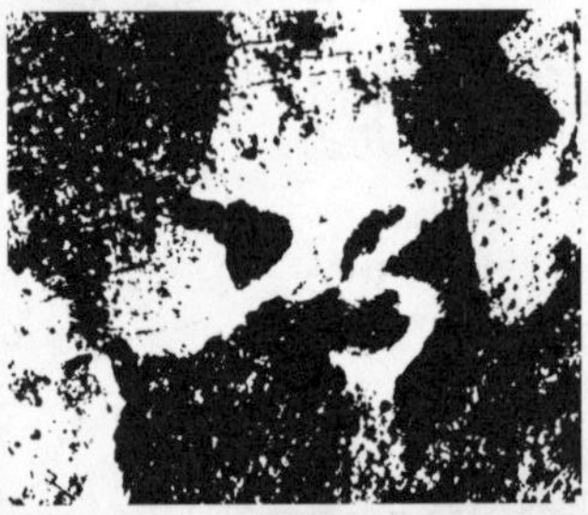	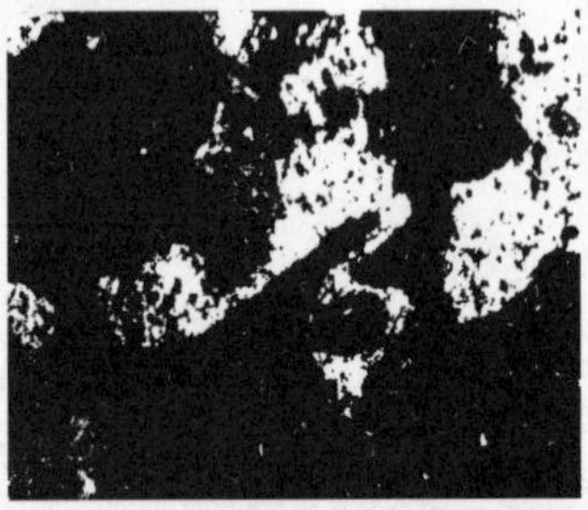	
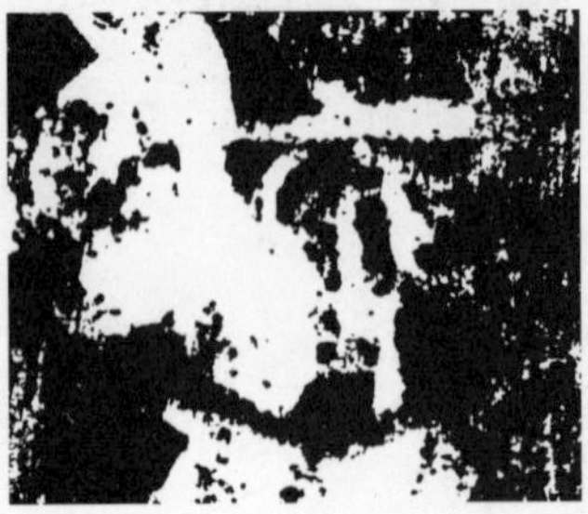		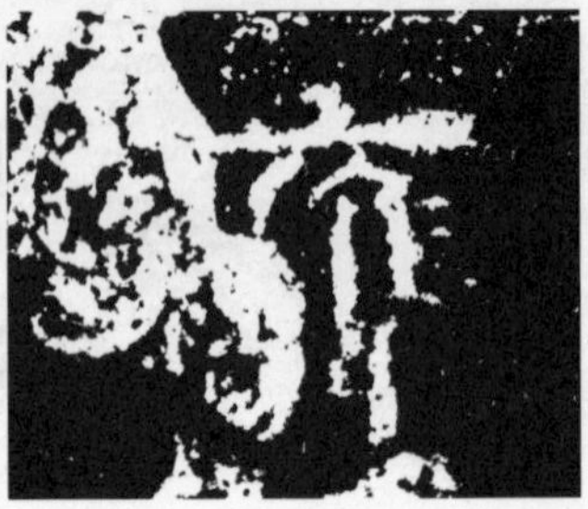	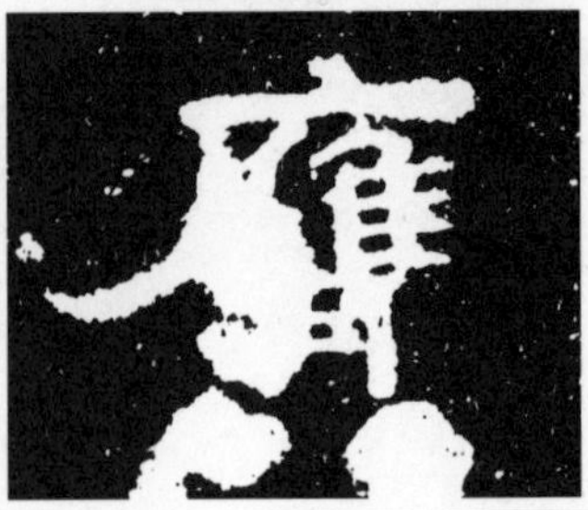

晚清

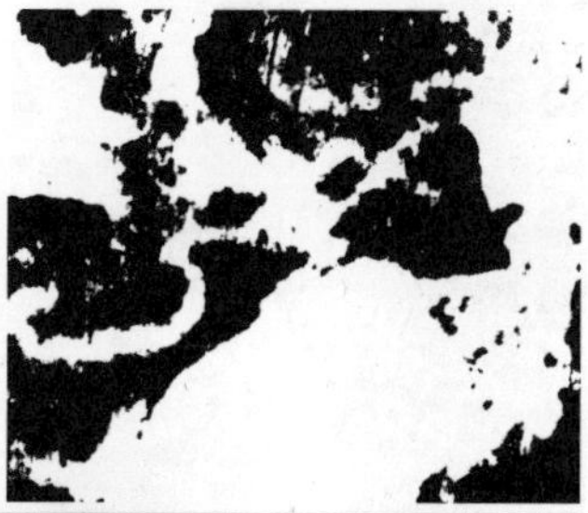

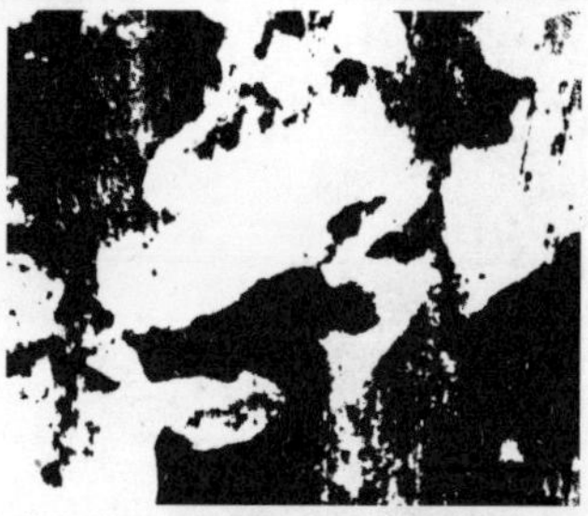

嘉慶	乾隆	清初	明末
	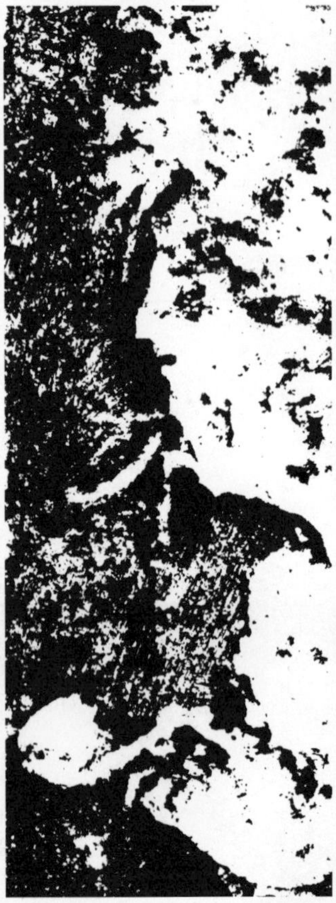	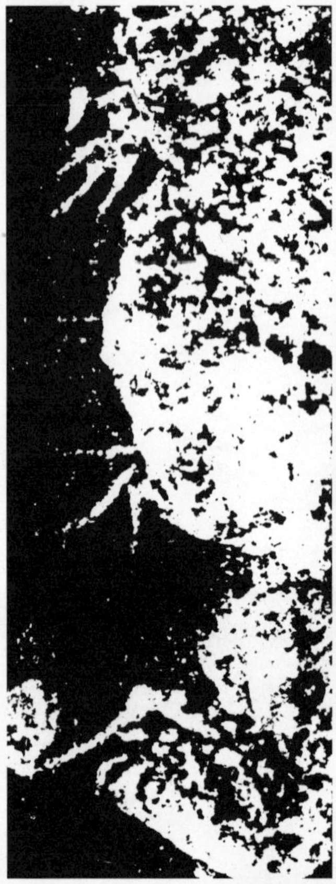	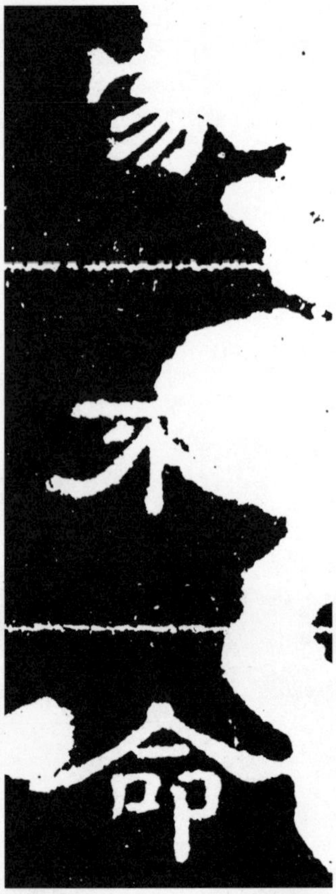
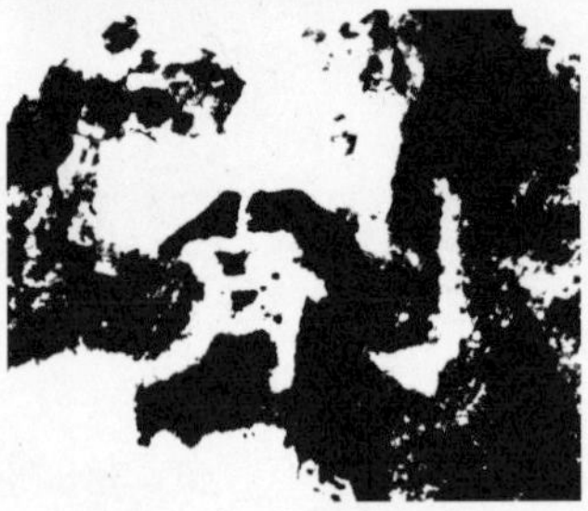	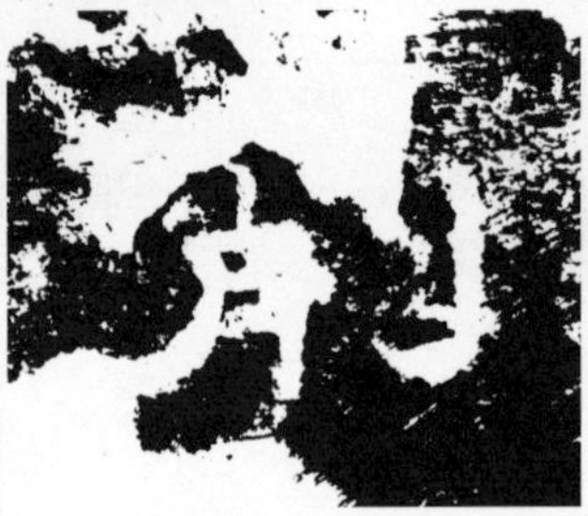	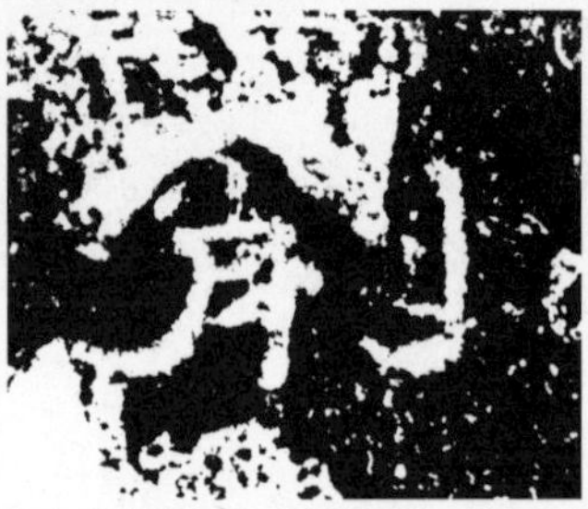	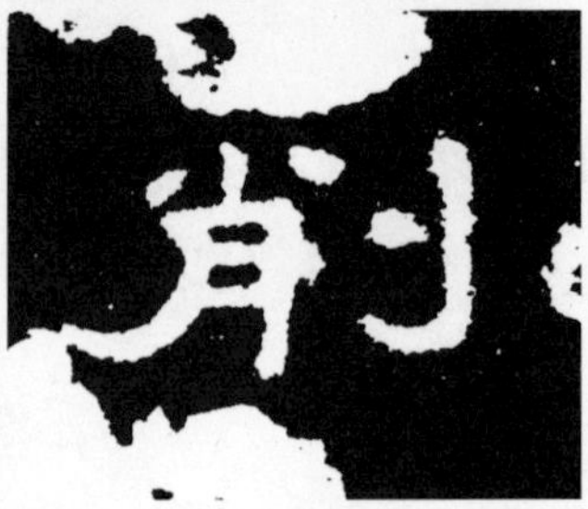

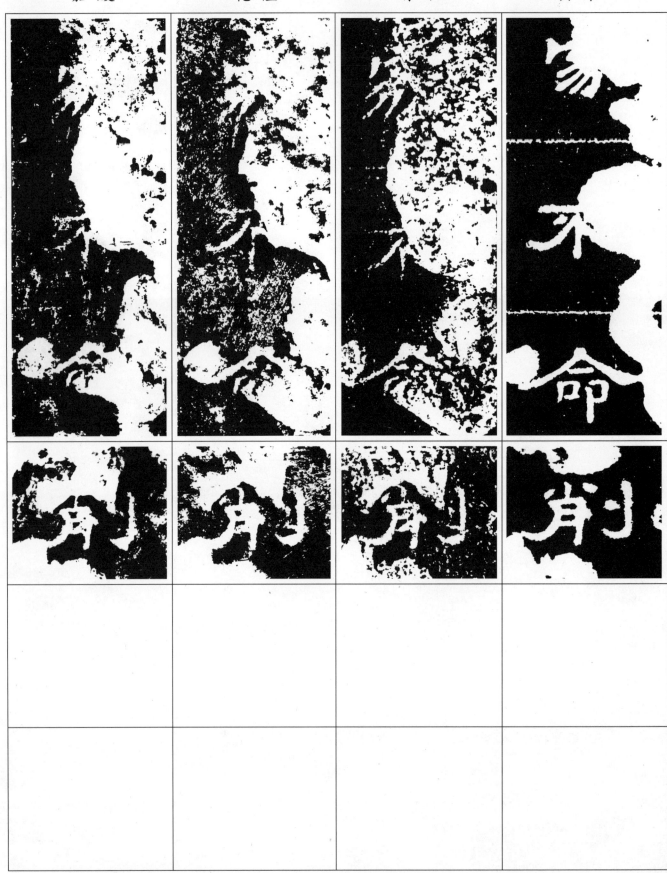

嘉慶	乾隆	清初	明末

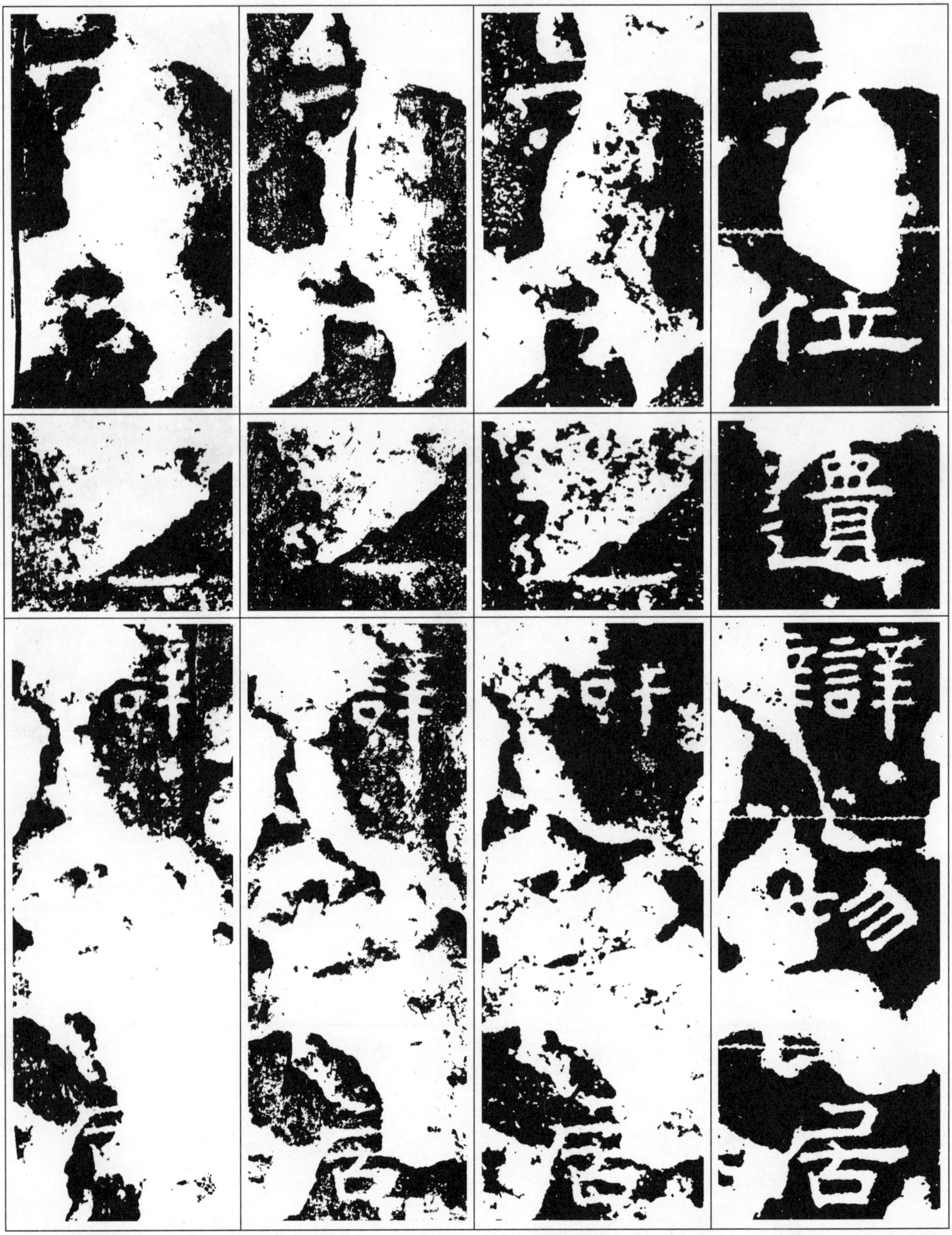

西狹頌

亦稱『李翕頌』。東漢建寧四年（公元一七一年）刻於今甘肅省成縣天井山。篆額『惠安西表』。正文隸書二十行，行二十字。正文右側崖壁刻『五瑞圖』及『黄龍』、『白鹿』等題名。正文後刻題名十二行。有『仇靖字漢德書文』等字。

我所見各種原石原拓近百件。知此摩崖石質堅硬，入清以來自然風化並不嚴重。『創』、『建寧』等字均無明顯變化。不足以爲碑拓考證之據。『創』字下『口』部，凡有黑塊、黑點者均係後人填墨，至今未發現有可信爲明拓的依據。

『是』字右下角於清初尚未與下部石泐相連。

『因』字右下角約泐於道光前，尚未與下部石泐相連。

文物出版社一九八六年版《西狹頌》當是乾嘉時所拓。

拙撰《典型的黑老虎——關於余紹宋考訂本西狹頌》可資參閲。

清初

乾嘉

嘉道

近拓

郙閣頌

東漢建寧五年（公元一七二年）二月刻於陝西略陽南白崖崖壁。傳爲仇靖書。隸書十九行，前九行二十七字，末行十七字。因是頌刻在古棧道轉角處，下臨河谷，船工拉縴時縴繩在此頌文字上拖拽磨擦，故清乾隆後拓本末數行可見縴繩磨損痕兩道，愈後愈深、闊。

近拓　清中　雍乾　清初

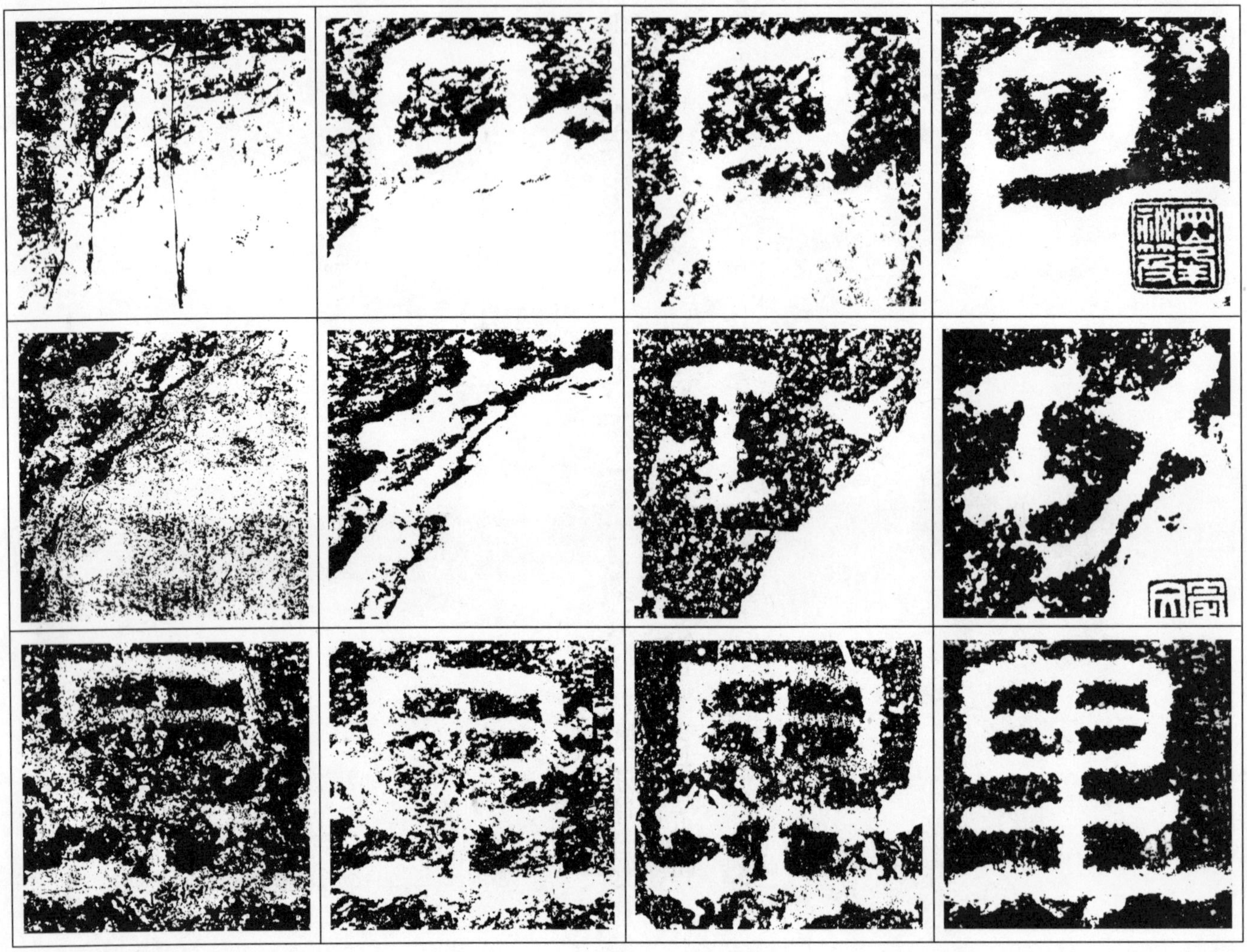

近拓　清中　雍乾　清初

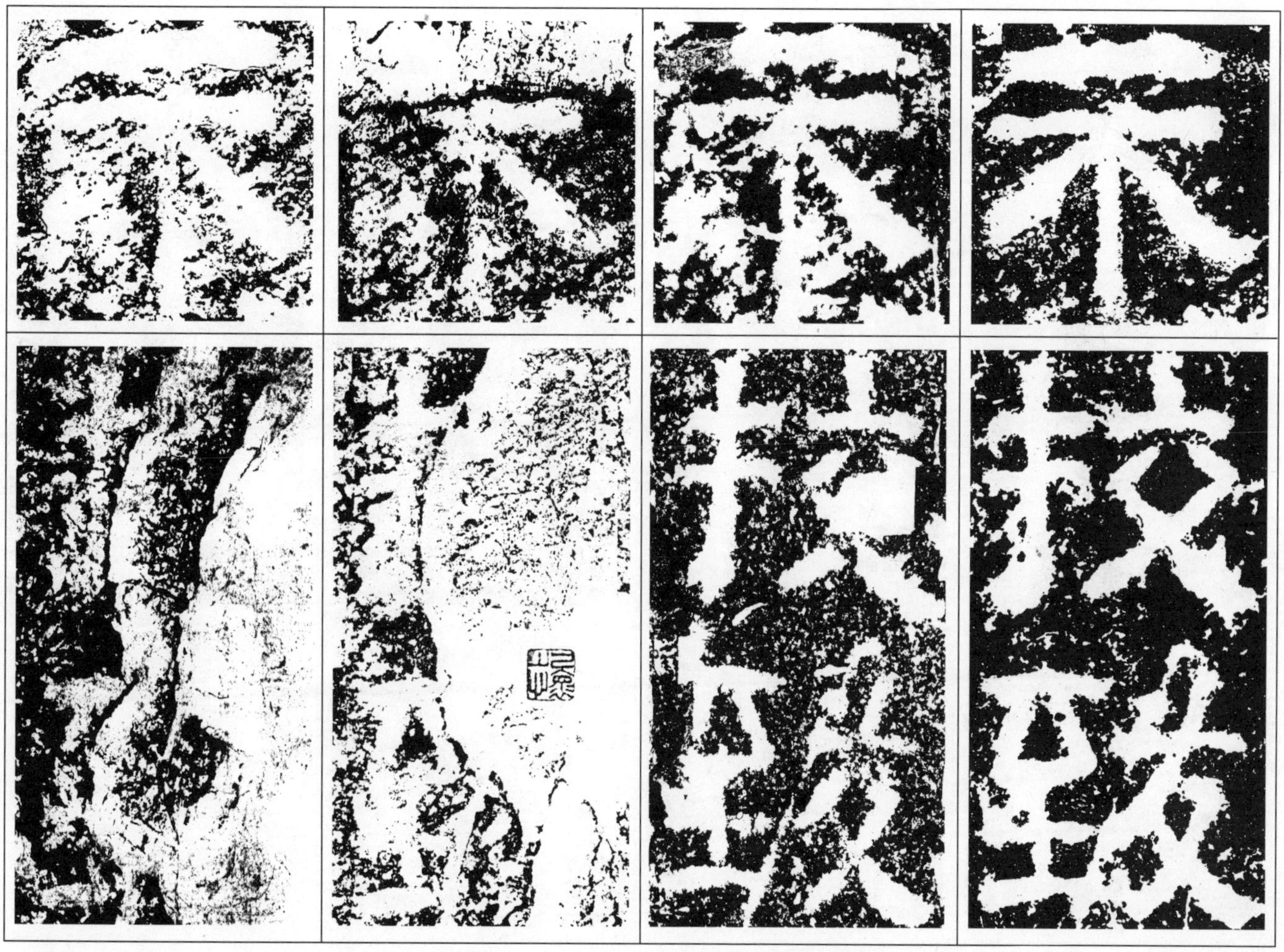

近拓　清中　雍乾　清初

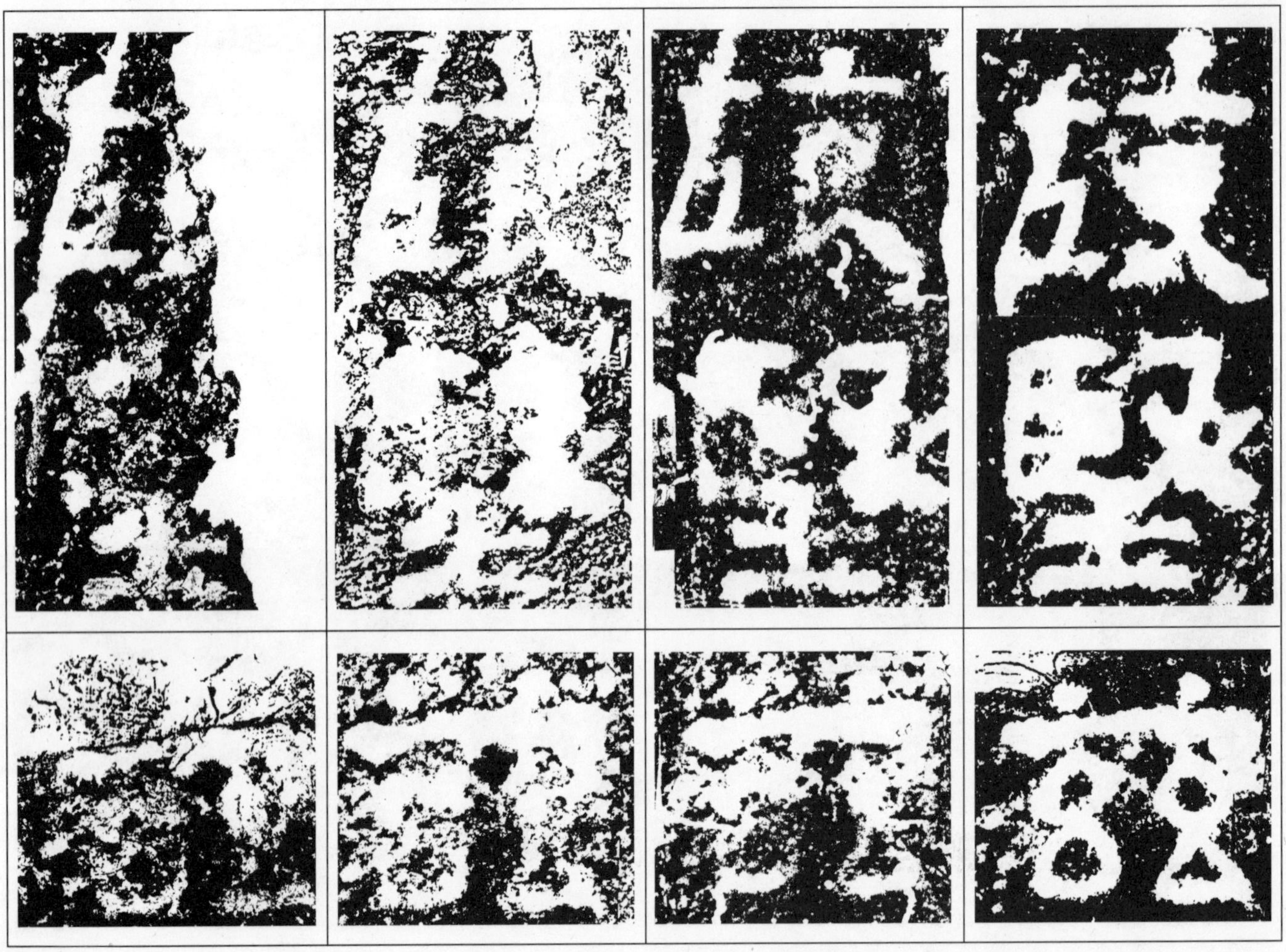

楊淮表記

東漢熹平二年（公元一七三年）刻於陝西褒斜道石門。隸書七行，行廿五六字不等。今在漢中博物館。清嘉慶以前拓『黄』字基本完整。道光時拓用白棉紙，『黄』字被土石苔蘚所封，往往遺拓。或僅見『黄』字下半部；近百年拓黄字『丗』部被剔出可见。

我曾到陝西漢中，見近年盜拓皆用宣紙、墨汁，故與舊拓極易分別。

道光時

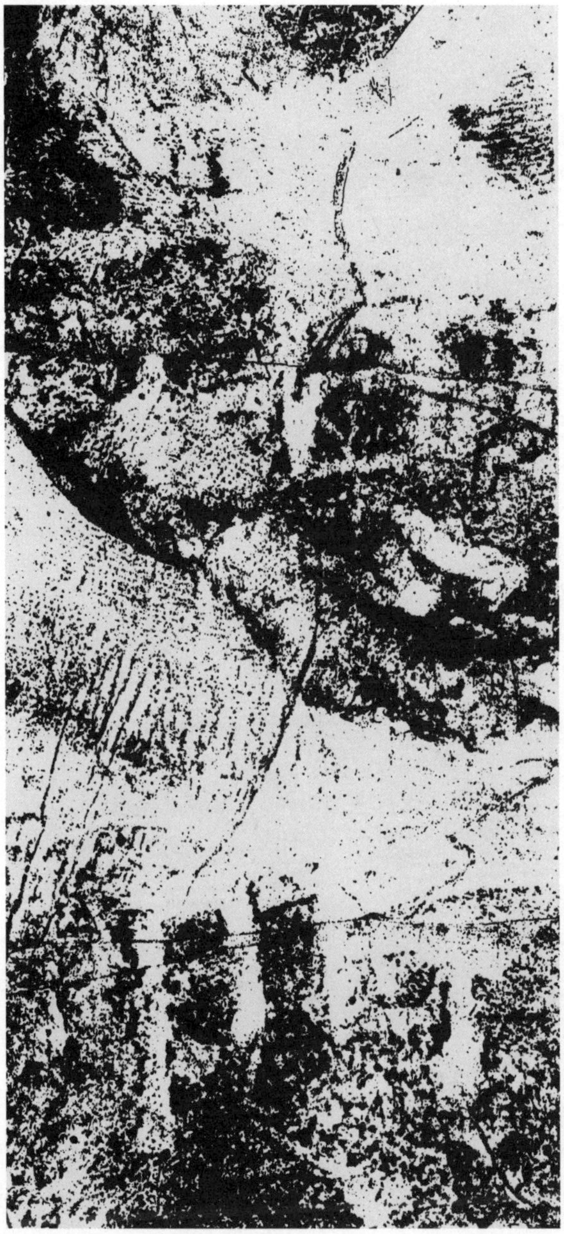

乾隆前

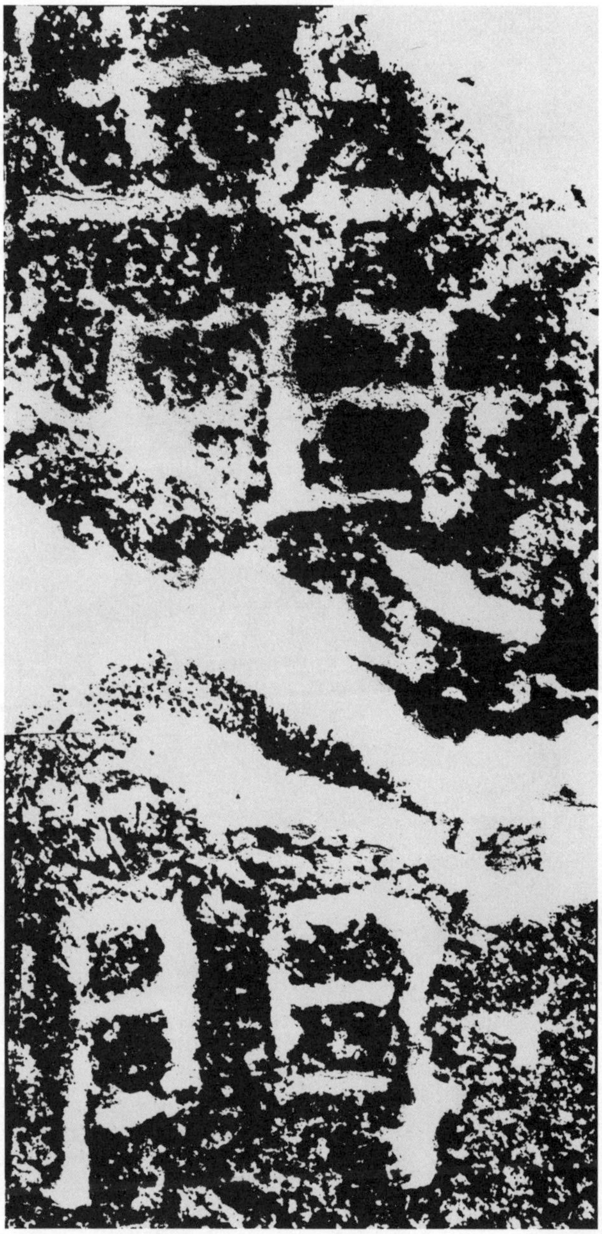

附：黄字已經填描

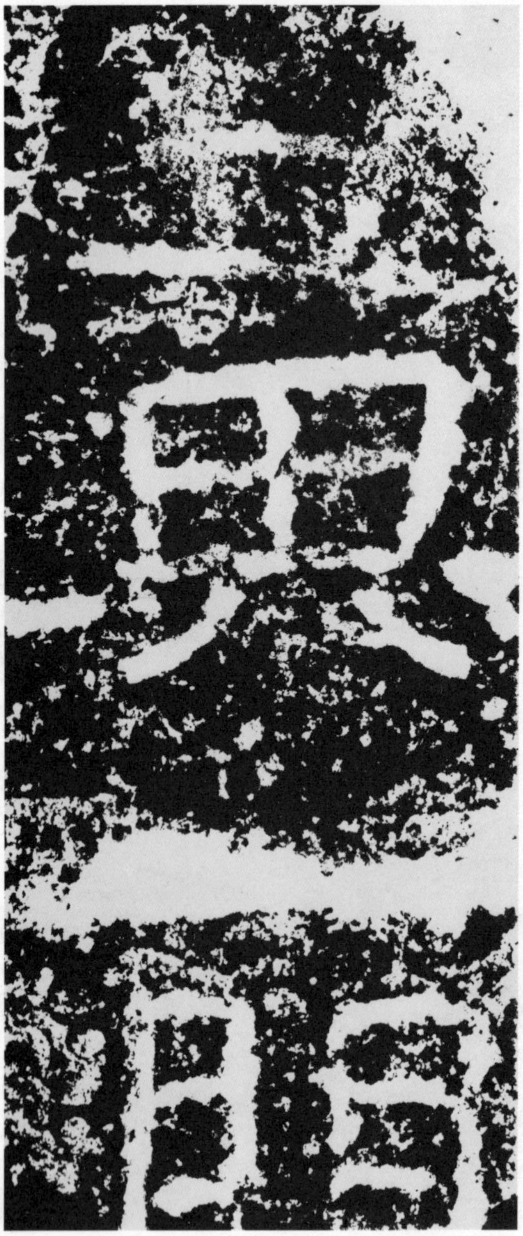

近百年近拓

魯峻碑

東漢熹平二年（公元一七三年）立於山東任城金鄉山。現存山東濟寧市博物館。隸書額二行，共十二字：『漢故司隸校尉忠惠父魯君碑』。碑陽隸書十七行，行三十二字，碑陰分二列，各二十一行，行字不等。宋趙明誠《金石録》、南宋洪适《隸釋》等著録。

此碑傳世拓本，以往多以慈淑樓藏明拓本（本書第二種）爲最早。一九九八年八月北京紫禁城出版社出版的北京故宫博物院藏本中『汝南干商』之『商』字、『當遷絽職』之『遷』字清晰完整，早於南宋《隸釋》著録本：其它文字泐損程度也明顯地少於慈淑樓藏明拓本，故可信爲北宋拓。

注：一、慈淑樓本『令』、『仁』字原拓紙破殘，非原石泐損。

二、『遐』字前人著録以爲清初以前未損，而實際上其左上角於北宋時已損。

三、《北京大學圖書館藏歷代金石拓本菁華》第一三九號，『遐』字疑經填描，當是清末所拓。

明末清初　　明 拓　　北宋拓

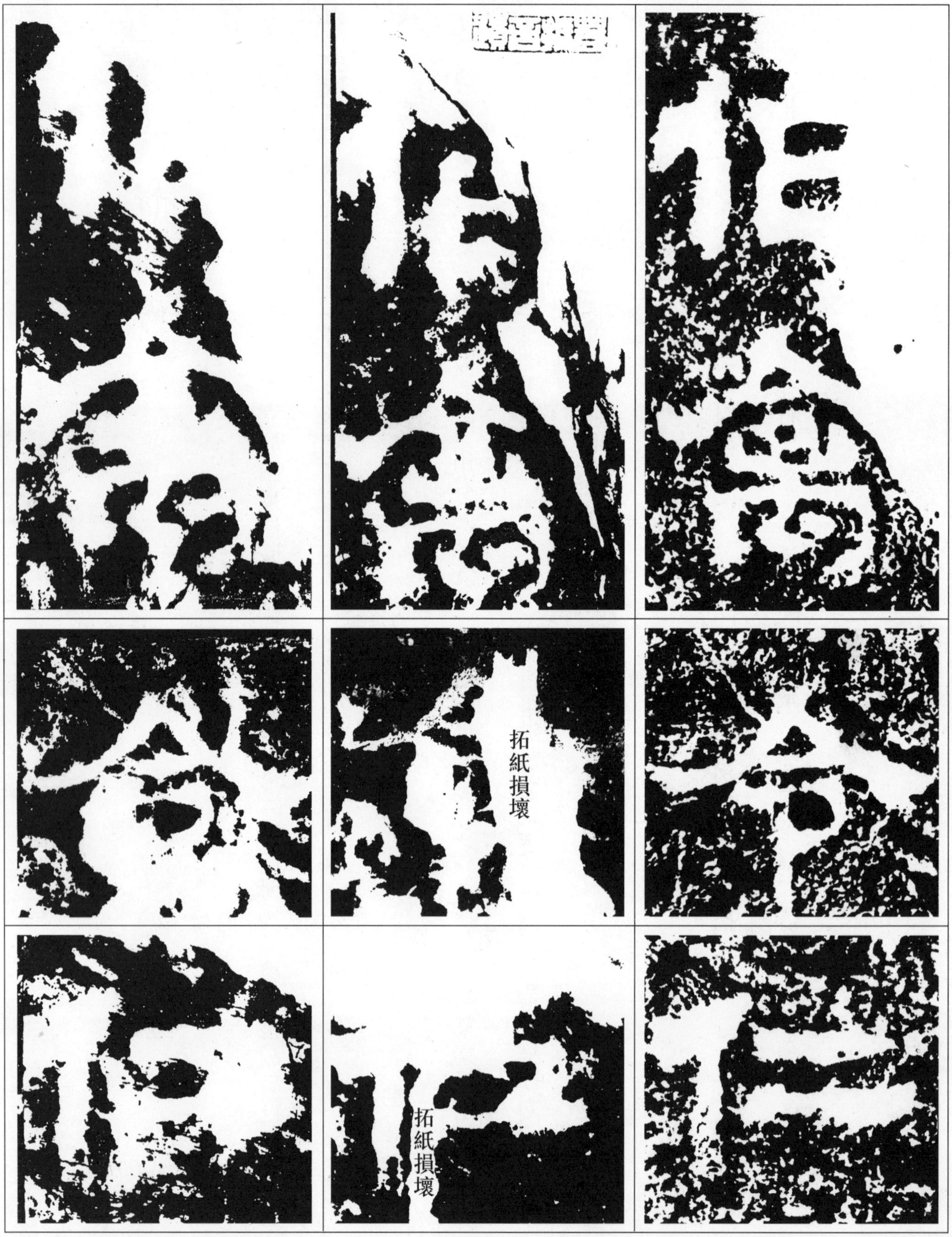

民國　　　　晚清　　　　嘉道

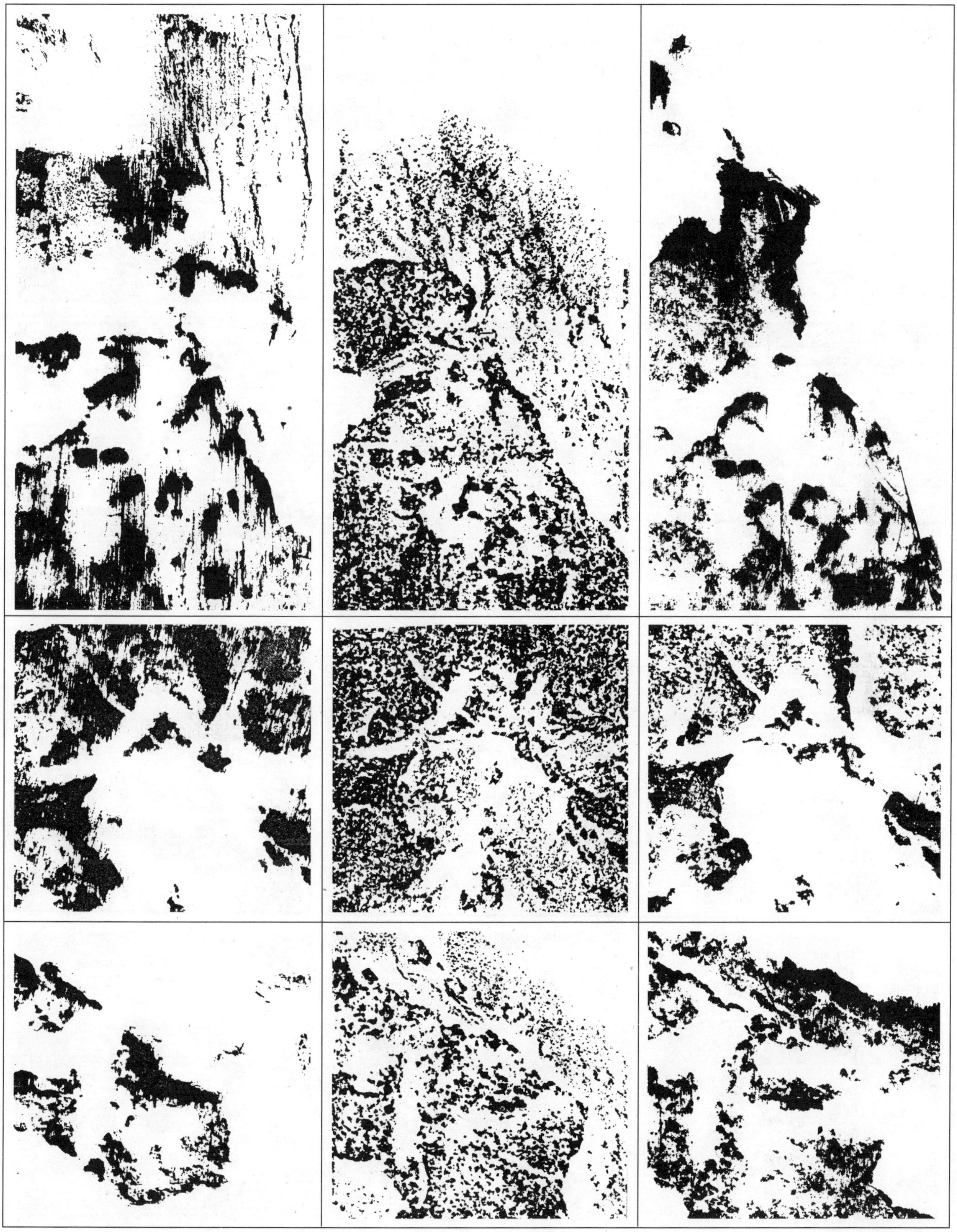

明末清初　明 拓　北宋拓

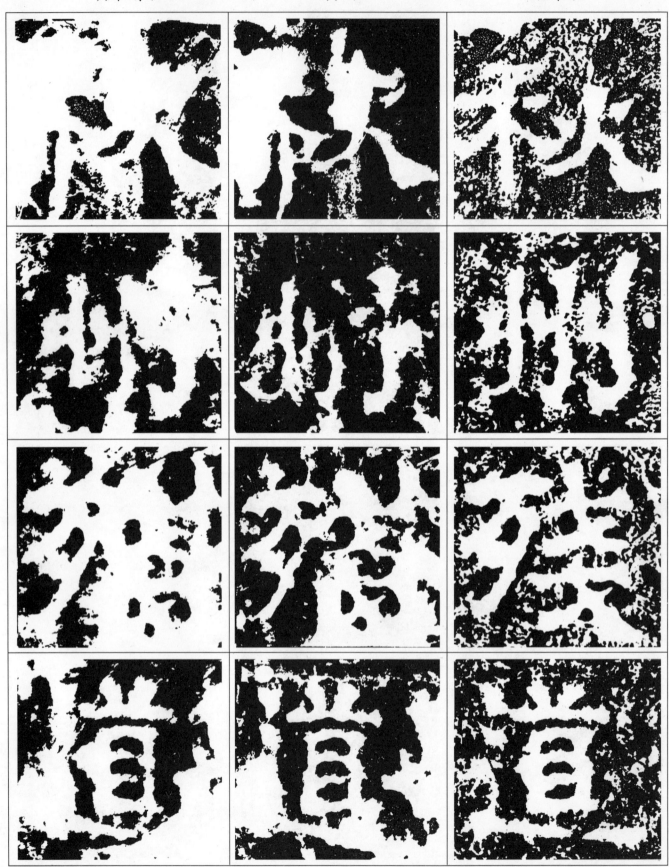

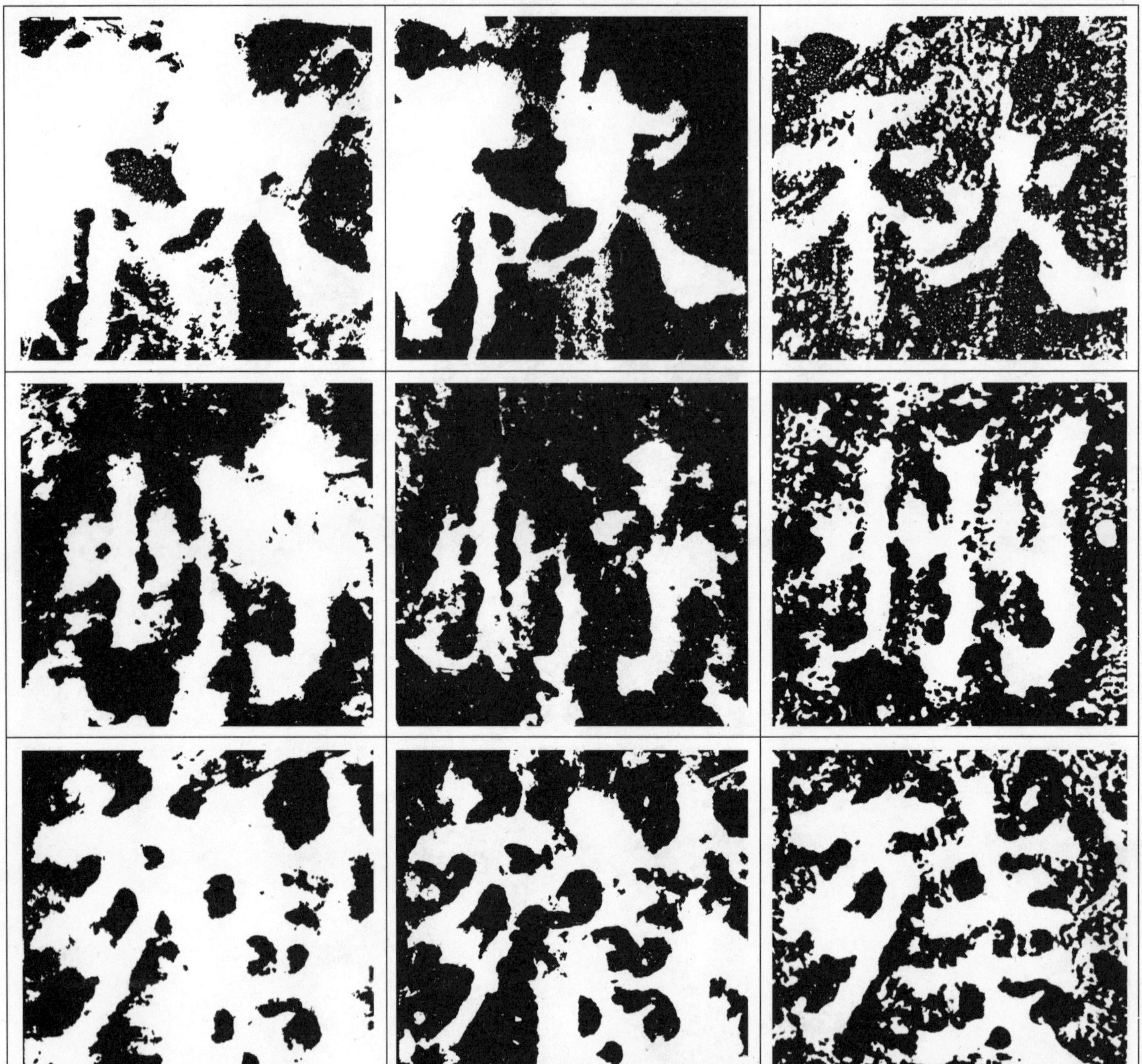

民國　晚清　嘉道

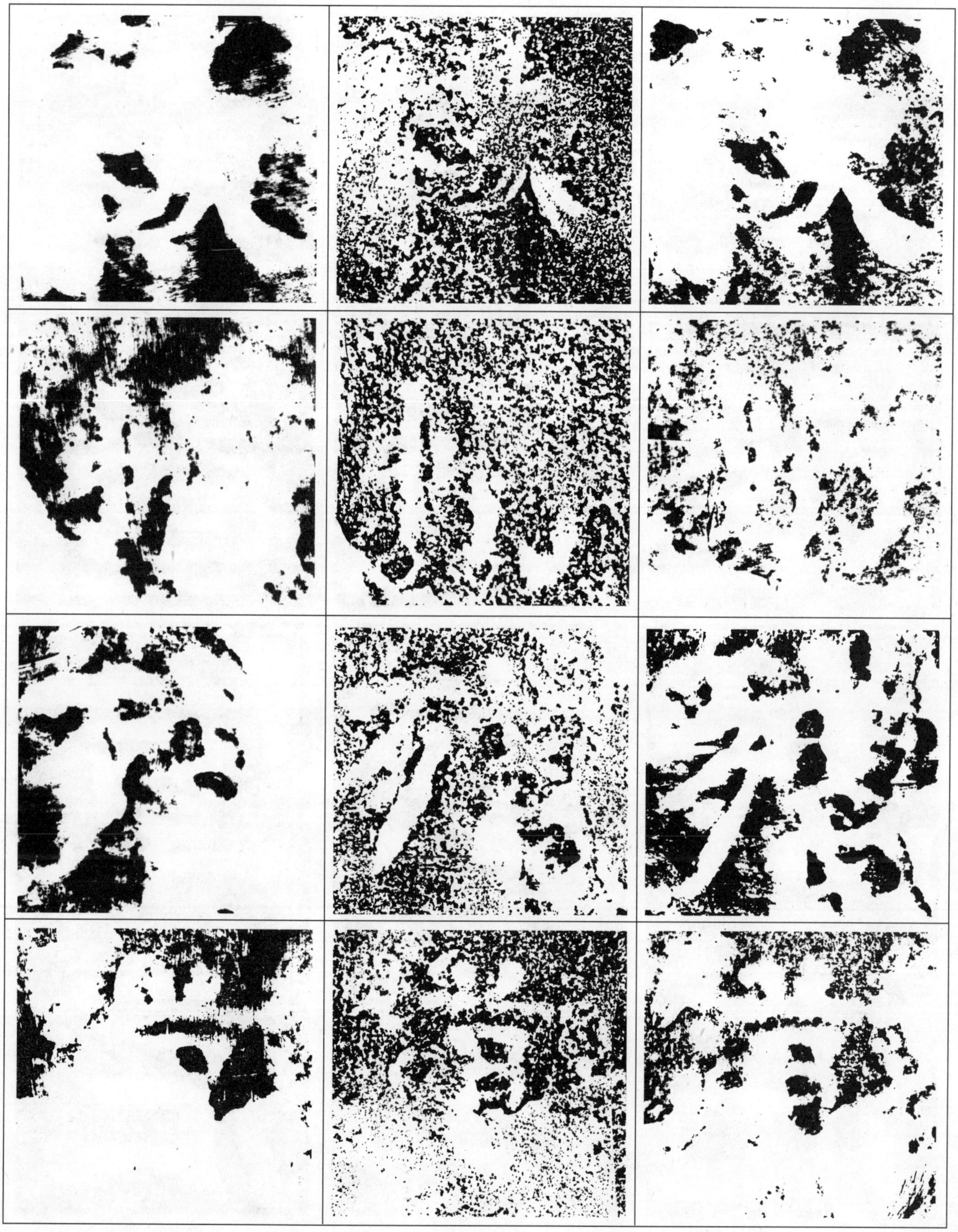

明末清初	明拓	北宋拓

民國　晚清　嘉道

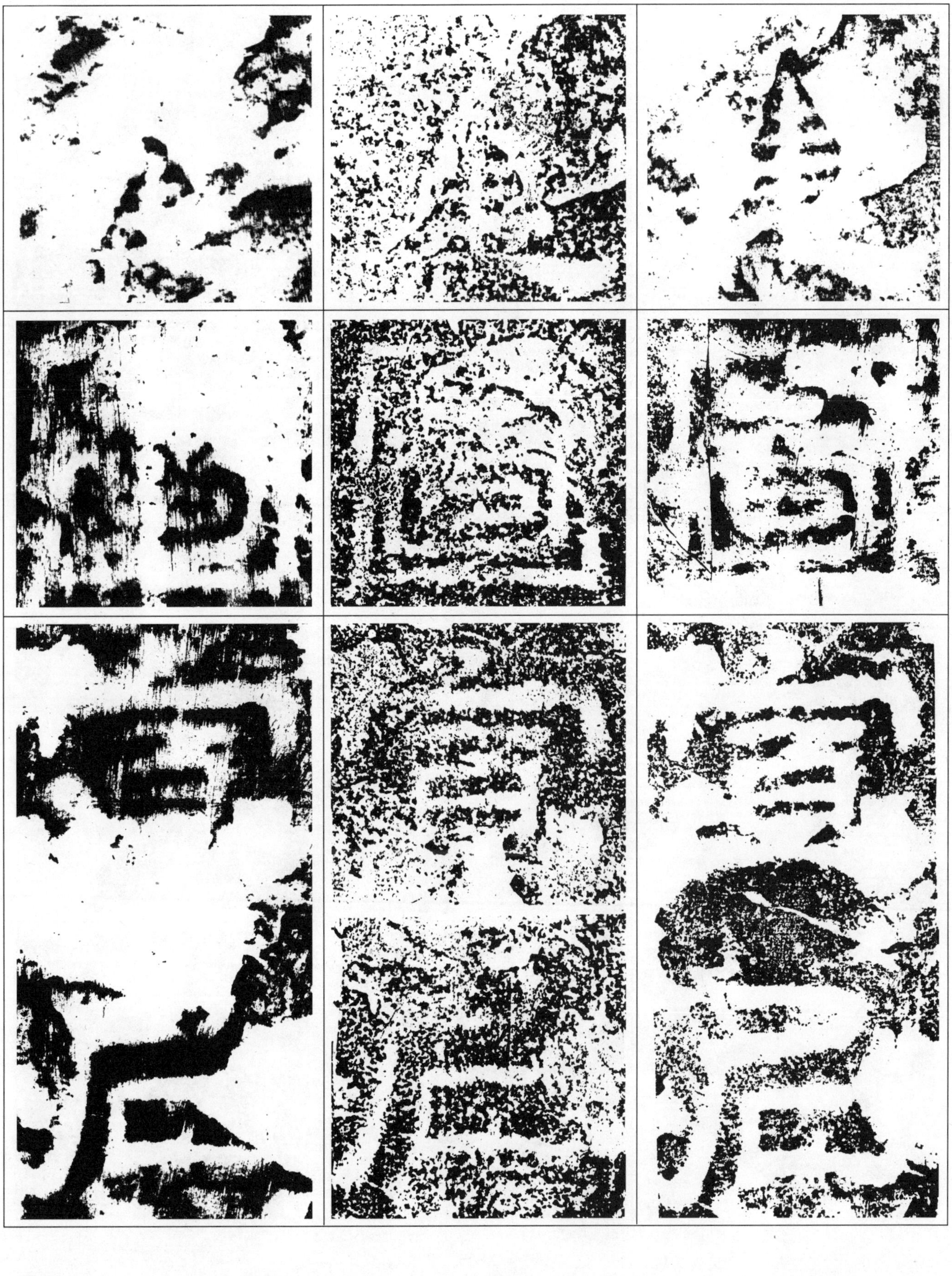

明末清初	明 拓	北宋拓
	泐 盡	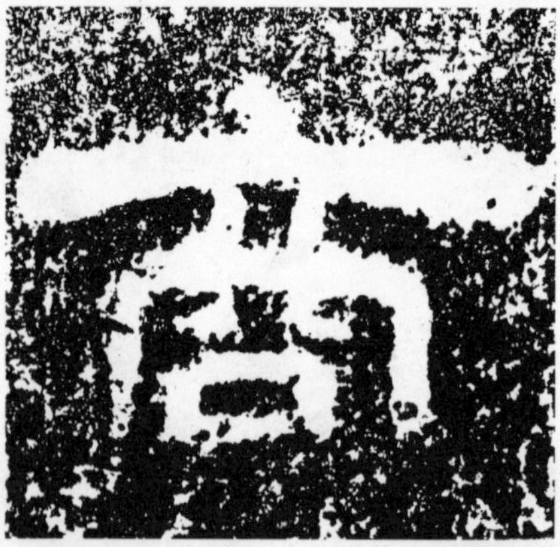
	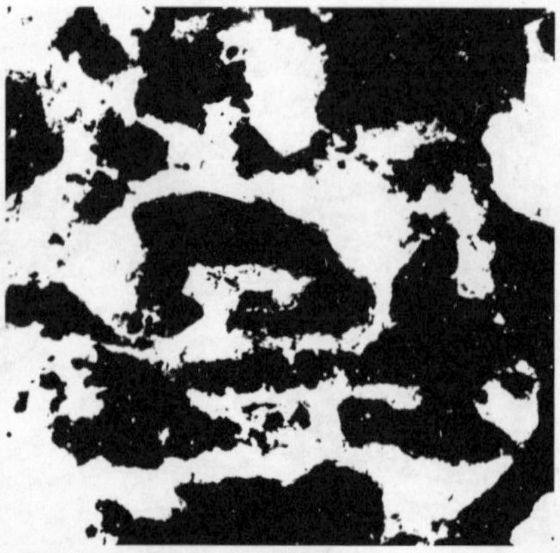	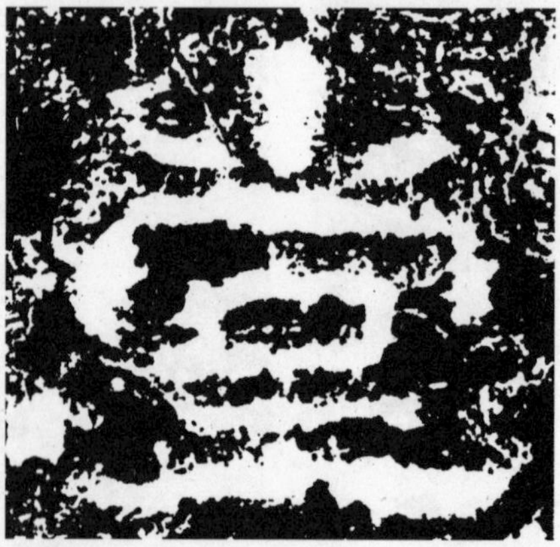
	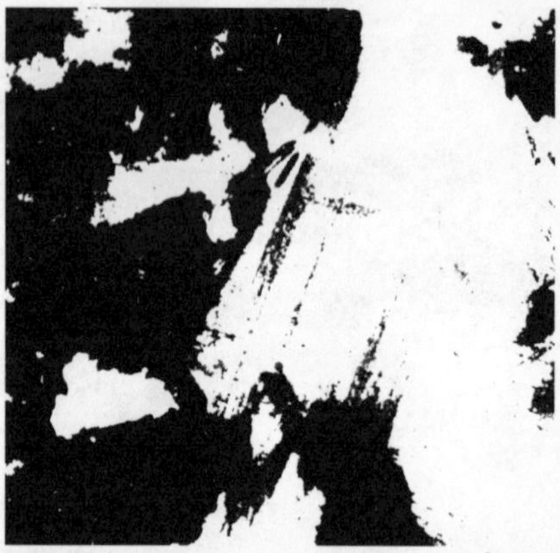	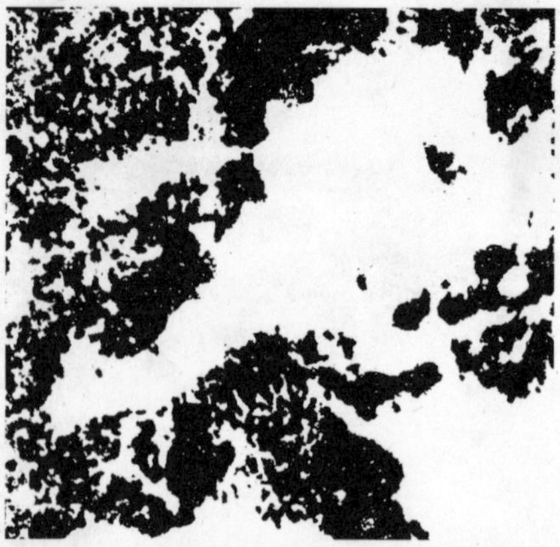
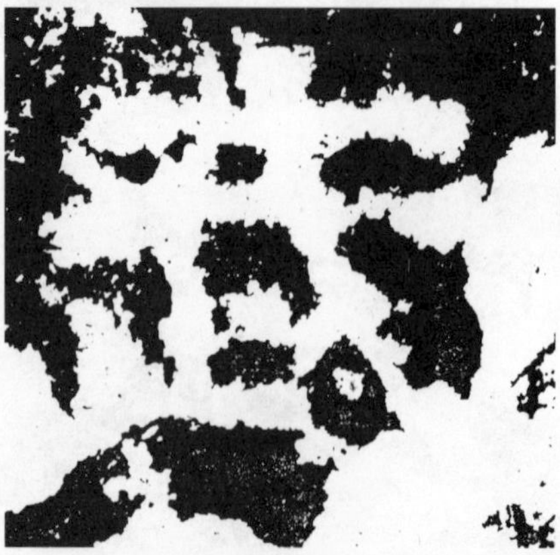	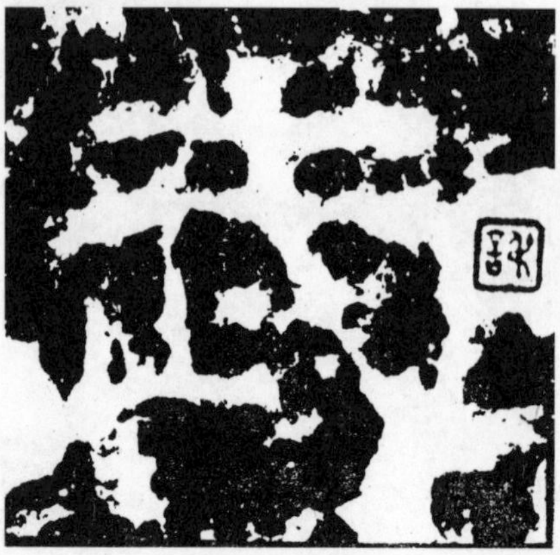	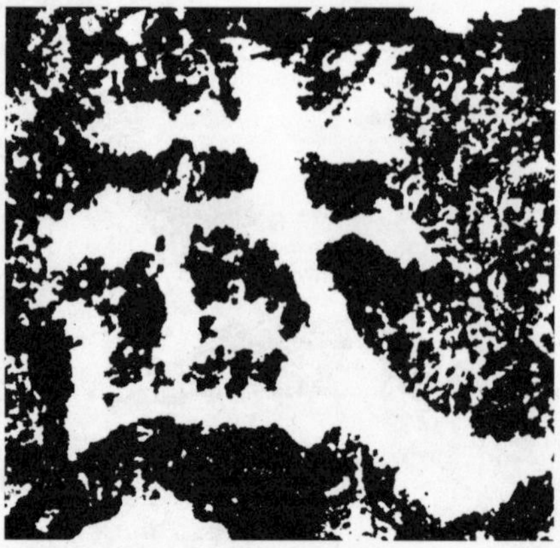

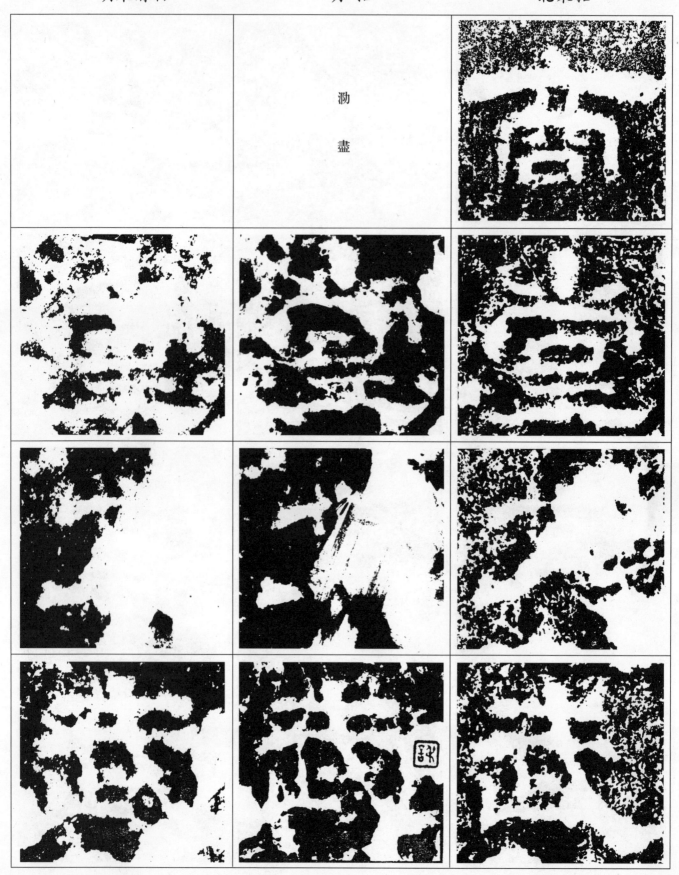

民國	晚清	嘉道
	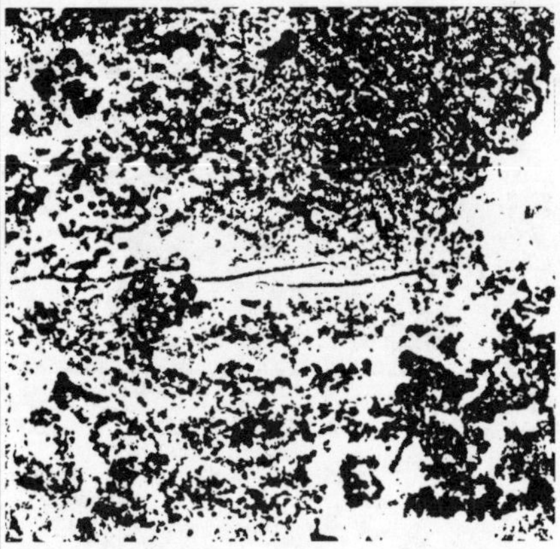	

		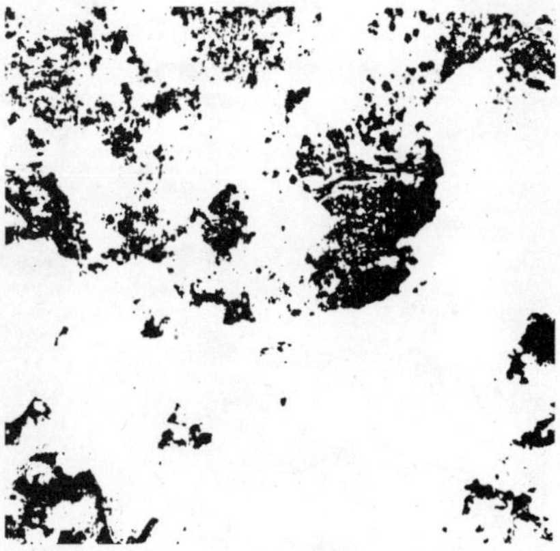

明末清初	明拓	北宋拓
	泐 盡	
	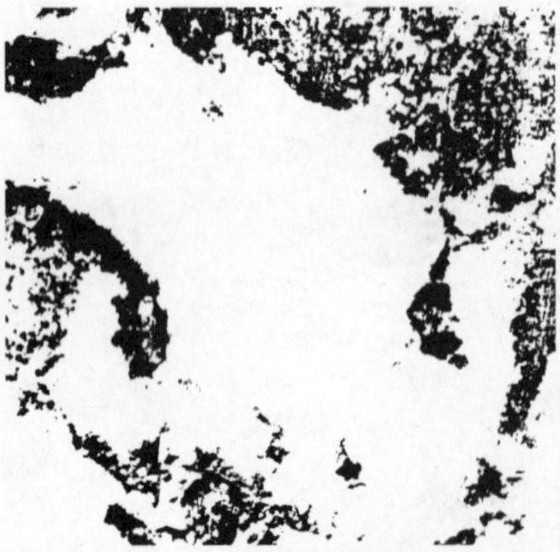	
	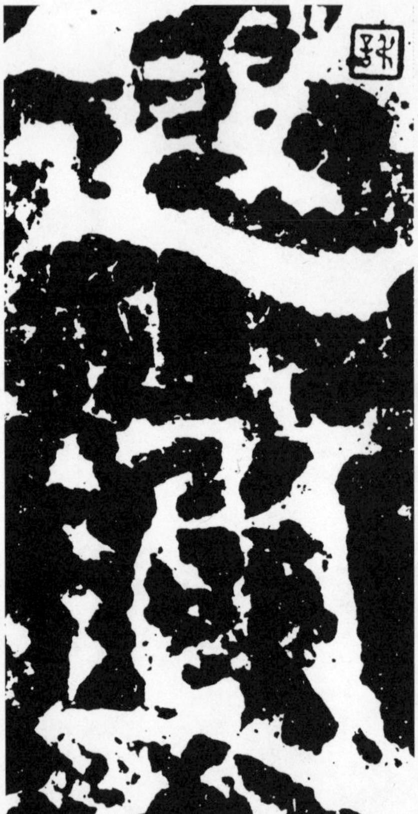	

民國	晚清	嘉道

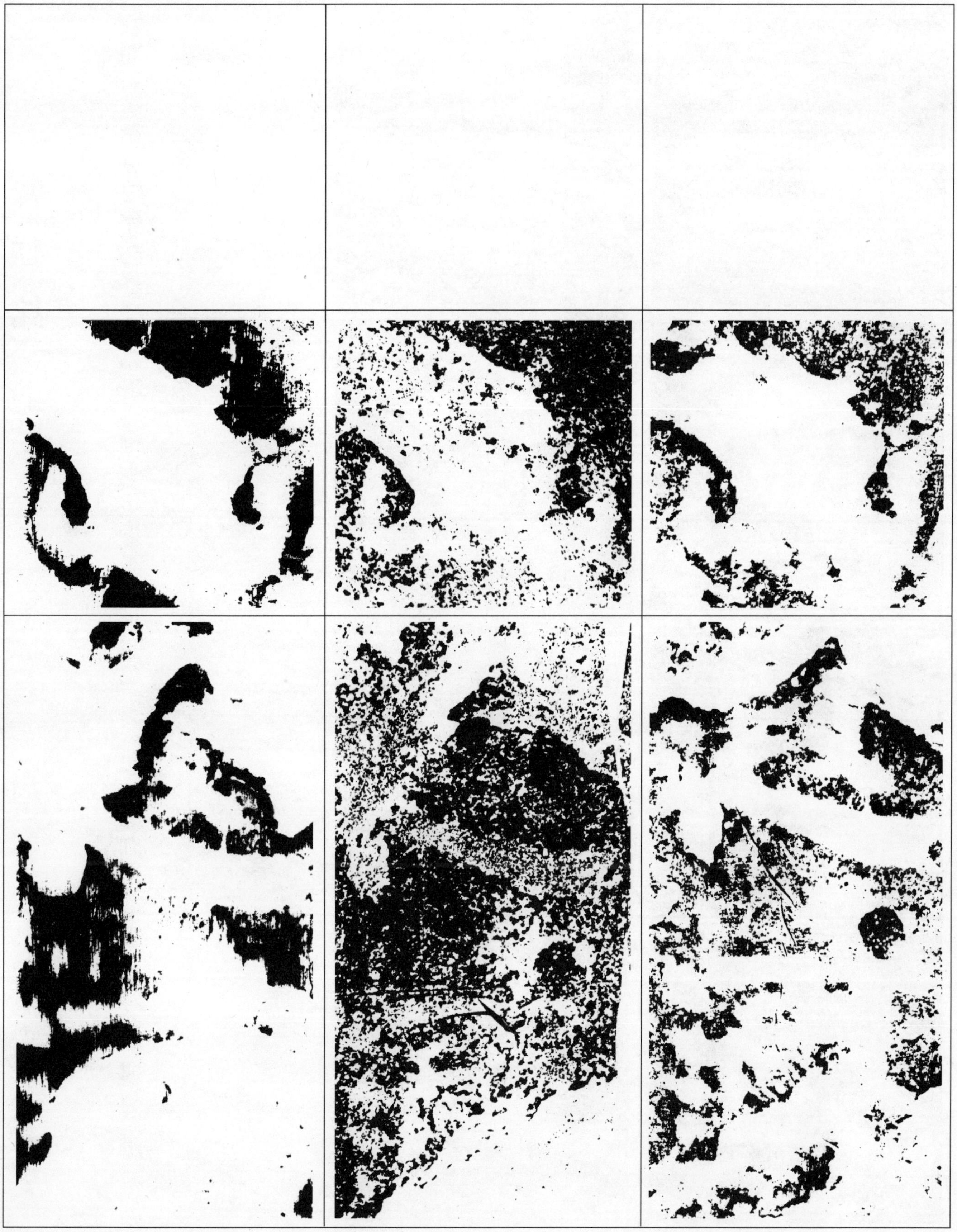

韓仁銘

篆額『漢循吏故聞憙長韓仁銘』二行十字。東漢熹平四年（公元一七五年）十一月立於河南滎陽。後碑傾，金正大六年（公元一二二九年）八月重立，後移縣署。隸書八行，行十九字。

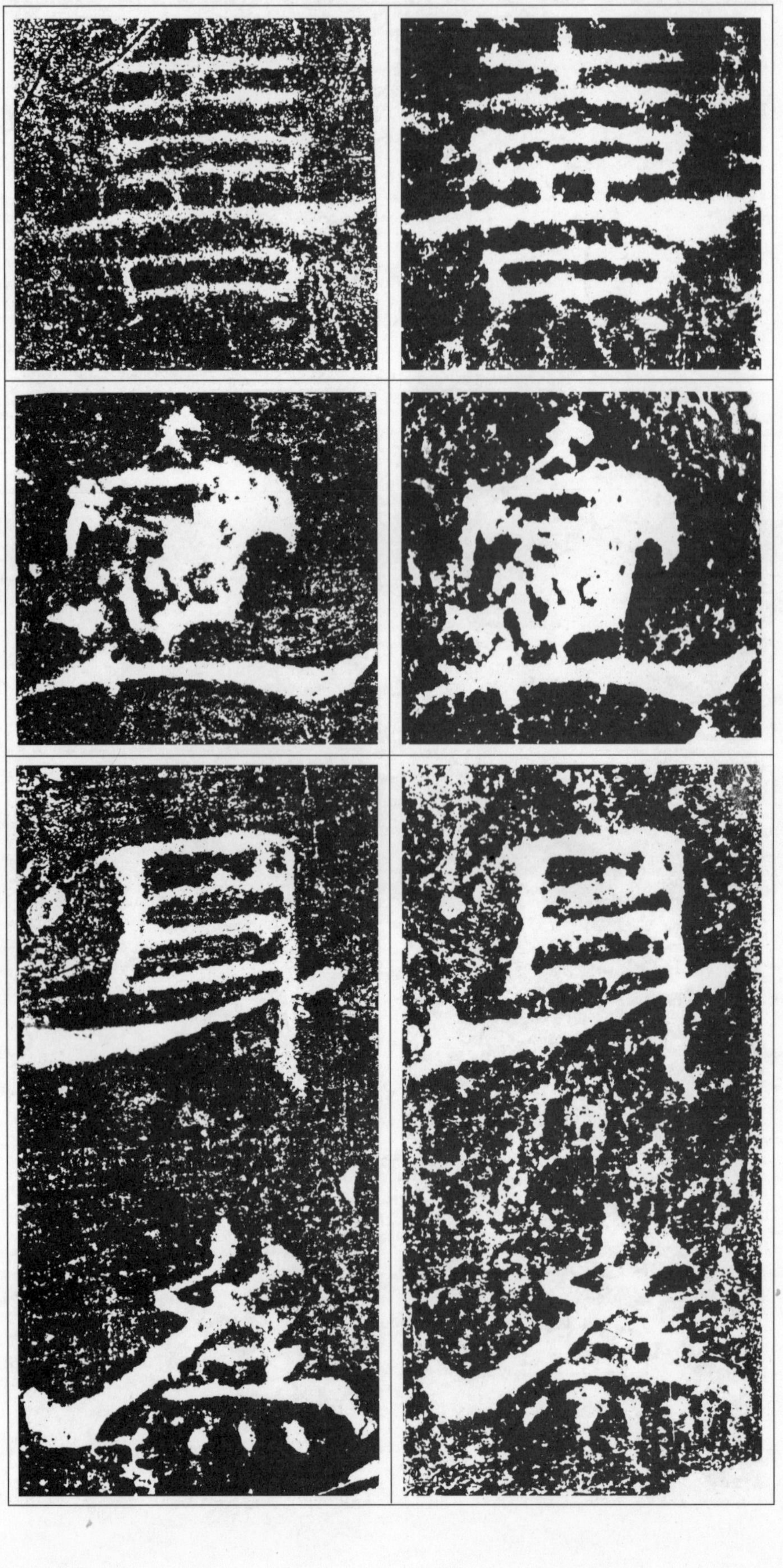

乾隆或清初　嘉慶

近拓　咸同　道光

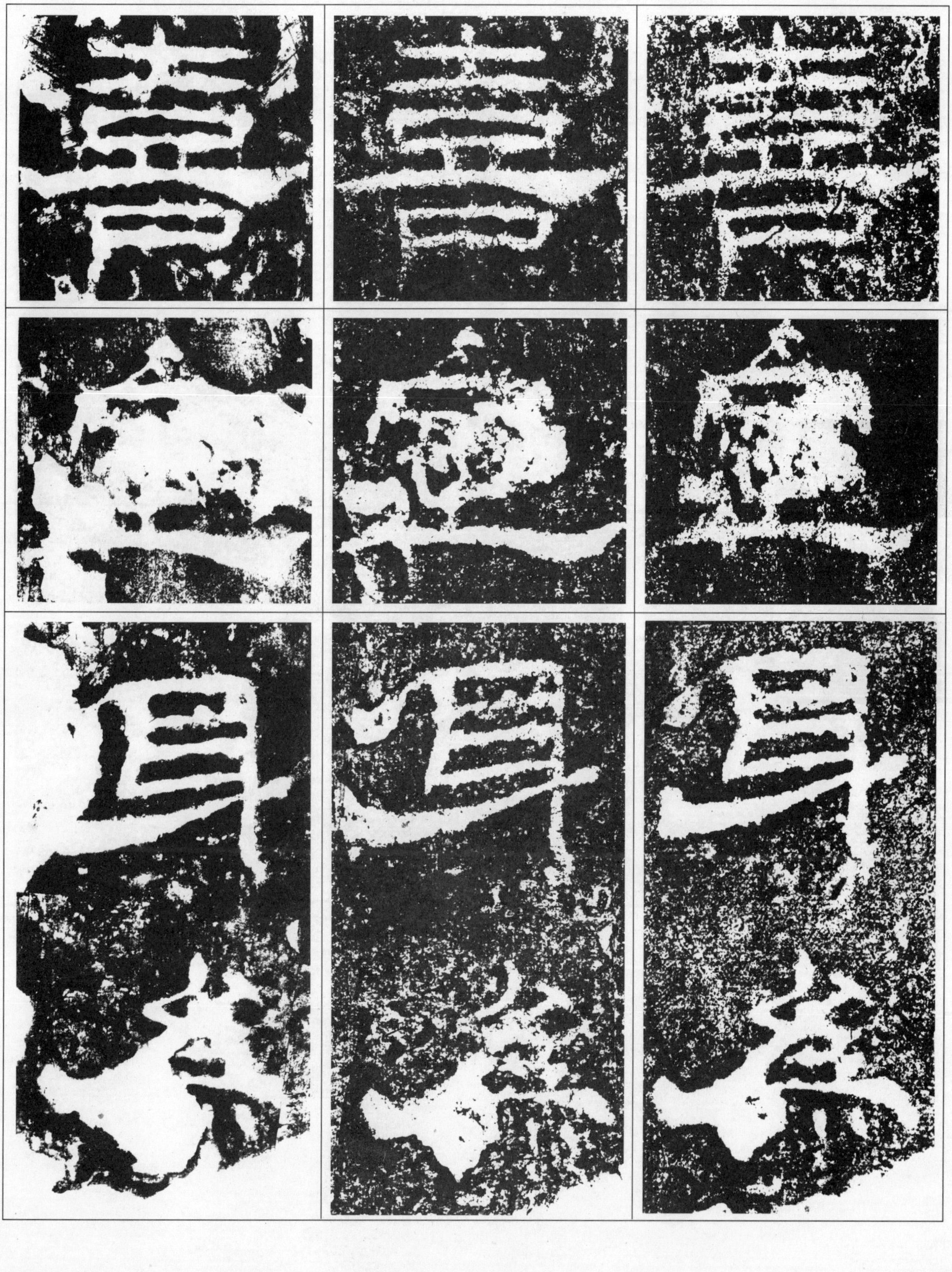

道光	嘉慶	乾隆或清初

		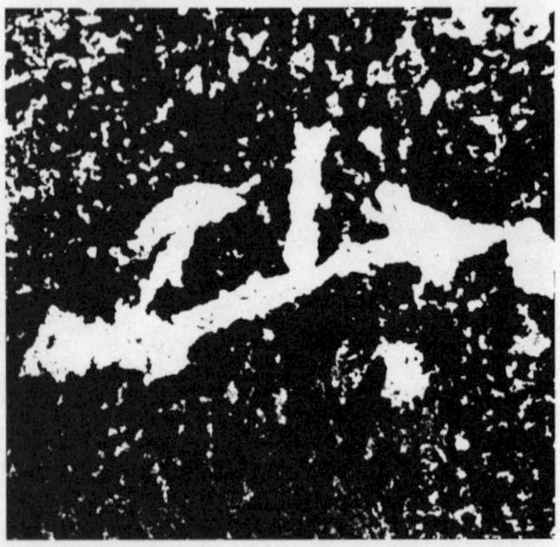 

近拓　　咸同

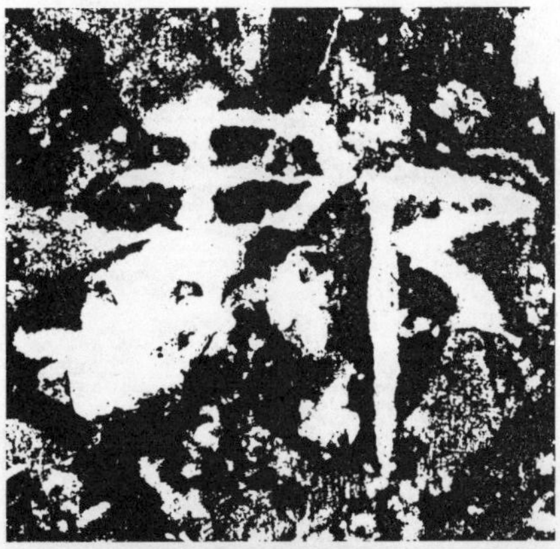

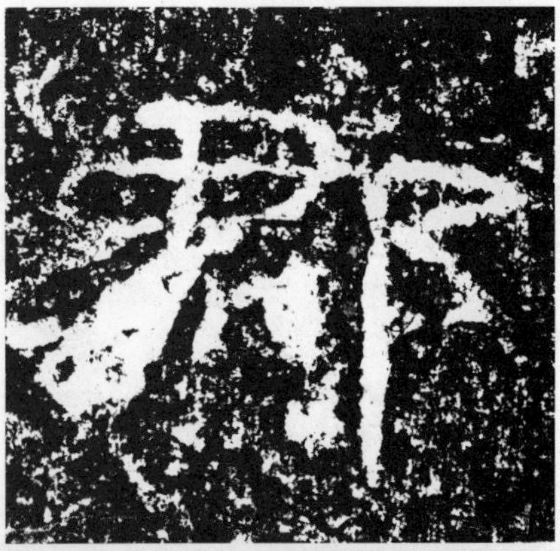

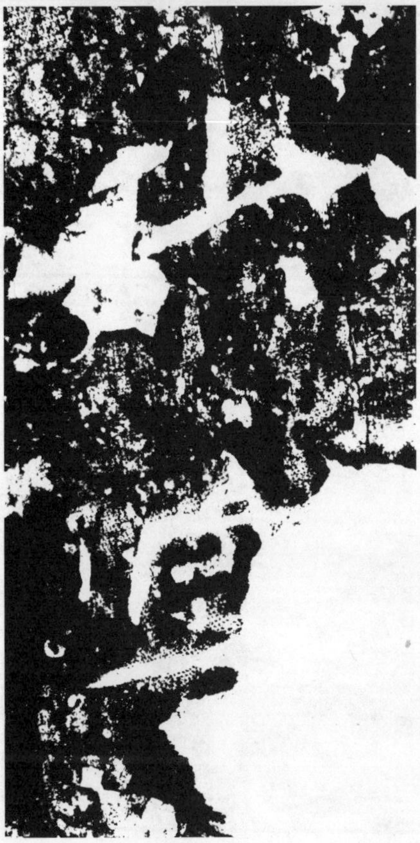

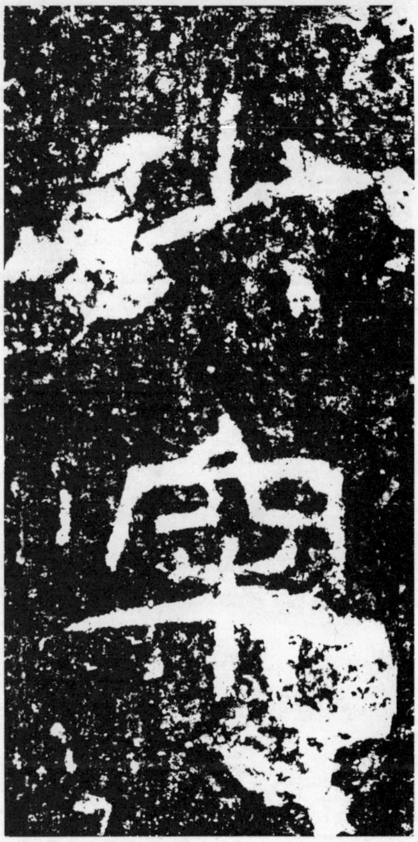

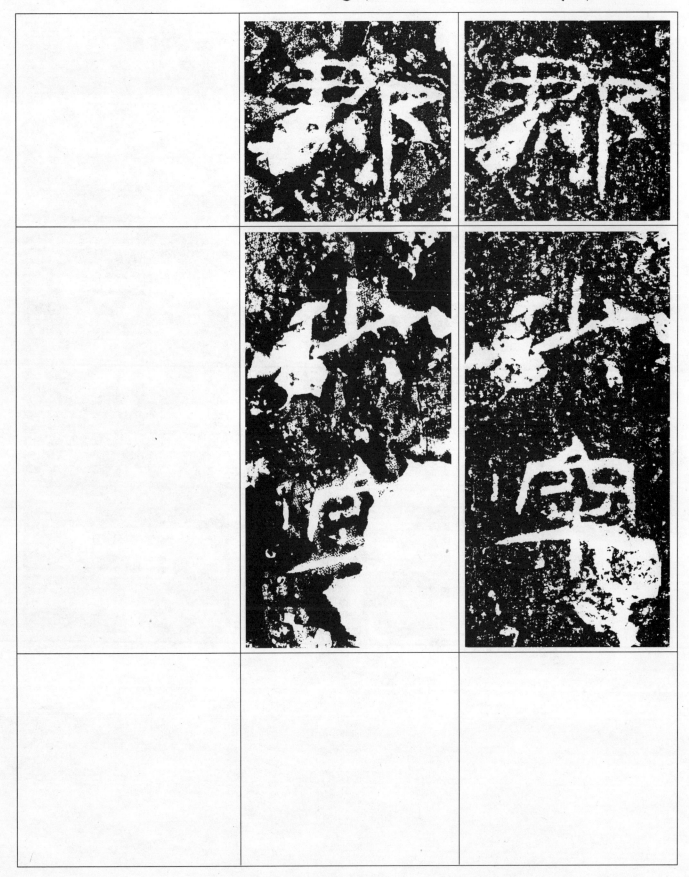

道光	嘉慶	乾隆或清初

		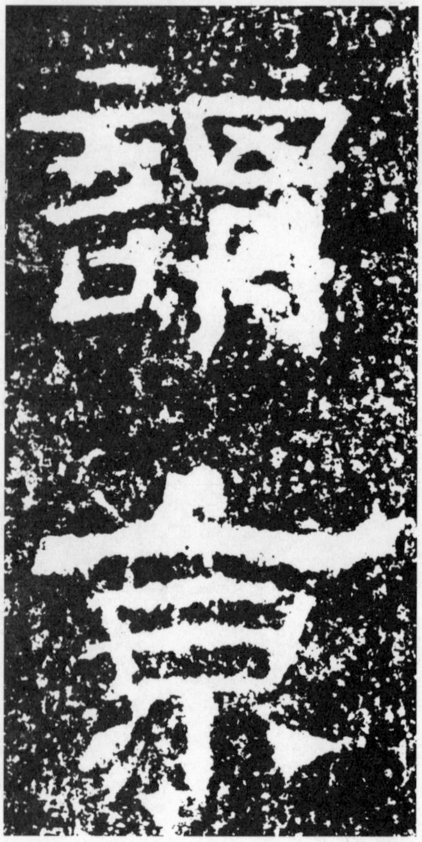

	近拓	咸同

尹宙碑

篆額原題『漢故豫州從事尹君之銘』二行十字，後泐存『從、銘』二字。東漢熹平六年（公元一七七年）四月立於河南鄢陵。碑陰有元皇慶三年（公元一三一四年）跋。明嘉靖十七年（公元一五三八年）重新出土。隸書十四行，行廿七字。

清初	明拓
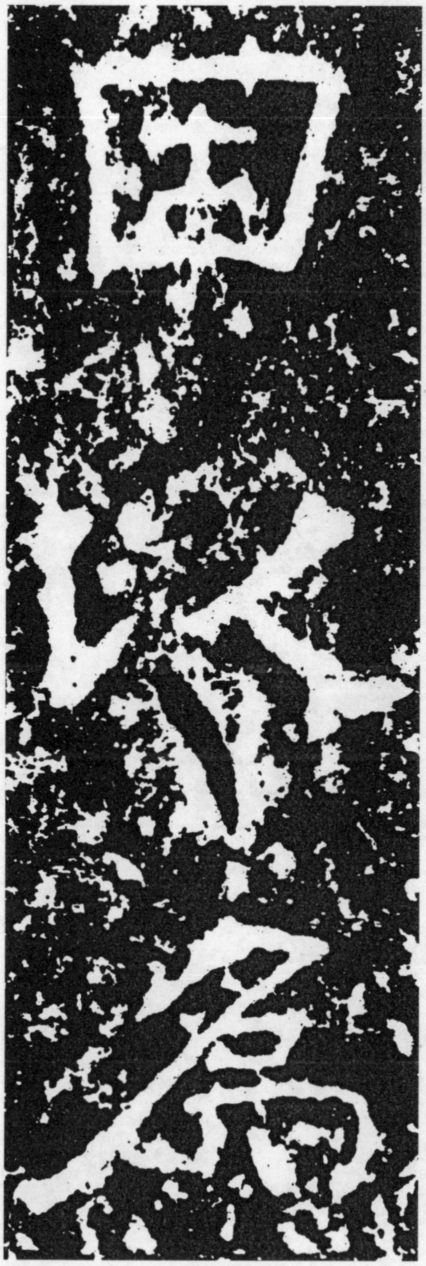	

乾隆

嘉慶

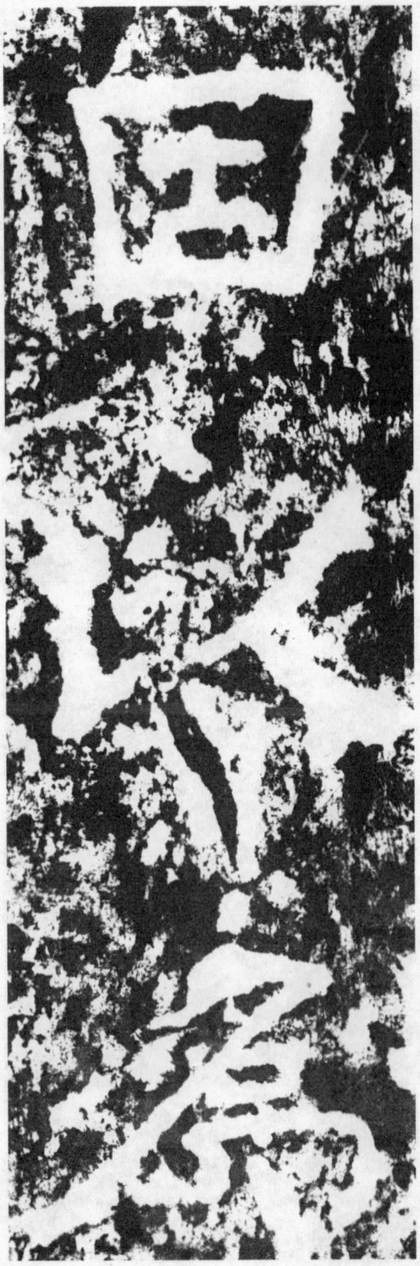

道光

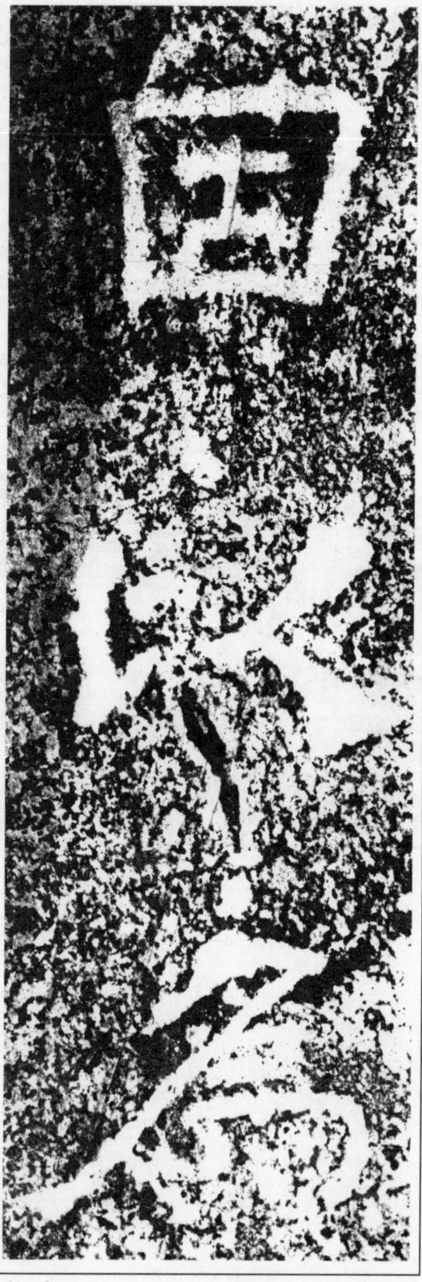

清末

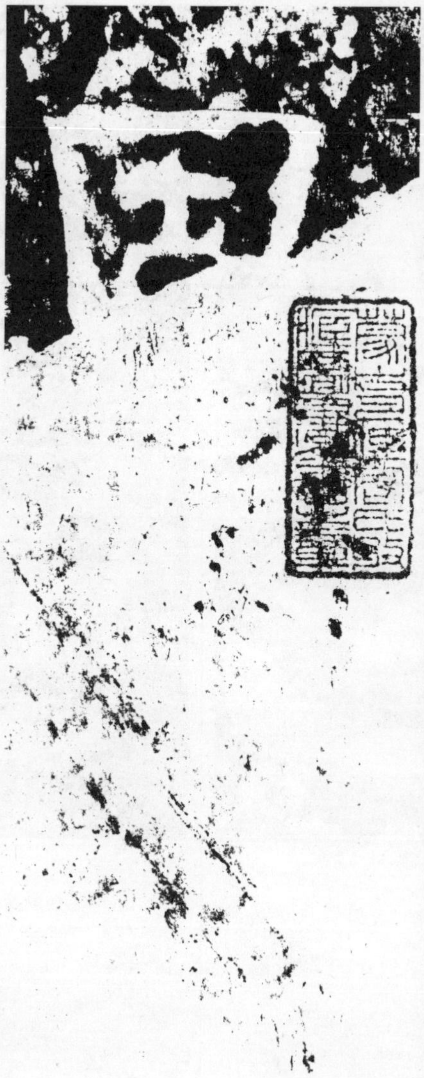

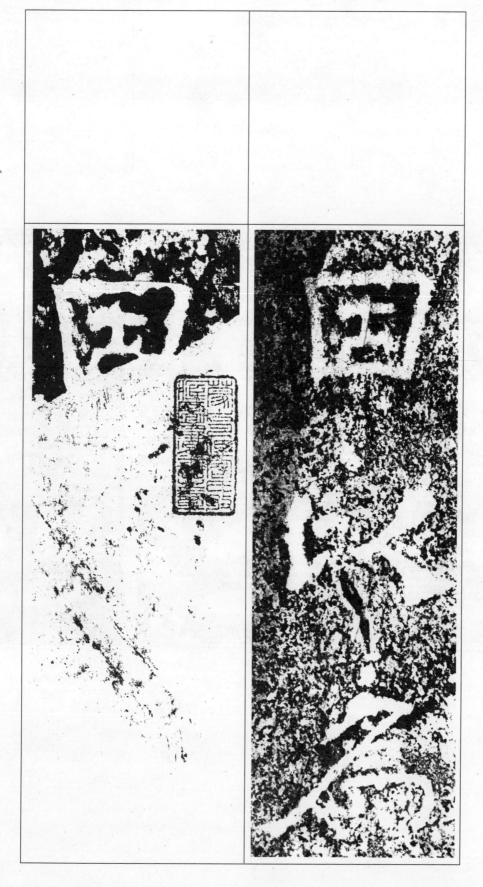

乾隆	清初	明拓
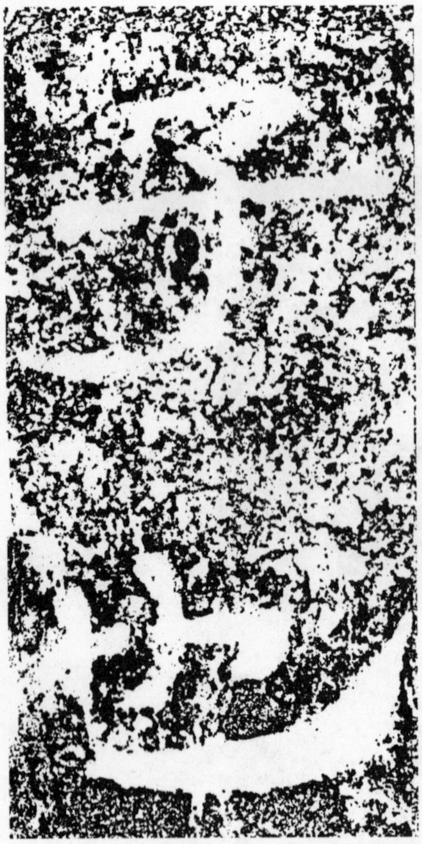	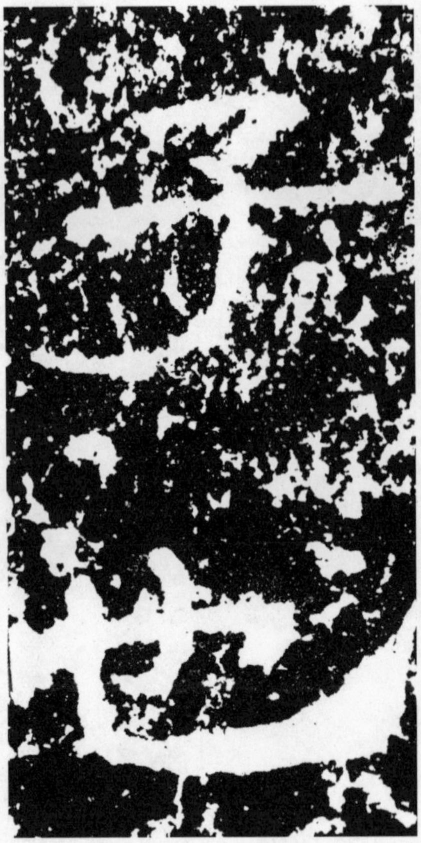	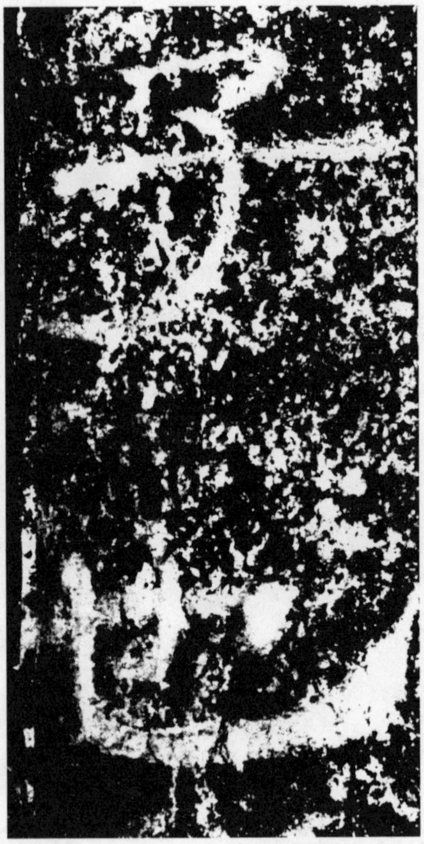

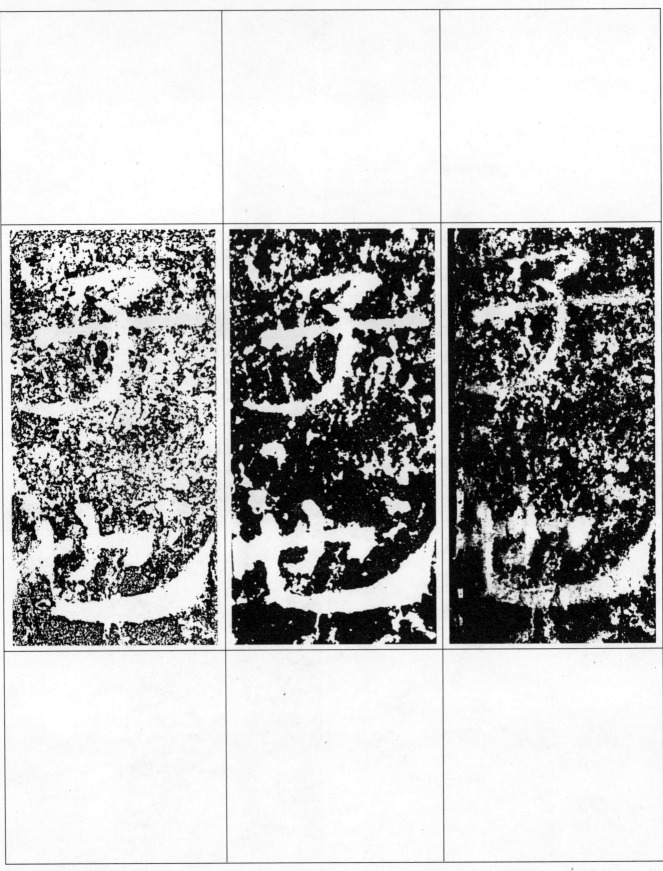

清末	道光	嘉慶
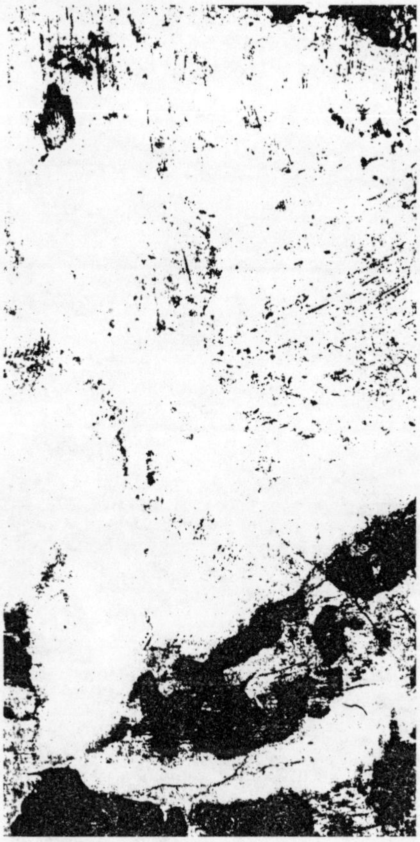	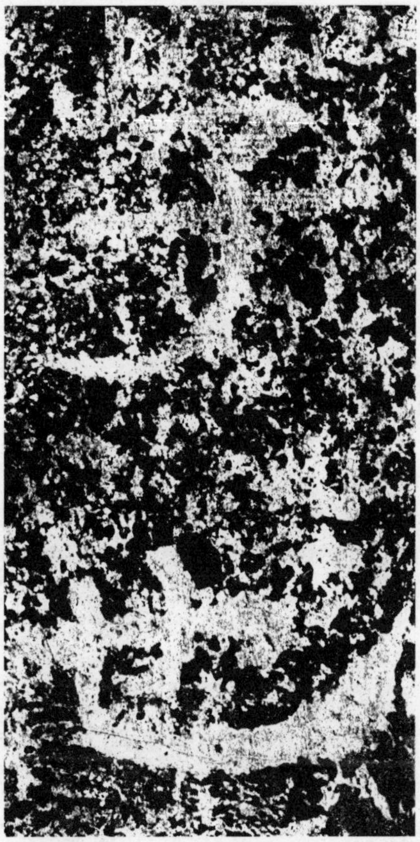	

乾隆	清初	明拓

嘉慶	道光	清末
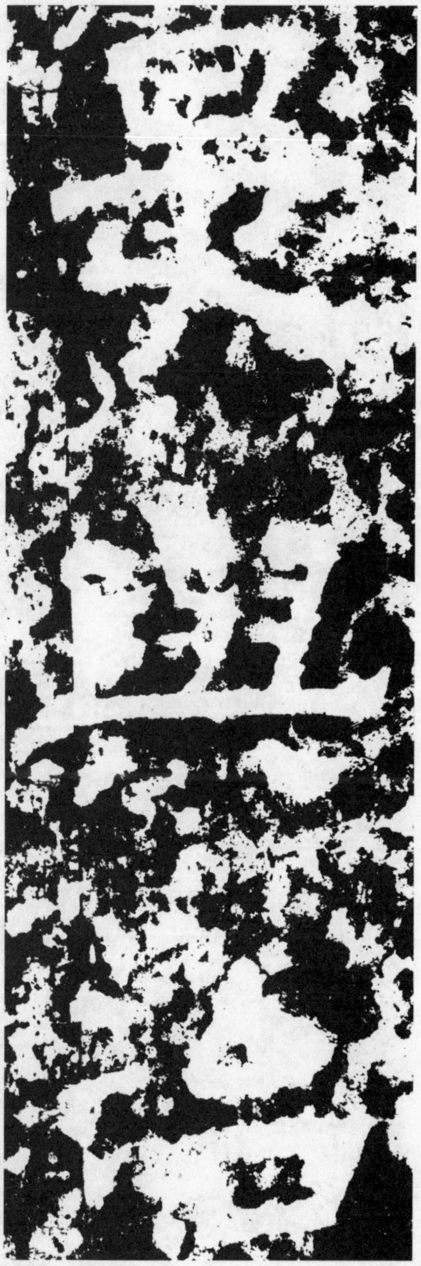	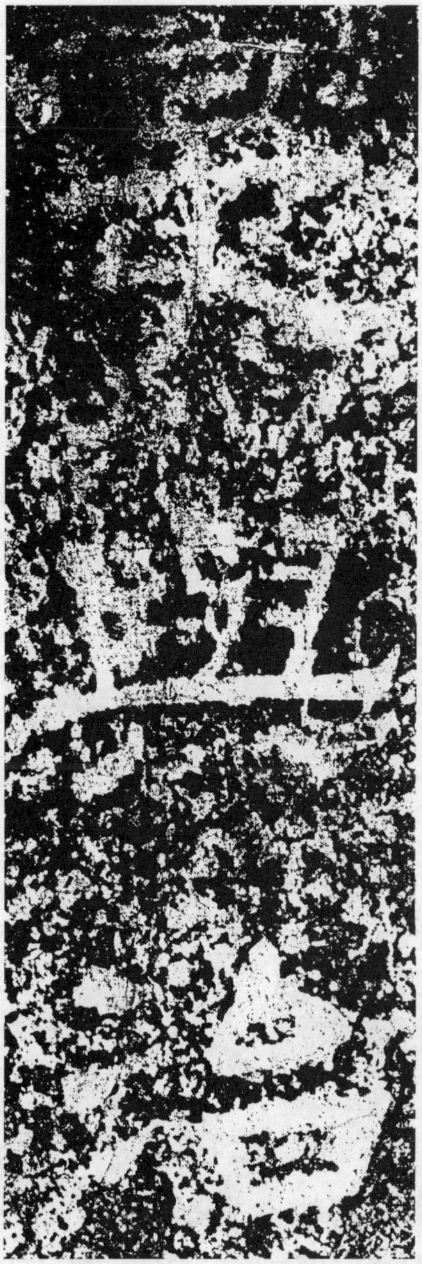	

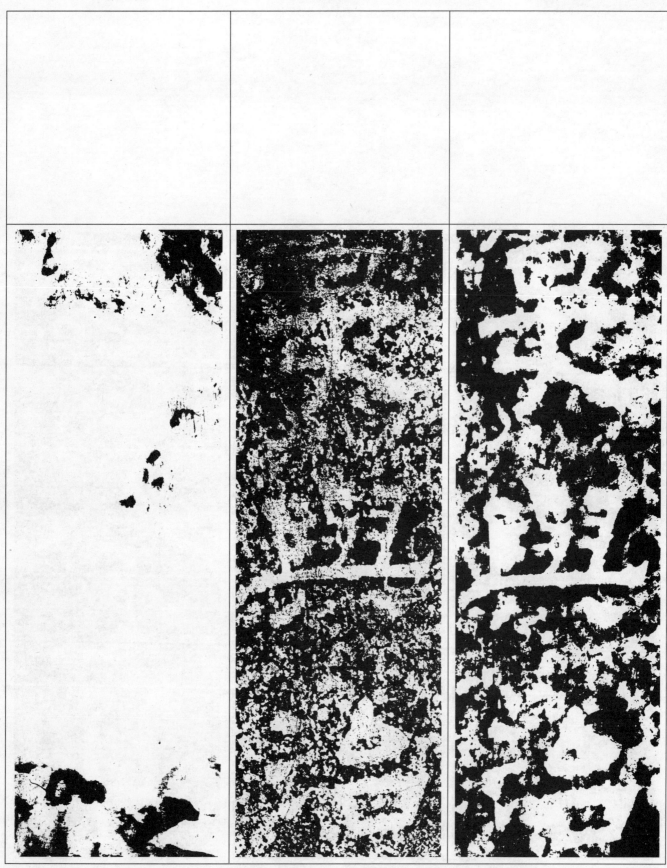

乾隆　清初　明拓

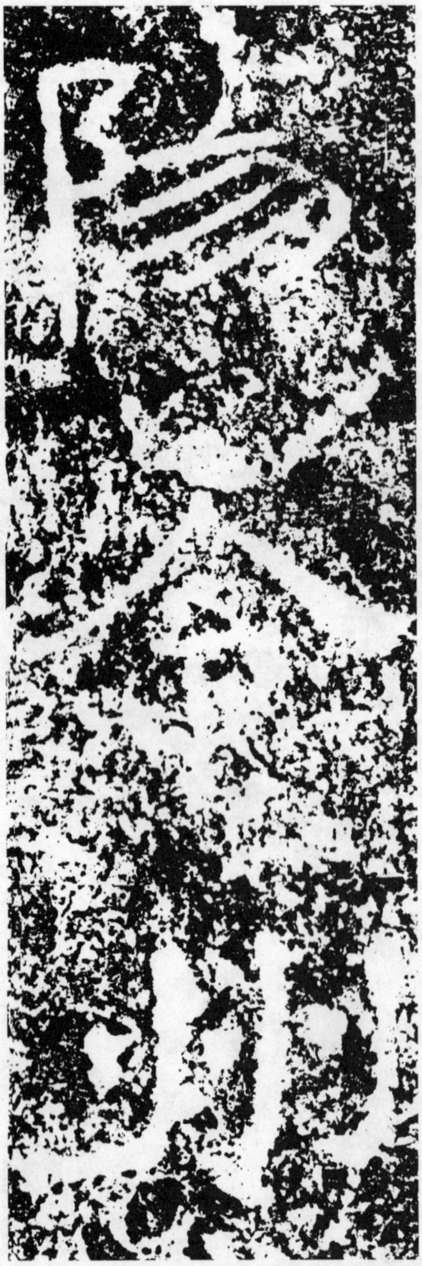

清末	道光	嘉慶
泐盡 泐盡 泐盡		

乾隆

清初

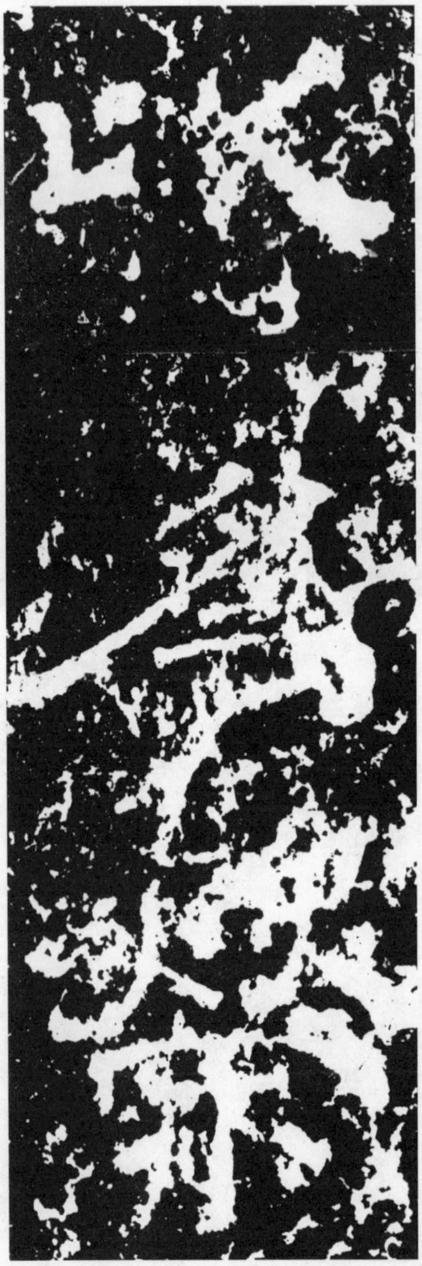

明拓

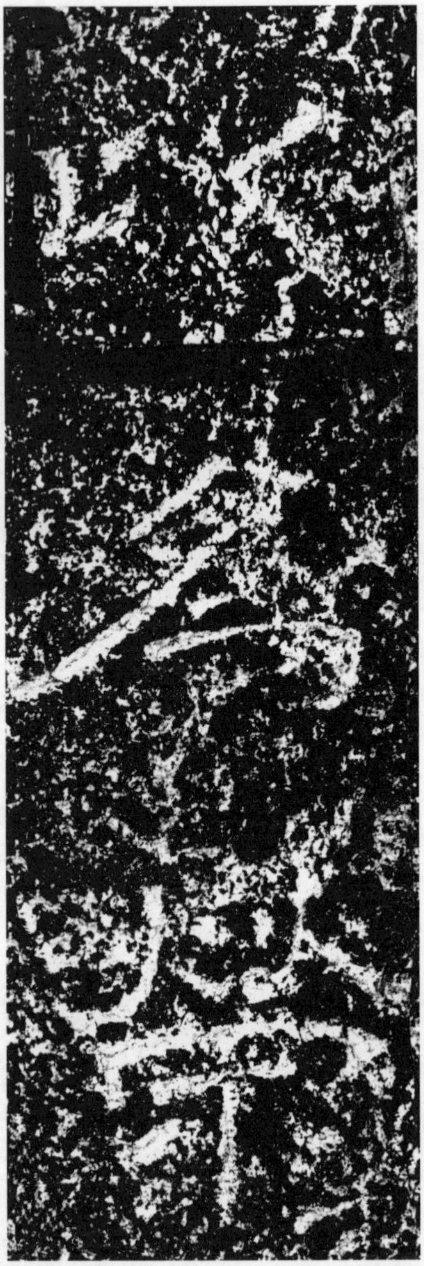

嘉慶	道光	清末
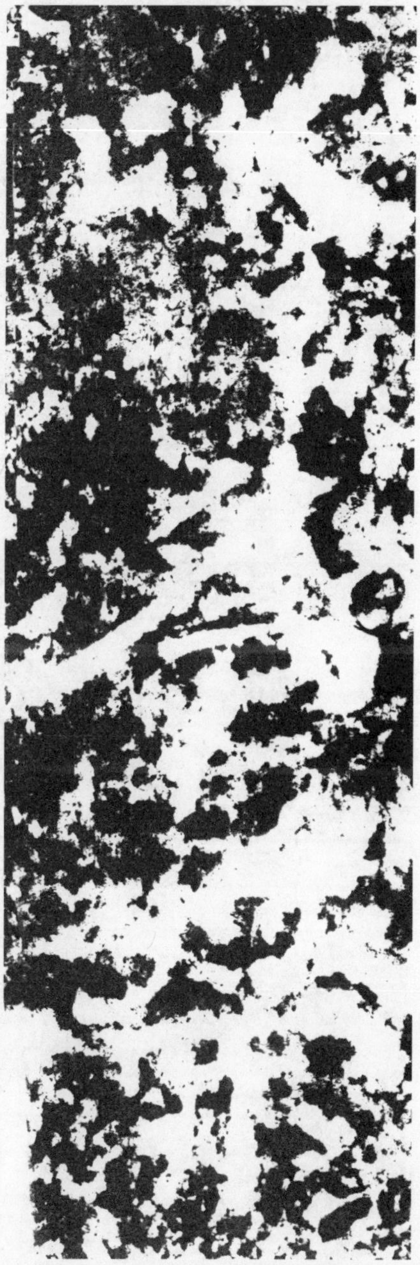	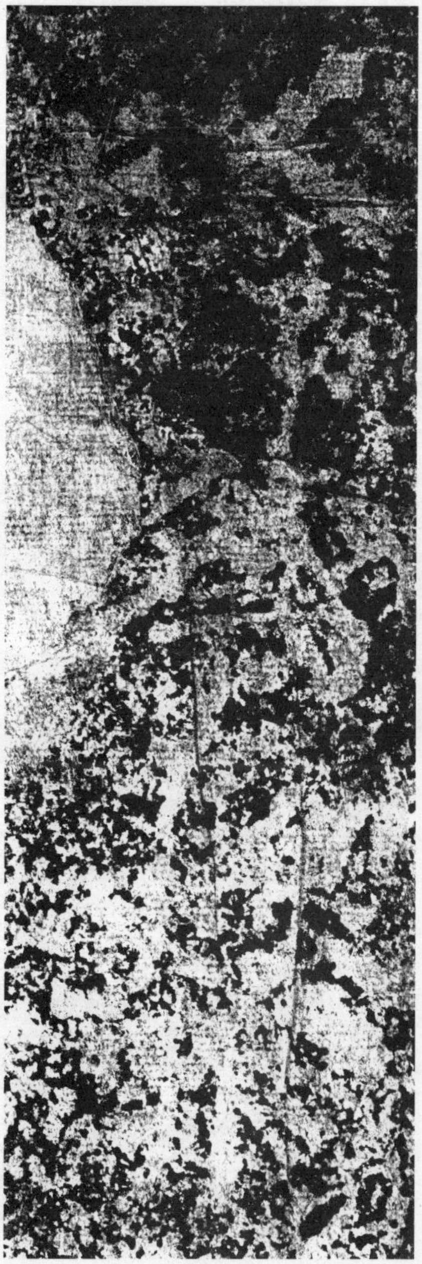	泐盡 泐盡 泐盡

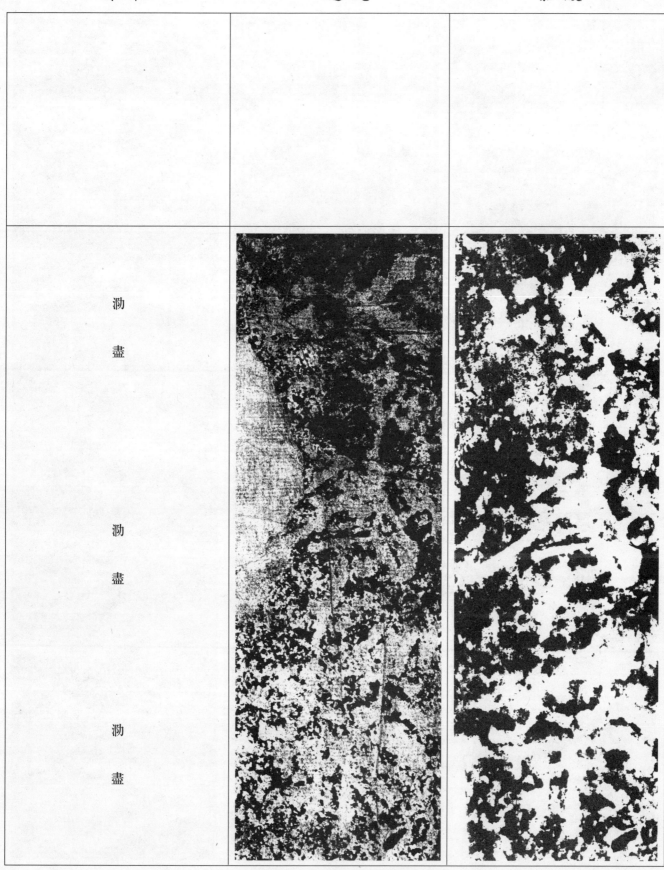

乾隆

清初

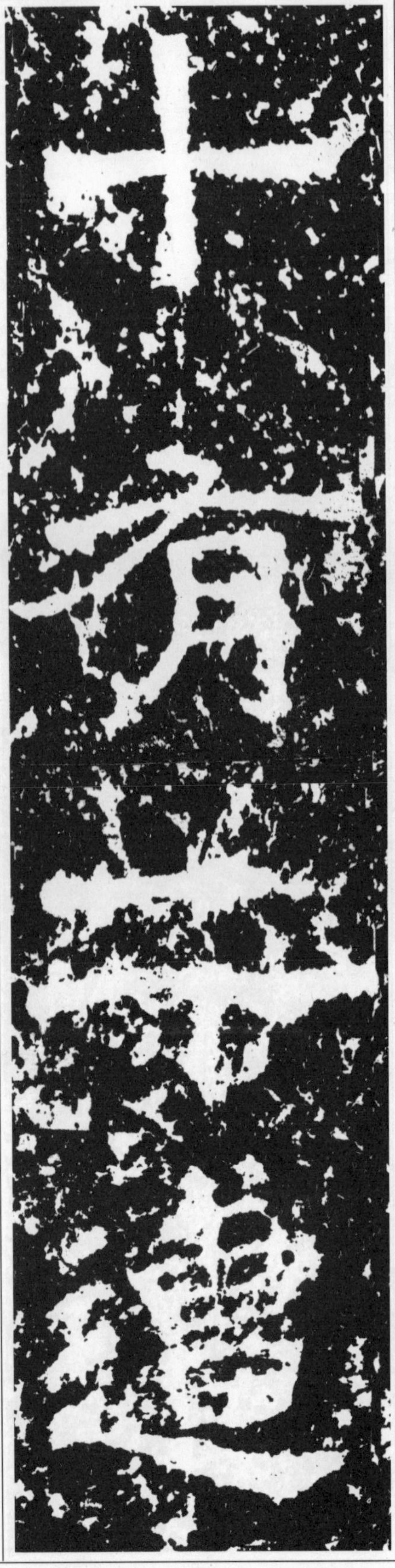

明拓

嘉慶

道光

清末

乾隆

清初

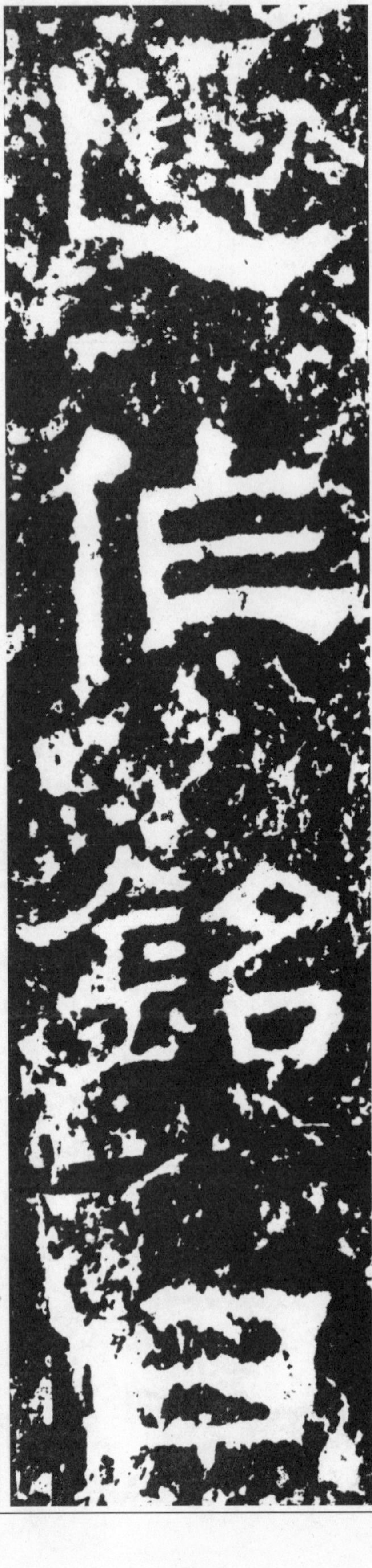

明拓

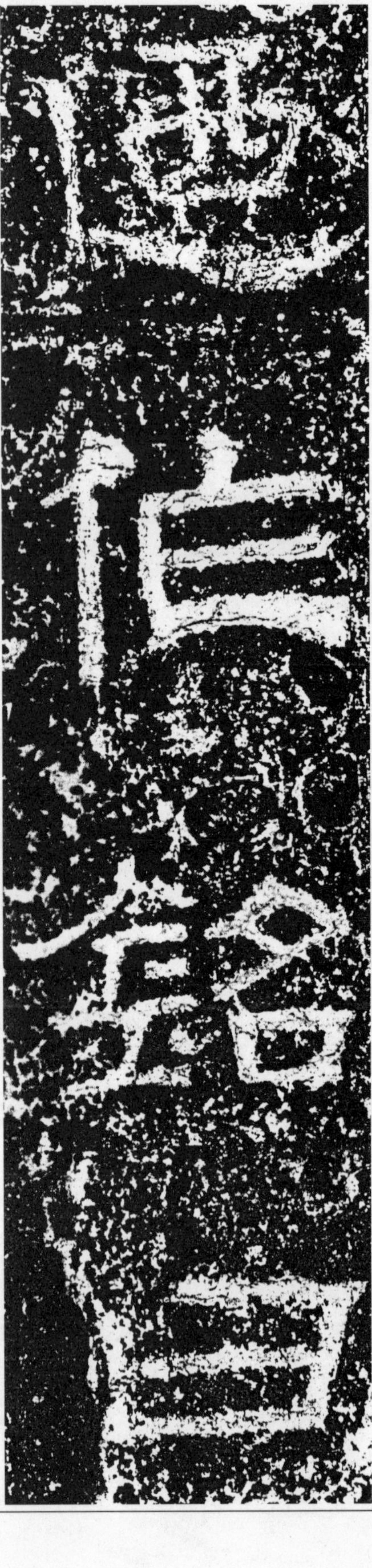

嘉慶

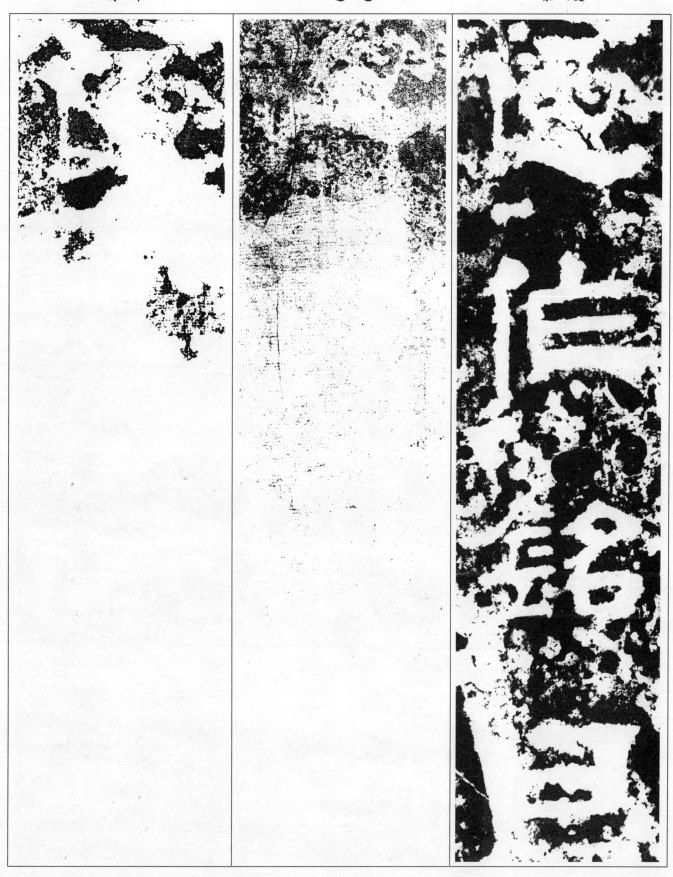

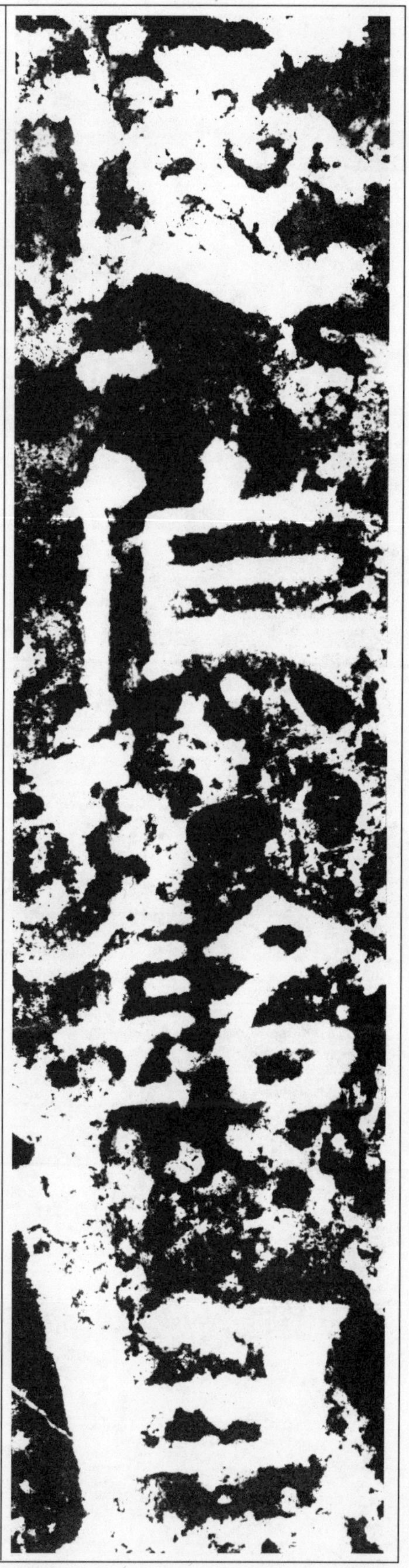

道光

清末

乾隆

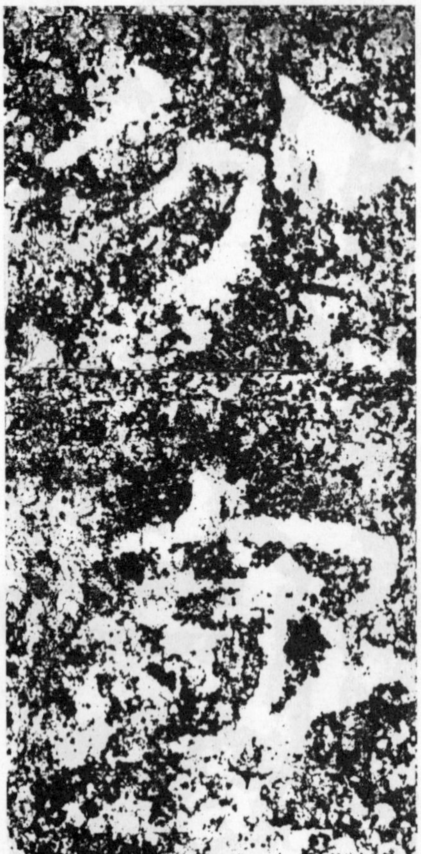

清初

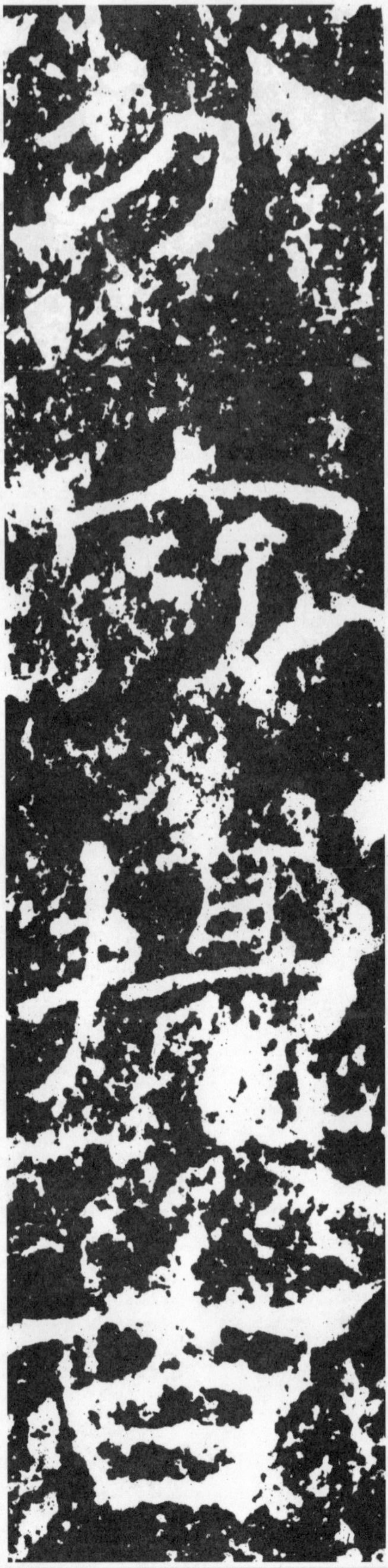

明拓

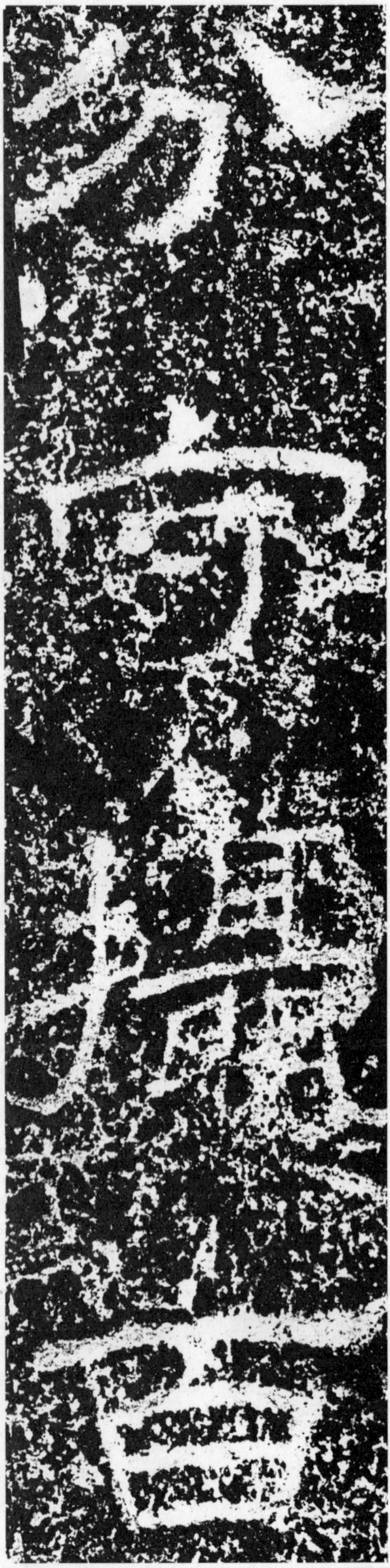

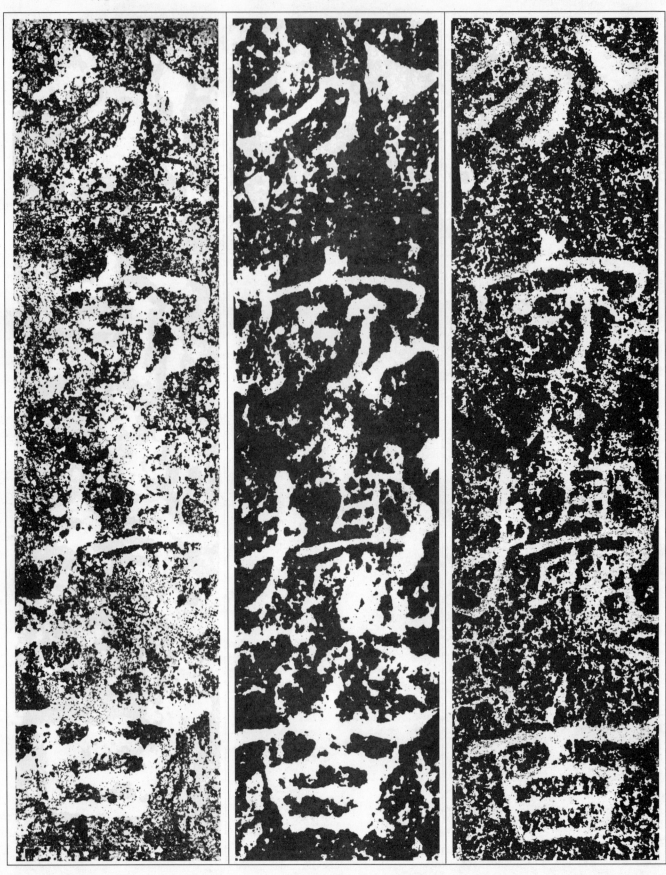

嘉慶

道光

清末

泐

盡

乾隆

清初

明拓

清末	道光	嘉慶
泐 盡		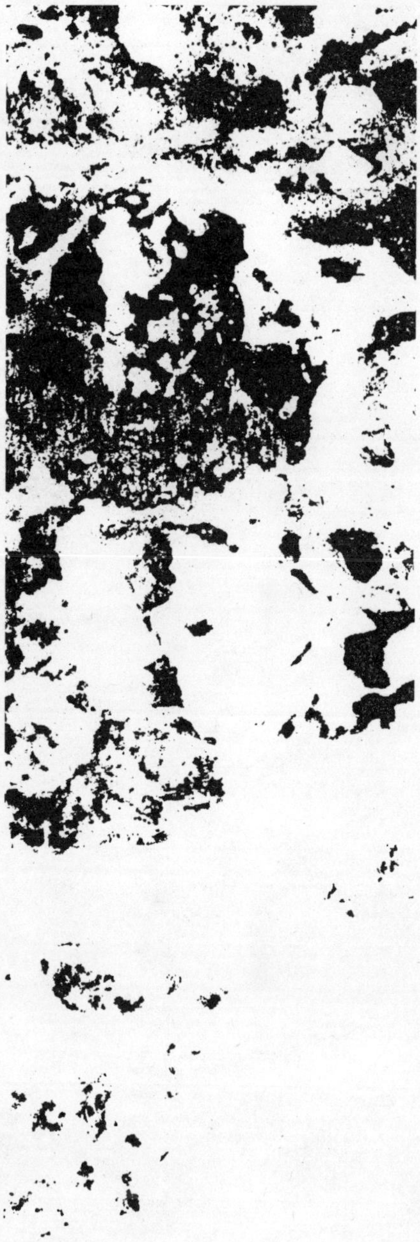

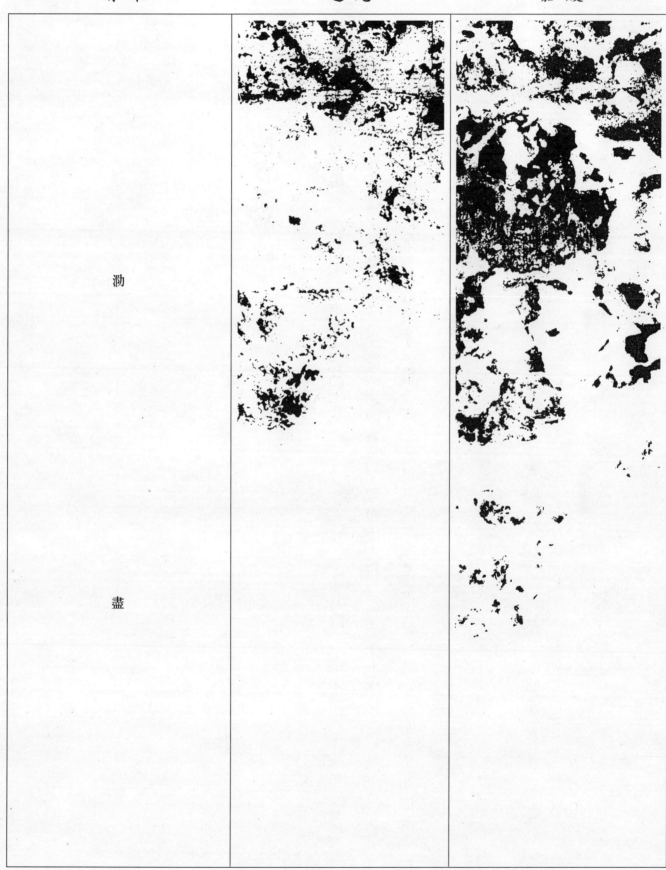

校官潘乾碑

隸書額題『校官之碑』一行四字。東漢光和四年（公元一八一年）十月立。南宋紹興十一年（公元一一四一年）出土於江蘇溧水固城湖中，今藏南京博物院。隸書十六行，行二十七字。《北京大學圖書館藏歷代金石拓本菁華》第一四二號。『四』字基本完整，被定爲明末清初拓本。

附：近嵌蠟補刻

乾 嘉

清 初

明末清初

白石神君碑

隸書額題『白石神君碑』陽文五字。東漢光和六年（公元一八三年）立於河北元氏縣蘇莊，隸書十六行。行三十五字。碑陰三列，上列四行，中列十二行，下列十一行。傳有清初拓本。

乾嘉　嘉道　近拓

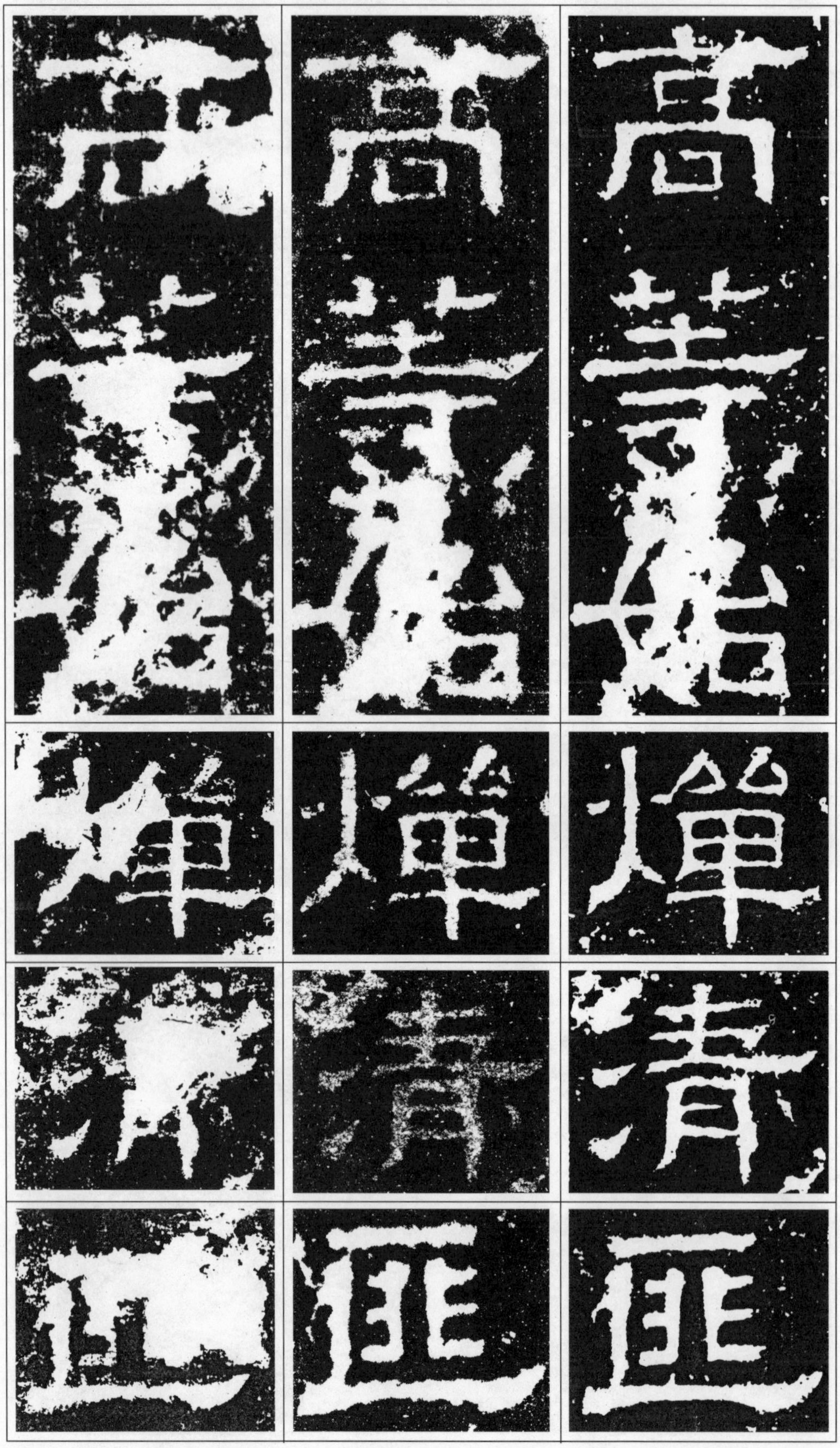

曹全碑

東漢中平二年（公元一八五年）十月立，明萬曆（公元一五七三——一六二〇年）初出土於陝西郃陽華莘里村，今藏陝西西安碑林。隸書二十行，行四十五字。碑陰五列，上列一行，二列廿六行，三列五行，四列十七行，五列四行。

明代出土初拓本一字不損，『因』字完整，今僅見上海博物館藏一本。

清初	明末	明拓	明代初拓

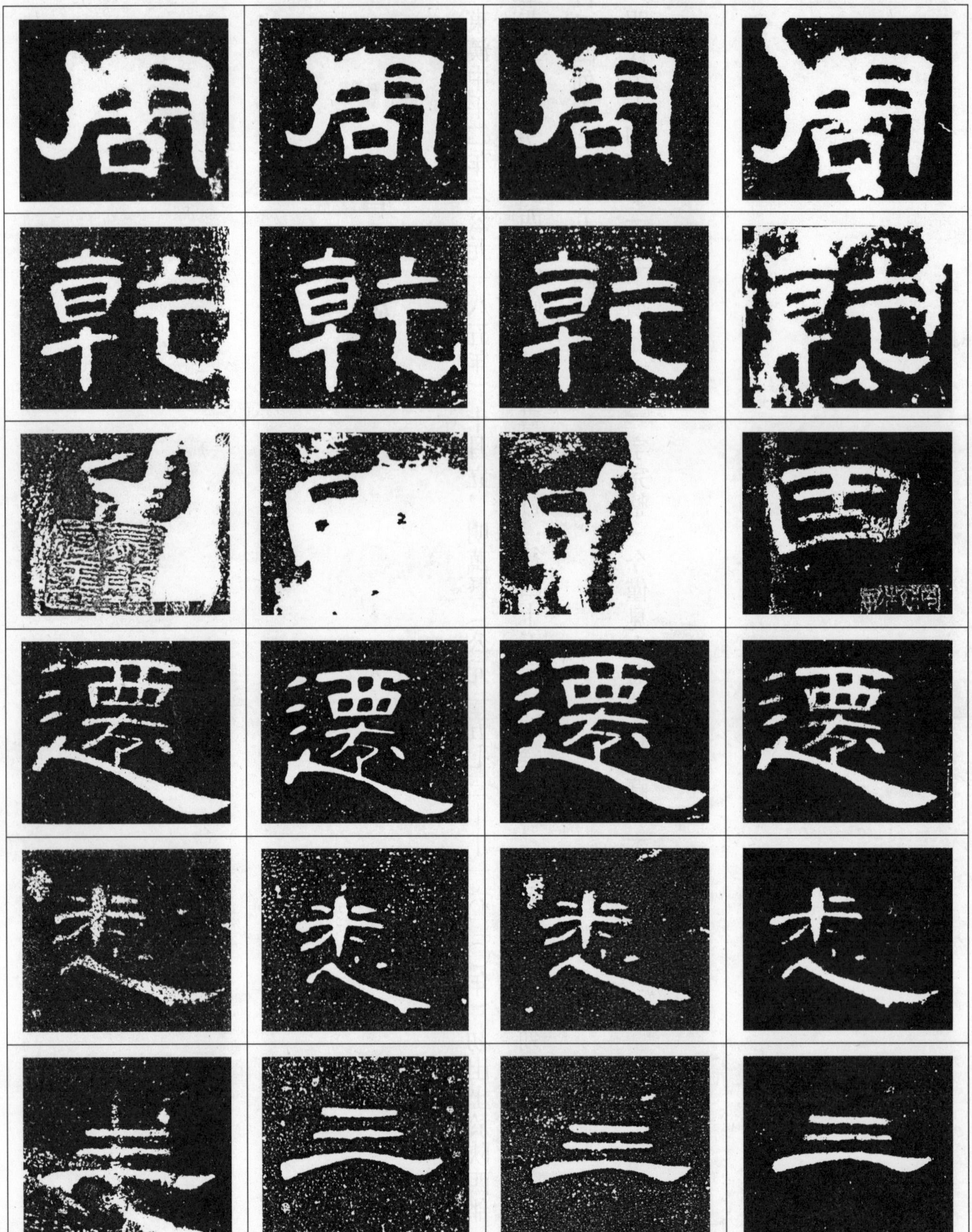

近拓 咸同 雍乾

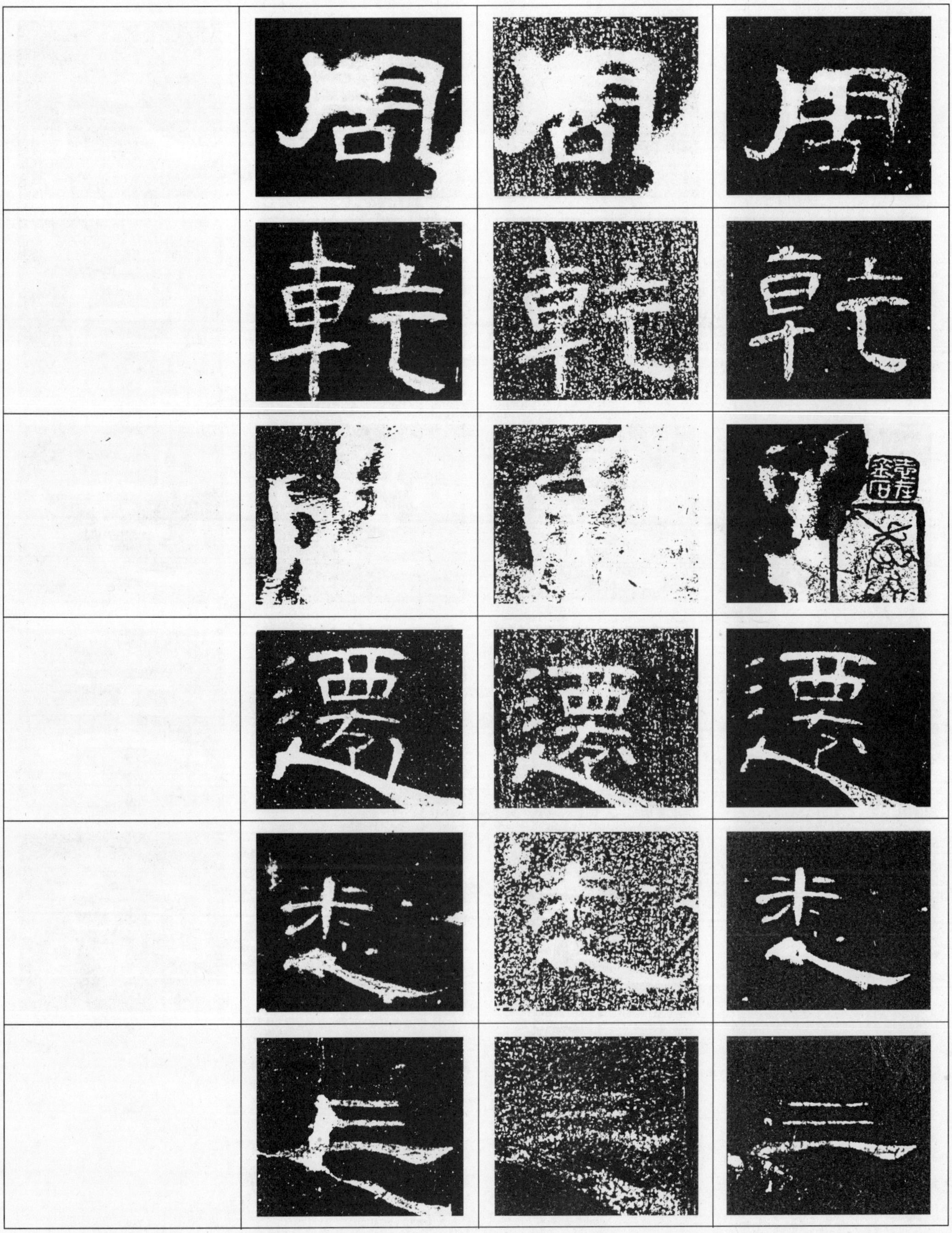

清初　明末　明拓　明代初拓

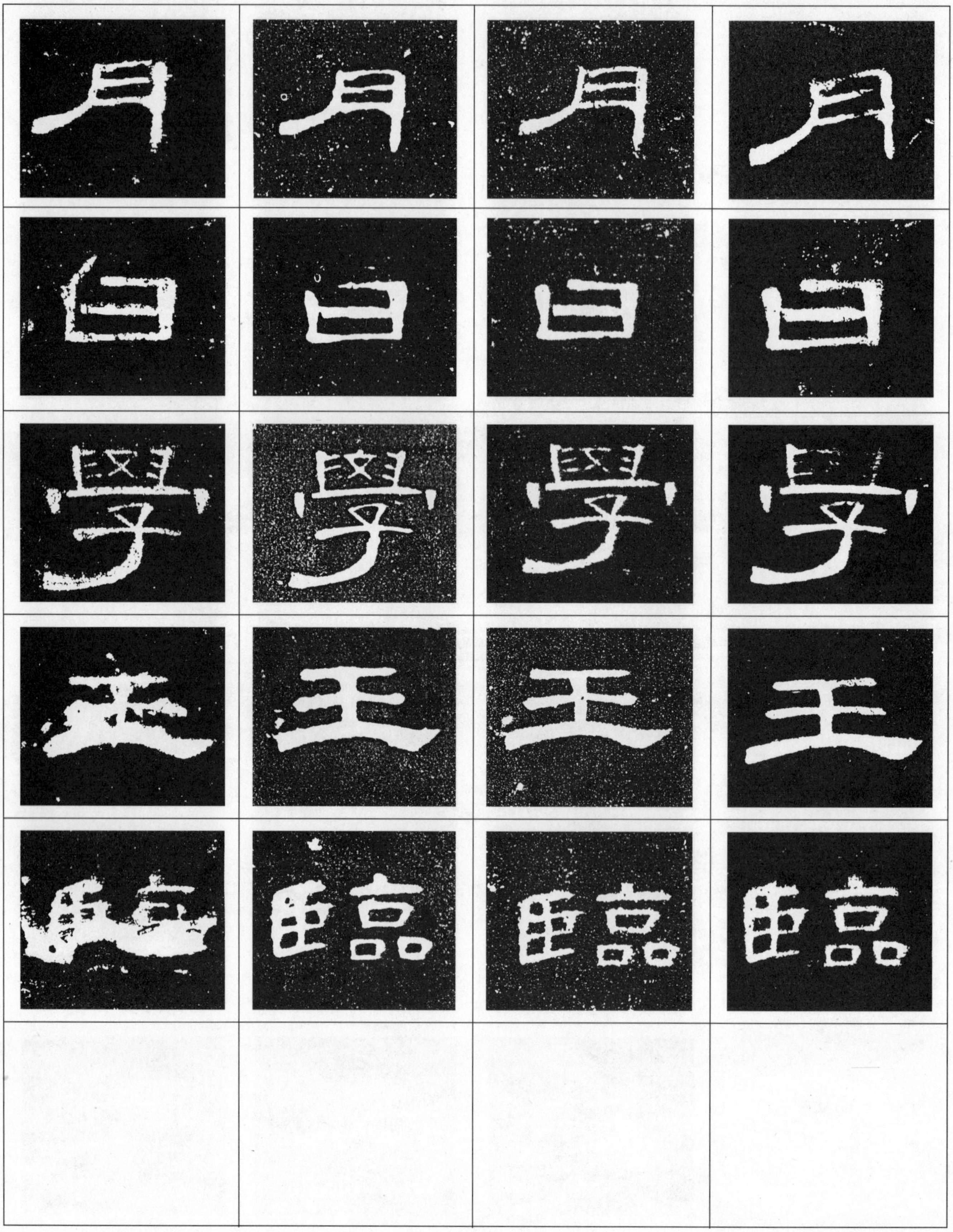

	近拓	咸同	雍乾
	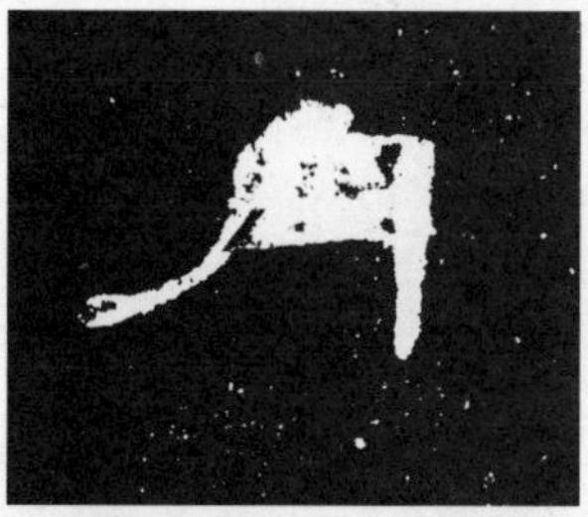	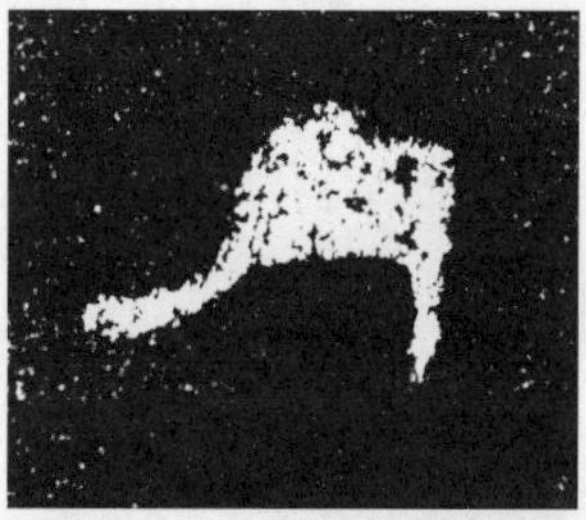	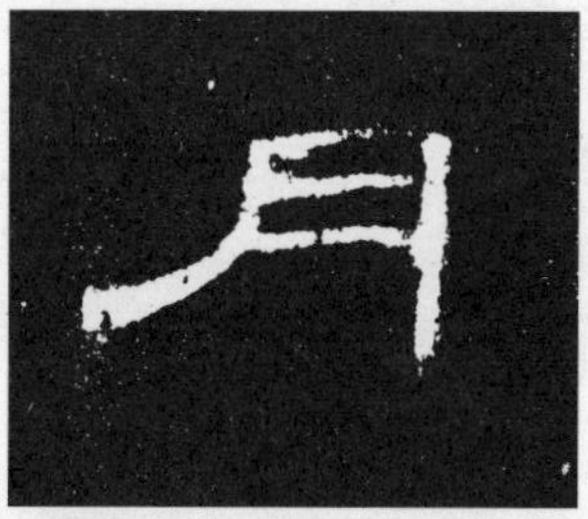
	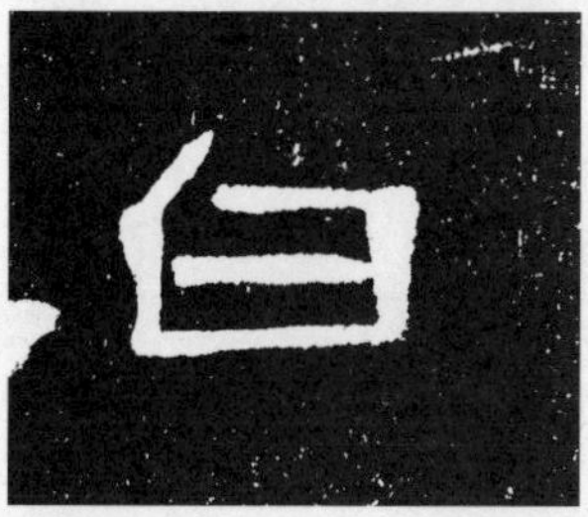	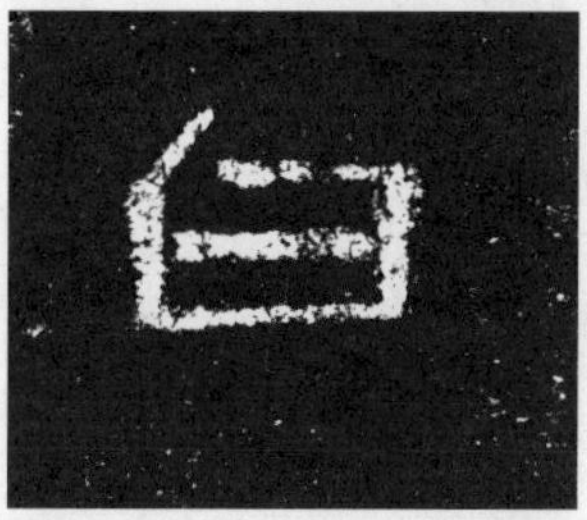	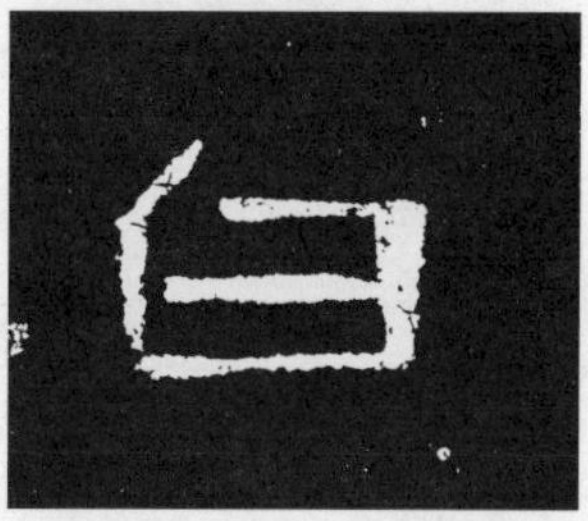
	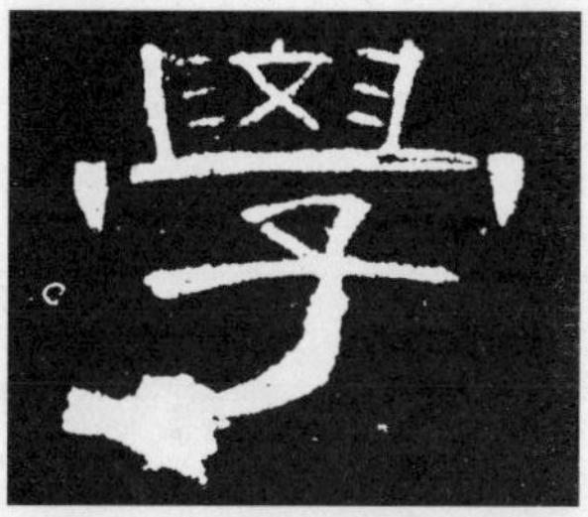	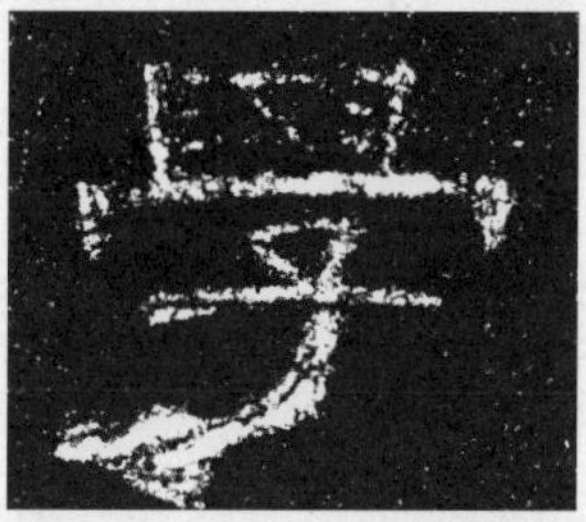	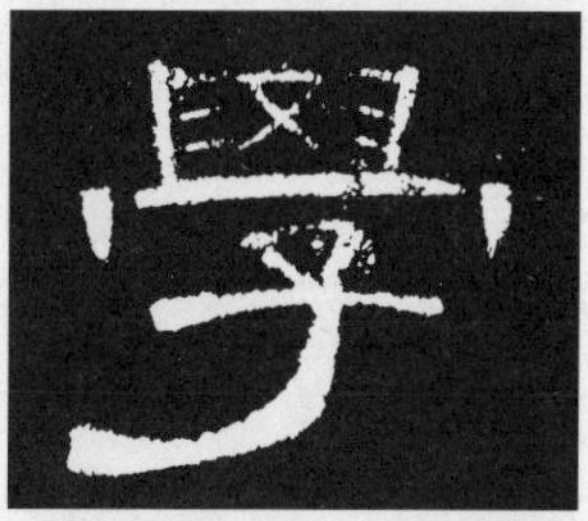
	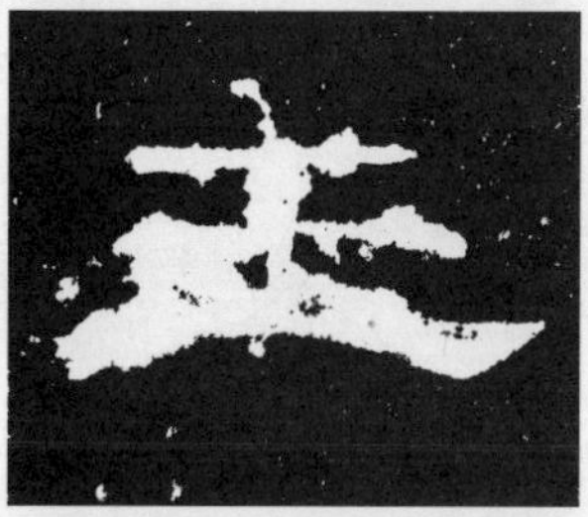	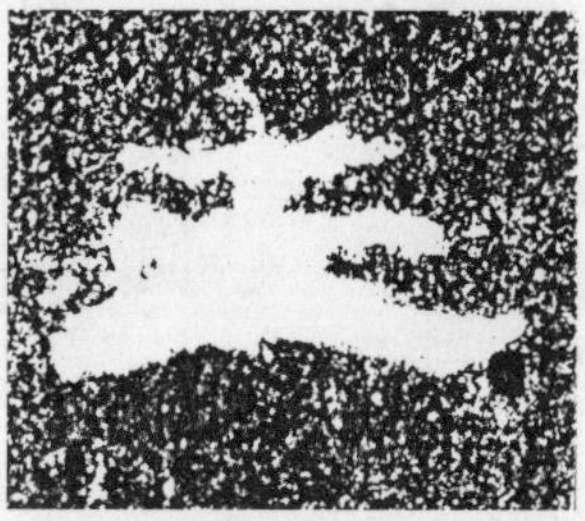	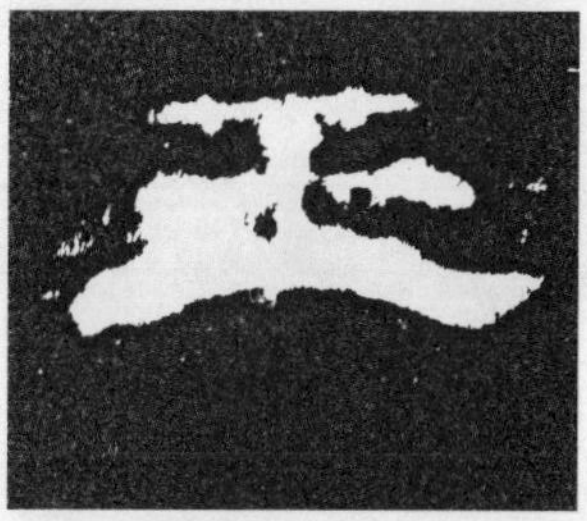
	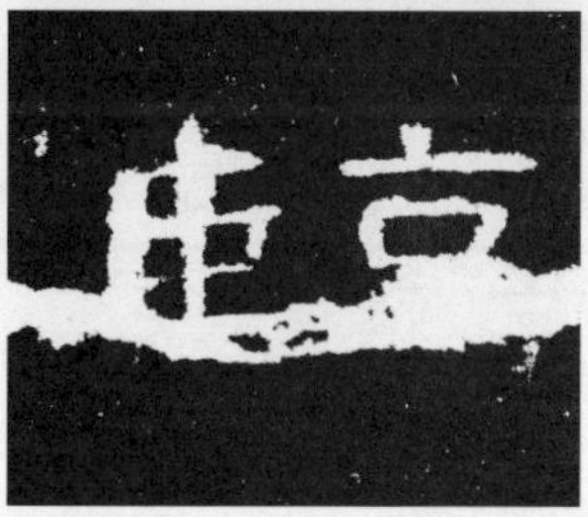	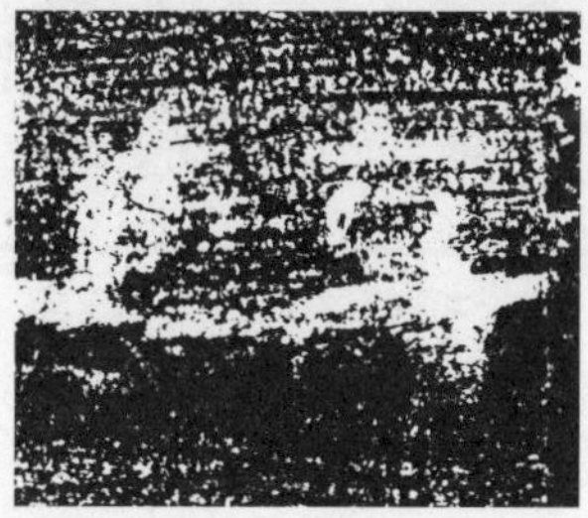	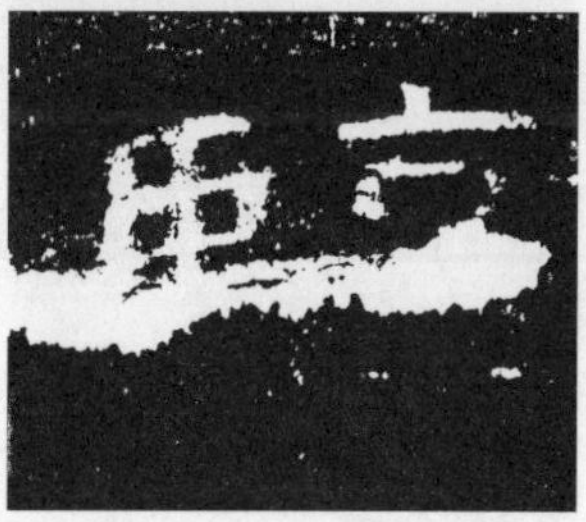

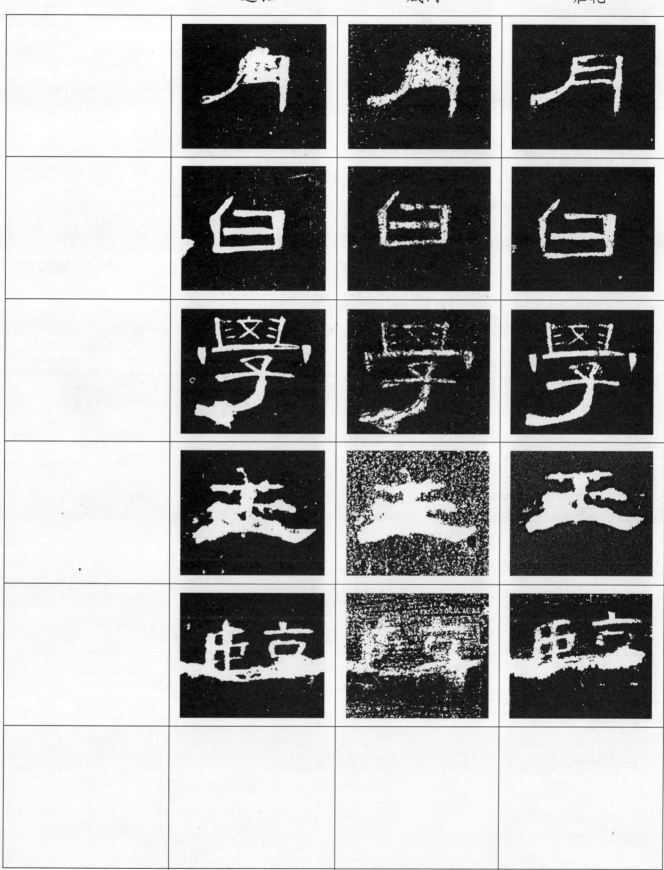

張遷碑

東漢中平三年（公元一八六年）立，明代出土後移東平州學，今在山東泰安岱廟。碑額篆書：『漢故穀城長蕩陰令張君表頌』。隸書十五行，行四十二字。碑陰三列，上二列十九行，下列三行。

歷來校碑前賢均稱『東里潤色』四字完好者是明拓本的標誌。今文物出版社影印本底本是最佳明拓本。然而所謂『完好』，其實『東』字末筆與『潤』字已經有損，故這個『完好』僅是與後世所拓相比而言的。日本伊藤滋謂余：『文物本底本有填墨痕迹。』

也正因爲此，舊時碑估多在此四字上作僞貿利。拙撰《東里潤色〈張遷碑〉》可供參閲。

乾隆　明末清初　明拓

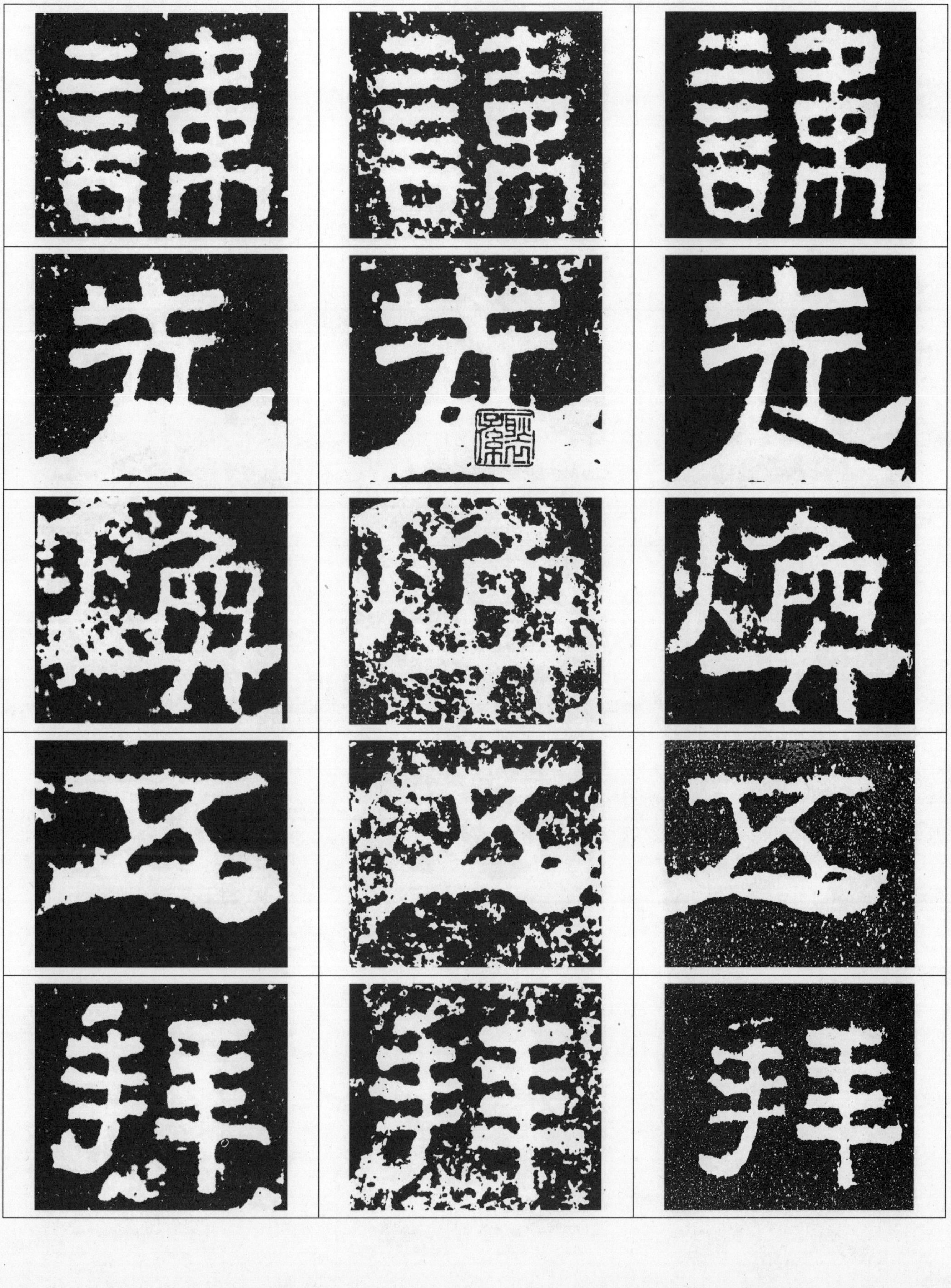

近拓　　咸同　　嘉道

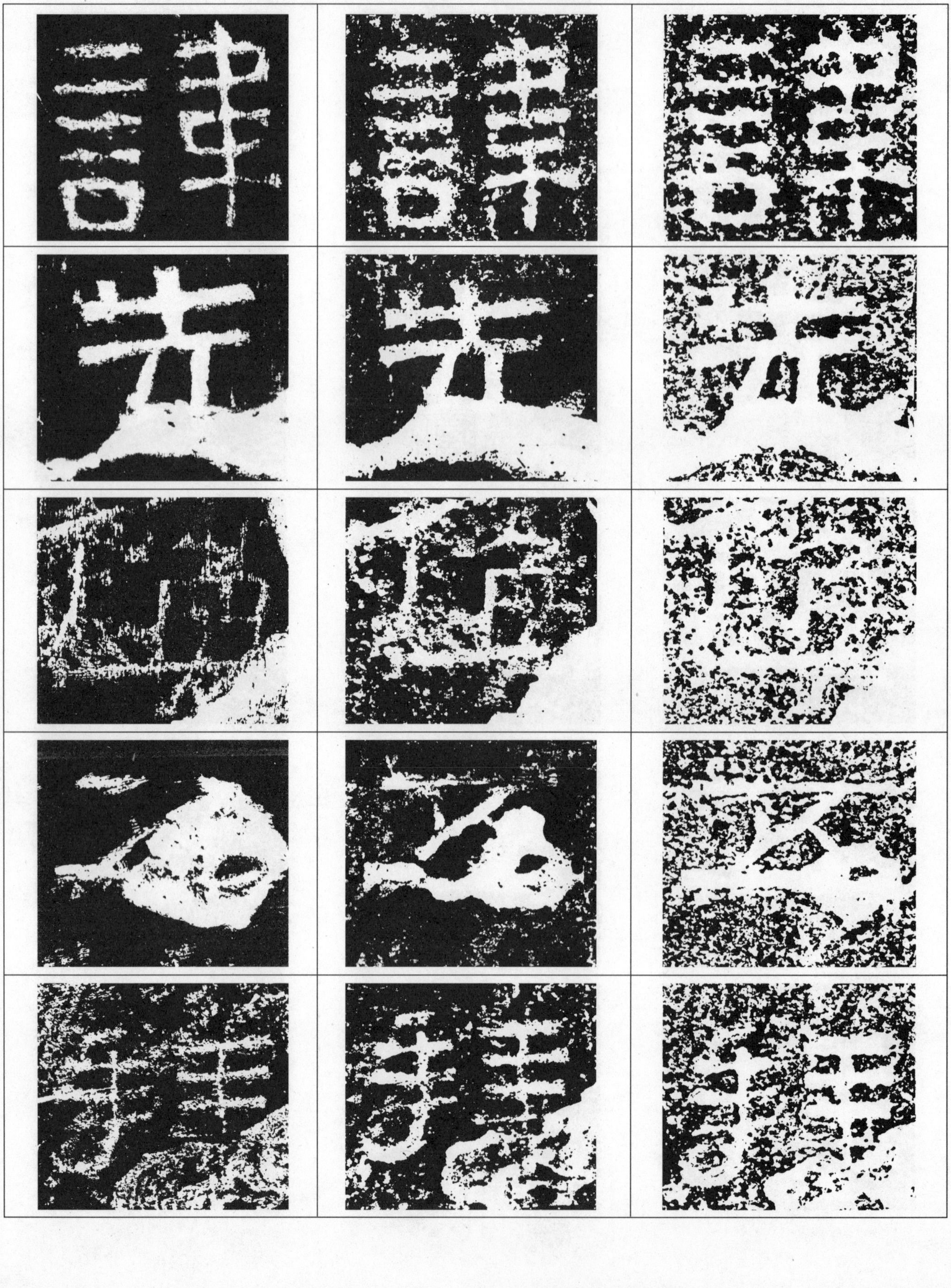

乾隆	明末清初	明拓
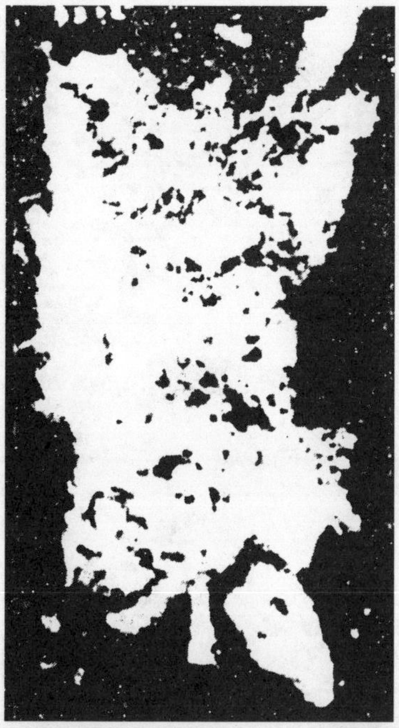		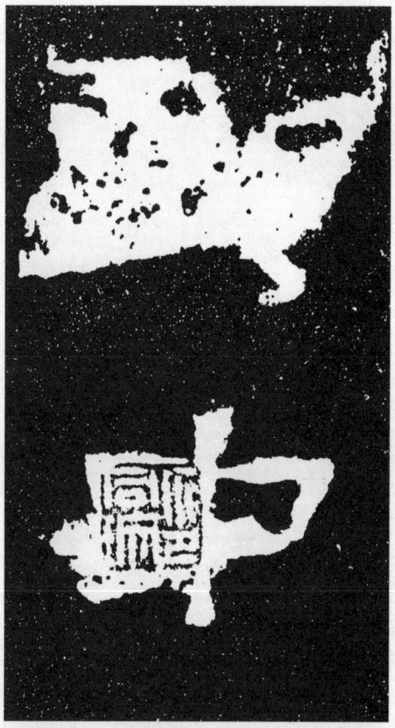

近拓	咸同	嘉道
	原本剪失 	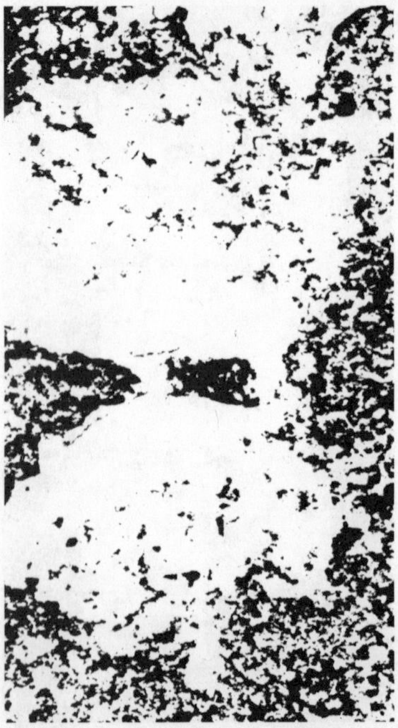

乾隆

明末清初

明拓

嘉道

咸同

近拓

乾隆	明末清初	明拓
	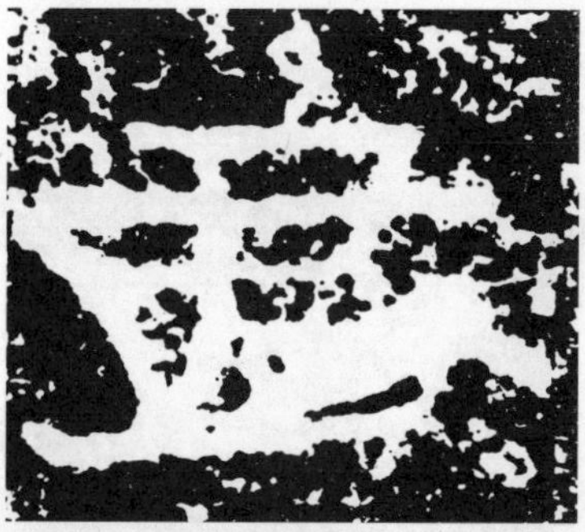	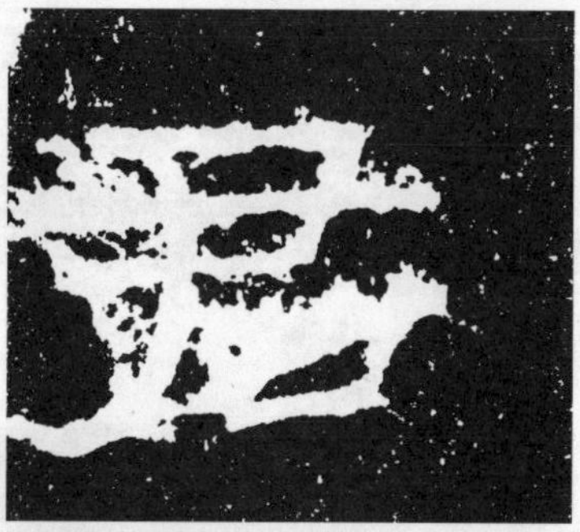
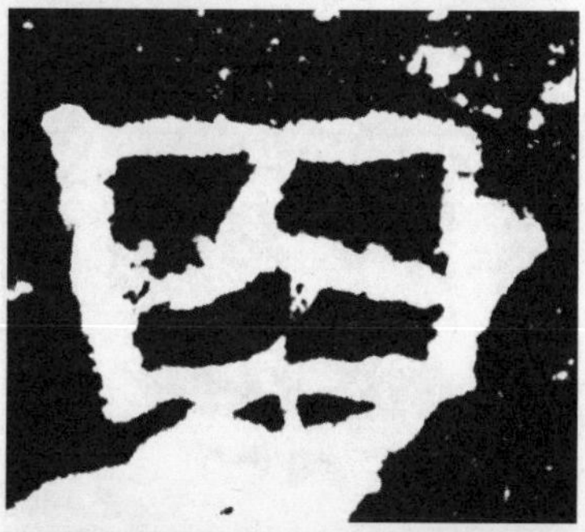		

近拓	咸同	嘉道
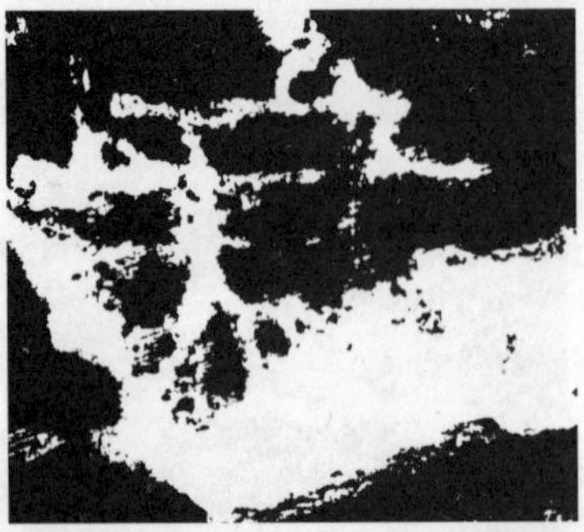	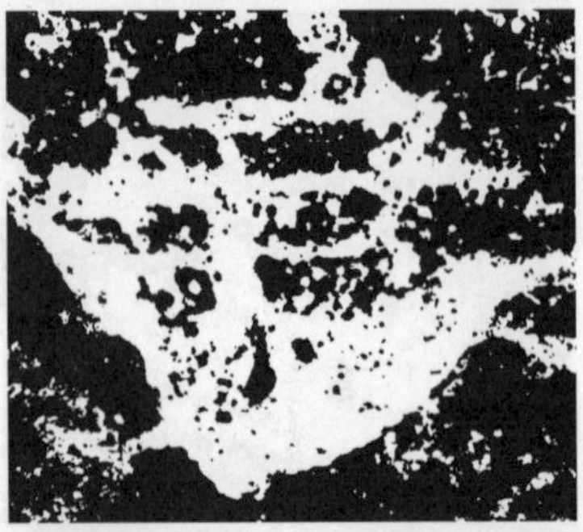	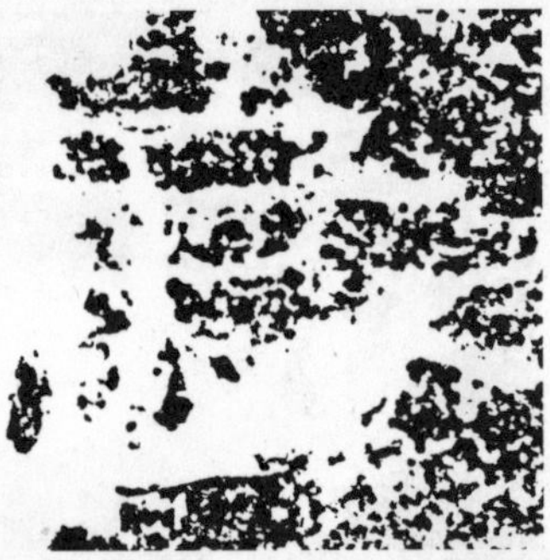
	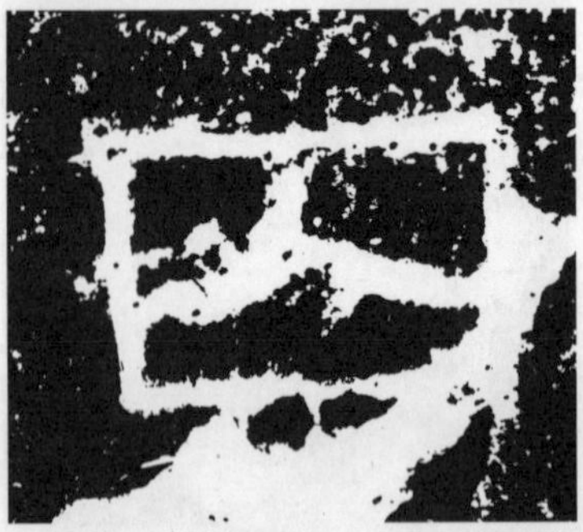	
	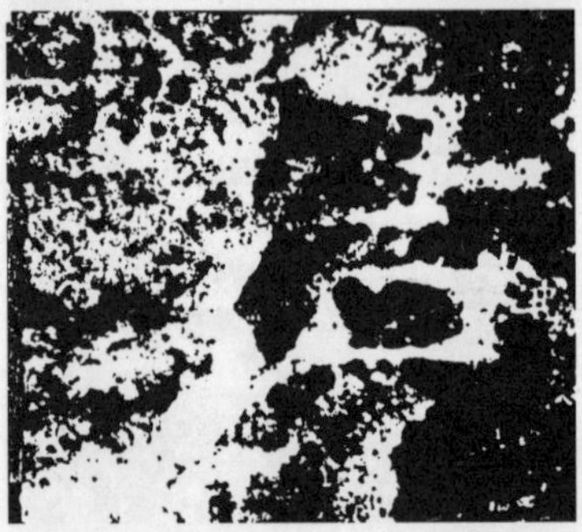	
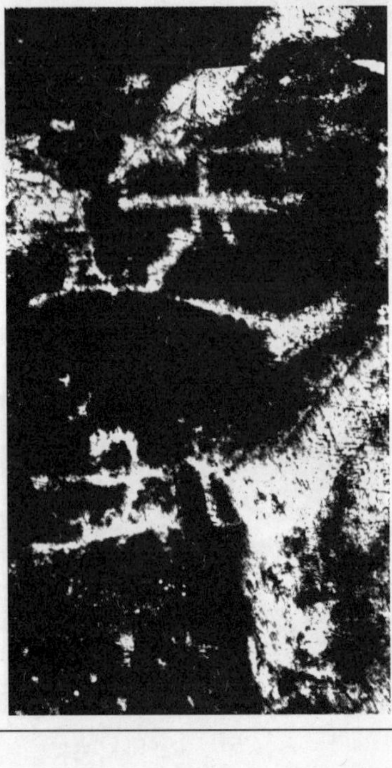	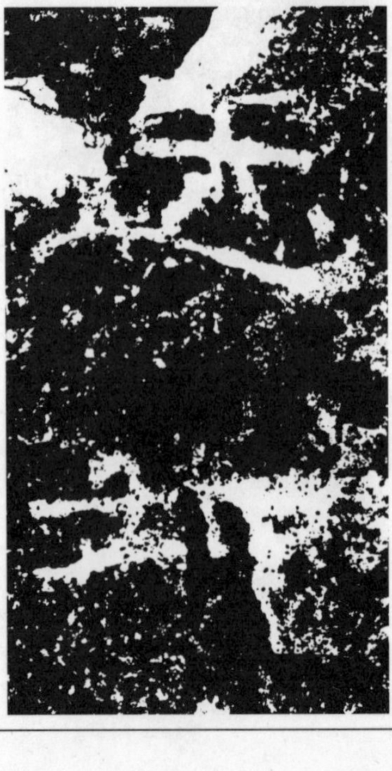	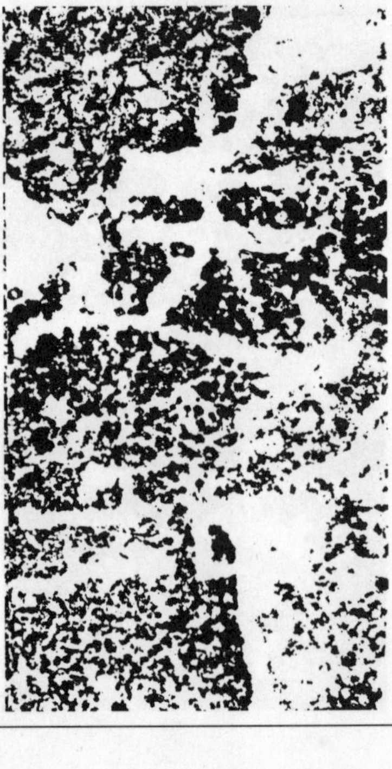

乾隆	明末清初	明拓
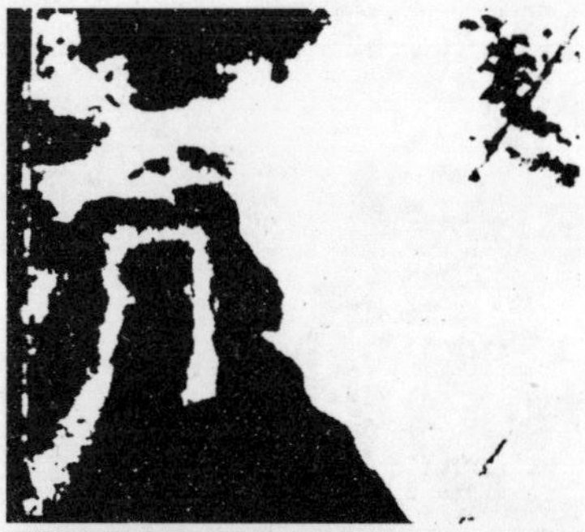		

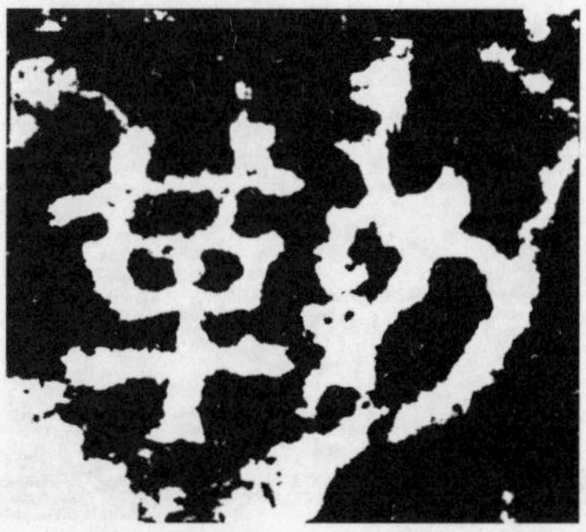	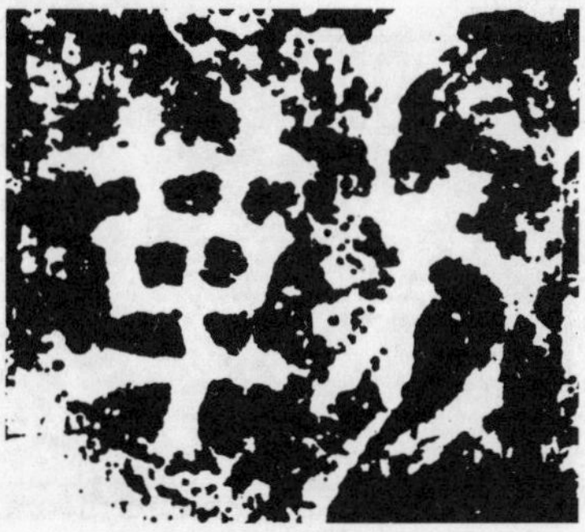	

近拓	咸同	嘉道

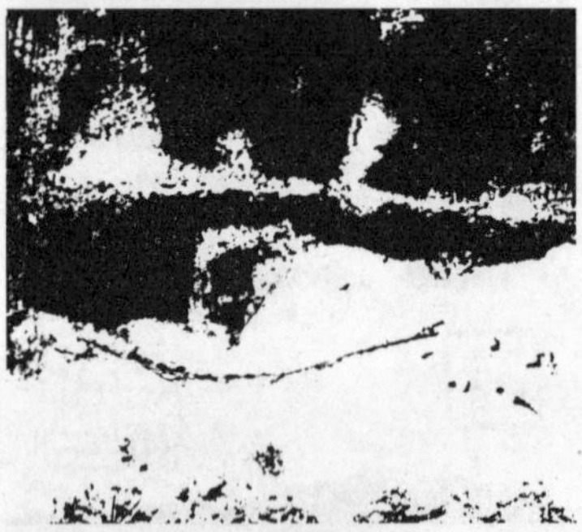	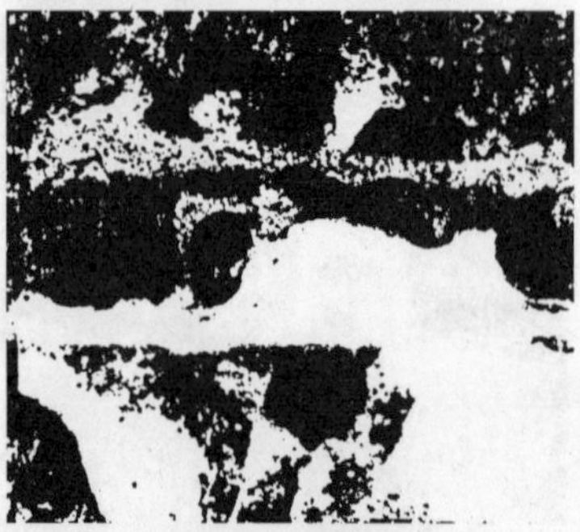	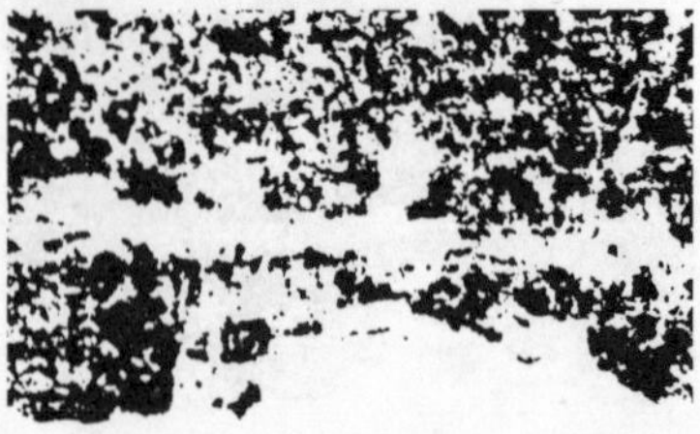
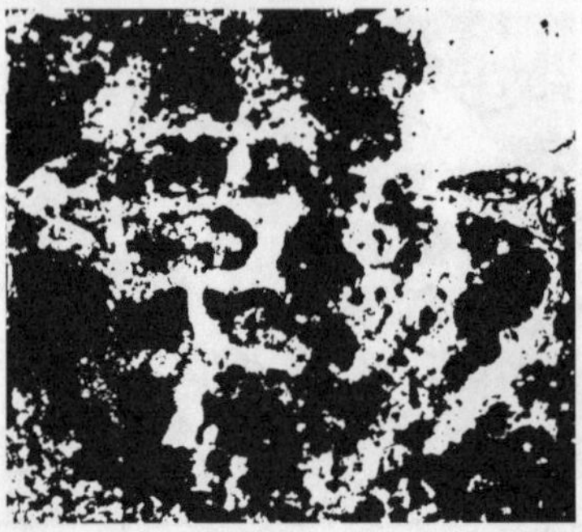	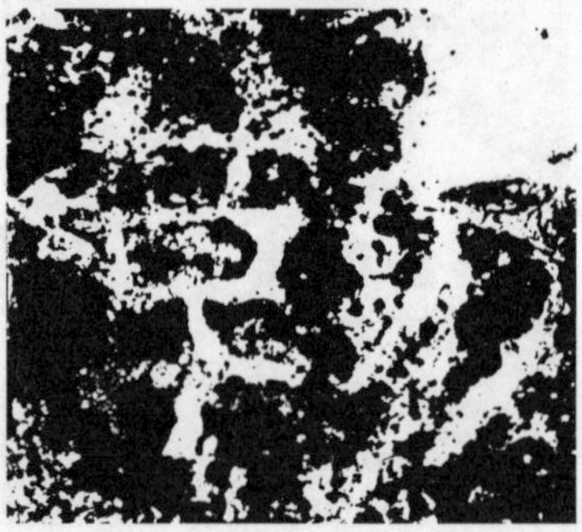	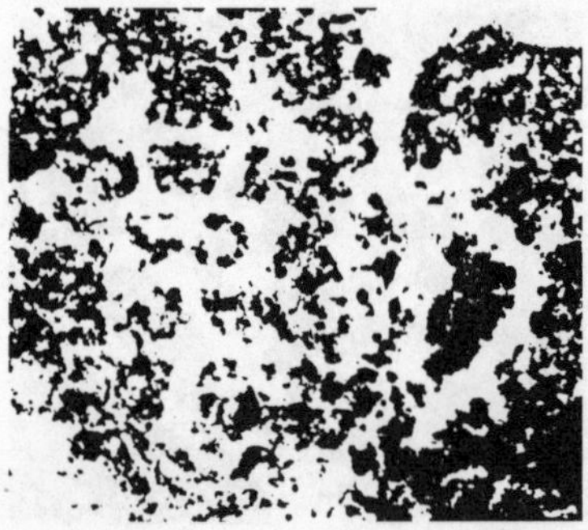

云愷悌君隆其
恩東里潤色君
垂其仁邵伯分

孔褒碑

額題『漢故豫州從事孔君之碑』。東漢時（約公元一七二年至一八八年間）立。清雍正三年（公元一七二五年）山東曲阜出土。碑陽隸書十四行，行三十字。書法近《禮器》、《乙瑛》。雍正初拓極不易得。

拙撰《漢孔褒碑拓本校勘記》可供參閱。

近拓	嘉道	乾隆	雍正初拓
		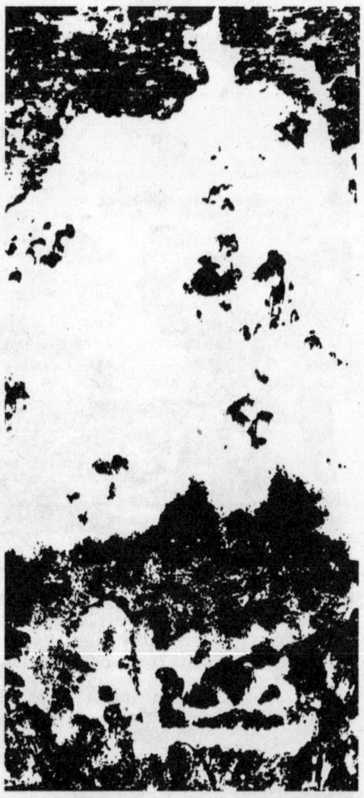	
泐盡			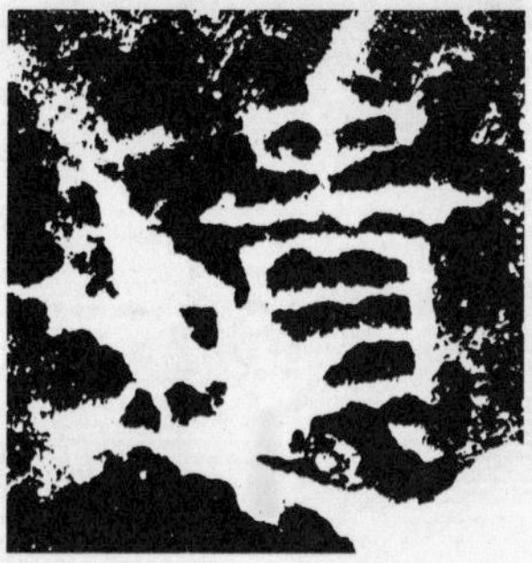

近拓

嘉道

乾隆

雍正初拓

近拓	嘉道	乾隆	雍正初拓

泐盡 泐盡	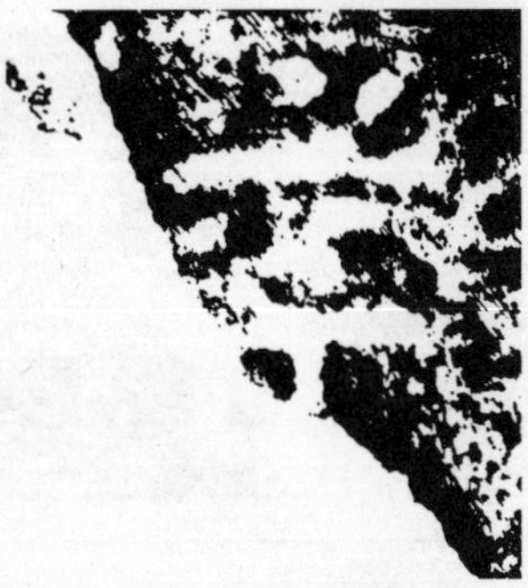	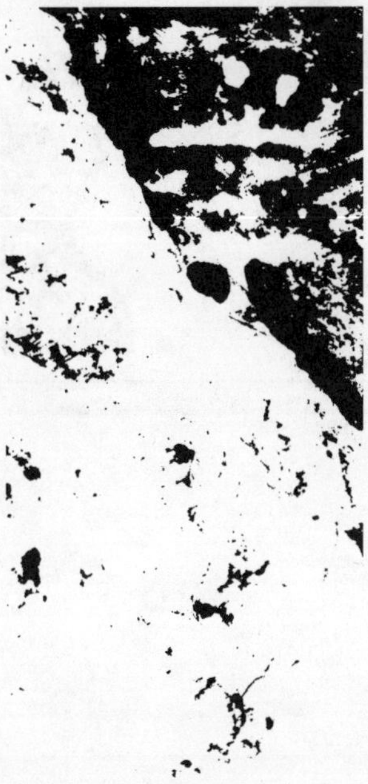	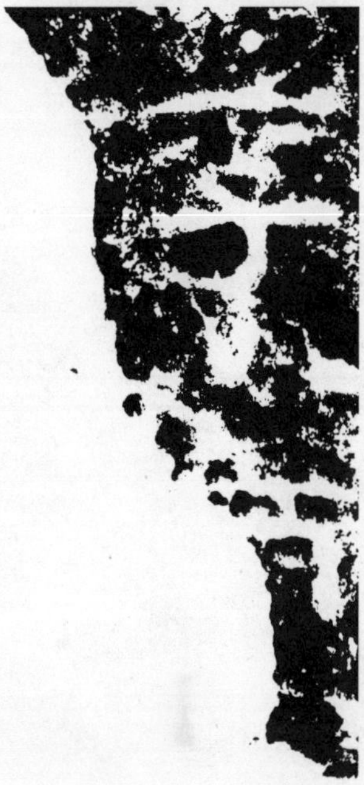

近拓	嘉道	乾隆	雍正初拓
泐盡	泐盡 	泐盡  	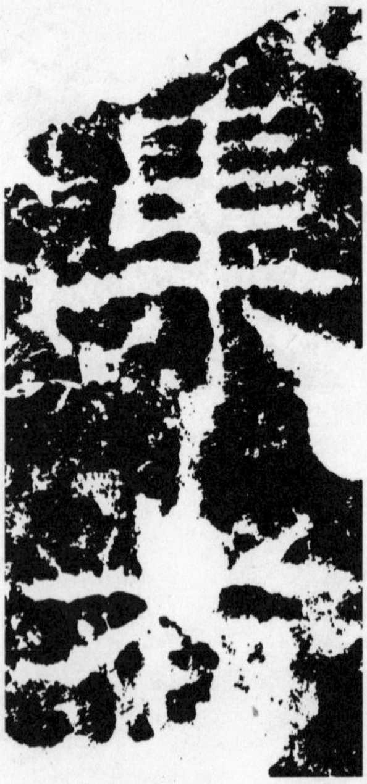
	泐盡	泐盡	

近拓　嘉道　乾隆　雍正初拓

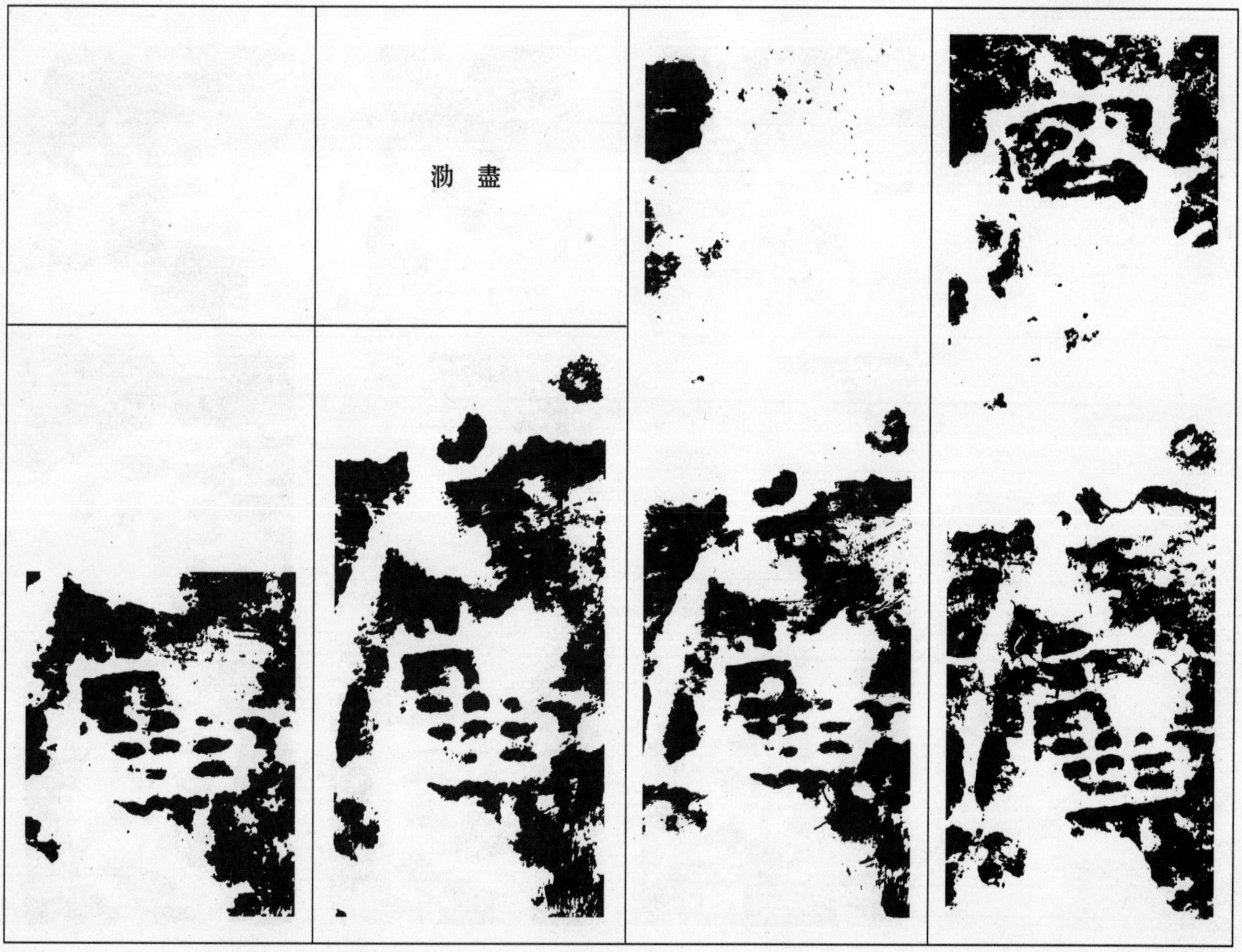

近拓	嘉道	乾隆	雍正初拓
泐盡	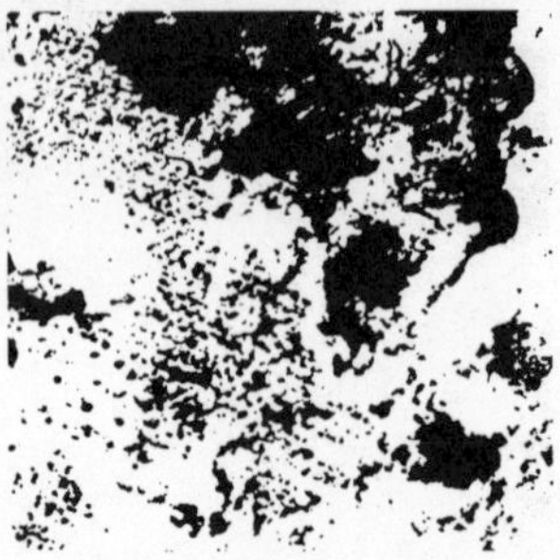	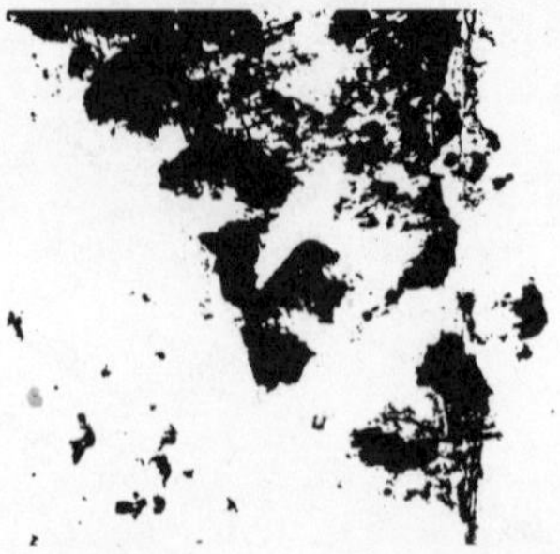	
泐盡			
泐盡	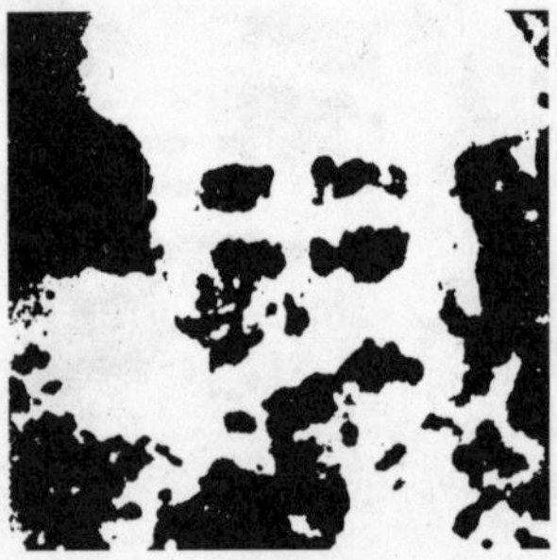	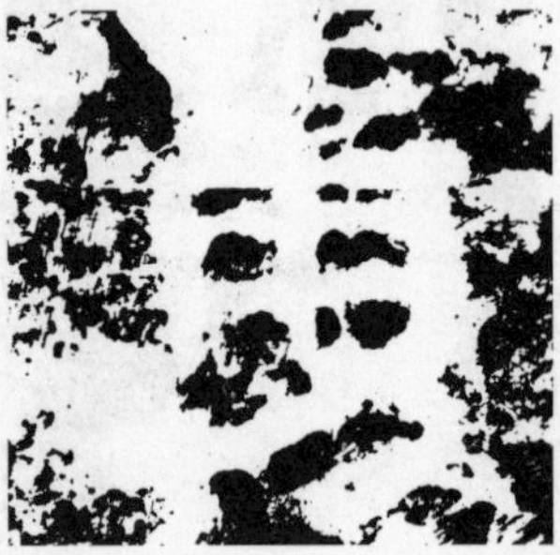	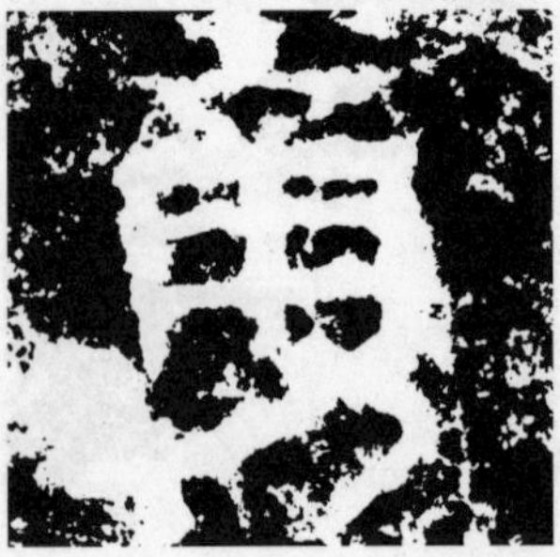

<table>
<tr><th>近拓</th><th>嘉道</th><th>乾隆</th><th>雍正初拓</th></tr>
<tr><td></td><td>泐盡</td><td>失拓</td><td rowspan="2"></td></tr>
<tr><td></td><td>泐盡</td><td>失拓</td></tr>
<tr><td></td><td>泐盡</td><td>失拓</td><td></td></tr>
</table>

近拓	嘉道	乾隆	雍正初拓
	泐盡	失拓	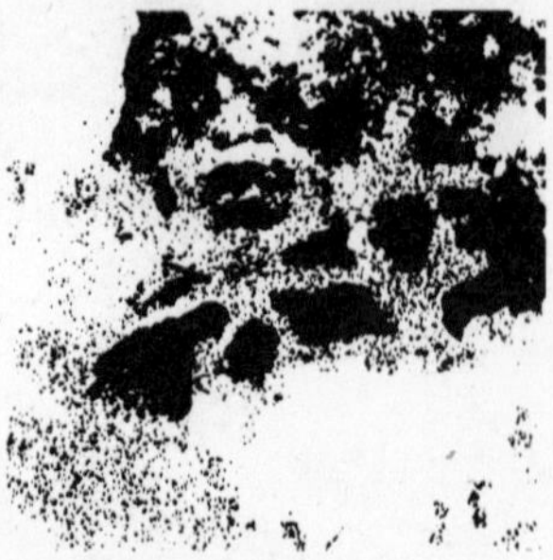
	泐盡	失拓	

樊敏碑

篆額『漢故領校巴郡太守樊府君碑』二行十二字。東漢建安十年（公元二〇五年）三月立於四川蘆山南。清嘉道間（公元一七九六年至一八五〇年）出土，一説道咸間（公元一八二一年至一八六一年）出土。隸書二十一行，行二十九字。

王壯弘《增補校碑隨筆》：『見羅叔言藏本，劉燕庭道光二十六年（公元一八四六年）所拓，「有物有則」之「則」字已半泐。』

《北京大學圖書館藏歷代金石拓本菁華》第一四六號考爲『明末清初拓』，未知所據。

近拓　　舊拓　　道光

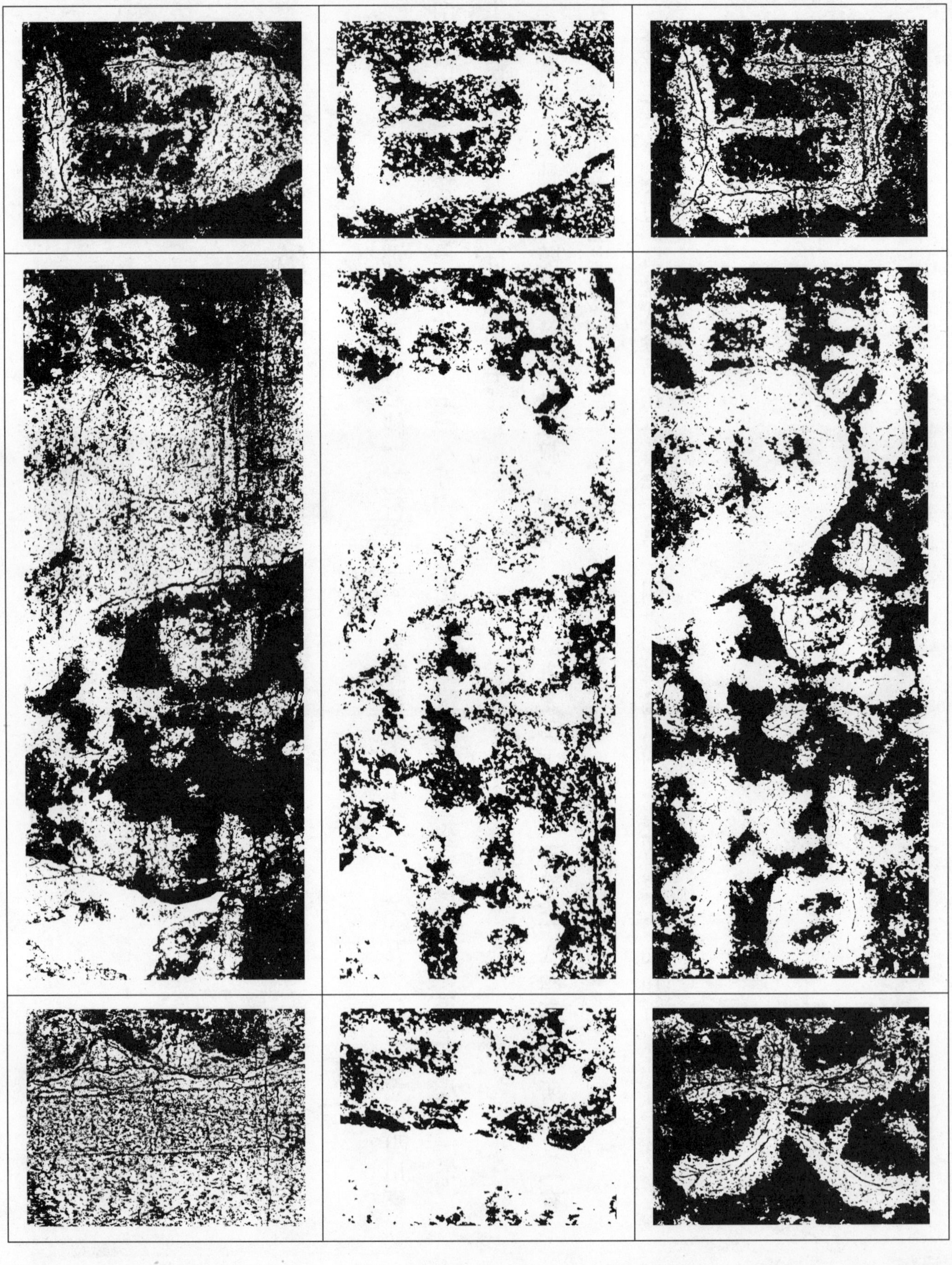

附：道光拓大楷本原拓局部

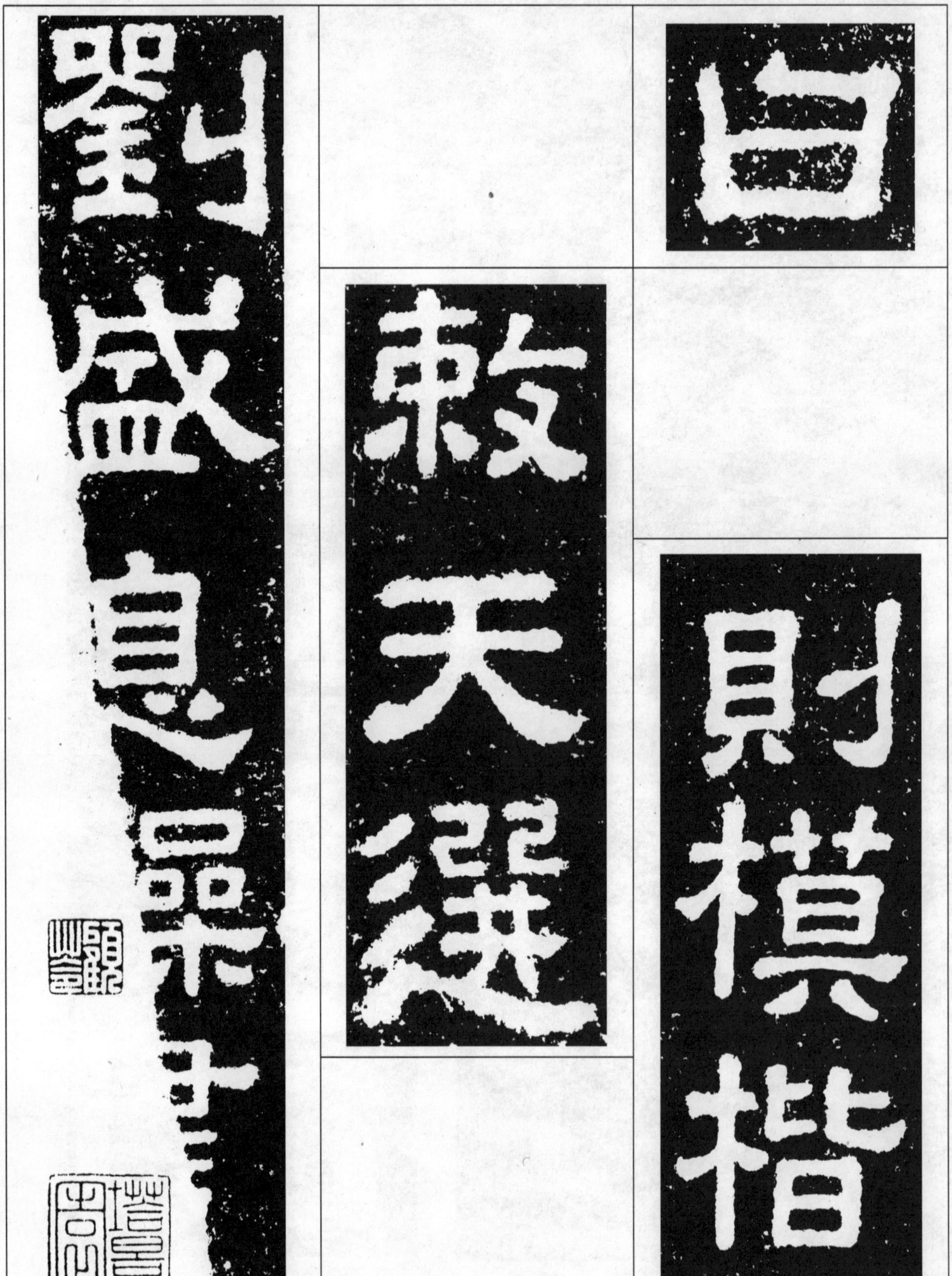
曰
則模楷
敕天

袁敞碑

漢殘碑。公元一九二三年河南偃師出土。公元一九二五年羅振玉購得，後載歸東北。現藏遼寧省博物館。

殘石高七七點五厘米，横七二厘米，厚一〇厘米。篆書十行，行存五至九字。出土雖僅幾十年，而風化泐損頗爲嚴重。《遼寧省博物館五十年》發表之新拓與存世舊拓相比，變化之大一望而知。

初拓

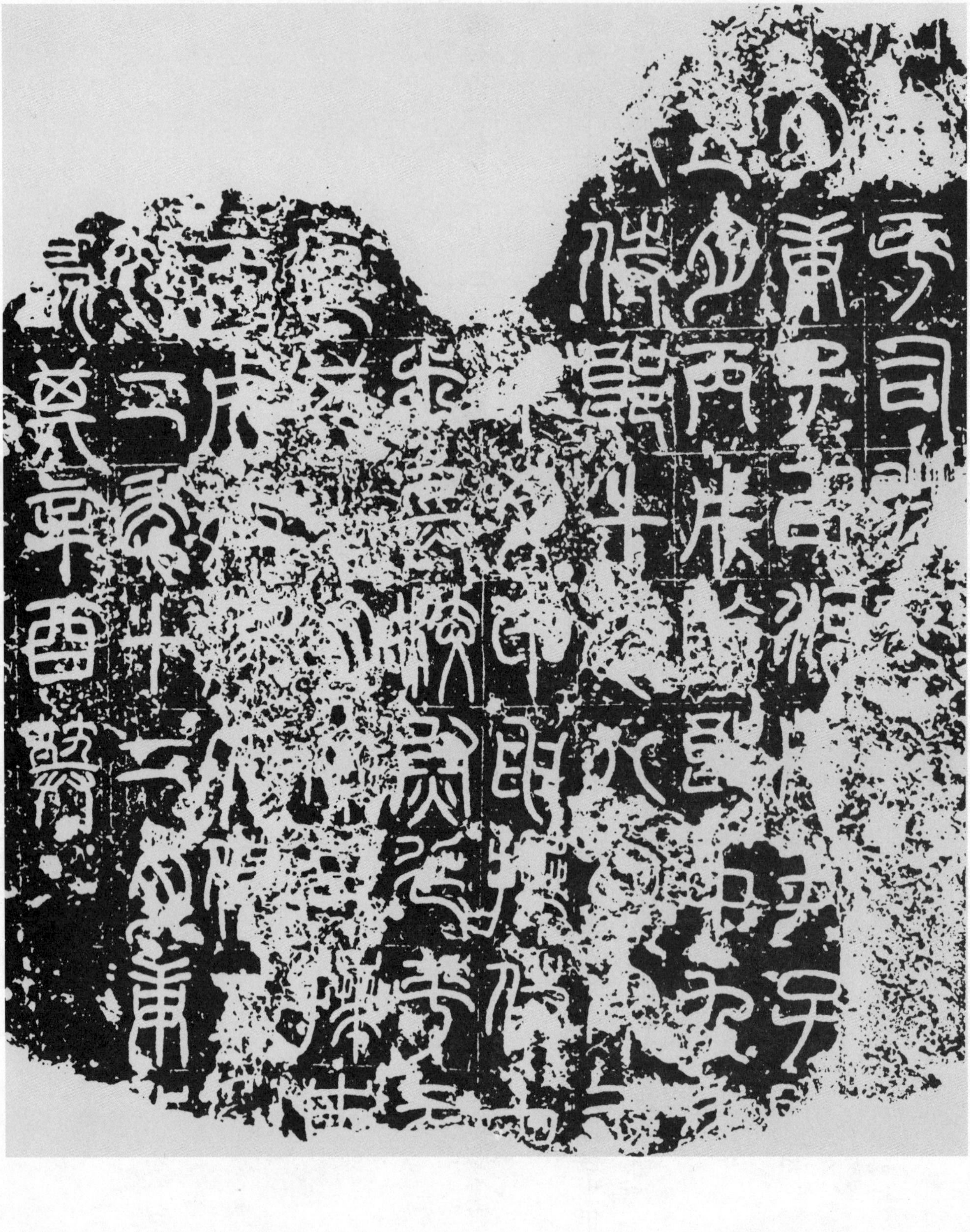

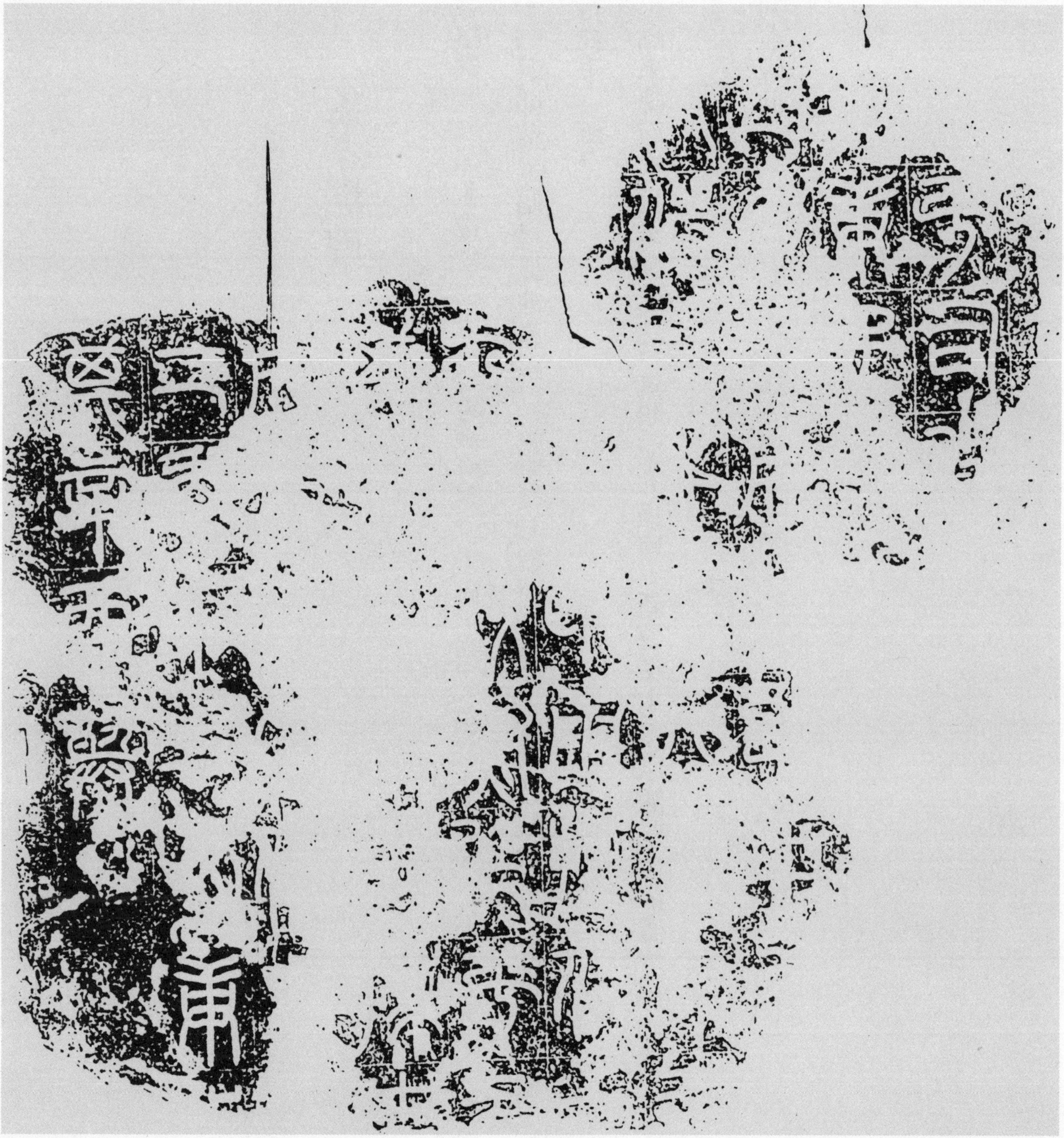

孟孝琚碑

亦稱『孟璇碑』、『孟瓊碑』、『孟琁碑』。漢碑。清光緒二十七年（公元一九〇一年）九月雲南昭通出土，十一月即移置昭通鳳池書院，謝崇基刻跋。碑石上半截已殘佚。石高五尺，横二尺八寸。隸書十五行，行二十一字。

此碑出土以來碑面字口保存較好，無明顯的損壞。新舊拓本多以謝跋中『月』、『跋』二字的變化爲標志。

已有重刻本傳世。

碑在昭通郡南十里白泥井馬氏舍旁光緒二十七年九月出土
同里胡茂才國楨為余言之因偕往觀石高五尺廣二尺八寸
側刻龍形各一下刻物形若龜蛇其文隸古茂字畫遒勁方
之滇中古刻遠過兩爨諸碑之上雖碑首斷闕間有泐痕
年代無考然以文字揆之應在漢魏之間非兩晉六朝後物洵
可寶也遂移置城中鳳池書院藏書樓下陷諸壁間以俟
博雅嗜古君子鑒訂焉是歲十一月朔日郡人謝崇基跋

碑在昭通郡南十里白泥井馬氏舍旁光緒二十七年九月出土同里胡茂才國楨為余言之因偕往觀石高五尺廣二尺一下刻物形若龜蛇其上文辭古茂字畫遒勁方之滇中古刻遠過兩爨諸碑之上雖碑首斷闕間有泐痕年代無考然以文字揆之應在漢魏之間非兩晉六朝後物洵可寶也遂移置城中鳳池書院藏書樓下階諸壁間以俟博雅君子鑒訂焉是歲十月日郡人謝崇基跋

君車畫像

或稱『門下小史畫像』。清光緒十年（壬午、公元一八八二年）出土於山東臨淄，旋歸濰坊陳介祺。陳於濰坊建亭呵護，自號『君車漢石亭長』，並專刻收藏印章，又撰《臨淄東漢畫像石記》。

石高約九〇厘米，横一三〇厘米。

自一八八二年出土起，至陳介祺卒（一八八四年），在近二年的時間内，陳氏曾用上等銀硃，重色精拓。用墨拓者，則墨分濃淡極其精到。一八八四年後，光緒末年原石被運至北京轉手易主，宣統元年（一九〇九）又經上海售出，流向法蘭西，今藏法國巴黎博物館。在此期間所拓，均無確真的陳介祺藏印。也在此期間，已有翻刻之石和拓片傳世。

朵雲軒、北京大學等藏有初拓（硃）。

拙撰《君車畫像校勘記》可資參閲。

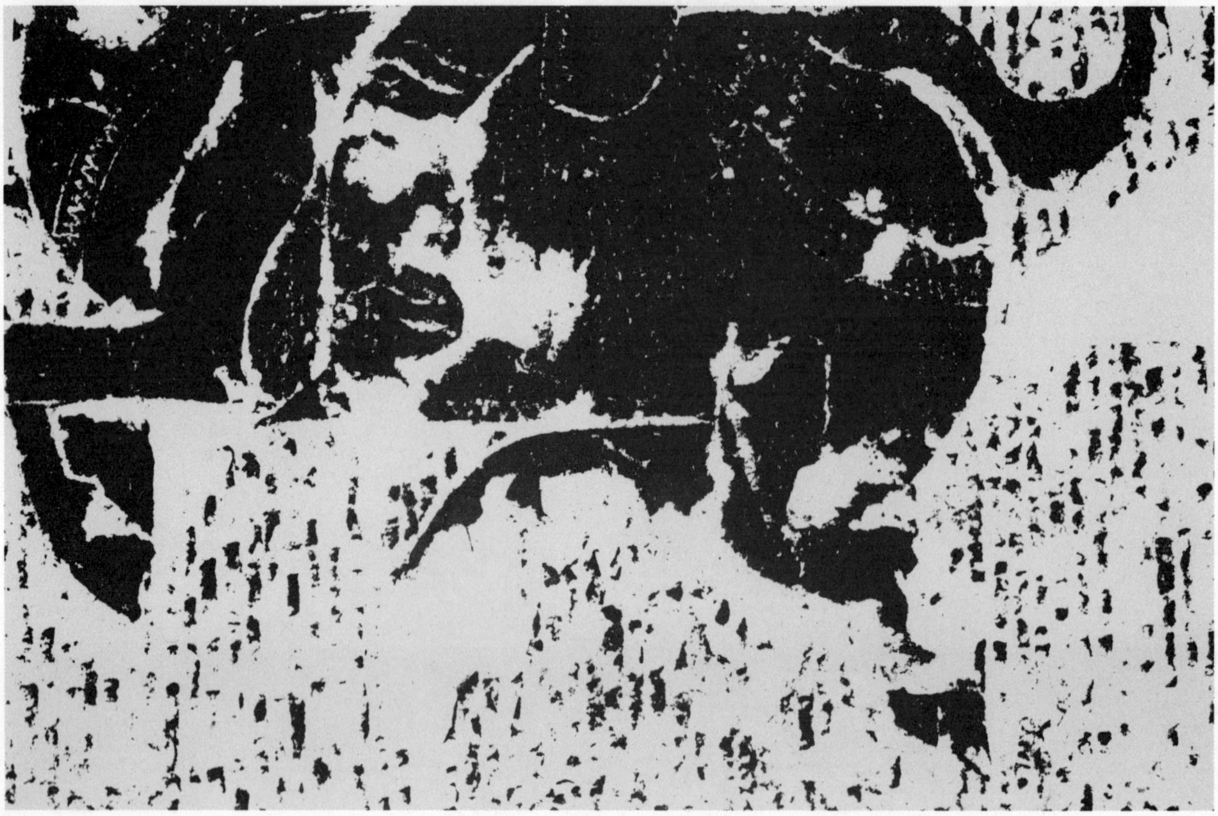

原石原拓

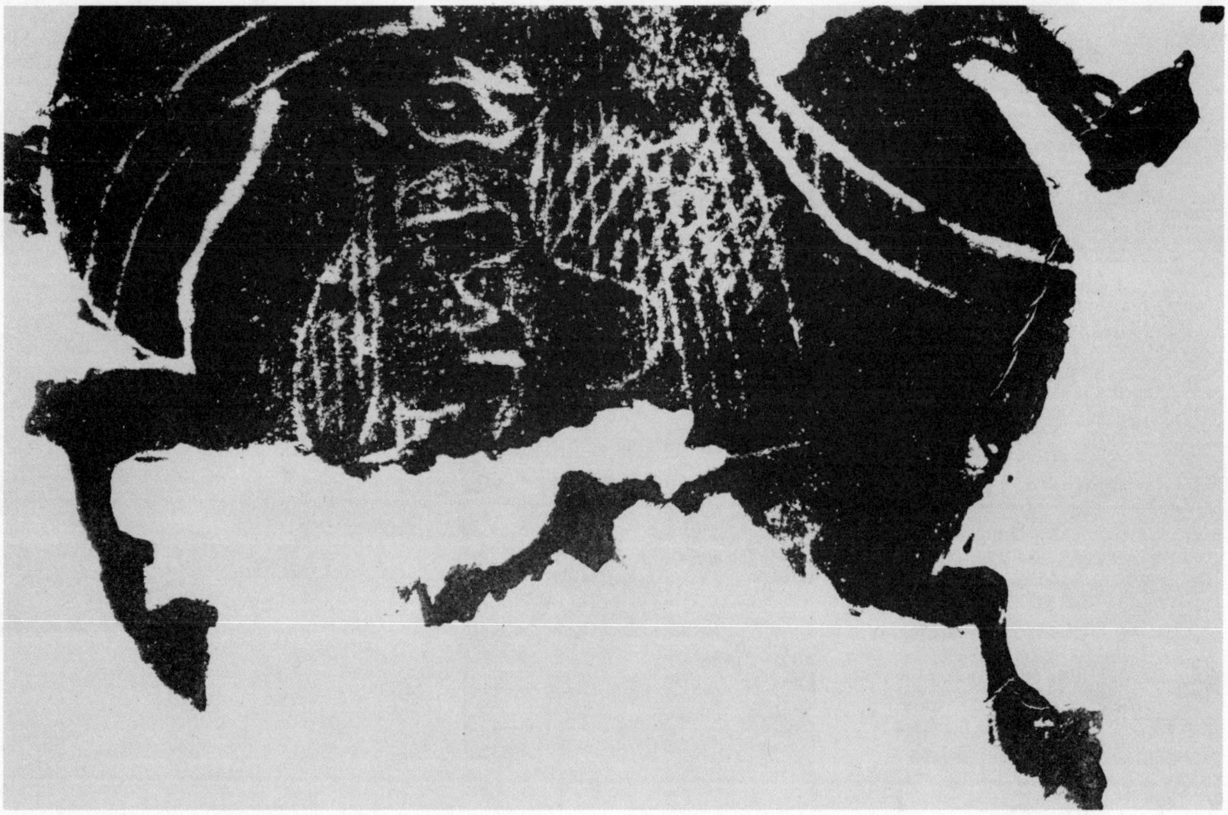

翻刻本

原 刻

翻 刻

原刻

翻刻

原刻

翻刻

上尊號碑

或稱『勸進表』。東漢延康元年（公元二二〇年）元月立，今在河南許昌。陽文篆額，二行共八字，正文隸書，廿二行，行四十九字。後十行，行四十九字。明初以後，屢遭剜洗。

一、未見可信之宋拓。

二、傳上海博物館有明初拓本。

三、未見善本印行。

近拓

乾隆

明末

近拓	乾隆		明末
泐 盡	泐 盡		
泐 盡			

近拓　　乾隆　　明末

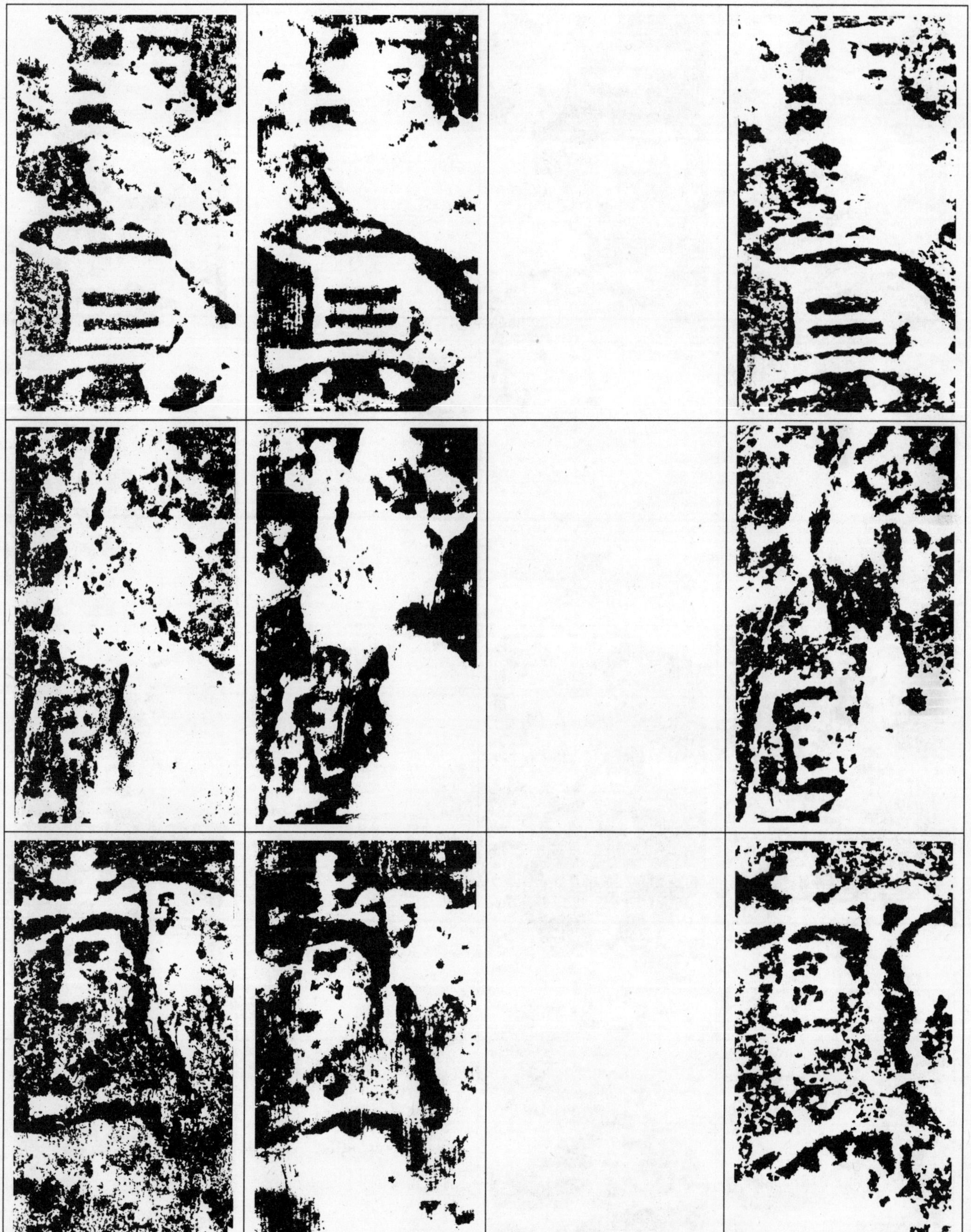

近拓	乾隆		明末

泐盡	泐盡		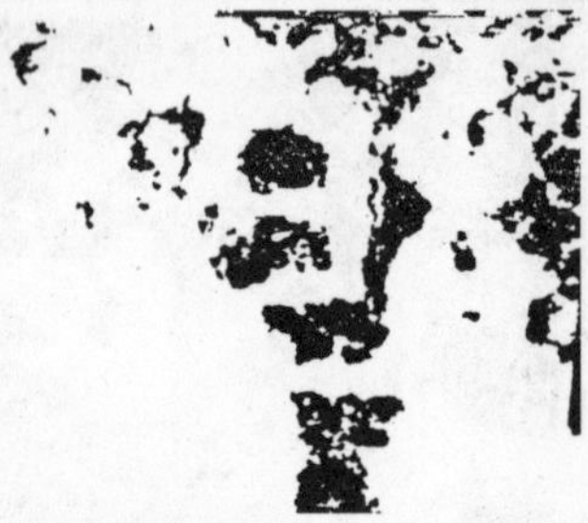

近拓　　乾隆　　明末

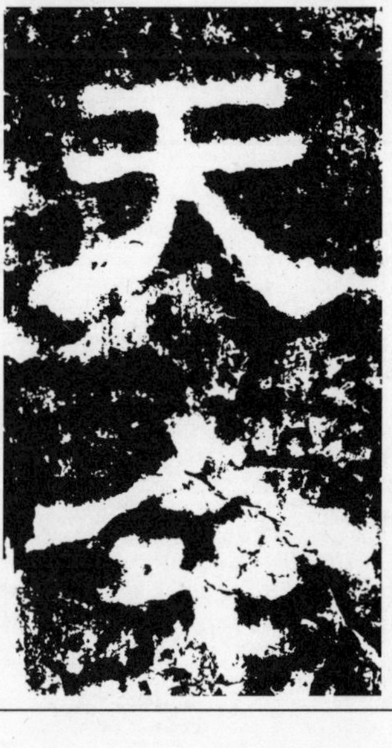

近拓

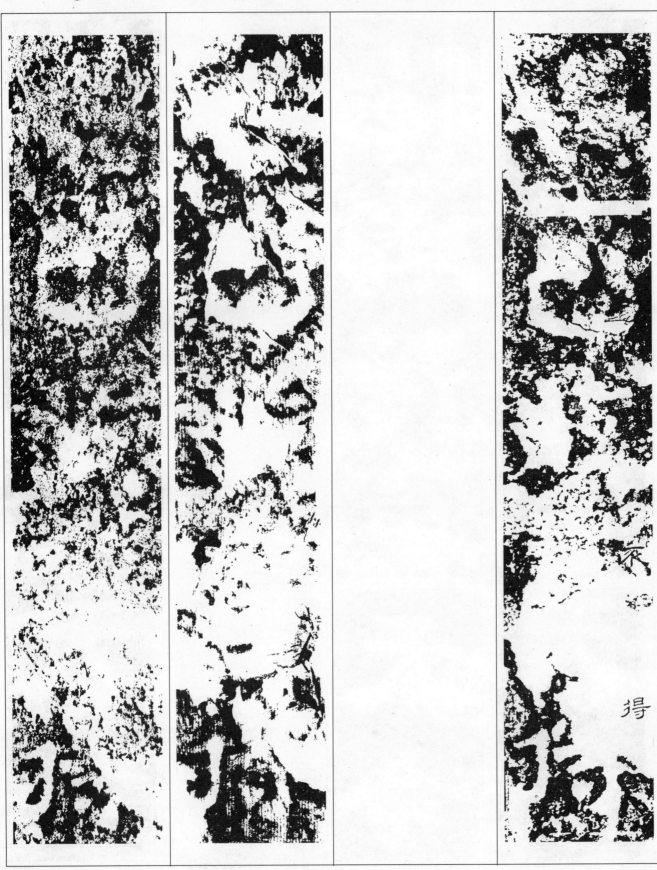

乾隆

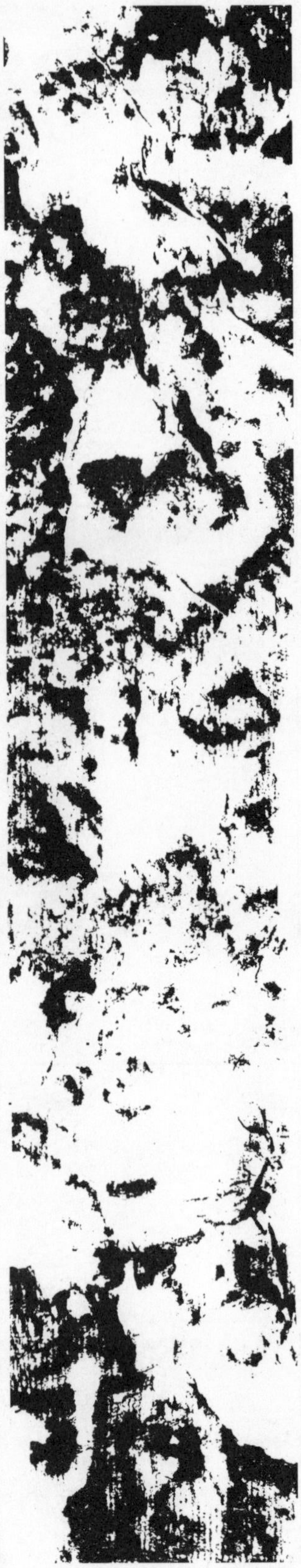

明末

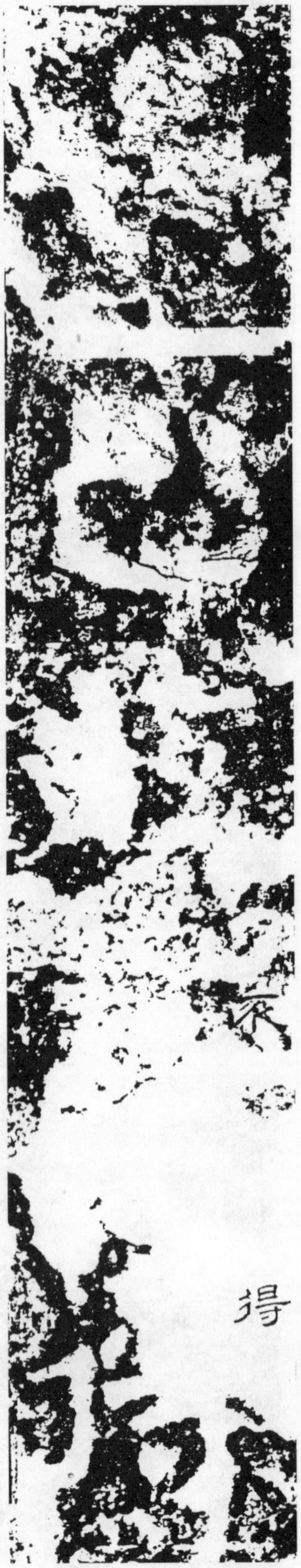

近拓	乾隆		明末

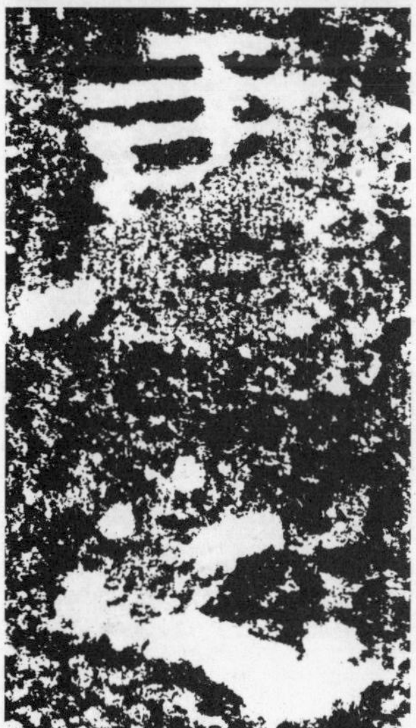	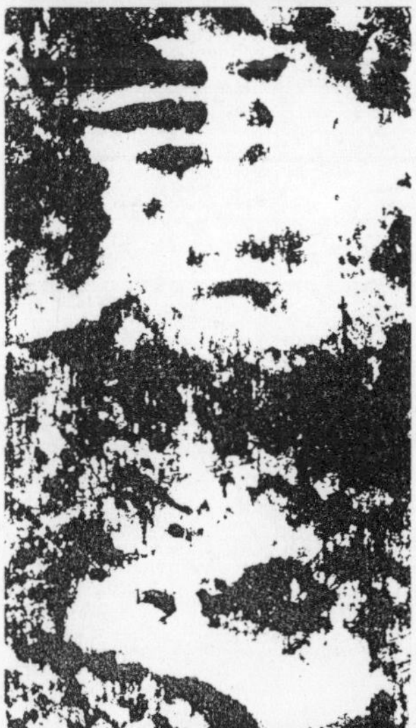		剪失

近拓　　乾隆　　明末

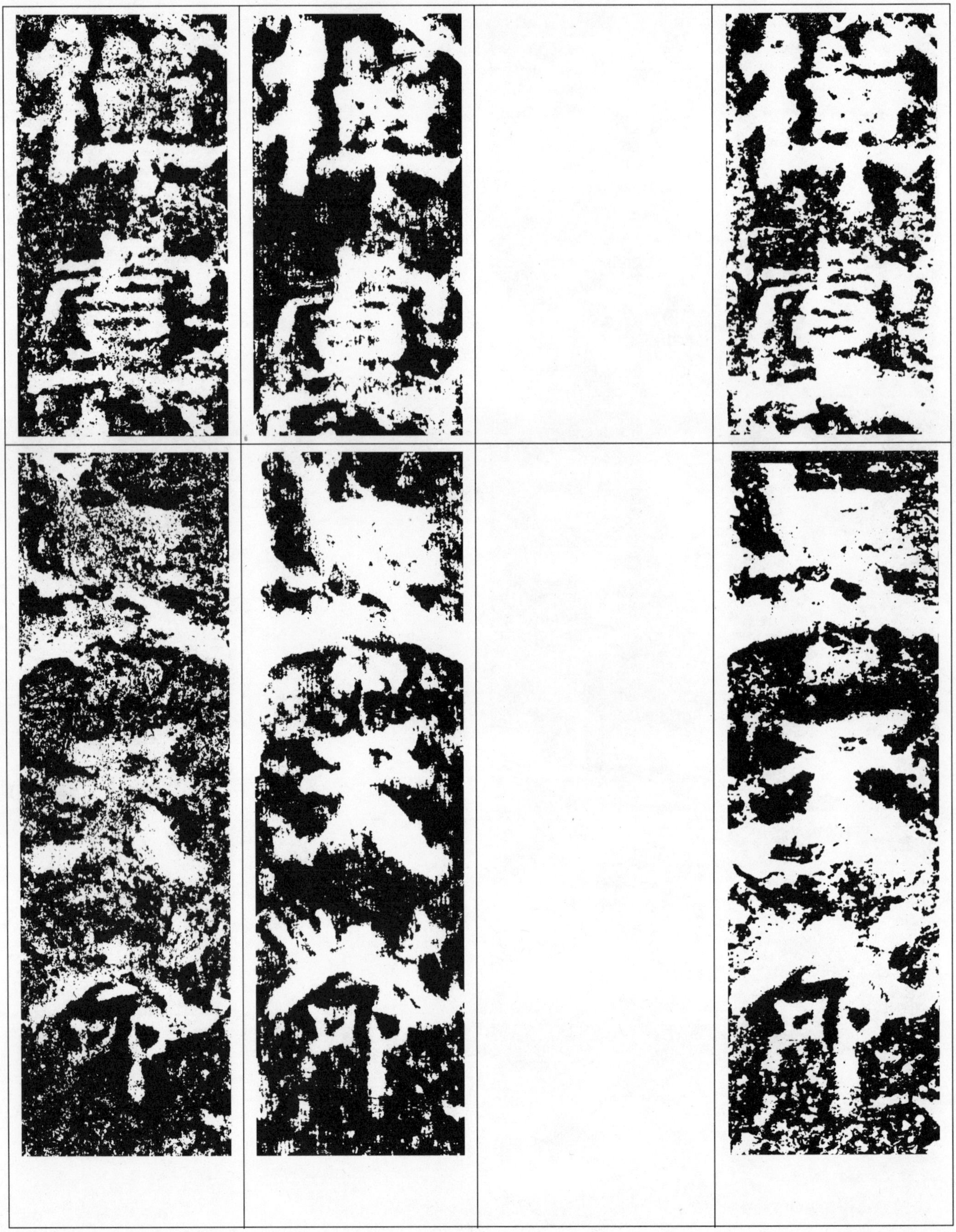

近拓	乾隆		明末
			剪 失
			剪 失

近拓	乾隆		明末
剪失			剪失

受禪表

篆額『受禪表』陽文三字。三國曹魏黄初元年（公元二二〇年）冬立於河南許昌臨潁南樊城鎮。民國時，碑額被人盜運北京，後不明所在。碑石傳至明代漫漶已甚，故遭人重剜。明末之後所拓，書法精神已非舊觀。隸書，廿二行，行四十九字。入清之後，原石右角之泐損逐漸擴大，故而較易辨識。《北京大學圖書館藏歷代金石拓本菁華》第一五〇號，與本書所收香港中華書局本相仿，也應是清初拓。

道光	嘉道	清初
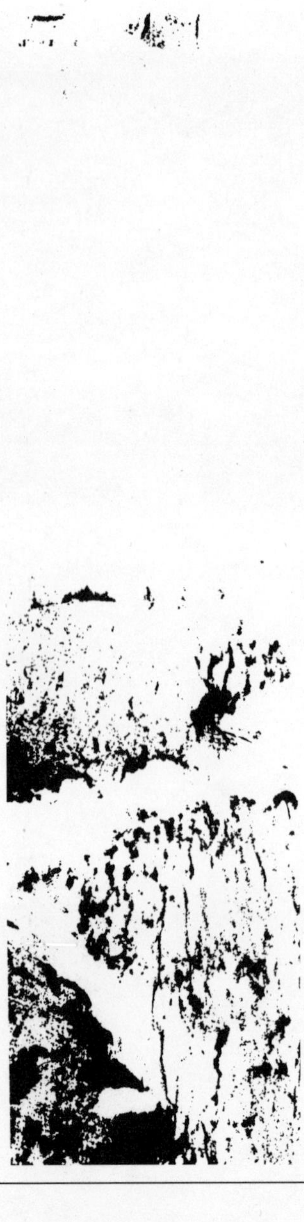	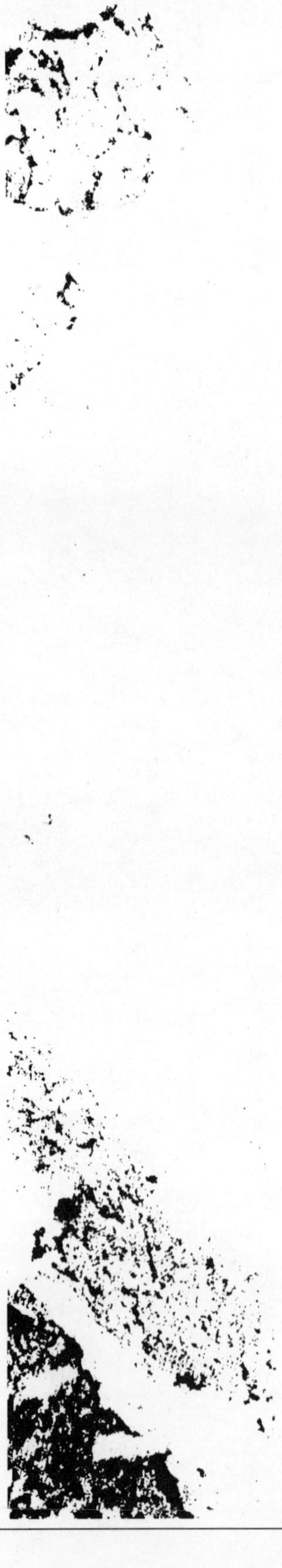	

清末

近拓

道光

嘉道

清初

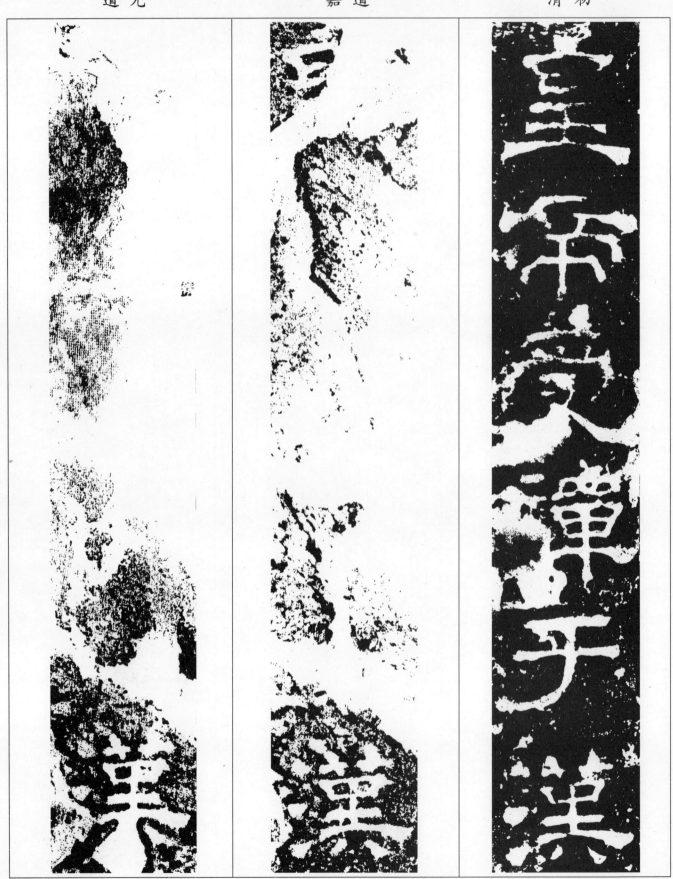

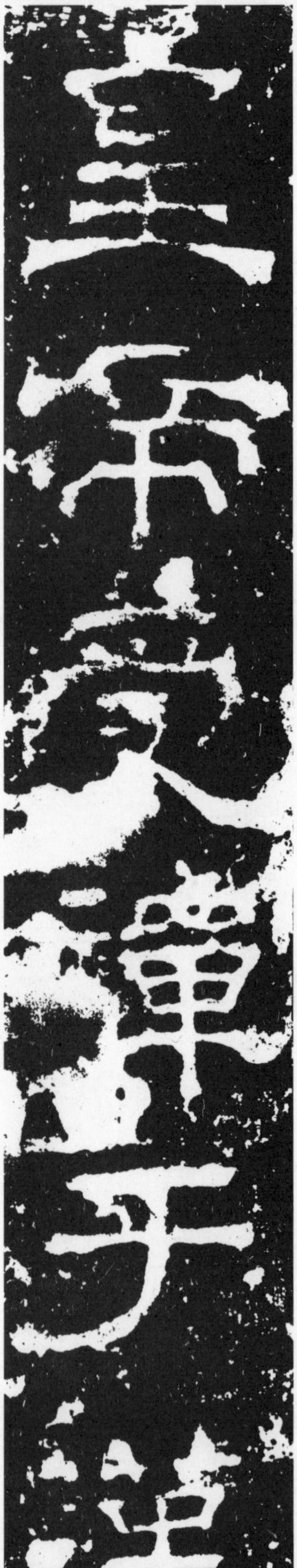

近拓 清末

道光	嘉道	清初
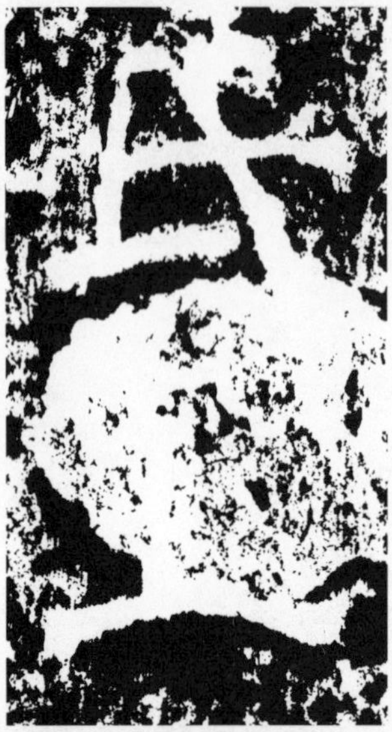	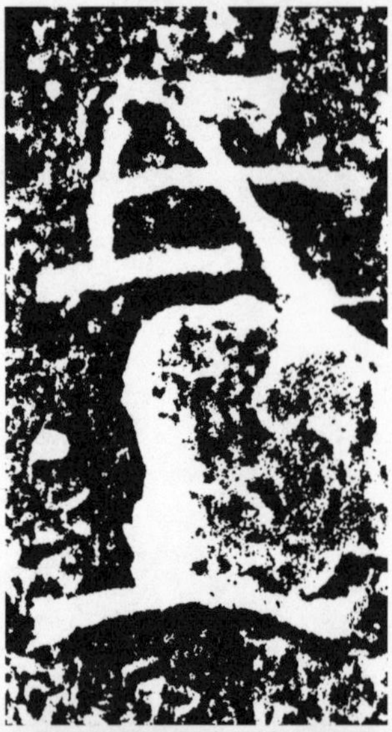	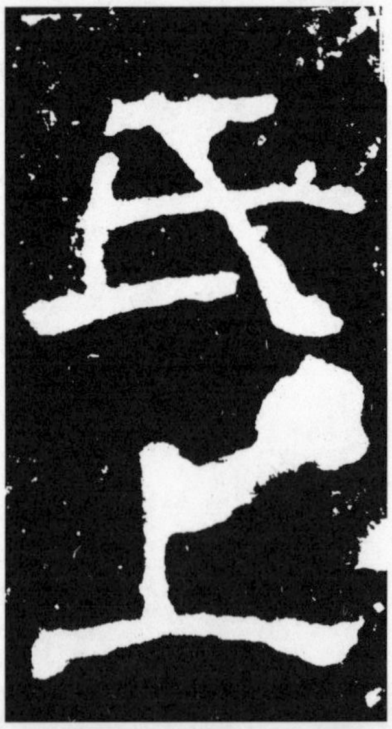
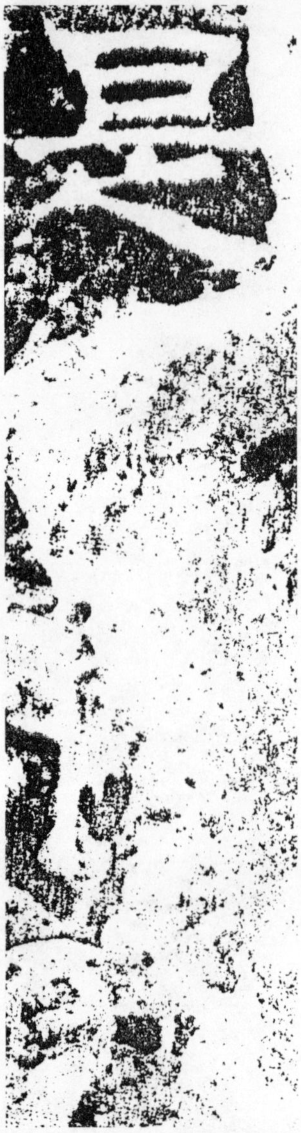	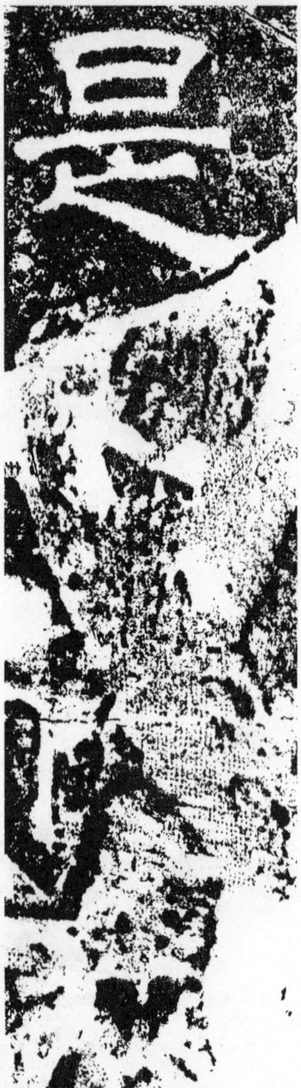	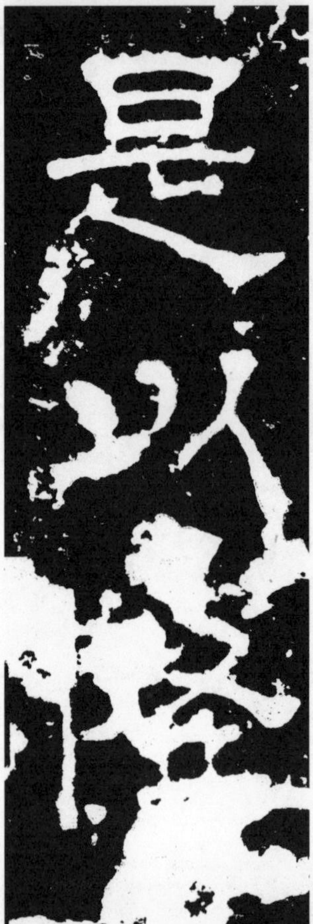

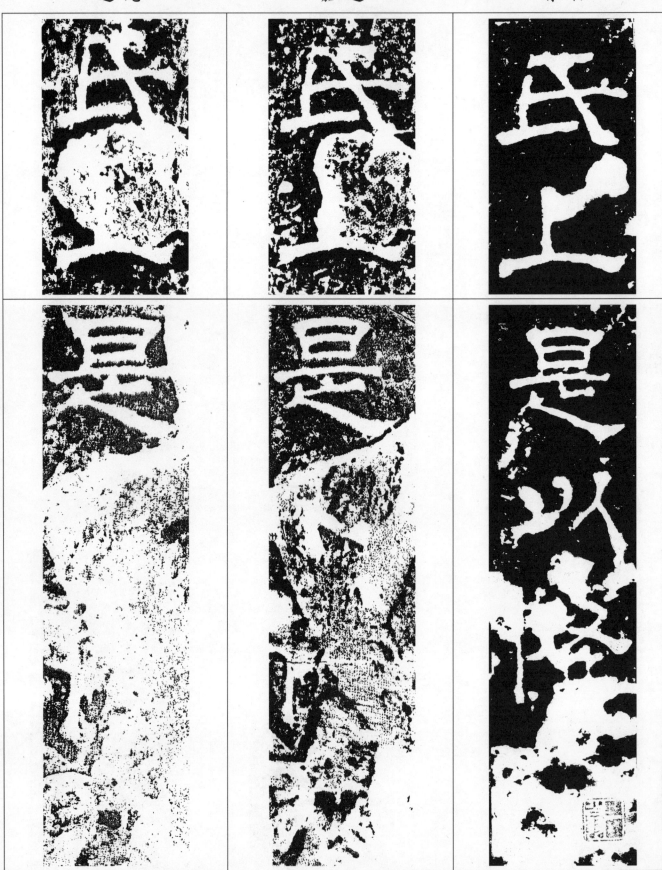

	近拓	清末
	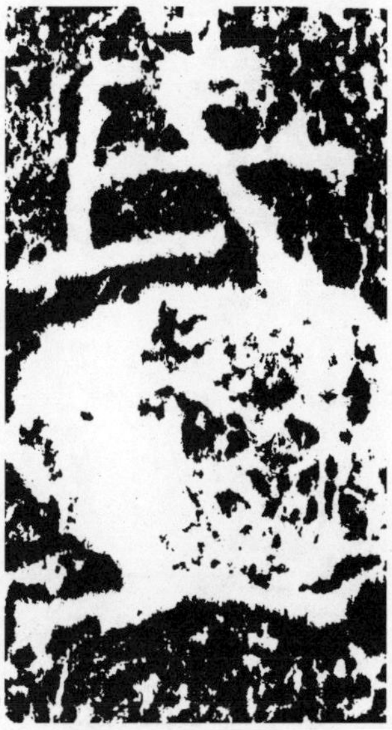	
	泐 盡	

道光	嘉道	清初

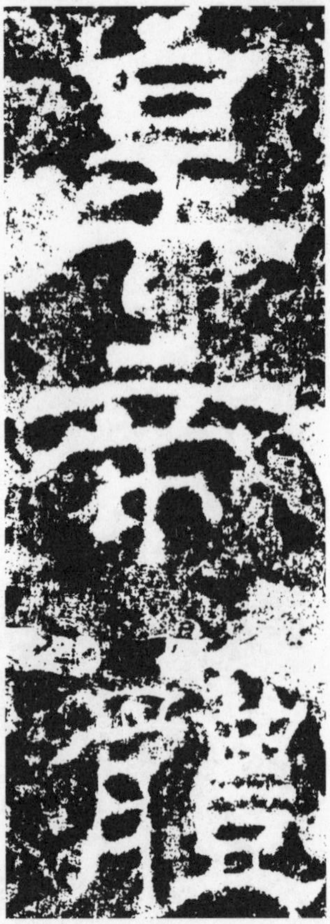	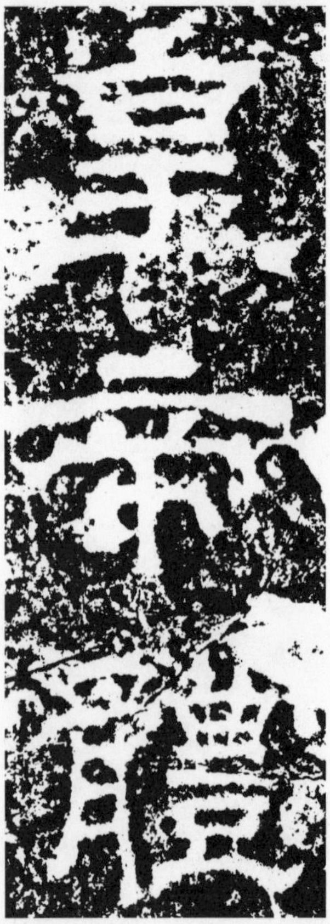	

	近拓	清末
	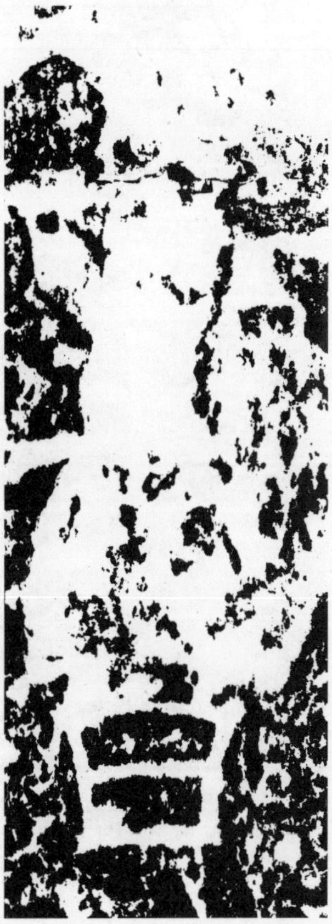	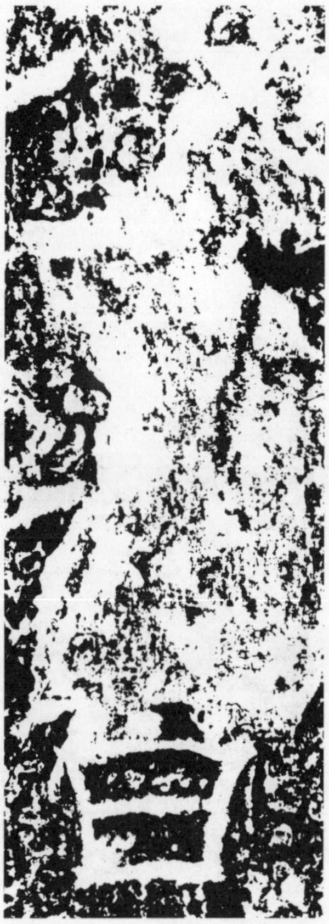
	泐盡	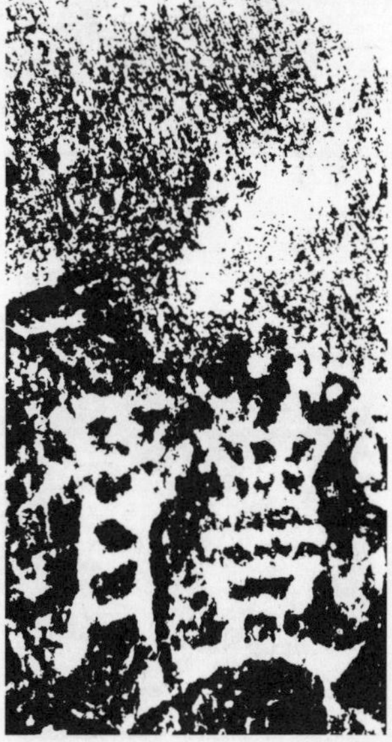

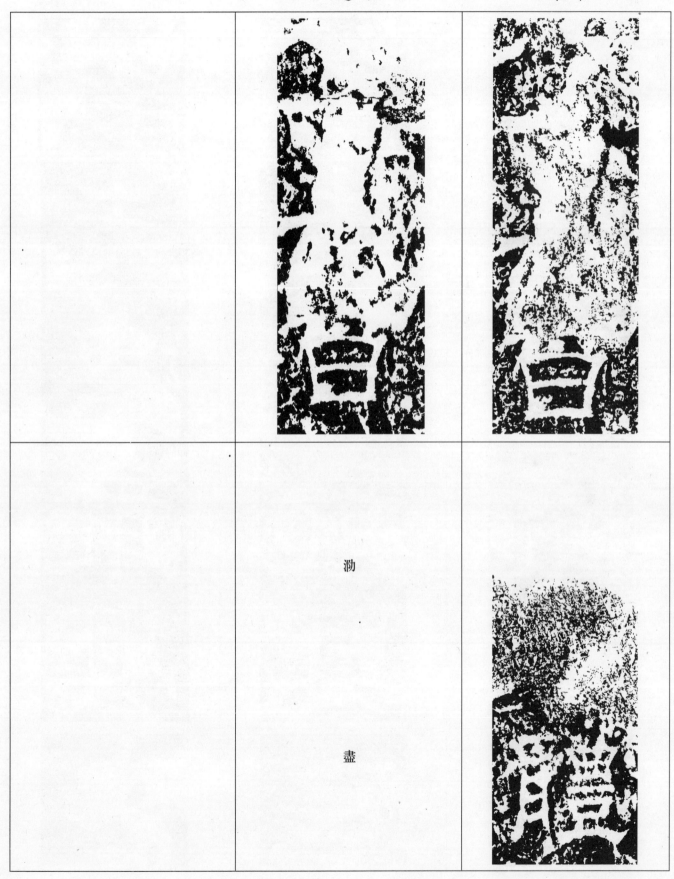

道光	嘉道	清初
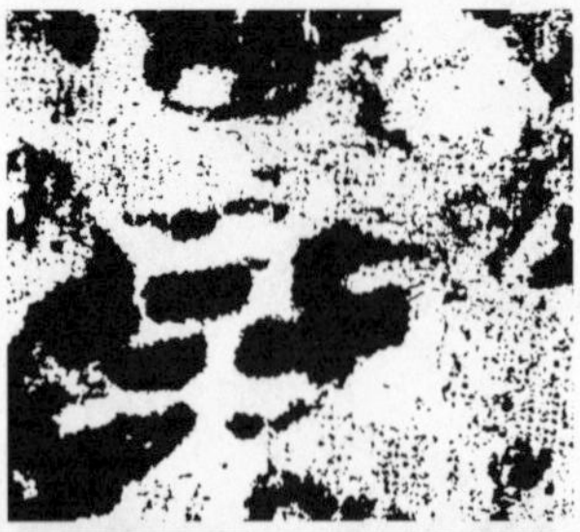	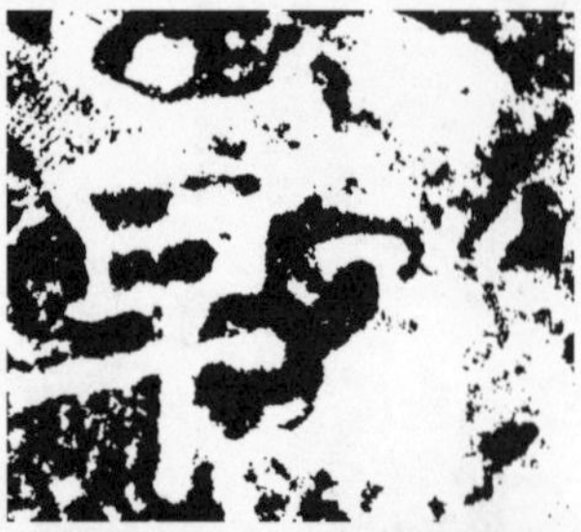	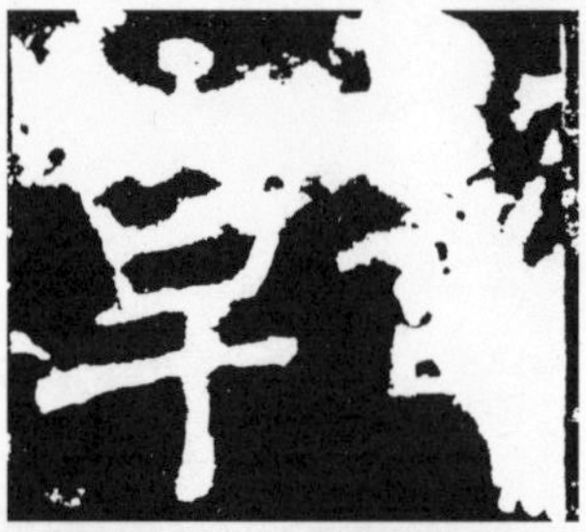
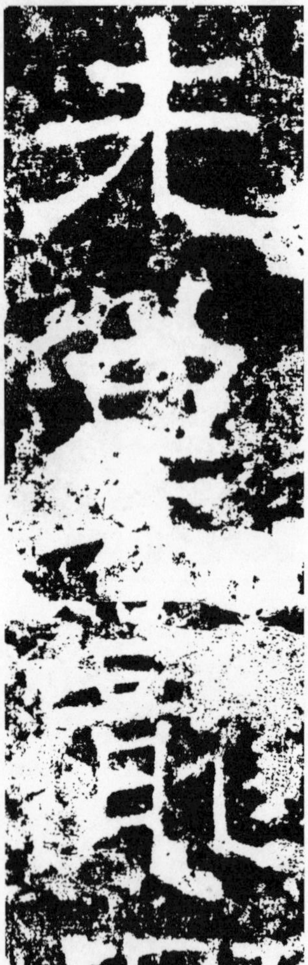	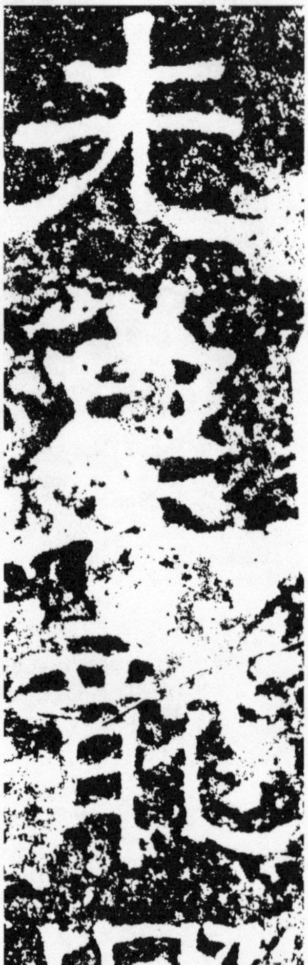	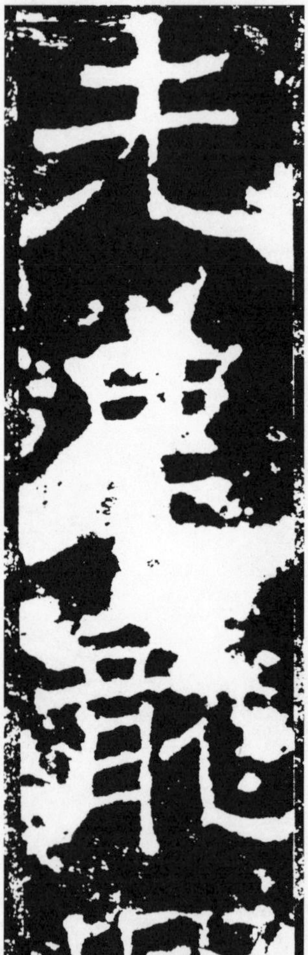
		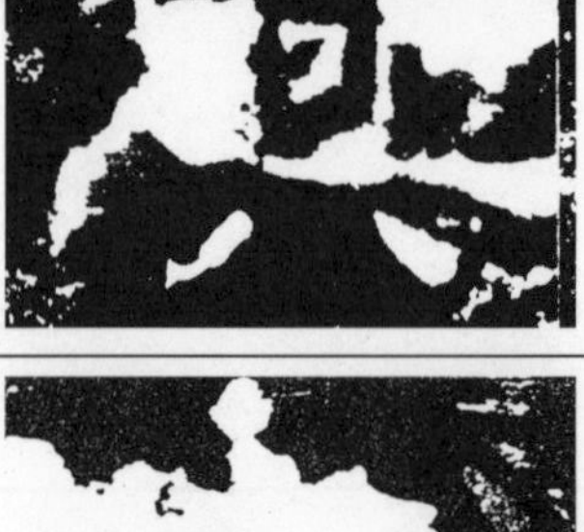

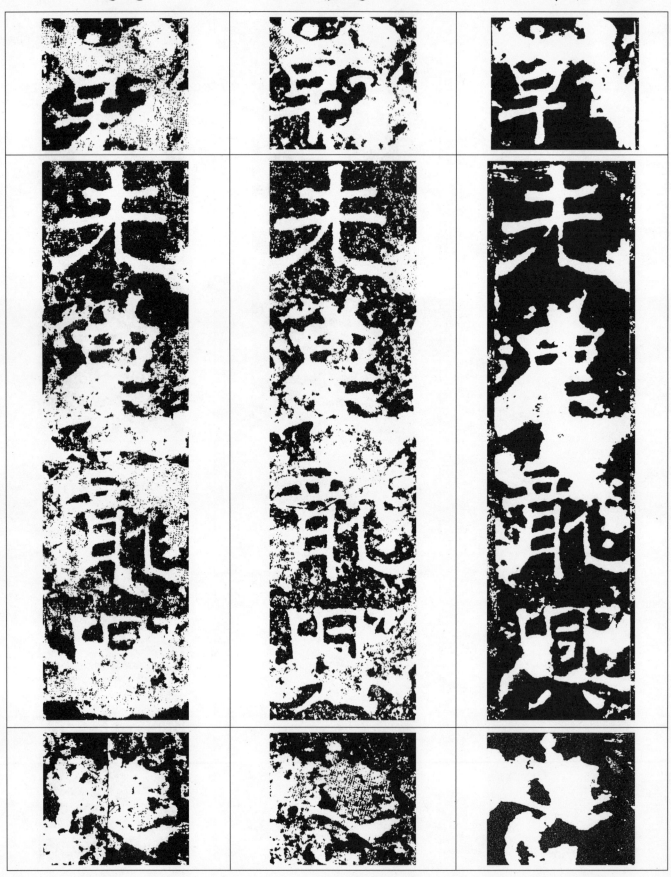

	近拓	清末
	泐盡	
	泐盡	
	泐盡	
	泐盡	
	泐盡	
	泐盡	泐盡

道光　　嘉道　　清初

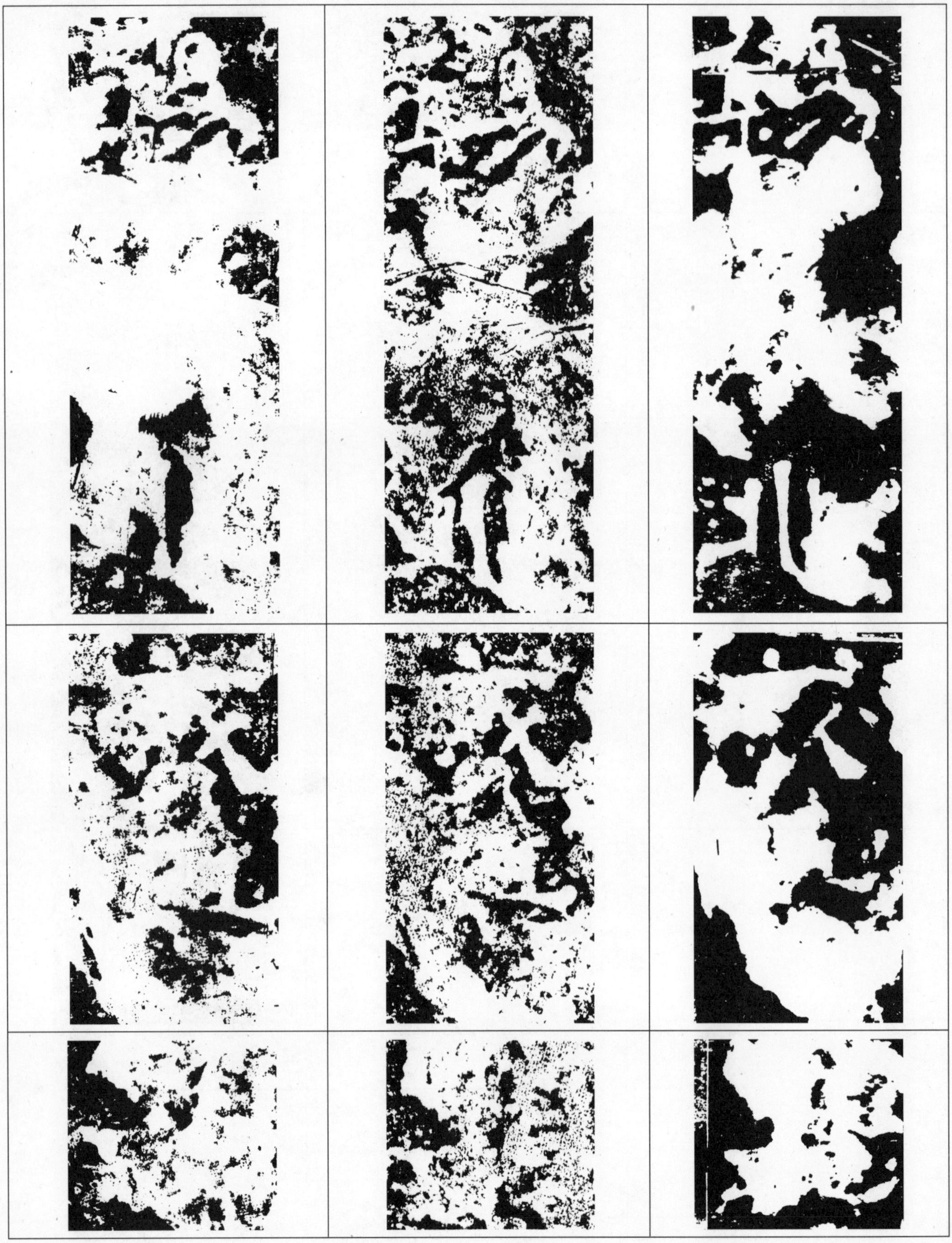

	近拓	清末
	泐盡	

	泐盡	
	泐盡	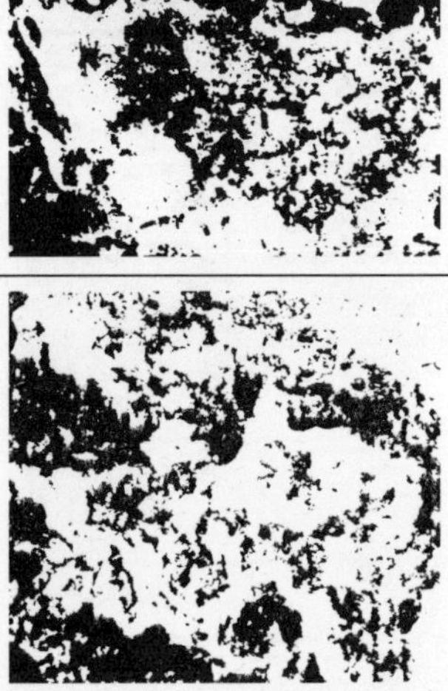

道光	嘉道	清初

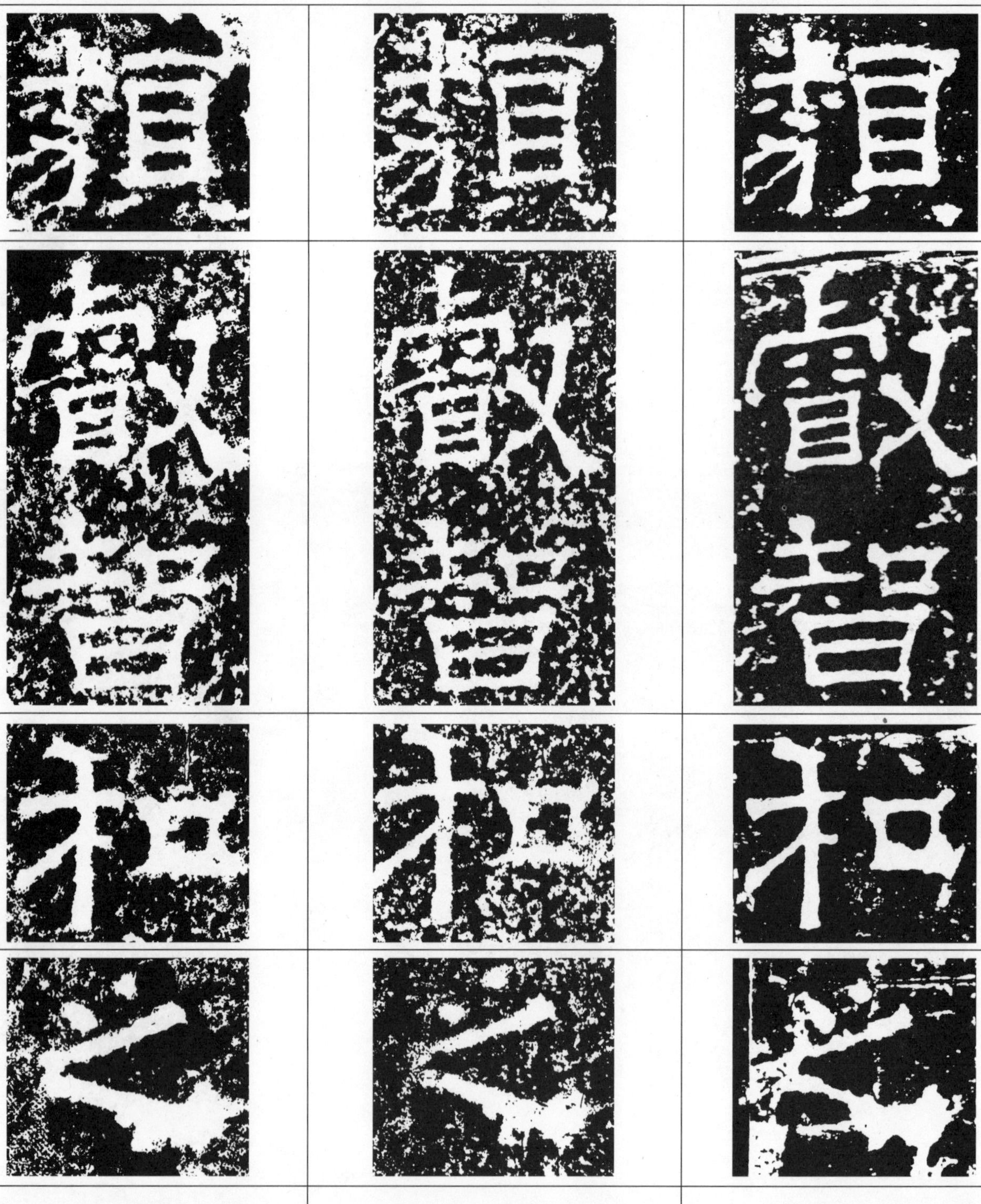

	近拓	清末

		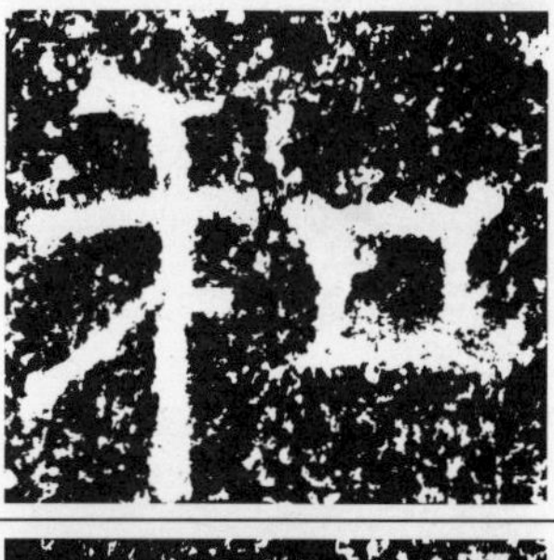

孔羨碑

或稱『孔子廟碑』、『魯孔子廟碑』、『孔羨修孔子廟碑』。三國曹魏黄初元年（公元二二〇年）立於山東曲阜孔廟。篆額二行共六字，碑文隸書廿二行，行四十字。

傳世有正書局印本，題宋拓，前輩以爲是明拓。

又傳故宫有明拓。

民國　晚清　嘉道　乾隆

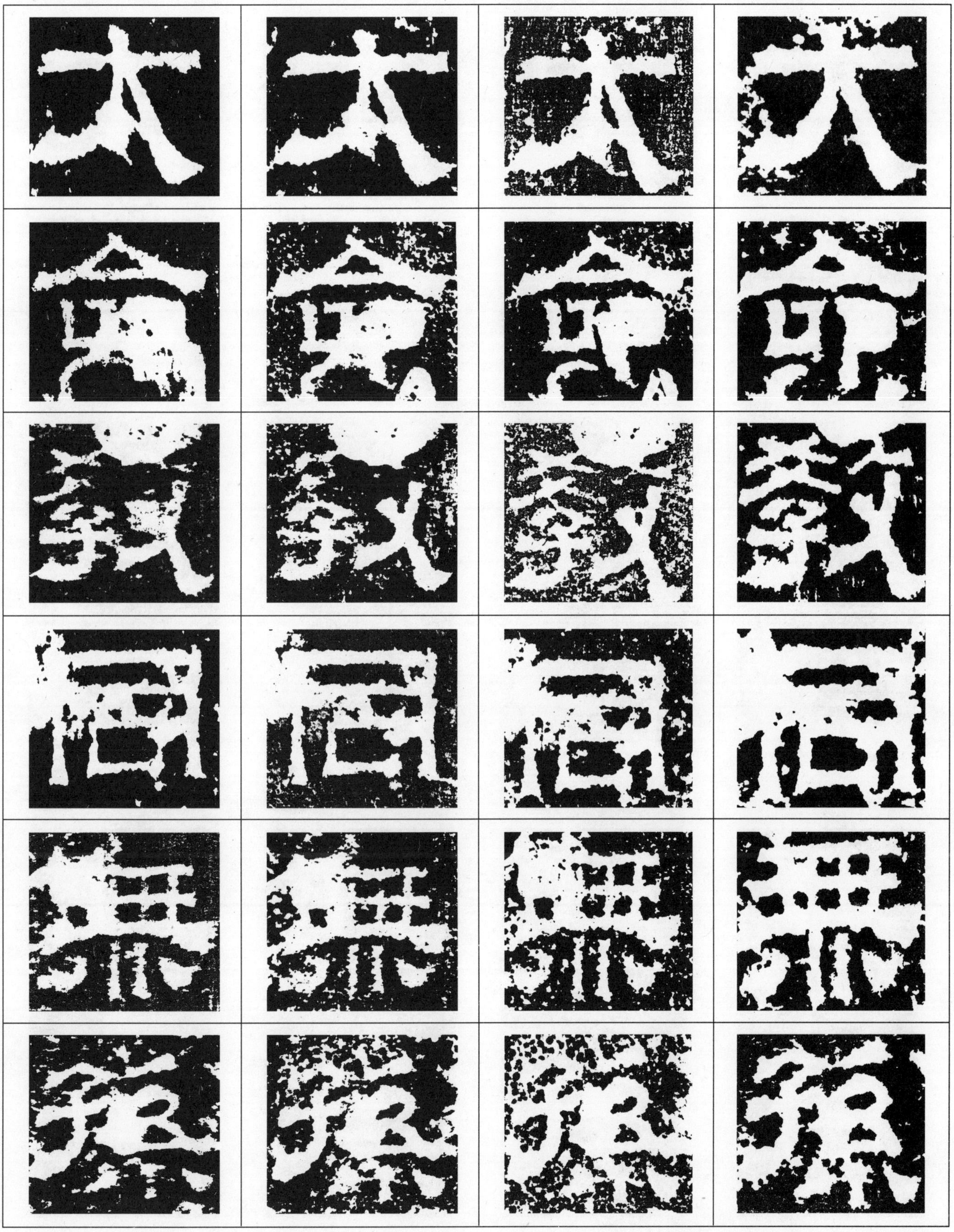

民國　　晚清　　嘉道　　乾隆

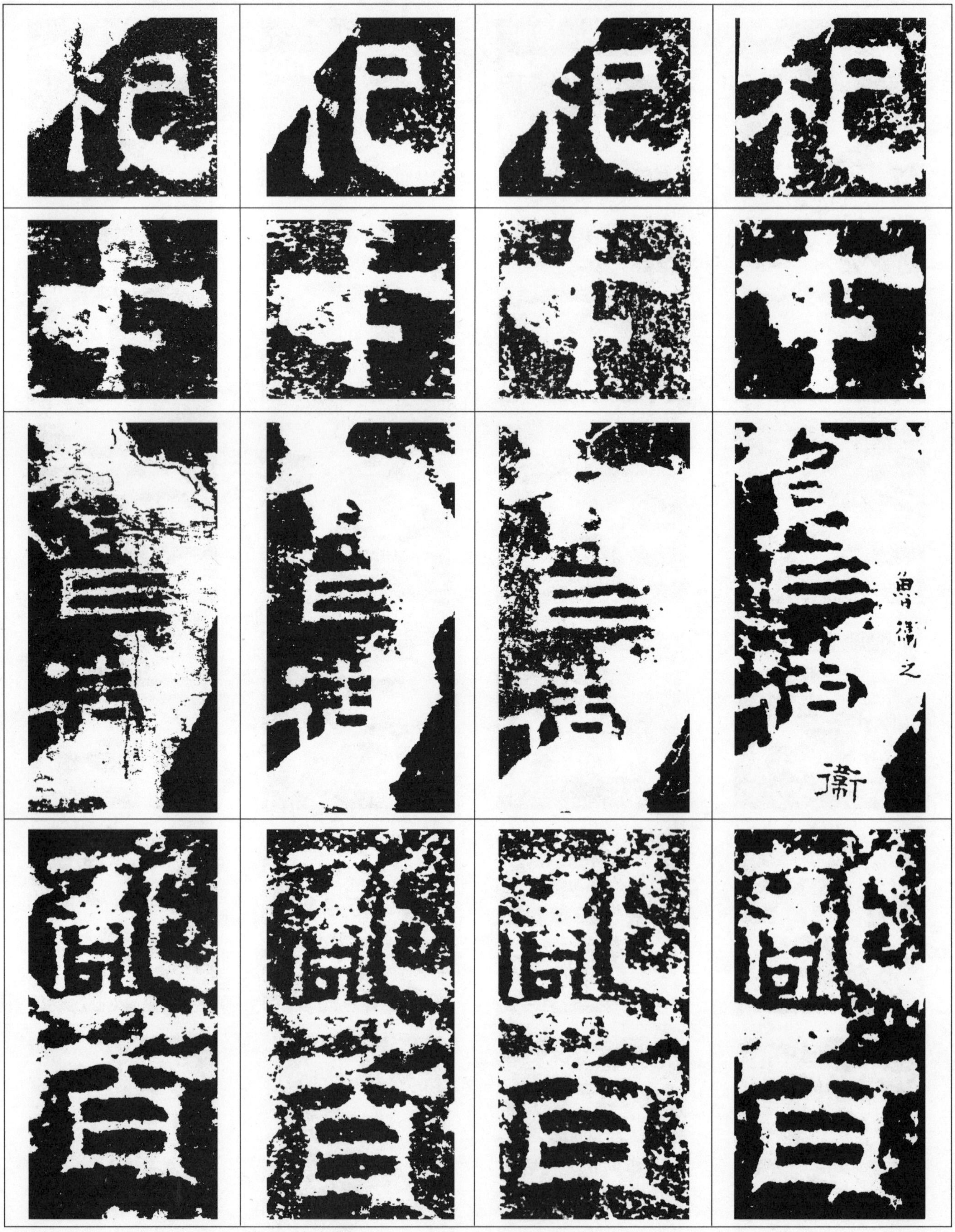

民國	晚清	嘉道	乾隆
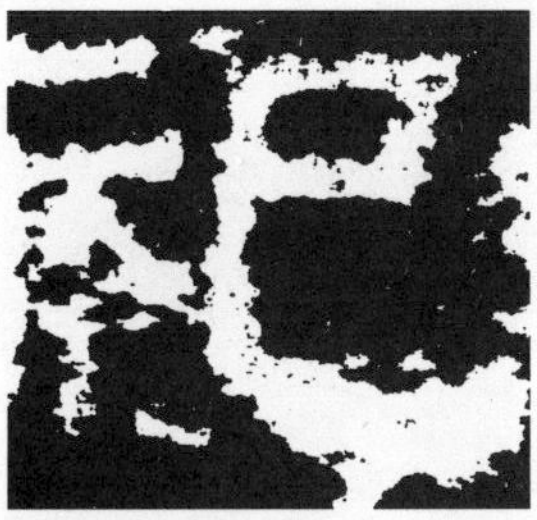	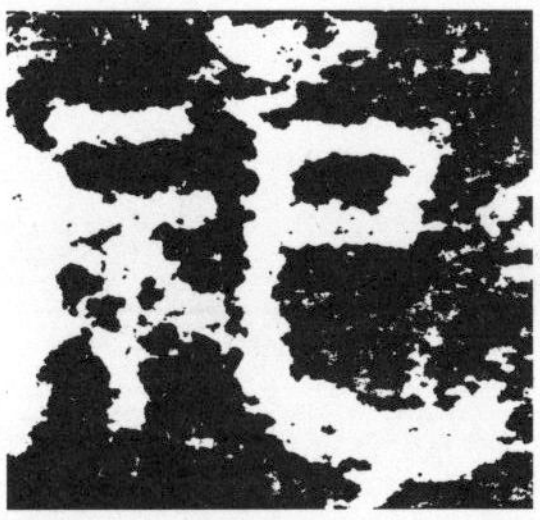	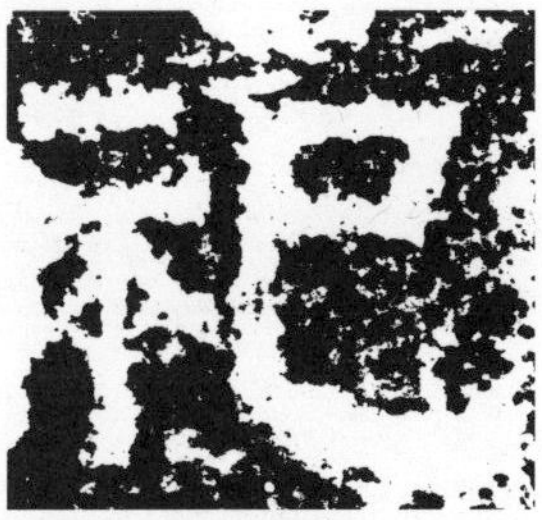	
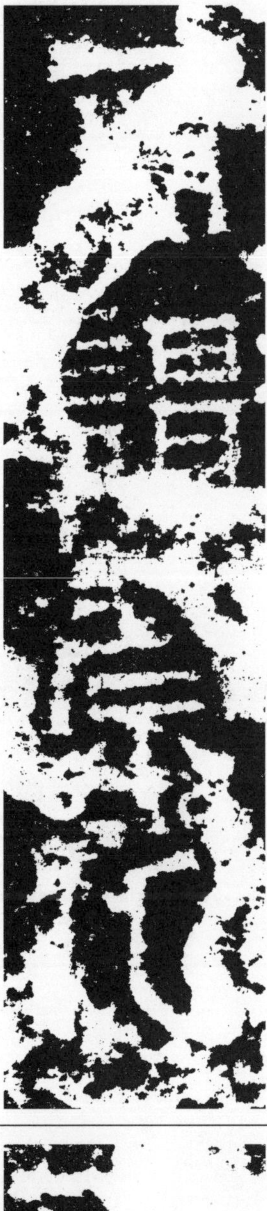			

附：第十八行『體』字，乾隆后已泐盡無存。

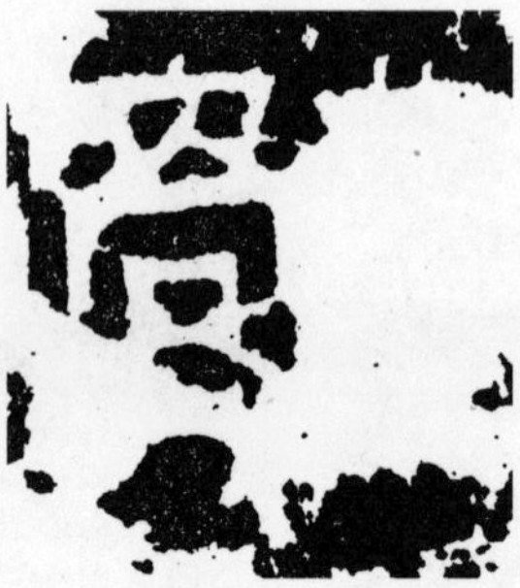

范式碑

全稱『廬江太守范式殘碑』。三國曹魏青龍三年（公元二三五年）正月立於伍城縣，宋代有著録，移至濟寧州學，後碑石不知何時佚去。清乾隆四十二年（公元一七七七年）崔儒眎先獲碑額，乾隆五十四年（公元一七八九年），李東琪重新發現碑石。碑陽刻李東琪、黄易二跋。碑陰刻黄易、李克正乾隆己酉（公元一七八九年）二跋。

篆額二行共十字。碑文隸書存十二行，行六至十六字不一。

聞故宫有黄易藏宋拓本，比重出之本多二百餘字。有正書局曾石印《漢魏五碑》，字略縮小。

近拓

舊拓

王基碑

三國曹魏景元二年（公元二六一年）四月刻，未刻全即入土。清乾隆初於洛陽北十五里安駕溝村出土，出土時未刻字的朱書字迹猶在，未幾即消失。碑石後移洛陽明德中學壁間。光緒八年（公元一八八二年）時杜夢麟在末行後刻跋。碑文隸書，共十九行，前三行行二十二字，後十六行行二十一字。以前校碑，多以此碑首行『仕于齊』之『于』字爲標志，而未注意『齊』字右捺的泐損時間，故乾隆之後光緒之前拓本的時代標志還有待今後的發現。

按：二〇〇五年六月十九日北京翰海拍賣圖録之本有乾隆元年（公元一七三六年）凌士謙朱書觀記，又有嘉慶癸亥（公元一八〇三年）桂复金書題跋。『于』字右泐已連横畫末端，故其拓已明顯晚於香港《書譜》本；與日本二玄社本相仿。故：

一、香港書譜本，信爲初拓。

二、『于』字右泐，當發生於出土後不久。或即乾隆元年九月前。

乾隆元年九月前

乾隆元年初拓

光緒八年後

光緒八年前

曹真碑

碑石已殘，書刻年代已佚。清道光二十三年（公元一八四三年）出土於陝西西安城外田間，光緒時運至北京，曾歸端方、周進。今藏故宫博物院。

據載：初出土時拓本『蜀賊』之『賊』字未鑿損，極少見。晚清舊拓『妖道公』、『蜀（賊）諸葛亮稱兵上邽公拜』、『於賊公』、『然屠蜀賊』諸字未鑿損，近拓皆損。

隸書，存二十行，行約十七至十九字。

近拓

舊拓

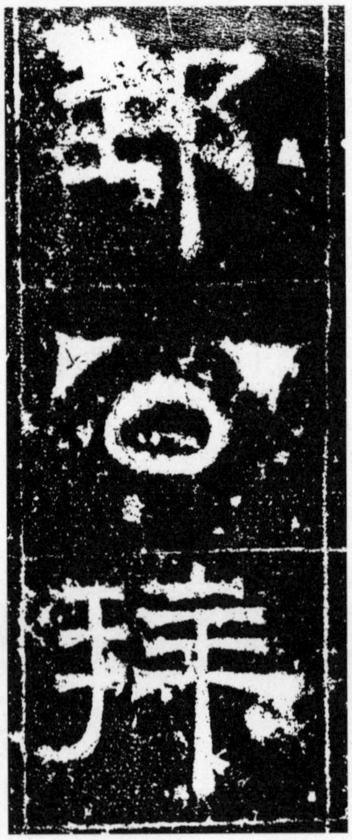

近拓

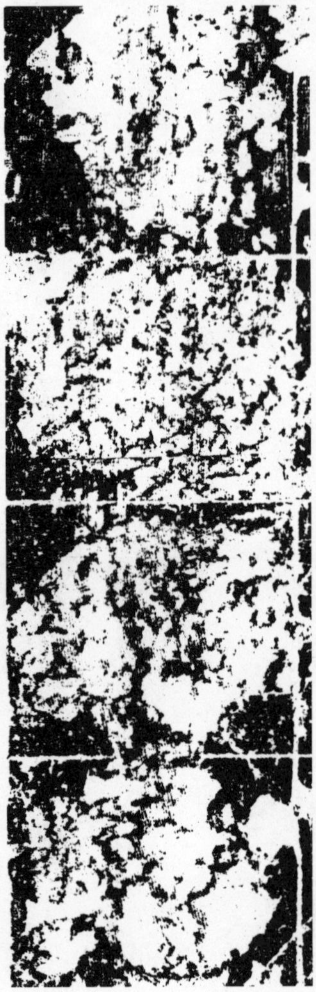

舊拓

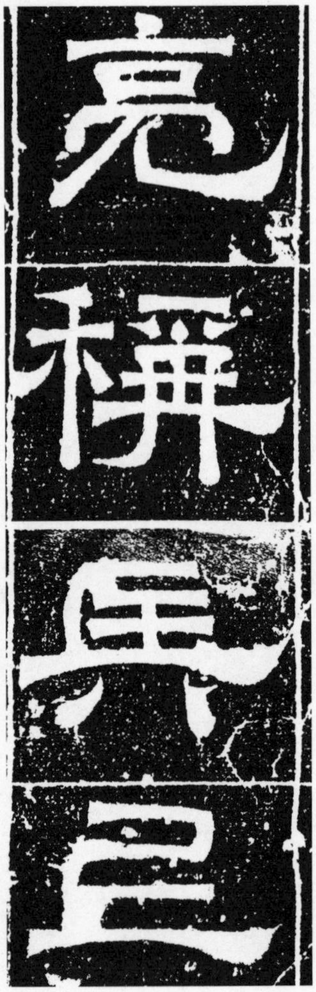

近拓

舊拓

近拓

舊拓

近拓

舊拓

近拓

舊拓

天發神讖碑

三國吴《天發神讖碑》，因宋代時碑石已裂爲三截，故俗稱『三段碑』。吴天璽元年（公元二七六年）刻於江蘇江寧天禧寺，清嘉慶十年（公元一八〇五年）三月燬於火，因此原石原拓傳世極少。

北京故宮博物院藏傳世最舊拓本，有稱宋拓者，也有稱明初拓者，本書姑從後説。

文明書局版乾隆拓本由於縮印過小，無法恢復放大。日本大阪市立美術館藏本（見彼邦期刊《墨》第二一期）、北京大學圖書館藏本（見《北京大學圖書館藏歷代金石拓本菁華》第二一五——二一七號）、北京翰海一九九六年春拍賣本（見圖録第七三四號）的椎拓年代均晚於文明書局版乾隆拓本，然或因影印過小、或因發表未全而無法編入本書。

文物出版社《安思遠藏本碑帖選》所選版本因標志性碑字未刊出，故未能查勘。

明初

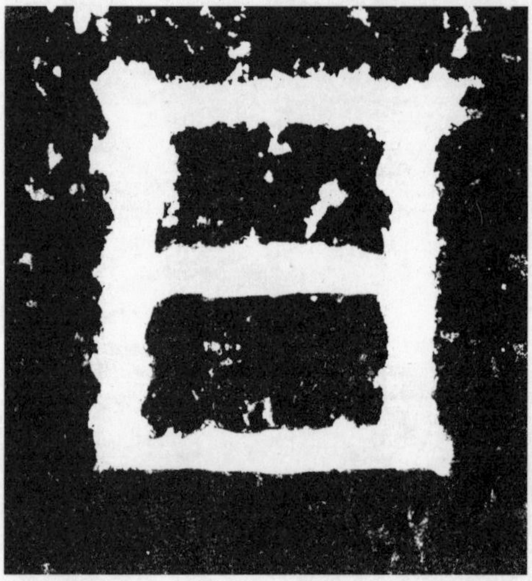
明末

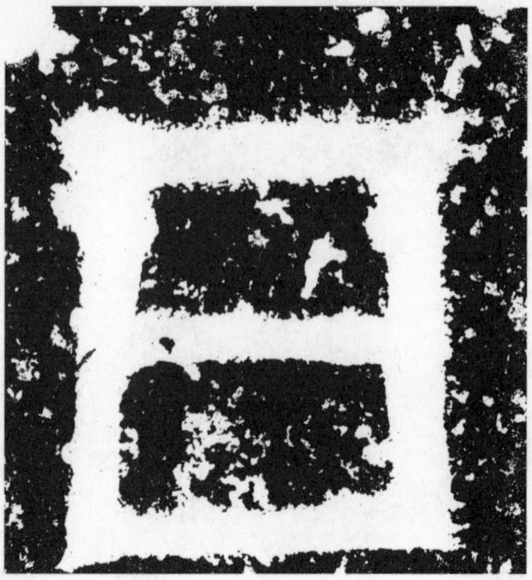
清初

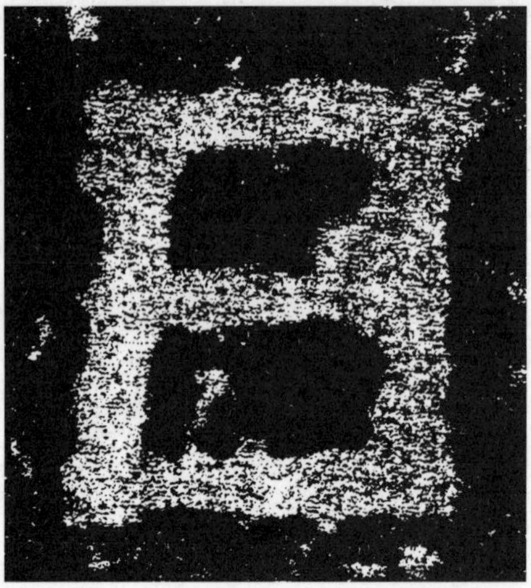
乾隆

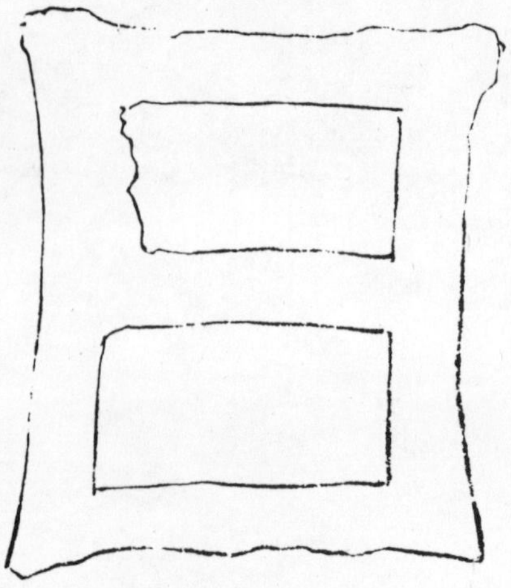
嘉慶嚴鐵橋雙鈎本

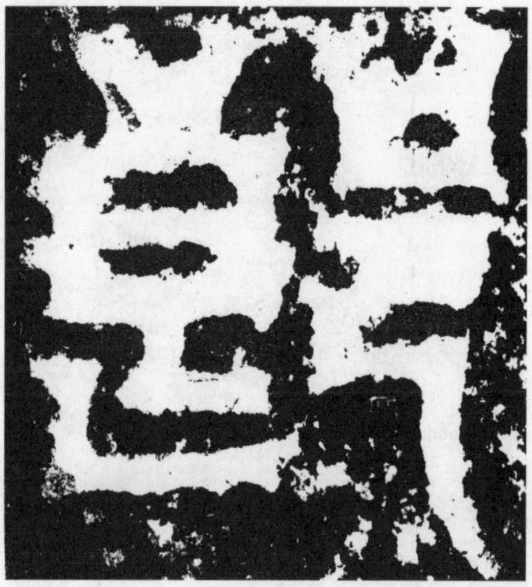

明初

明末

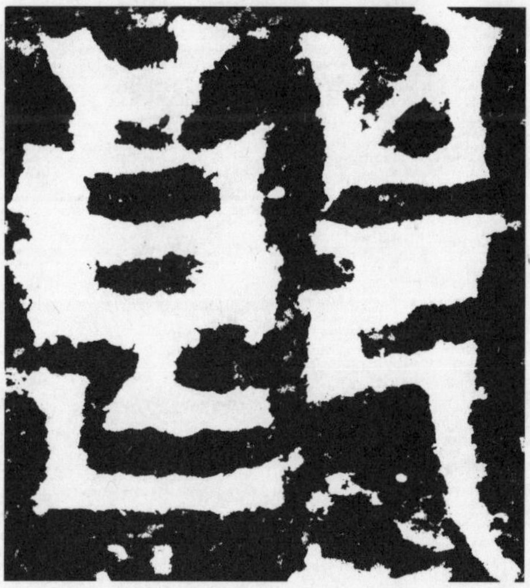

清初

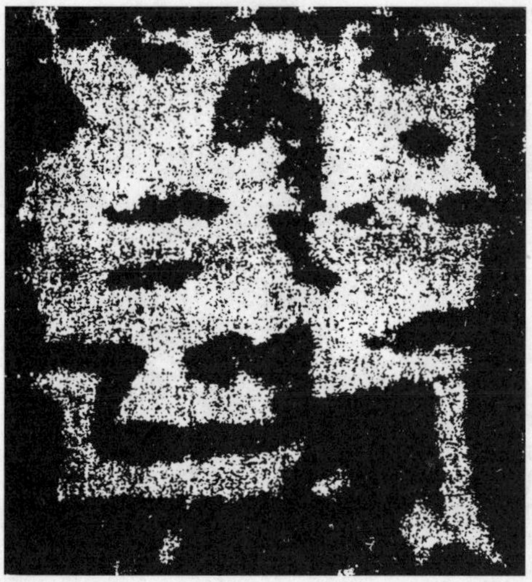

乾隆

嘉慶嚴鐵橋雙鈎本

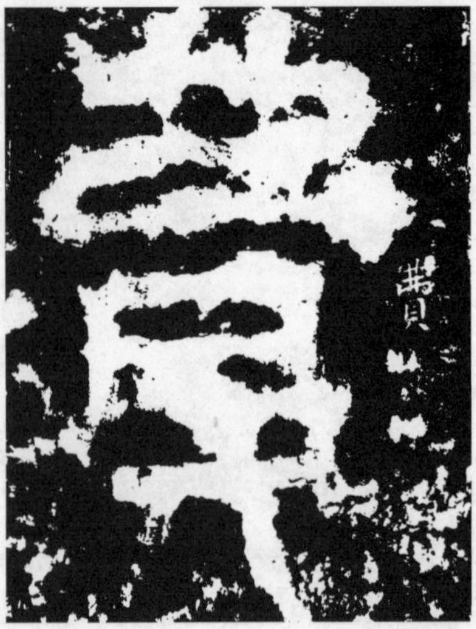

明初

乾隆

明末

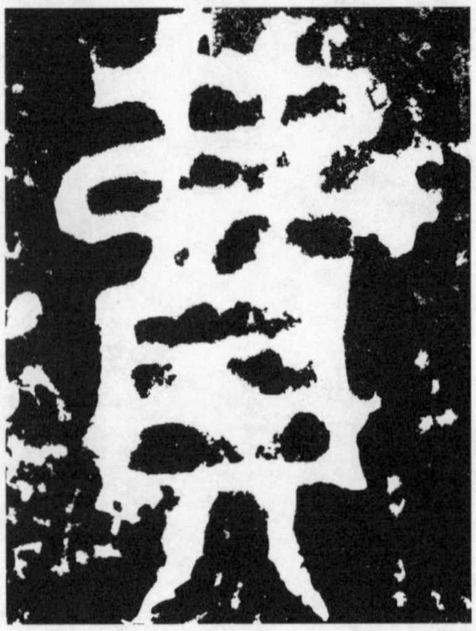

清初

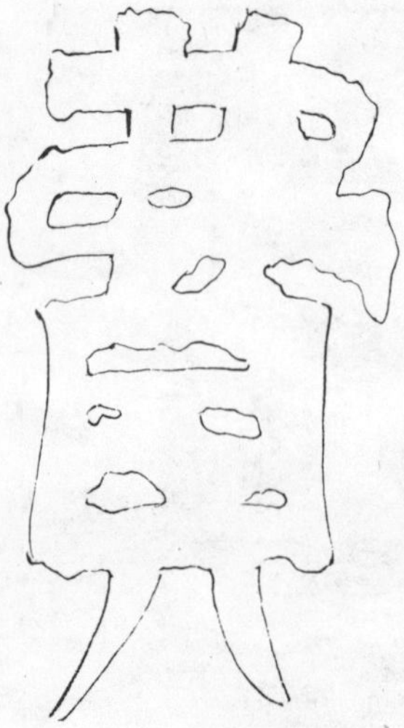

嘉慶嚴鐵橋雙鈎本

乾隆	剪失	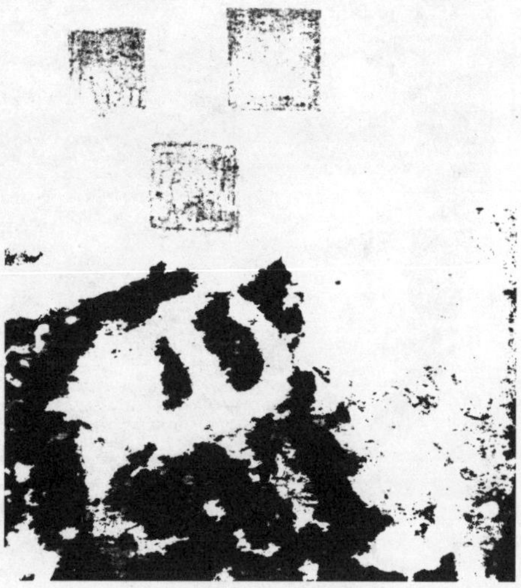	明初
		剪失	明末
嘉慶嚴鐵橋雙鈎本	嚴鐵橋雙鈎本無“然”字		清初

乾隆

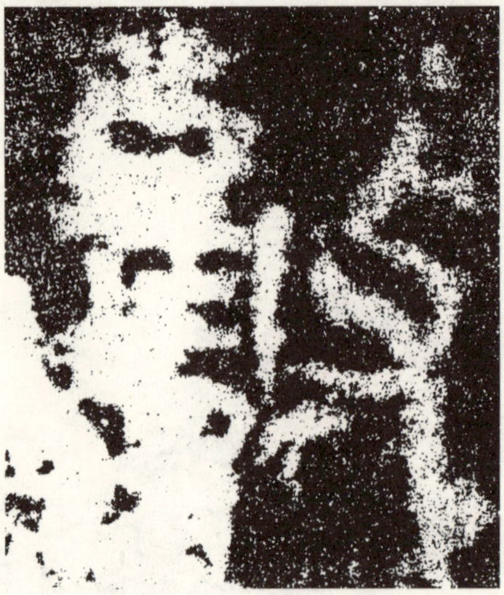

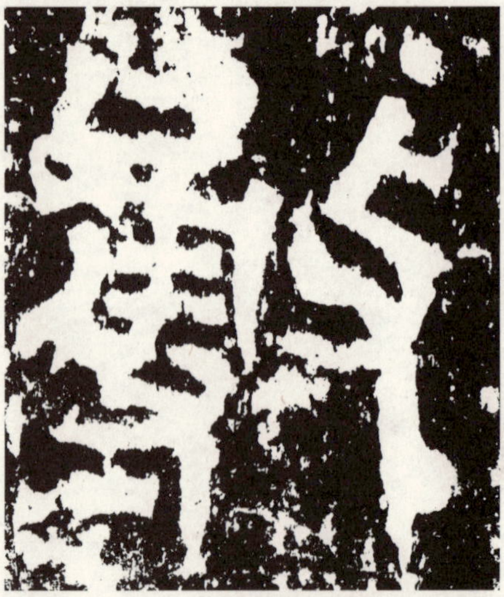

明初

明末

嘉慶嚴鐵橋雙鈎本

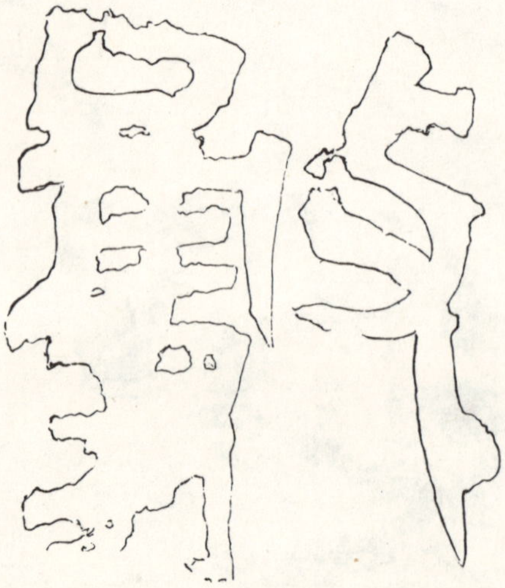

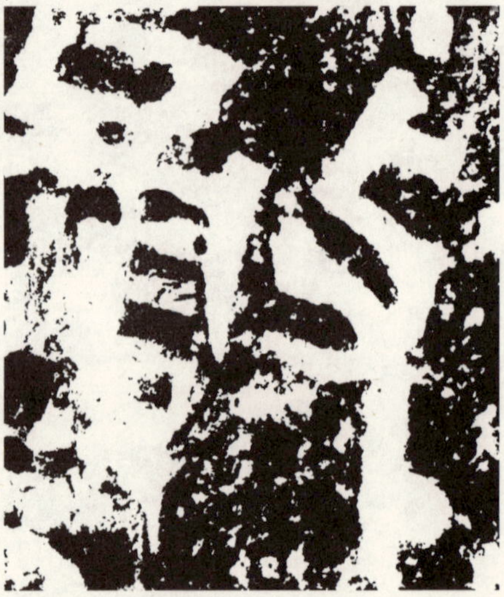

清初

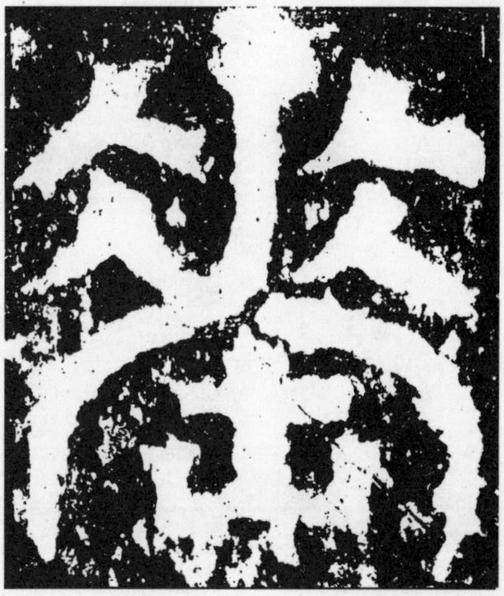

明初

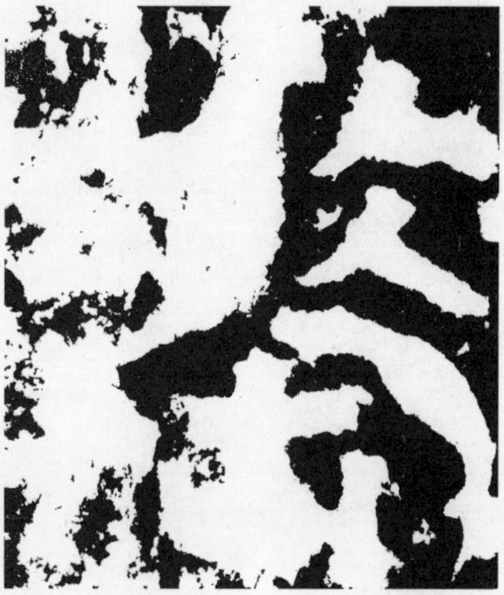

明末

清初

乾隆

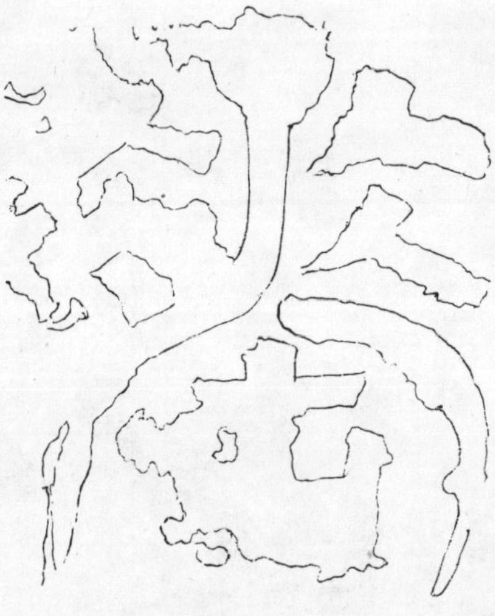

嘉慶嚴鐵橋雙鉤本

明初

明末

清初

乾隆

泐盡

嘉慶嚴鐵橋雙鉤本

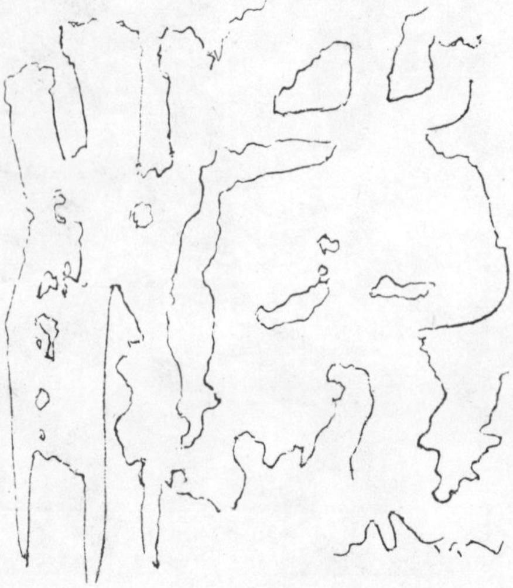

明初

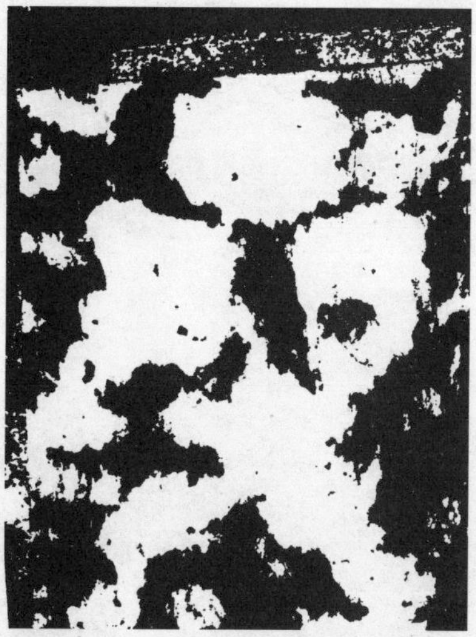

明末

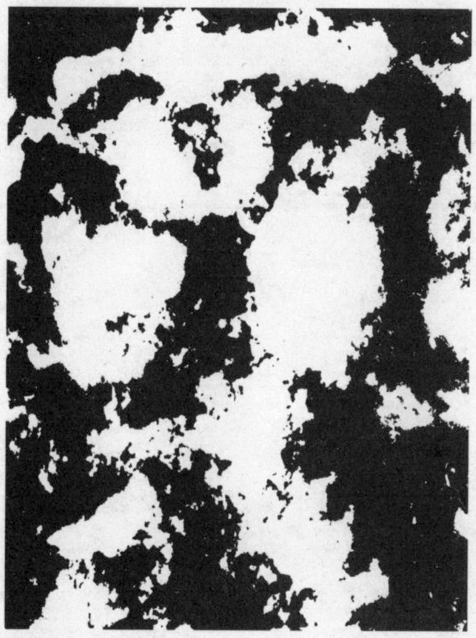

清初

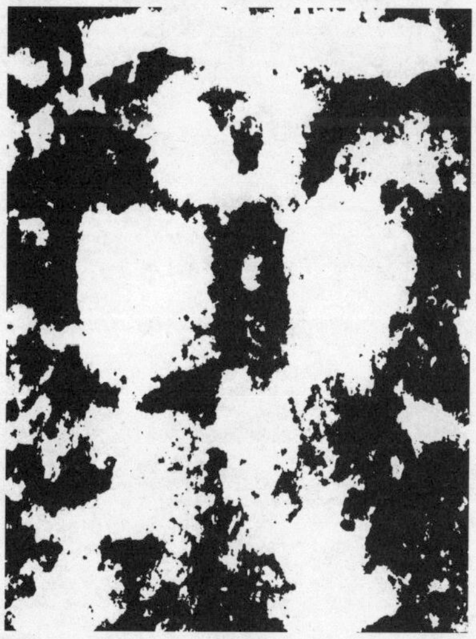

乾隆

泐盡

嘉慶嚴鐵橋雙鈎本

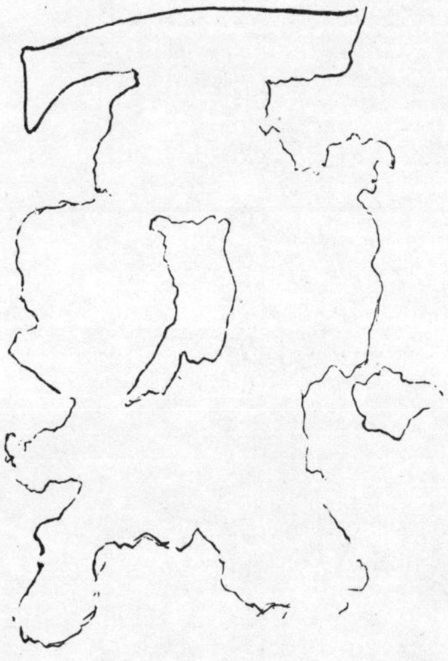

明初		泐盡	乾隆
明末	剪失		
清初	剪失	“嚴”雙鈎本無“載”字	嘉慶嚴鐵橋雙鈎本

乾隆	泐盡		明初
			明末
嘉慶嚴鐵橋雙鉤本	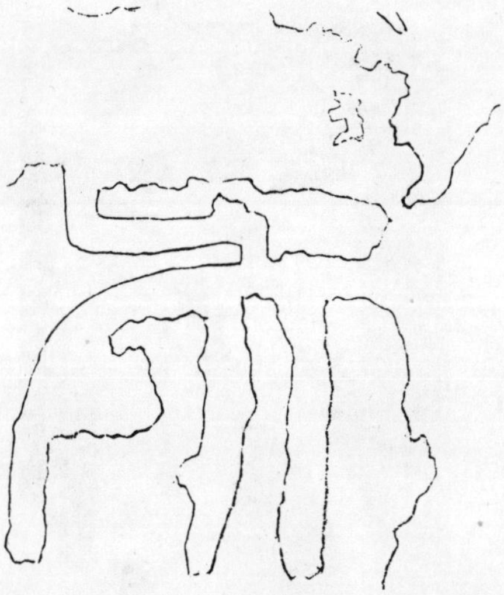		清初

明初

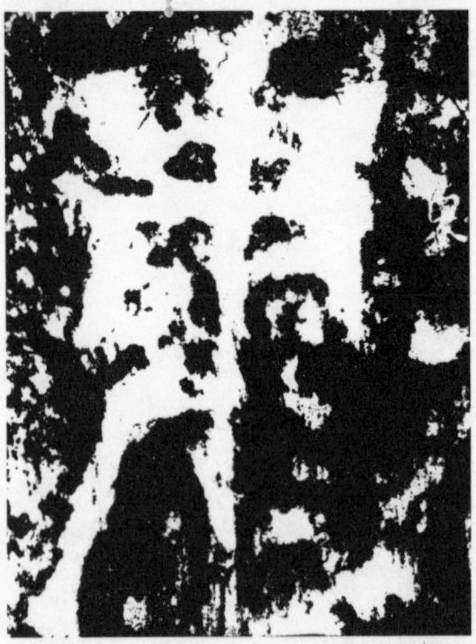

明末

清初

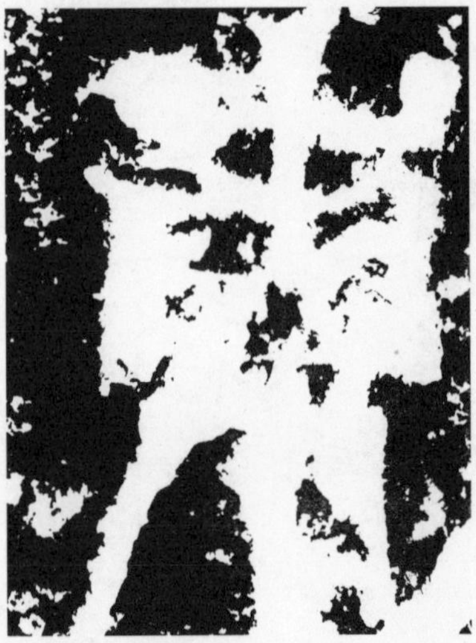

乾隆

嘉慶嚴鐵橋雙鉤本

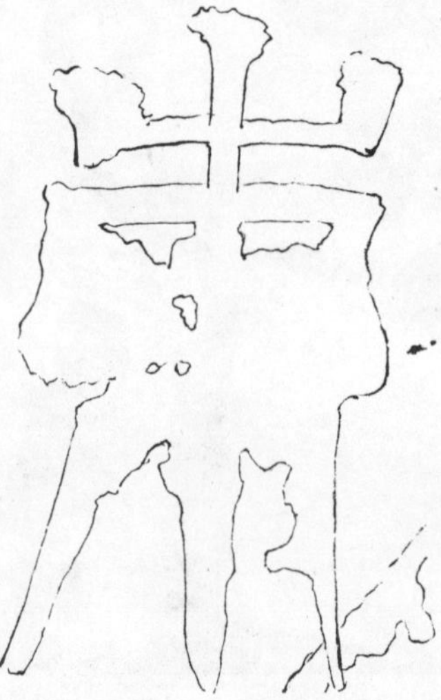

明初

明末

清初

泐盡

乾隆

泐盡

嘉慶嚴鐵橋雙鈎本

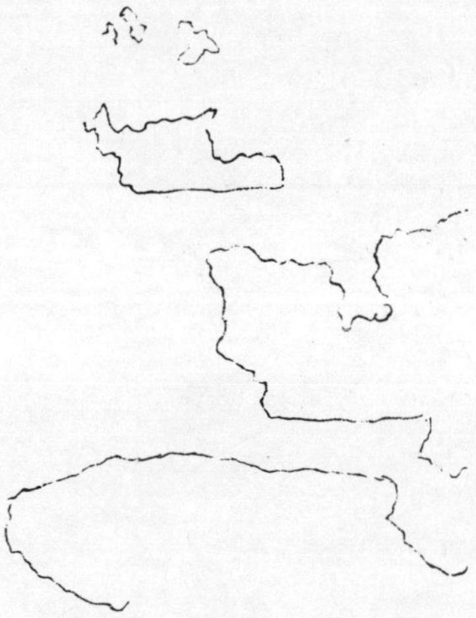

明初

乾隆

泐盡

明末

清初

泐盡

嘉慶嚴鐵橋雙鉤本

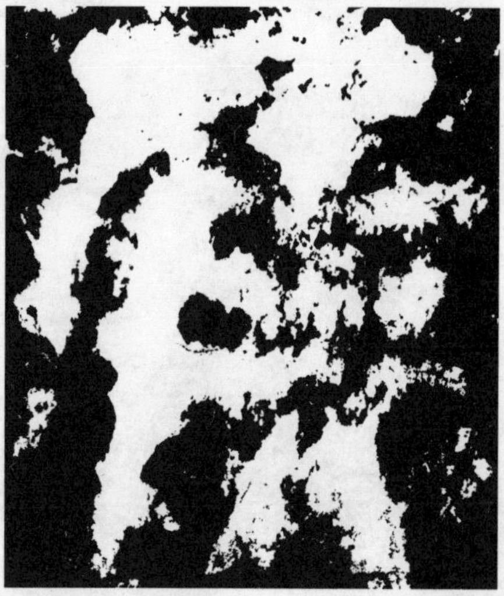

明初

乾隆

明末

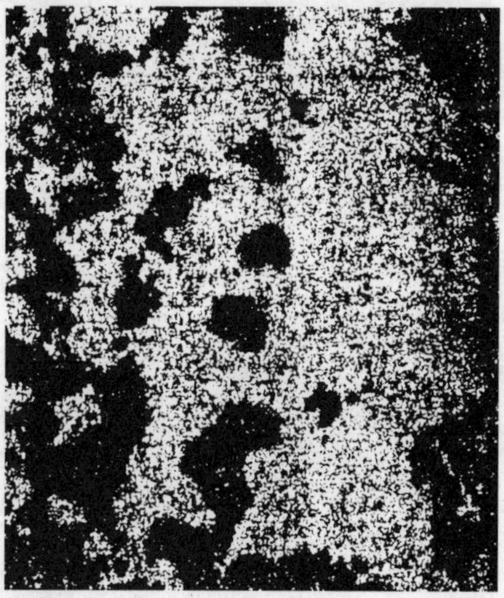

清初

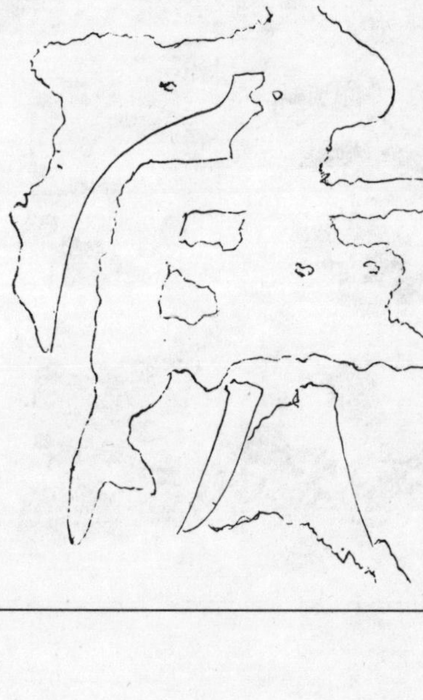

嘉慶嚴鐵橋雙鉤本

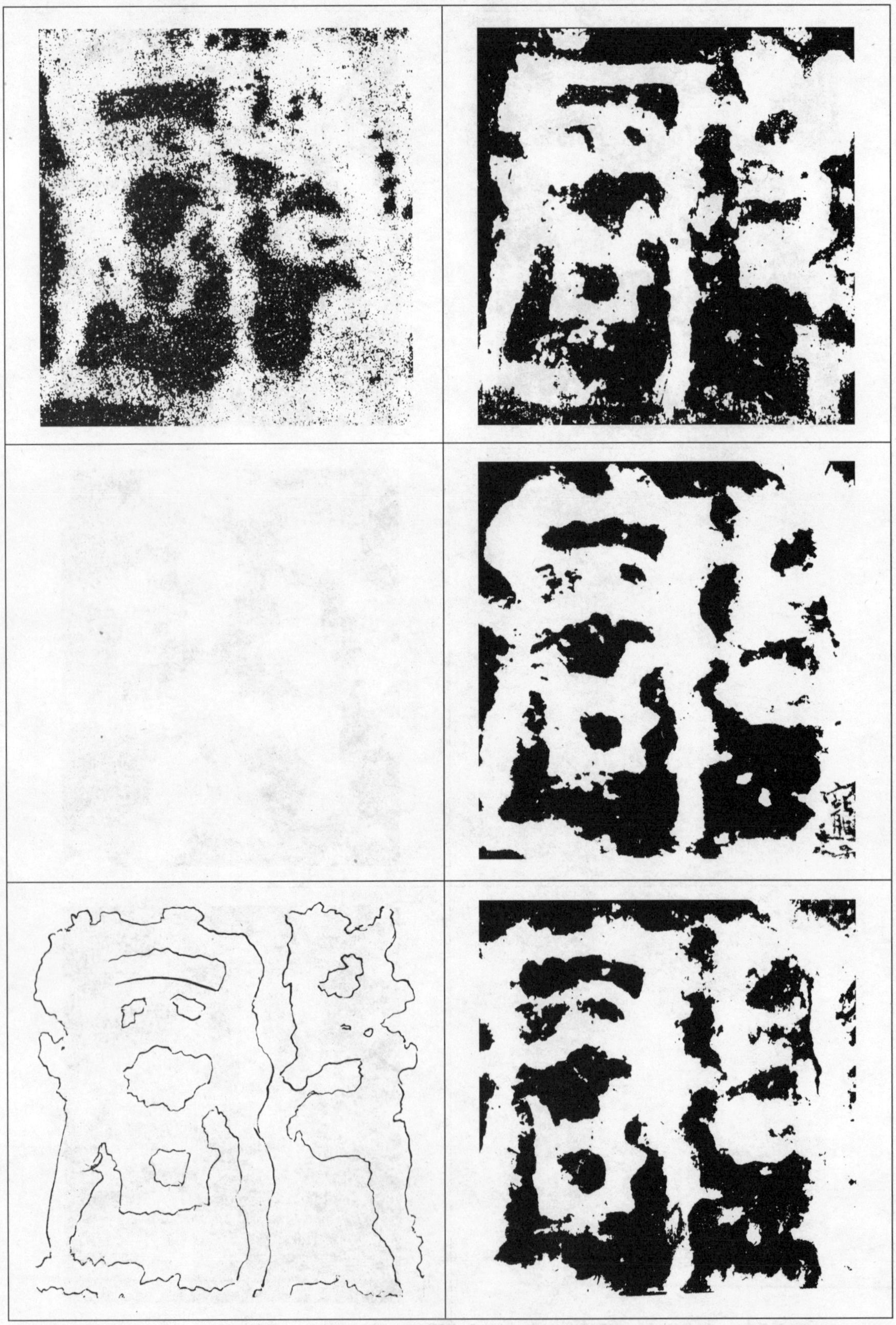

明初

乾隆

明末

清初

嘉慶嚴鐵橋雙鉤本

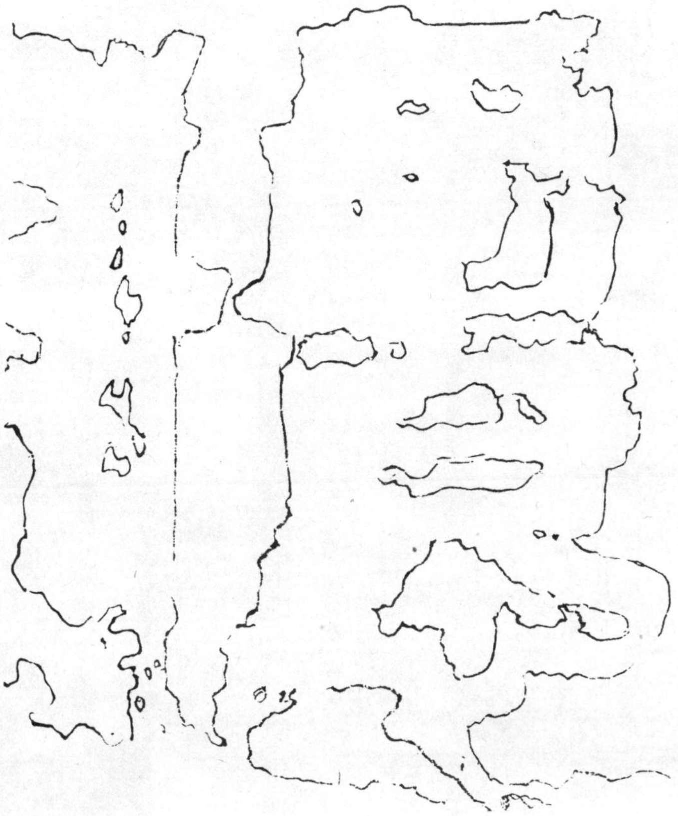

附：嘉慶嚴鐵橋雙鈎本有此字。

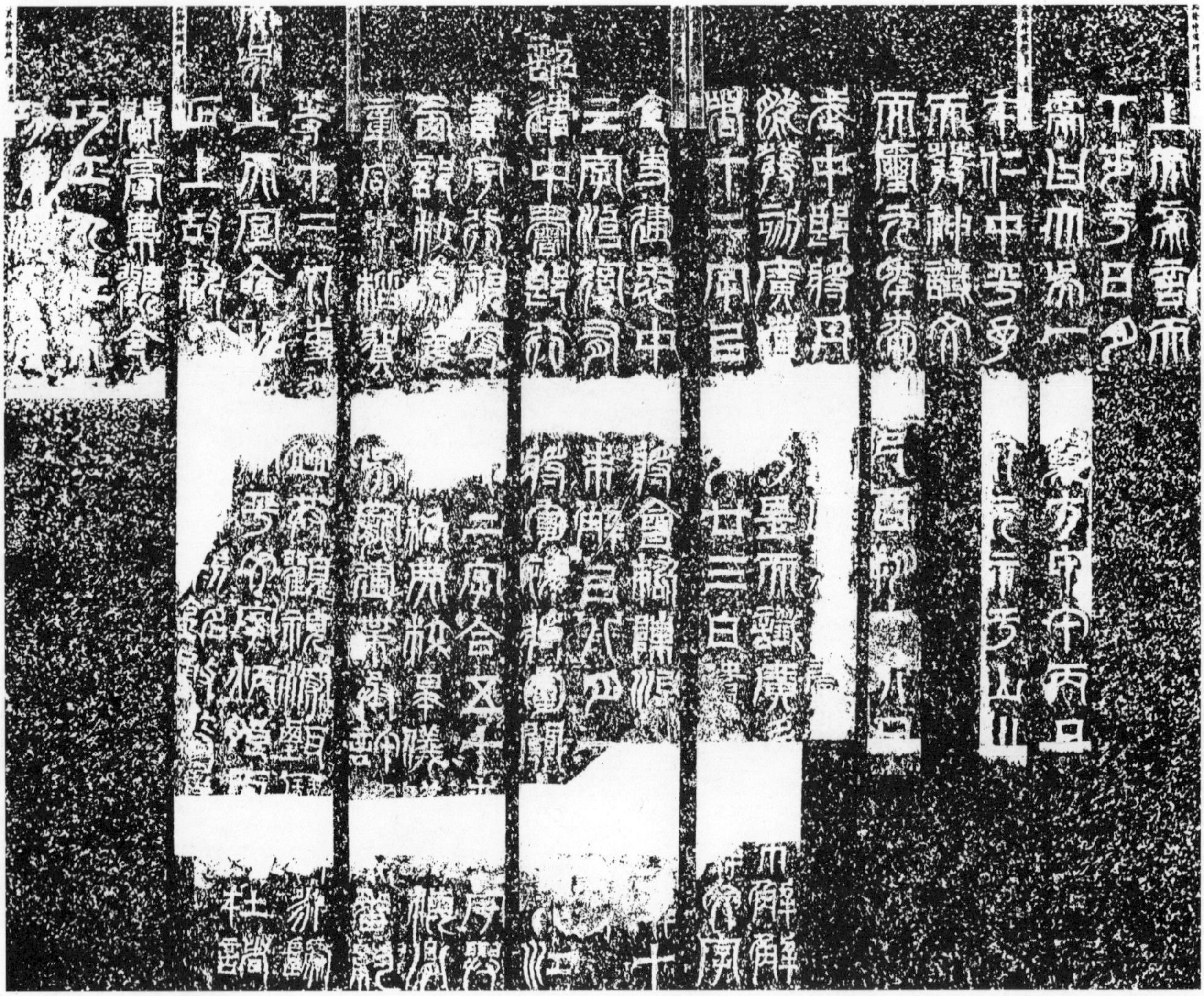

清初拓本

附文

三老碑流傳始末

東漢建武二十八年（公元五二年）五月立。無額。隸書，右半四列，列四、五、六行不等，行六、七、八、九字不等；左半題記三行，行三十字。初出土時存二百十七字。

清咸豐二年（壬子，公元一八五二年）五月，浙江餘姚客星山嚴陵隖村人（清光緒二十五年己亥《浙江餘姚縣志·卷十六·金石門》指是諸生宋仁山）於客星山中訪得。見石有字，念里人周世熊有金石癖，遂偕之往觀。周世熊即載石以歸，建竹亭覆之。或説此石初歸沈宗方，至咸豐六年（公元一八五六年）後歸周世熊。

咸豐十一年（公元一八六一年），周宅遭火劫，竹亭稍遠得存，碑則仆地，蓋曾被用作竈石，雖經熏灼，幸文字多無恙。碑歸周氏直至清末。

民國辛酉（公元一九二一年）碑石流轉至上海（傳爲陳渭泉所得），當時有日本人欲以重金購之，事爲浙人姚煜、沈寶昌知悉，爲保存鄉邦文獻，遂發起募款，以八千金巨資售得。石遂免於流出海外。姚、沈等又築室杭州西泠印社，專貯此石，以爲湖山生色。保存至今。

書法淳厚古樸，由篆入隸。雖已有東漢之波磔，而精神面貌上仍保留了西漢時期書風。此碑傳世拓本基本可分爲二個階段：一爲晚清初拓，一爲民國及以後之近拓。

一、原石在餘姚近六十年中所拓，從大概念上説，均可稱爲初拓。當時所拓墨本大都鈐有『餘姚客星山周清泉手拓』（附圖五）、『（句可）餘客星山周氏藏碑』（附圖六、七）、『周世熊』（附圖八）、『清泉』（附圖九）等印鑑。

然周氏拓本也有早、晚之分。早期所拓，是真正的初拓，其主要標志是第四列第一行『次』字右旁豎界綫未損，綫外尚有約五毫米寬的石面在（附圖一）。

周氏的稍晚拓本，上述『次』字右旁豎界綫已泐損，并已接近『次』字末筆之端。然而尚未及『次』字末筆。（『次』字右旁的泐損，可能與咸豐十一年的劫難有關。）

二、碑石流轉上海、杭州後的民國及以後的近拓，上述『次』字右旁石泐痕已侵及『次』字末筆（附圖三）。到杭州後所拓。鈐有『石藏杭州西泠印社』印（附圖十）。

以上有關『次』字的泐損演變是我親見不下上百種舊拓，加以甄别鑑校的實録。至於前人所記如『言』、『事』、『觸』等字，雖也有見地，但因石面不平，椎拓效果不一，演變痕迹不如『次』字分明，故不足以爲考據。

由於《三老碑》聲譽的逐漸擴大，書家、學者均十分重視，故舊時碑估爲了貿利，製造出了多種重刻本。如『杭州本』、『紹興本』等。購藏者可不慎歟？

一九九六年秋，上海朵雲軒書畫藝術品拍賣會上，有一件有吴大澂題記的《三老碑》整幅舊拓。墨氣精舊，黝黑如漆。『次』字情况屬初拓稍晚的那種。吴大澂生于公元一八三五年，卒于一九〇二年。題於一八九〇年（光緒十六年·庚寅），據以推測，『次』字右旁之損當在公元一八六一年至一八九〇年中。這也是此墨本的椎拓年限區域。

初拓

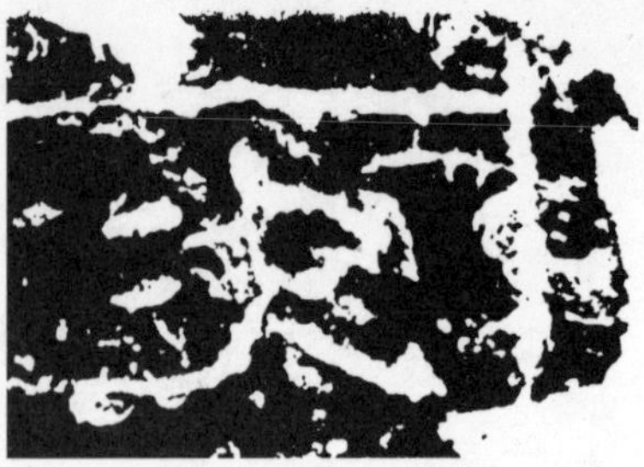

一

清末

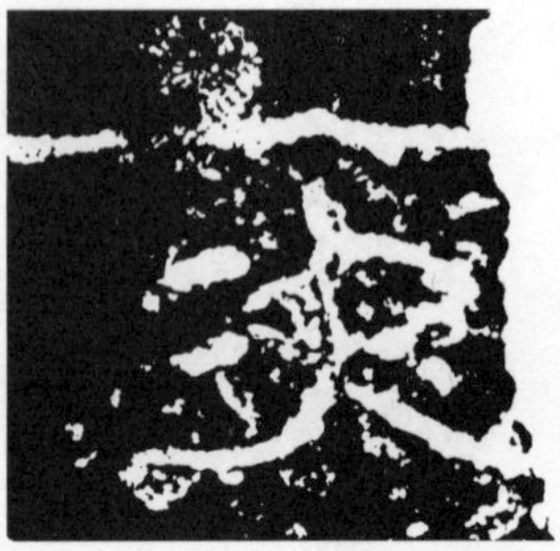

二

民國后

三

翻刻

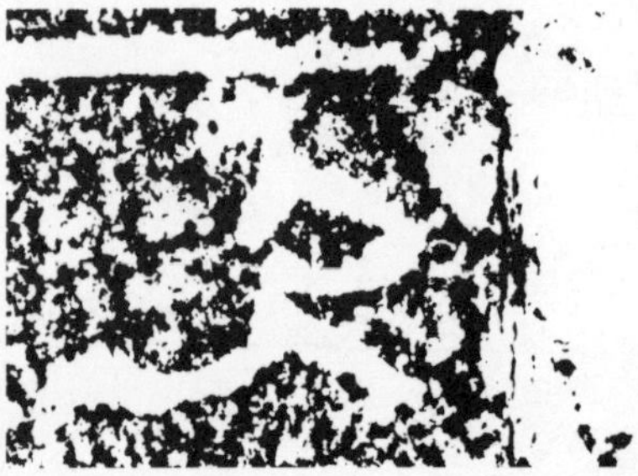

四

五

六

七

八

九

十

附件：姚煜、沈寶昌《谢赞助者函件》

敬啓者：漢三老忌日碑爲吾浙第一古石，上年流轉至滬，同人等保存鄉邦文獻，因有醵貲贖碑之舉。

仰荷

臺端贊助，感佩同深。兹已築室西湖之西泠印社，安置無頗，湖山生色，萬古長存。同時復購得漢畫像石一方，以爲之配。今一并拓出，并石室記，捐貲題名記共四紙，端函送上，尚乞

詧收，藉答謝悃。敬頌

日祺！

姚煜

沈寶昌 仝啓

周世熊跋

先君子解組後，卜居邑之客星山下嚴陵隖，即漢徵士嚴先生故里也。咸豐壬子夏五月，村人入山取土，得此石平正，欲以甃墓，見石有字，歸以告余。余往視碑額斷缺，無從辨其姓氏，幸正文完好，共得二百十七字。因卜日設祭，移寘山館，建竹亭覆之。案東漢光武、晉惠帝、東晉元帝、後趙石虎、西燕慕容忠、齊明帝、魏北海王，皆紀元建武，惟光武有二十八，年且值壬子。碑記其母忌日，即未必刻於是歲。字法由篆入隸，與永平、建初諸石相類，定出東漢初無疑。三老諱通，邑志失傳；掾諱忽，字子儀。攷《後漢書·任延傳》，延爲會稽都尉時，避亂江南者，皆未還中土。會稽多士，如董子儀、嚴子陵，延皆以師禮待之。此諱忽字子儀者歿於建武十七年，時地悉合，豈即董子儀歟？（原注：吾邑董氏盛於漢代，董春、董昆、董襲，見《太平御覽》、《北堂書鈔》注引《會稽典録》、謝承《後漢書·會稽先賢贊》諸書）漢碑盛桓靈朝，當建武時碑制未備。額右乜形頗類碑篆末筆。其文奥衍，大意爲子儀第七子邯追遠而作。祖母、母有諱字而不及氏，末云貴所出嚴及焦，或二母之氏歟？碑出咸豐壬子，上溯建武壬子，得一千八百一年。辛酉之亂，賊火吾廬，亭相去稍遠，得不毁。事平，碑仆於地，旁甃漢晉磚數十如竈突然，蓋賊用以作炊。石受薰灼，左側黔黑，而文字無恙。凡物隱顯成毁固有定數，此碑幸免劫灰，先賢遺迹賴以不墜，知海内好古家同此愉快也。

俞樾《春在堂筆記》

咸豐二年，餘姚客星山新出一漢碑，碑文首有三老二字，故即名曰『三老碑』。宗湘文觀察源瀚以榻本見贈。余詳其文義，三老生一子而有九孫，此碑乃九孫中第七孫名邯者所立，以識祖父名字且存忌日。然祖及祖母忌日有日而無年月，亦殊略矣。所引《春秋》之義，殆即《穀梁傳》孔父不名焉祖諱之説，意其人乃爲《穀梁》之學者也。父殁於建武十七年，則九子之生必有在王莽之世者。莽禁二名，而提、餘、持、侯名皆二，其亦有用漢臘之意乎？名字俱備而姓氏竟不得詳，當更攷之。又其文字有不可識者，姑作空圍記之。聞藏是碑者爲周君世熊字清泉，有釋文當求其詳並證異同也。

《春在堂隨筆》七

碑云：三老庚午忌日，祖母癸未忌日。但云庚午、癸未，不載年月，余始譏其疏略，既而思之，其於父母既備載年月日，何於祖父、祖母遂疏略如此，此必有故也。竊疑古人以干枝紀日，不以初一初二紀日。其家相傳三老於庚午日死，祖母於癸未日死，相傳既久，忘其年月。民間不知厝數，安能推知其爲某年某月某日乎？於是，子孫遇庚午，癸未日，則以爲忌日，蓋古人忌日之制本是如此。試以子卯疾日證之。子卯有二説，鄭司農以爲五行子卯相刑，此固不必問其何月也；賈逵云，桀以乙卯日死，紂以甲子日亡，則有日無月，似不可通。乃鄭康成，何劭公等翕然宗之無異詞者，蓋援忌日之例，止論干枝，不問爲某月第幾日。如紂以甲子亡，以三統術推之，爲武王十一年二月五日。不值甲子，卽非疾日，而凡遇甲子卽是疾日，一年有六甲子，是有六疾日也。疾日，忌日其例并同。今人但以父母亡日爲忌日，非古矣。因三老碑而得古人忌日之制，故補記之於此(案浙東存石此爲第一，諸生宋仁山實始訪得此碑，稔周世熊有金石癖，偕之往觀。世熊既得其處，夜卽獨乘小舟載碑還。朱觀察朗然有記，叙獲碑事甚詳。右清光緒二十五年己亥浙江《餘姚縣志》卷十六金石門)。

方若《校碑隨筆》

石咸豐壬子出土，歸餘姚客星山下周氏。後經辛酉之亂，亂黨用以作竈石，雖受薰灼，字幸依然完好如初。出土拓本第四列第一行『次子』之『次』字末筆未損，直綫外尚有石少許。近拓泐及綫內，遂連末筆。

禮器碑·明拓本

《漢禮器碑》，全稱『漢魯相韓敕造孔廟禮器碑』，或稱『韓明府修孔廟碑』、『韓敕碑』。東漢永壽二年（公元一五六年）立，今在山東曲阜孔廟。隸書，四面刻。碑陽十六行，行三十六字；碑陰三列，列十七行，右側四列，列四行；左側三列，列四行。書法古雅超妙。自北宋歐陽修著録於《集古録》後，聲名大著，爲歷代書家、學者所推崇，並被譽爲漢隸第一。明郭宗昌《金石史》稱：『其字畫之妙，非筆非手，古雅無前，若得神助，弗由人造，所謂「星流電轉，纖踰植髮」尚未足形容也。』清王澍評曰：『唯《韓敕》無美不備，以爲清超，却又遒勁；以爲遒勁，却又肅括。自有分隸來，莫有超妙如此碑者。』楊守敬《平碑記》云：『漢隸如《開通褒斜道》、《楊君石門頌》之類，以性情勝者書也；《景君》、《魯峻》、《封龍山》之類，以形質勝者也，兼之者惟推此碑。要而論之，寓奇險於平正，寓疏秀於嚴密，所以難也。』

《禮器碑》世無宋拓本。存世明拓已爲翹楚。根據前人研究考訂，鑒定此碑墨本是否明拓的標志爲：『古』、『自』、『于』、『五』、『廟』、『連』、『絶思』、『通』、『牟』、『百』等字。現剪輯文物出版社、上海書畫出版社、上海書店分別出版的明拓本範例，三種版本雖有不同，但出入不大，均屬明拓無疑。椎拓時間以『上海書店本』爲最早，而拓工欠精，有墨漬浸沾筆道的痕迹，給人以字口軟弱、精神不足的感覺。而『文物本』、『上海書畫本』在椎拓時間上雖稍晚於『上海書店本』，而椎拓精審、字口硭鍛凜然，給人以神采飛揚之感。總而言之，各有千秋，皆至寶也。

一九九五年秋，在上海朵雲軒拍賣會上，出現了一本《禮器碑》，册後翁同龢跋記以爲是三四百年前所拓，即明拓也。那麽翁的見解是否精當呢？姑以考據『古』字爲例：明拓『古』字右下部稍與石花相連，尚有明顯的黑塊在。據前人經驗，此黑塊入清以後因剥泐加重而消失。現『朵拍本』『古』字右下部筆畫外的黑塊尚存一小塊，與清初拓本不同。所以，可以判斷：『朵拍本』是明末所拓；再退一步，至少也是清初所拓。翁同龢的斷語不能不信，不能全信！

《東方藝術市場·六》發表

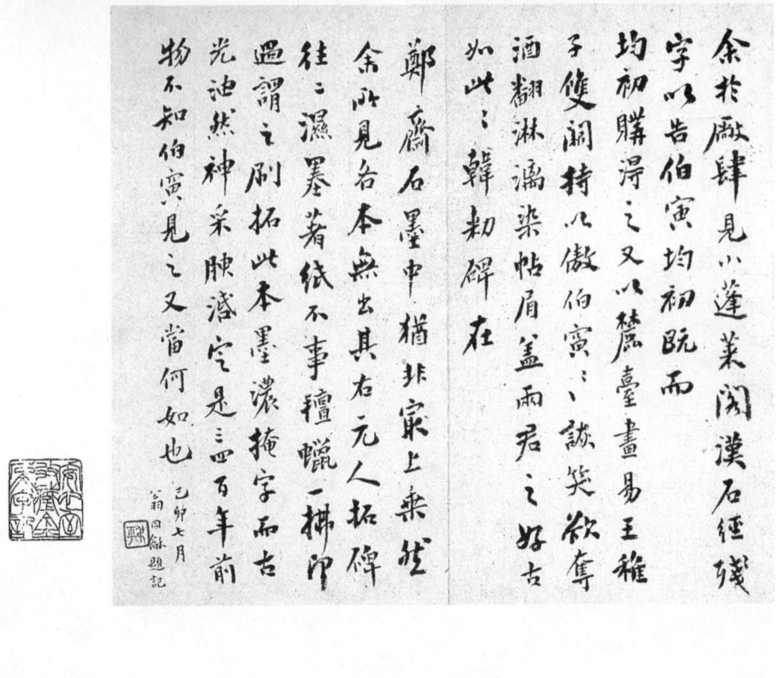

禮器碑
紙本　三十七開册頁
九五秋朵雲軒拍賣會拍品

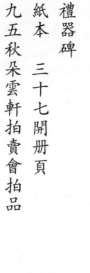

文物　　書畫　　上海書店

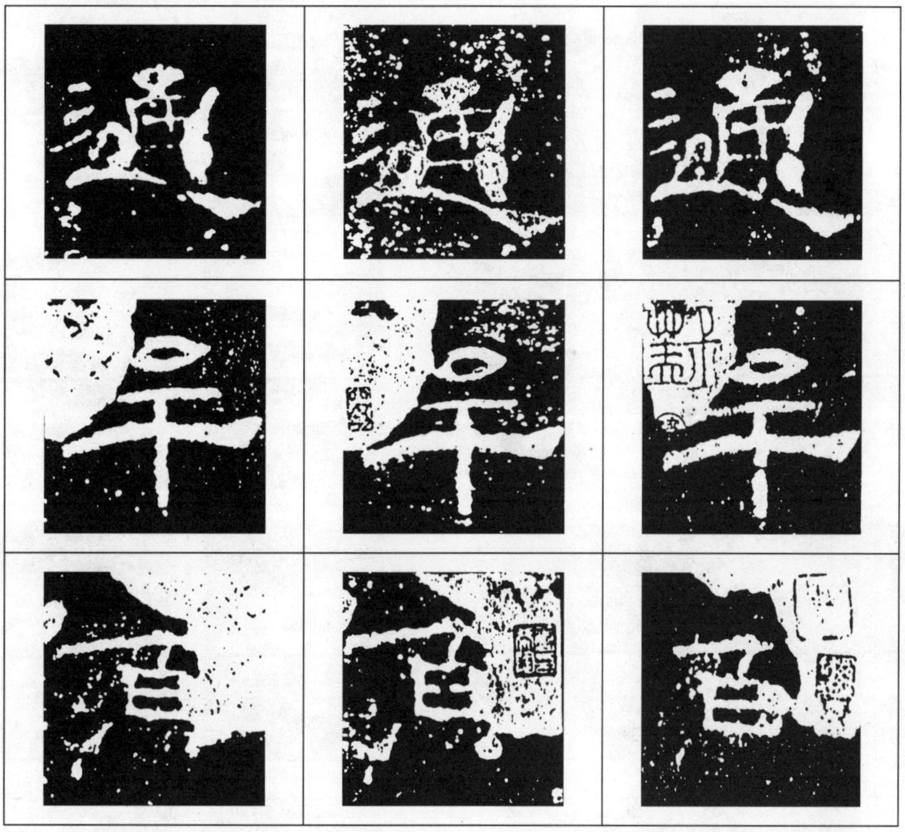

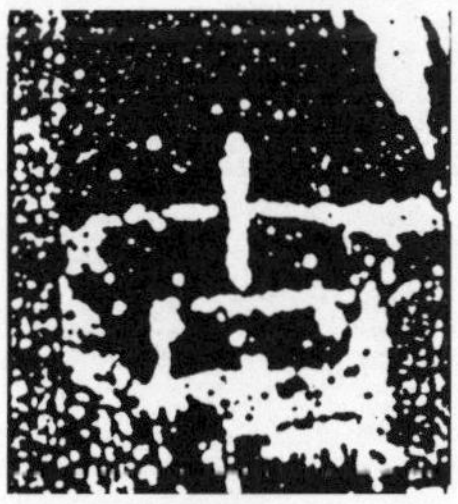

朵拍本

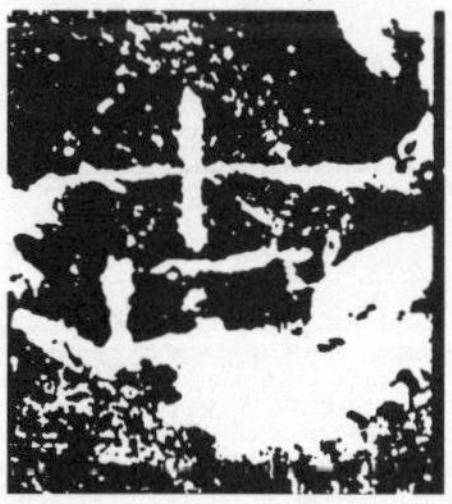

清初拓本

文物	書畫	上海書店

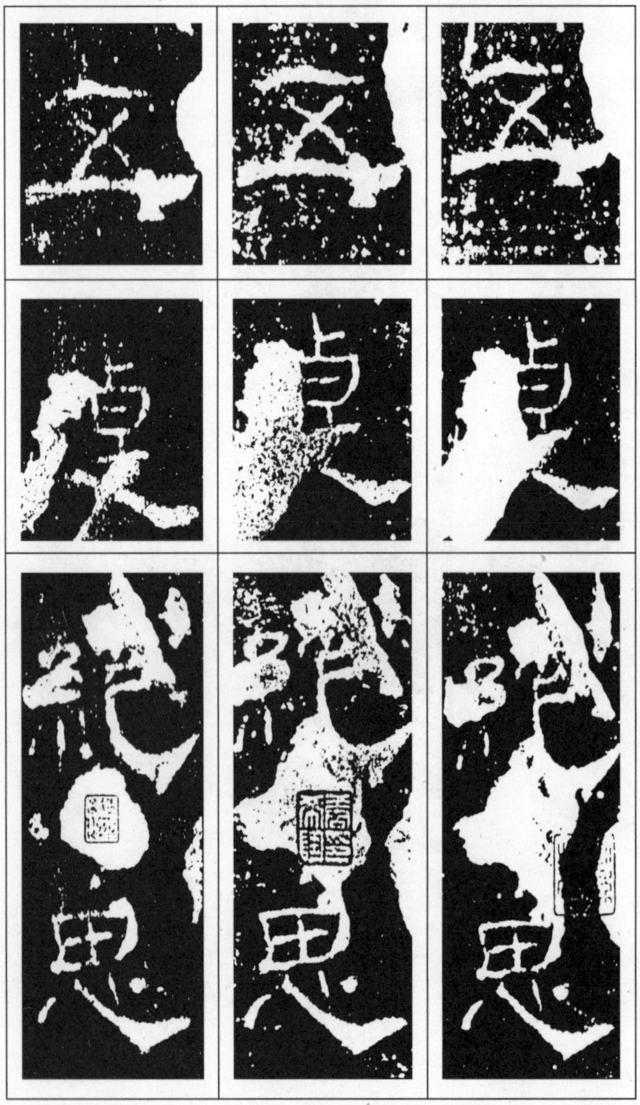

文物	書畫	上海書店

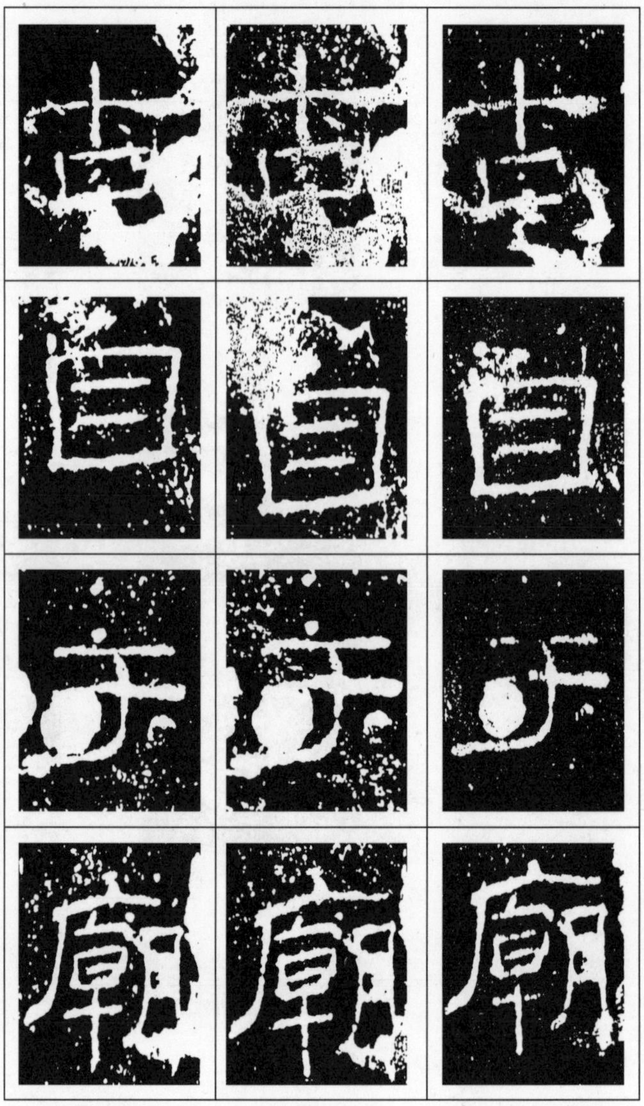

劉平國刻石初拓本

東漢永壽四年（公元一五八年）八月刻於今之新疆庫車（古龜兹國）賽里木城東北二百里許大山岩壁。隸書，八行。清光緒五年（公元一八七九年）發現。原石旋毁。《增補校碑隨筆》：『光緒初張曜督師烏魯木齊，嘗遣數軍人結隊出役，探天山捷徑，以速南北之程。一卒失道盲行亂山中，暮聞狼嘷，竄匿岩穴。明日仰視宿處，峭壁黝然，距地丈許，微露斧鑿痕，似有縱横字畫者。後歸告同伍，幕客施均甫聞之，連騎裹糧往窮其異，知爲後漢摩崖，遂椎拓之。軍中無良工，拓本皆極粗糙。摩崖拓未久，即爲回民摧毁，因窮鄉僻壤驚見華人，拓者往往顯貴，路遠地偏干糧不足，日暮投宿，回民騷擾甚苦，遂即鑿毁以絶來者。』故傳世舊拓極少。初拓更爲難得。

本刊所發表的初拓全張，高四七厘米，横三九厘米，棉紙，較粗。拓工是我前後所見五六種中精善之本。前人所記之考據文字比之稍晚所拓基本齊全。

漢時龜兹國離長安（今陝西西安）七千四百多里，交通艱難，信息閉塞，東漢永壽年號共有三年，到第四年六月即改元『延熹』，兩個月後，龜兹古國尚且不知，故此刻仍作『永壽四年八月』。書法亦保留了西漢時古隸的風貌，純用篆法，極少波磔。可惜原石已毁，舊拓難得，今以此初拓（民國時上海神州國光社《神州國光集》輯入縮印，底本比此爲晚）公之於世，以飨同好。

二零零三年國慶日稿

《書法叢刊》總第七十七期發表

初　拓（局部）

徐州博物館藏《漢武榮碑》似非明拓

東漢《武榮碑》，自清乾隆五十一年（公元一七八八年）爲黃易訪得後，始聞於世。有專家稱曾見更早的拓本。因我無緣獲見，只能姑且勿論。據清乾隆八年（公元一七四三年）褚峻、牛震運《金石圖》載，當時碑文約存二百十字。傳世舊拓已經發表印行者，以有正書局石印本（以下簡稱「有正本」）和藝苑真賞社珂羅版本（以下簡稱「藝苑本」）所拓年代最早，前輩專家們稱之爲乾隆拓或清初拓。根據前輩們的經驗積累，我曾見到晚於『有正本』、『藝苑本』而早於近拓的善本，暫定爲『嘉道本』，參見本文圖版。

一九九八年第三期《書法叢刊》（總第五十五期）徐州博物館藏品專輯中發表了該館所藏『明拓本』（以下簡稱『徐博本』）並配以《東漢銘刻三拓珍本匯考》一文。我將此與『有正本』、『藝苑本』、近拓本作了集合互校，結果却頗爲失望，『徐博本』似非明拓！甚至有道光之後近拓的嫌疑。

《匯考》論文中，認定『徐博本』爲明代拓本，是『目前所知此碑墨拓之最早者』，其主要論據：

一、帖後有清道光間榆園主人一跋：

『考漢《武榮碑》第一行「孝經論語」暨第二行「正（匹）學優則」等字均未損壞，足證此拓係乾隆年間所出無疑。迄道光間，因修濟寧文廟，移是碑於同文門下，致將第一、二行「孝經論語」等八字損去，故後拓者不能得其完善。詎余鄰家曾藏拓片尚多，適其家得觀諸碑。始見該拓墨色濃厚光潤異常，並其中諸字完整，較新拓本大相懸殊；幸藉實數日，擬書蕪言，聊助稽古者之親瞻耳。』

二、張彥生《善本碑帖録》：『見明末拓本，前「孝經論語」「孝」字末筆下横可見，「語」字下横存半，有「口」可見，二行『正（匹）學優則「則」字完好。』

三、王壯弘《崇善樓筆記·六》：『漢《武榮碑》，剪裱本，譚瓶齋舊藏，紙墨黝黑，似明末清初時拓，「孝經論語」「孝」字見「子」部之下半。「語」下「漢」字存三之一，「𩺰於雙匹」「𩺰」字存少半……（然較此更舊者）余也未曾寓目。蓋亦鮮也。此册首有曾熙一簽題曰「明拓武榮碑」内有譚氏鈐印數處。』

四、馬子雲《石刻見聞録》：『明拓奉首行「孝」字存末筆，「經論語」三字完好，「漢」字尚存。二行「學優則」等字未損。』

五、王壯弘《增補校碑隨筆》：『有以磚刻補拓「孝經論語」、「匹學優則」等字不損充作舊拓者。補刻之字筆畫較弱，以整張驗之，錯謬之處在第二行「雙匹學優則」之「雙」字上空一字地位不刻。原刻前行「孝經論語」四字與次行「匹學優則」四字平行。「孝」字與「匹」字齊平。僞作次行低一格，「匹」字與「經」字齊平矣。以剪本驗之「雙」字上有一字地位不刻者，即此中僞作，「優則」二字刻劃尤劣。』

六、褚、牛《金石圖》所刊碑圖中『孝』字已殘，只剩『子』部下鈎；『雙』字剩左下部；『則』字右部泐損。

因此，論文作者據此肯定：『徐博本』和王壯弘所見譚藏本定爲明拓本才是正確的。

那麽，『徐博本』是否明代所拓呢？我以爲非也！

按前輩們據以考證的典型字例，排比一下『徐博本』、『有正本』、和『嘉道本』、『近拓本』編成圖譜（圖版一、二、三），仔細分析比較，不難看到：

一、從書法角度觀察，『徐博本』凡比『有正』、『藝苑』、『嘉道』、『近拓』四本多出的字或筆畫均顯得筆道軟弱，有滯疑感，在書法藝術上稍有素養者定能看到。從字的造型上看，也顯得板刻不自然，許多地方已明顯地存在走形的問題。如『孝經論語』『孝』字下『子』部、『經』左『糸』部、『論』右下『冊』部、『語』字右『五』、『口』部，『有正本』、『藝苑本』『五』部作『〤』，而『徐博本』作『五』；『口』部，造型一望而知，其非一物所出；『匹』字中本爲『儿』，『徐博本』爲『止』，把原石泐痕連進了筆畫；『優』字右上『目』則明顯寬大，右下『夂』也顯得平板，第二撇本低於捺，有險峻之勢，而『徐博本』則與捺平。『君察』之『君』字上部寬得出奇，簡直莫名其妙；『察』字之『宀』部也變了形，那麽怎麽理解『徐博明拓本』呢？我以爲『有正』、『藝苑』、『嘉道』、『近拓』數本的字形是一致的，而且，數本間盡管損泐程度不同，但精神鑁鑠，確屬漢隸風範，而『徐博本』却令人不滿。總不能説，明拓原來如此，此後被人剜洗得越來越精神吧？

二、粗看『徐博本』似比『有正本』、『藝苑本』等多出不少字或部分。然細一對比，却發現『左氏國語』『語』左『言』部、『廉孝相承』『相』右『目』部，『有正本』、『藝苑本』均有筆畫可見，而『徐博本』已泐盡（注：二字之泐盡，約在嘉道間）。『加』左『力』部嘉道間仍完好，至清末始泐半，近拓方泐盡。而『徐博本』也一片泐痕，全無筆畫痕可覓！這也不能推説是因爲『個别字畫或爲墨迹所湮或爲裱工剪奪』吧？

三、早期舊拓，按常理説，應該比晚拓本多存筆畫或字。此碑聞世約在乾隆間，前人著録也多在乾隆或之後。那麼，此前如有拓本，就應該比乾隆後拓存字或筆畫多，多那些筆畫，後人不應事先了解掌握的。前輩著録多是在乾隆拓本的基礎上排比記録的，『徐博本』如是明拓，存字多是必然，但多出之字恰恰是後人著録中引爲考據的幾個字中的一部分，不是全部，也不多出，這又是一疑。

鑒於以上疑點，經與『有正本』、『藝苑本』、『嘉道本』、『近拓本』排比分析，我推斷：『徐博本』是在清道光後近拓的基礎上補拓了僞刻的幾個考據文字，或是嵌臘補刻近拓本。理由有四：

一、作者論文説：『徐博本』『墨色淳厚古潤，精彩照人，迥非尋常者可及。』這一點并不難想像。其一，歷來作僞謀利者，手段高明、無所不用其極，做舊墨氣，並不是難於上青天之事；其二，一部不經常翻閲臨摹、而且保管良好的古舊拓本與一部經常翻開臨摹、接觸陽光空氣，加上保存手段、環境條件較差的一般拓本相比，有時舊拓反比後拓顯得簇新，這個現像是經常接觸碑拓的人們可以認同的，也因此提醒我們鑒定拓本不能光憑墨氣一項而輕下結論。

二、關於『於』、『雙』兩字間有無空格的問題。前輩專家著録説有僞磚刻本『雙』字上本無空格而空了一格；『孝』字與『匹』原來齊平而成了『孝』與『經』字齊平。這很清楚，這是某一種磚刻的現像。『徐博本』並非這一種僞磚刻，而是在原石近拓的基礎上補拓了幾個考據文字，自然與這一種僞磚刻不同了。

三、關於清道光間榆園主人一跋，以及題簽問題：如果説我以上的推斷可以成立的話，那麽此跋及題簽則一定是道光以後的作僞謀利者從其它地方移配而來的！何況跋中亦未認爲此拓出在乾隆前啊！也根本無助於、更不能成爲考其爲明拓的佐證。

四、至于張彦生、王壯弘、馬子雲先生曾見明拓本的記載，我以爲，他們三位可能是見到了明拓本，因爲我無緣親見，不能説三道四，我願意相信確有其事。但單憑着三位先生的文字記載，去考證『徐博本』，我以爲是容易出錯的。有前輩的經驗積累是好事，前輩的文字著録更是後人的有利條件，但有了這些文字記録似乎還應加上與同類實物互相排比印證，纔能取得比較理想的成果。

《書法叢刊》一九九九年第一期發表

近拓　嘉道　乾隆拓　清初拓　徐博“明”拓

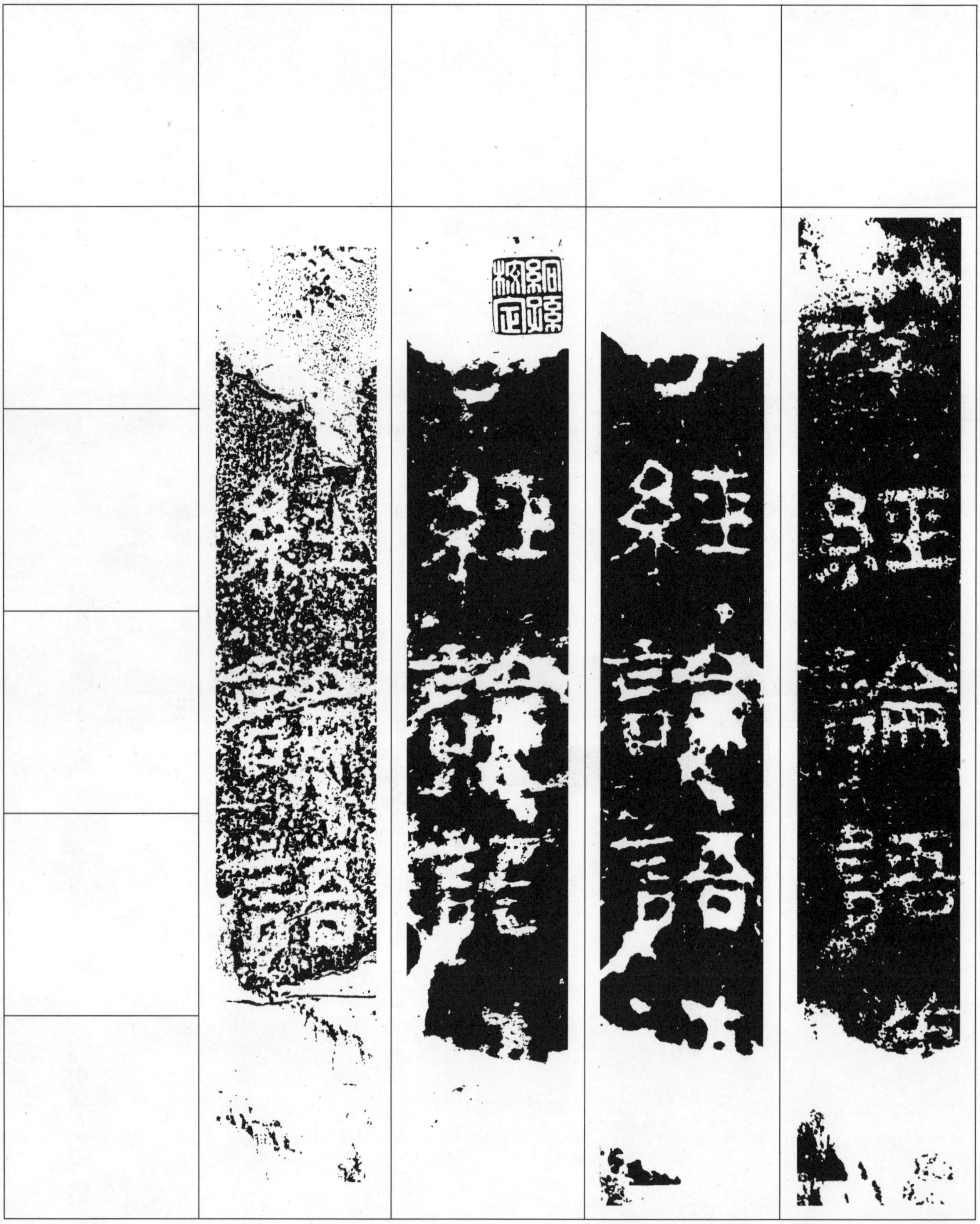

近拓	嘉道	乾隆拓	清初拓	徐博“明”拓

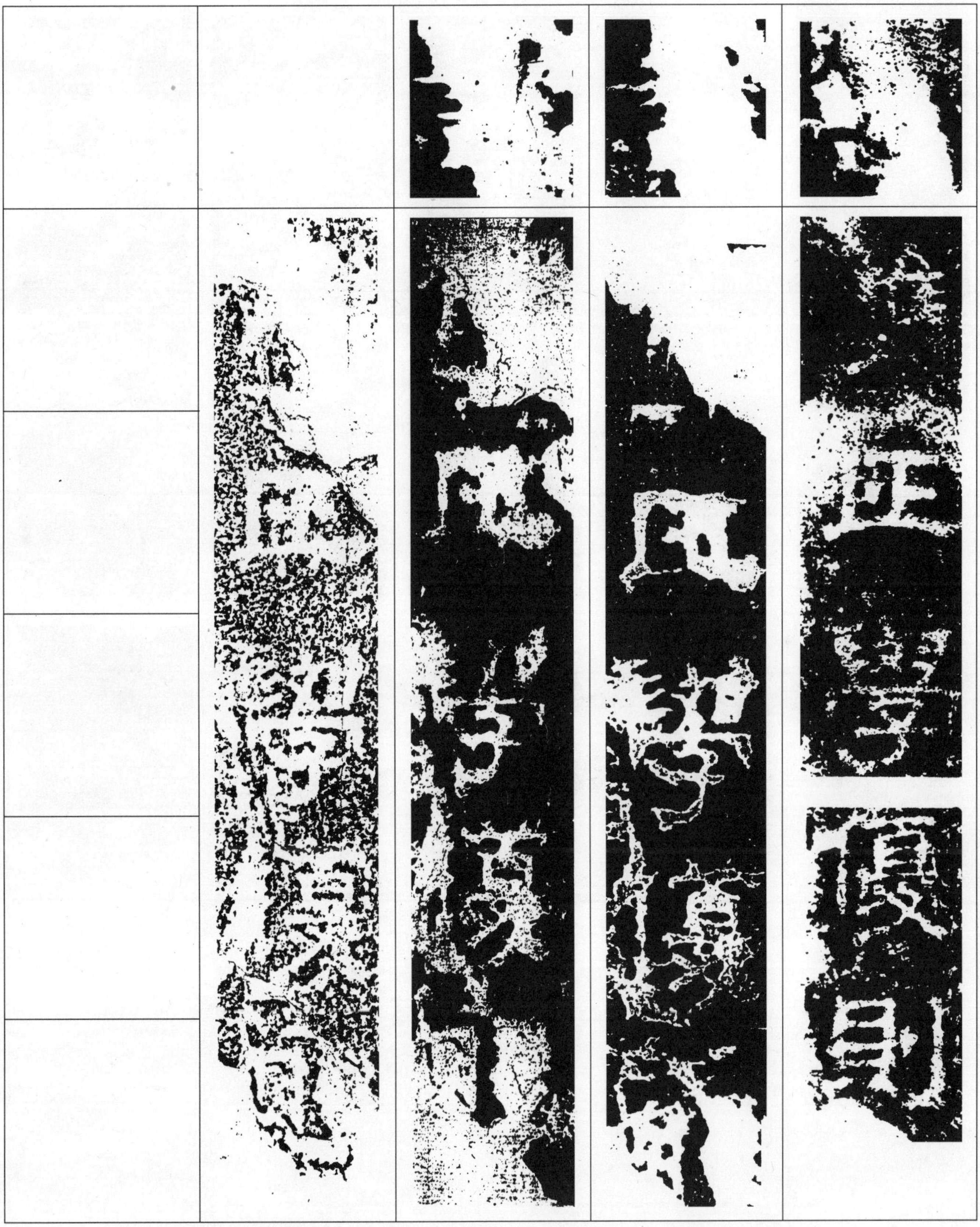

近拓	嘉道	乾隆拓	清初拓	徐博“明”拓
			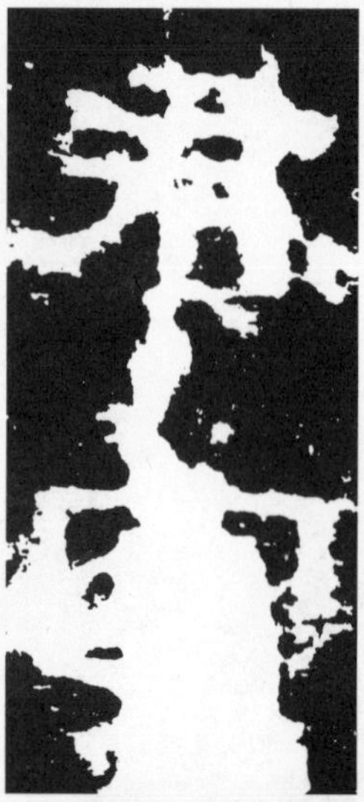	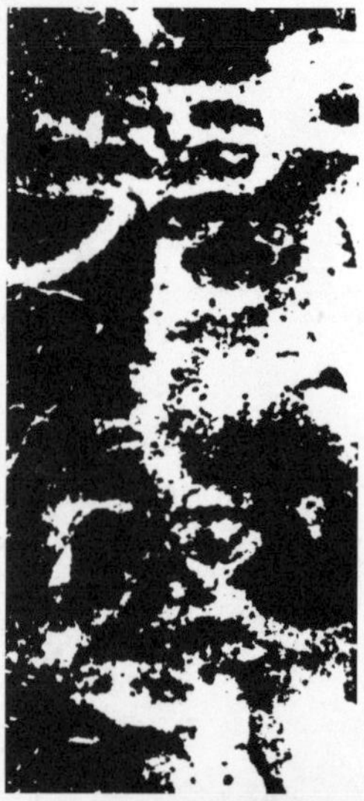
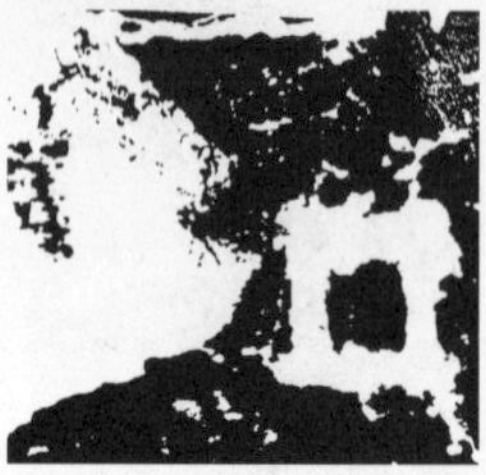	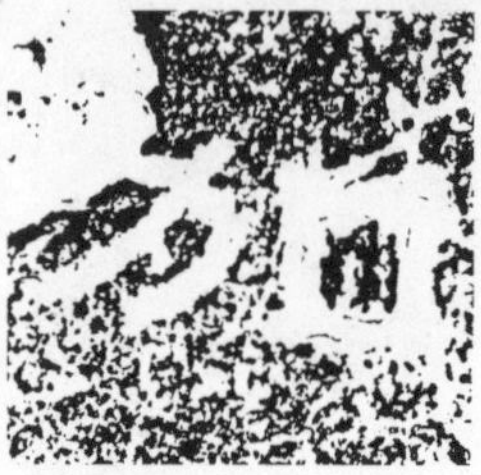	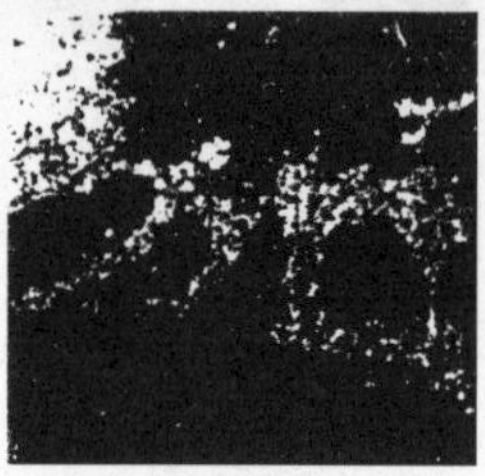	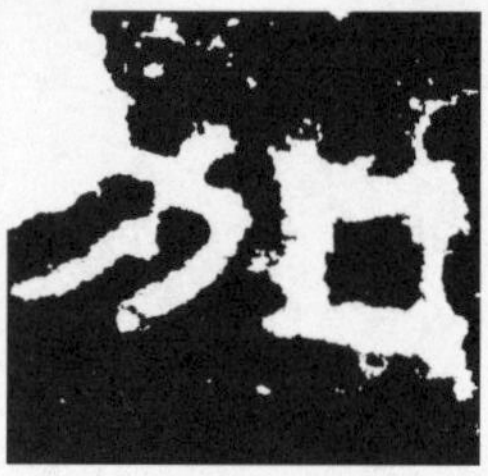	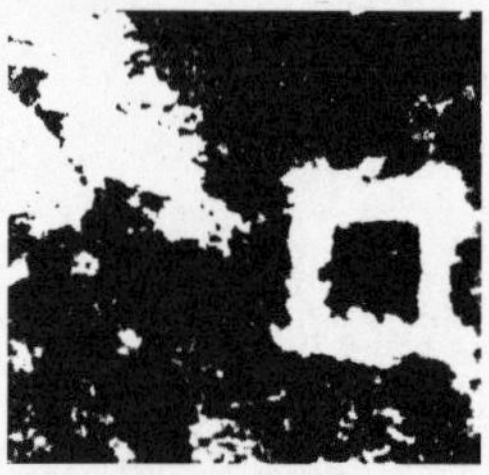
				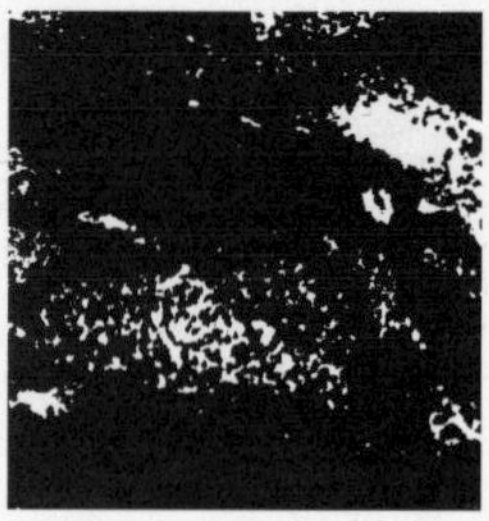

史晨春秋

《史晨碑》，碑陽刻《魯相史晨祀孔子奏銘》，俗稱《史晨前碑》；碑陰刻《魯相史晨飨孔子廟碑》，俗稱《史晨後碑》。東漢建寧二年（公元一六九年）立，今藏山東曲阜孔廟。隸書，《前碑》十七行，行三十六字；《後碑》十四行，行三十六字。清萬經《分隸偶成》：『（書法）修飭緊密，矩度森然』。楊守敬《平碑記》：『一種古厚之氣自不可及』。

《史晨碑》是歷來書法家和愛好者們認爲最規範和典型的漢隸碑刻，因此一直是人們重視和研究的對象，前人對此碑古拓的校訂，已經積累了不少經驗。其中比較集中一致的如『春秋』之『秋』字基本完整者，是明代拓本的標志，如果『春』字基本完整可見者，其椎拓年代則可上推到明初甚至宋、元。然而，長期以來，人們見到『秋』字清晰的明拓本倒不止一本，而未見有『春』字本傳世。

曾見舊時商務印書館影印本（也即日本二玄社影印本；二〇〇二年上海書畫出版社『中國碑帖經典』翻印版。傳云曾歸陳叔通，今藏北京故宫博物院。以下簡稱『商務二玄本』）中，『春』字赫然在目（圖一），這是否説明人間還有『春』字本呢？

所知目前較早的傳世明拓如上海書畫出版社《篆隸·中》（以下簡稱『書畫本』）和文物出版社一九七八年五月影印本（以下簡稱『文物本』），前者是明中期所拓，后者也是典型的明拓（文物出版社在出版説明中認爲是『明代初期所拓，甚至可能早到元代，是目前見到的最好的拓本』），把這兩個善本與『商務二玄本』作一比較，就能看出三本之間的關係以及『春』字的真實情況來。

我精選、剪取了三個版本中有關明拓本主要考據的六個字，集中并列於一處（圖一），從中可以看出，從『於』字『方』部下二筆、『民』字左下部石泐處、『王』字第二横右端、『穀』字右下『乂』部、『秋』字『火』部與上部石泐處的距離等處，可以考知：這三本的椎拓年代相差不遠，『書畫本』最早，『文物本』最精。『商務二玄本』椎拓晚於『書畫本』，與『文物本』相仿，别本『春』字均已泐盡，那麽，此本中的『春』字是怎麽回事呢？顯然，這個『春』是有問題的！可能是從其它地方移來的！

從其它漢碑拓本中搬移的可能不大，因爲書法風格、文字大小都難匹配。從本碑後期拓本中挖移也因存在墨氣的時代特徵不一而可能性不大，最有可能的，還是從本拓本的别處挖取。故而要細尋本拓本凡有『春』字處。圖二，是從『文物本』中剪取的四個春字，其中第一、三、四這三個『春』字均仍完整，挖取其中任何一個，嵌置於已有泐損的『穀』、『秋』之間，顯然是突兀不協調、不自然的。而第二個『春』字右上部與下部俱已剥泐，再與『商務二玄本』一對照，其字形、泐損程度竟完全相符。原來，『商務二玄本』『穀』、『秋』之間的『春』字就是從自身别行移來的！

圖三，『書畫本』中『道審可行乃□春□復演孝』，而『商務二玄本』中『道審可行乃復演孝』，

『乃』下、『復』前的『□春□』三個字的原拓不見了，被剪取别移了。被移走的那個『春』，就是圖二中第二個『春』。就是現存於『穀』、『秋』之間的那個已有泐損的『春』。請看圖一，這個『春』字被嵌置於此，他右上方的石泐痕與『穀』字右下方的石泐痕相銜接得幾乎天衣無縫，他下方的石泐痕與『秋』上方的石泐也配合得相當不錯，當時對這一『春』字動手術、移花接木的『黑老虎』是何等的挖空心思、費盡心機啊！

『商務二玄本』的『春』字是移植而來的，但此本仍不失爲明拓本！只是未見真有『春』字的明前拓本！

附：如果『書畫本』是明中期拓本，『商務二玄本』也是明拓本。那麽，『文物本』就不可能是明初甚或元代拓本。從本文圖二的比較中自可得出結論的。

一九九七年八月二十三日初稿

文物本　　商務二玄本　　書畫本

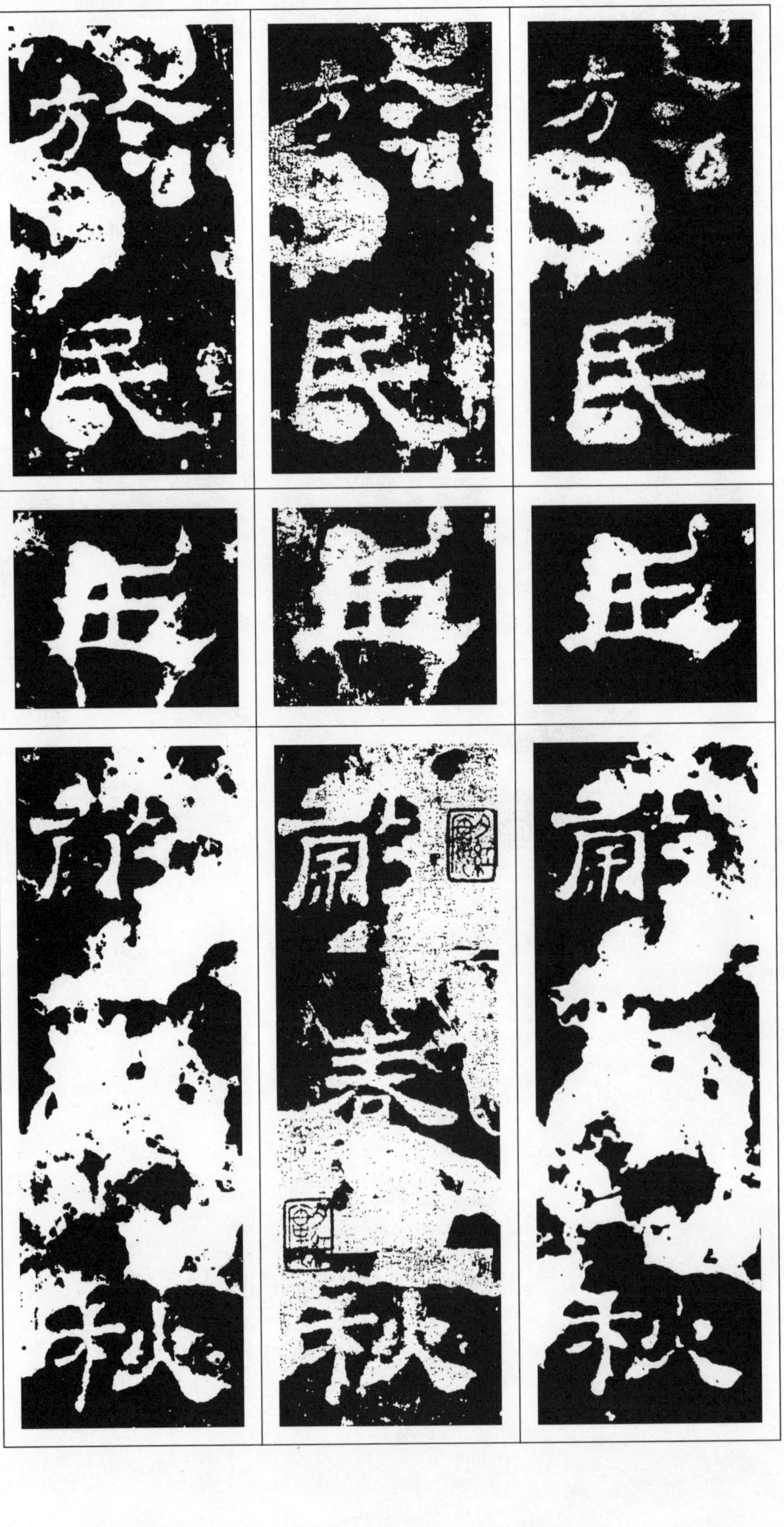

圖一

文物本

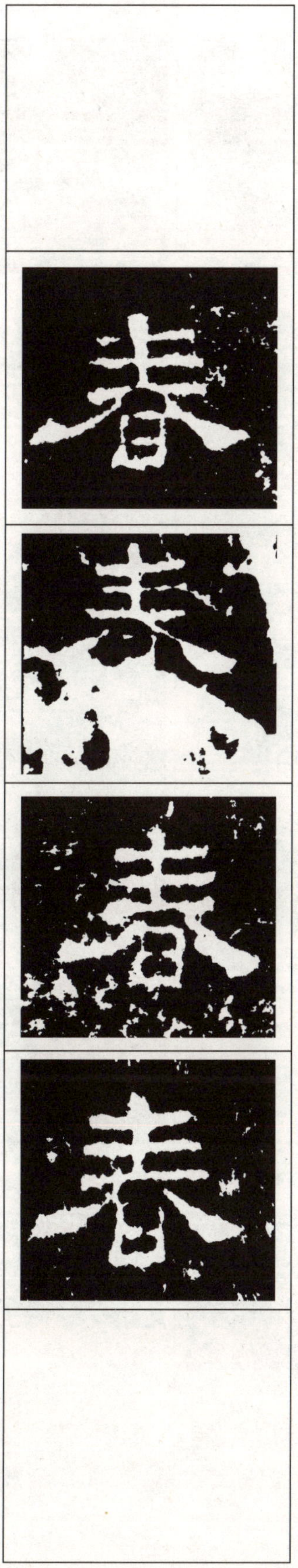

圖二

商務二玄本　　　　書畫本

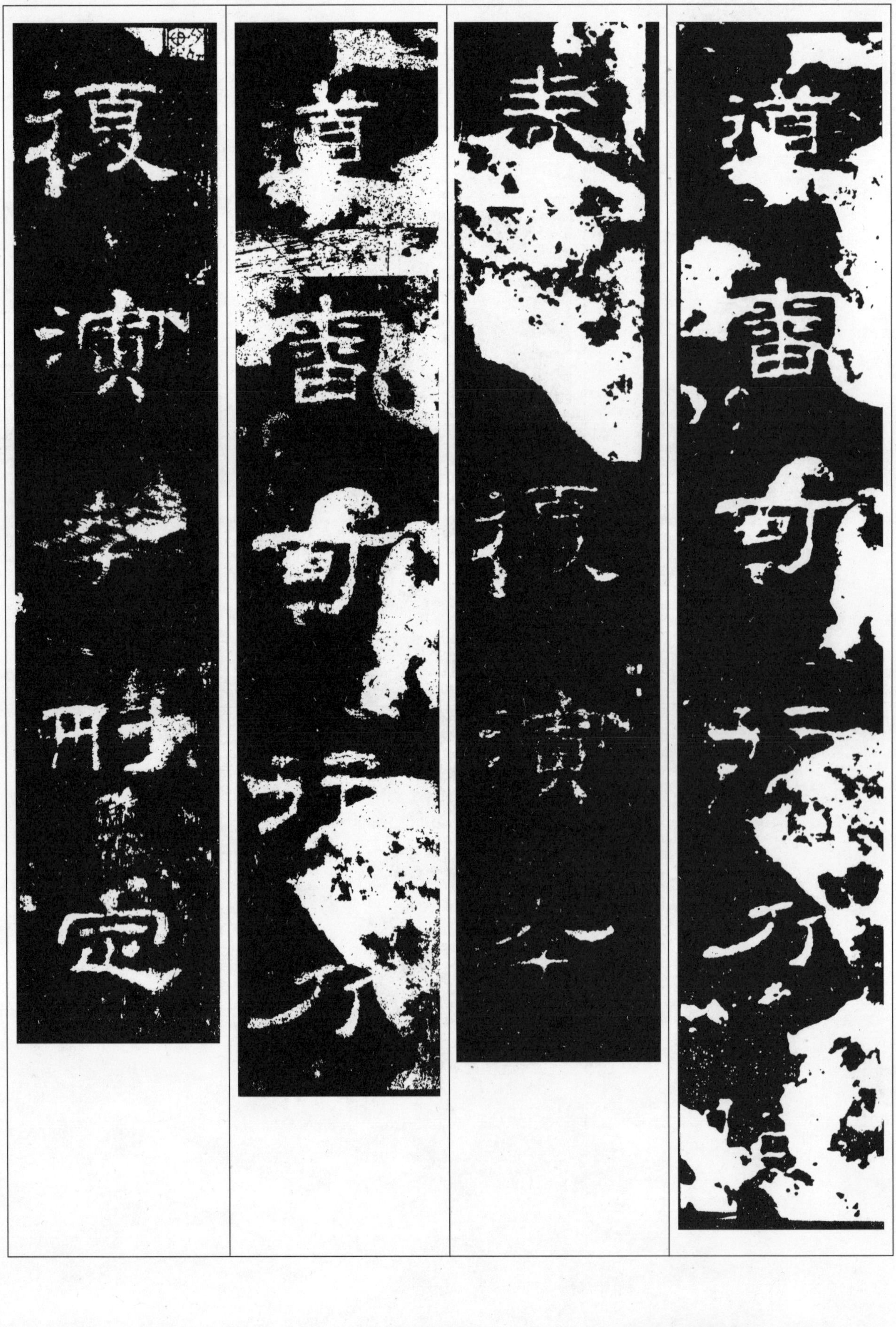

圖三

典型的『黑老虎』

——關於余紹宋考訂本《西狹頌》

民國廿四年（公元一九三五年）九月十五日起《東南日報·特種副刊·金石書畫·第三十六期》在余紹宋主編的主持下，用連載二十二期的篇幅，至民國廿六年（公元一九三七年）七月十五日止，以余紹宋先生的親筆跋記爲結尾，公開披露了《漢西狹頌》舊拓一本。余先生還明確考訂此本爲『宋拓孤本』。無論以余紹宋先生的聲望地位，還是發現並全部發表『宋拓孤本』、並在《金石書畫》專刊上連載二十餘期，其在書法界、學術界、文物界的影響一定是不小的，非但在當時，還因此白紙黑字流傳後世，其影響的廣度和深度也是不可低估的。

我們先來看發表在《金石書畫》專刊第三十六期上的『編輯餘談』（圖一）和第八十五期上余紹宋先生的親筆題跋（圖二）。

余先生以爲此碑石在清初以前被俗人剜鑿，書法上的精神面貌已嚴重失真，世上流傳的全部墨本均屬此類，而唯獨這一淮陰陳伯衡石墨樓藏本才是未經剜鑿走樣的宋拓孤本。

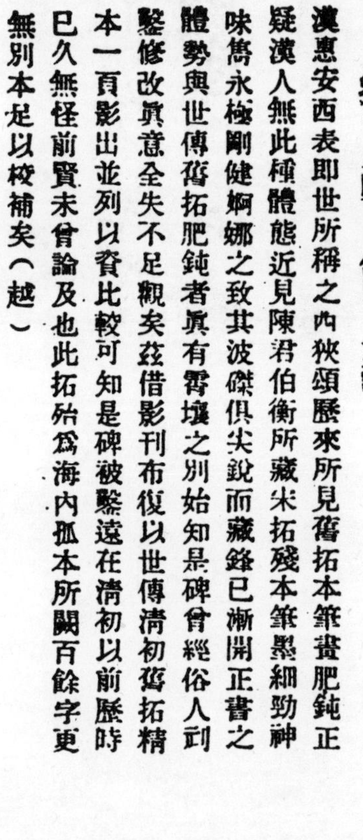

編輯餘談

漢惠安西表即世所稱之西狹頌歷來所見舊拓本筆畫肥鈍正疑漢人無此種體態近見陳君伯衡所藏宋拓殘本筆畫細勁神味雋永極剛健婀娜之致其波磔俱尖銳而藏鋒已漸開正書之體勢與世傳舊拓肥鈍者眞有霄壤之別始知是碑曾經俗人剜鑿修改眞意全失不足觀矣茲借影刊布復以世傳淸初舊拓精本一頁影出並列以資比較可知是碑被鑿遠在淸初以前歷時已久無怪前賢未曾論及也此拓殆爲海內孤本所闕百餘字更無別本足以校補矣（越）

圖一

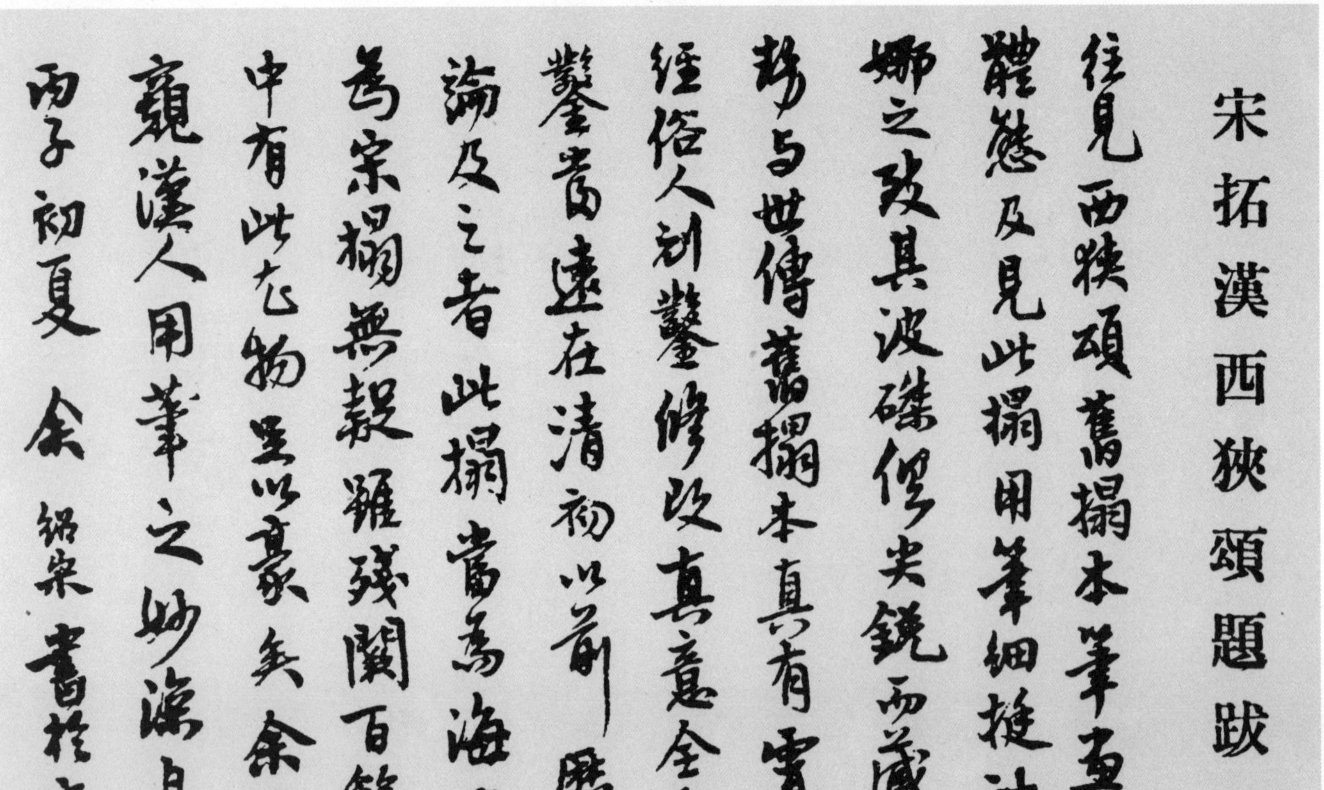
宋拓漢西狹頌題跋

淮陰陳氏石墨樓藏

往見西狹頌舊搨本筆畫肥鈍頗類漢人無此種體態及見此搨用筆細挺神味雋永極剛健婀娜之致其波磔俱尖銳而藏鋒已漸開正書之體勢與世傳舊搨本真有霄壤之別始知是碑曾經俗人剜鑿修改真意全失不足觀矣其被剜鑿當遠在清初以前歷時甚久故前賢無論及之者此搨當為海内孤本烟墨甚古必為宋搨無疑雖殘闕百餘字不足為病石墨樓中有此尤物足以豪矣余借臨十數過因得縱窺漢人用筆之妙源自欣幸遂題其後

丙子初夏 余紹宋書於寒柯堂

圖二

那麽這一『宋拓孤本』究竟怎樣？是否如余先生所説呢？可能是我不自量，竟在前輩權威面前要發些議論。我以爲余先生的考訂有誤，『余本』是清初以後的翻刻本（圖三）。

用『余本』與清初拓本（圖四）相比，其顯示的原石石紋大不一樣。《西狹頌》刻於建寧四年（公元一七一年），至清初，相距一千四百多年，露天的摩崖石刻，經自然風化，剥泐損壞在所難免，出現衆多的自然的石花是在情理之中。而『余本』的底色却十分光滑平整。即使『余本』拓於宋朝，自漢至宋歷時也有八百年，八百年後的摩崖刻石竟光滑平整如此！有些地方的紋理倒十分酷似木紋（圖五）！使人覺得像是在刻字之後再行打磨，使字及殘損處有朦朧感。是爲可疑之一也。

『余本』筆道也有殘損，然而其殘損却往往是在光潔的底紋中突然出現的，殘損痕迹邊緣輪廓分明，如圖三『陽』字『阝』部下半圈、『君』字首橫等，而這二字在清初拓本（圖四）中，殘損亦然，但殘損處周圍的石花就給人以出於自然之感。圖六所示『中道』兩字，尤其是『中』字殘損處的石花，極不自然，似是人爲鑿出的，一點一塊，與清初拓本相比，真僞立判。

據説，『余本』缺佚了百餘字。那麽，所缺之字自然是見不到踪迹的，一可能是椎拓前已損佚；一可能是裝裱時剪去了完全無物可看之部分；也可能是裝裱之後脱落散失。這些都是可以理解的。可是『余本』在近末尾處却出現了令人費解的現像，本應是『建寧四年』之『建寧』兩字的位置却是墨色匀稱的

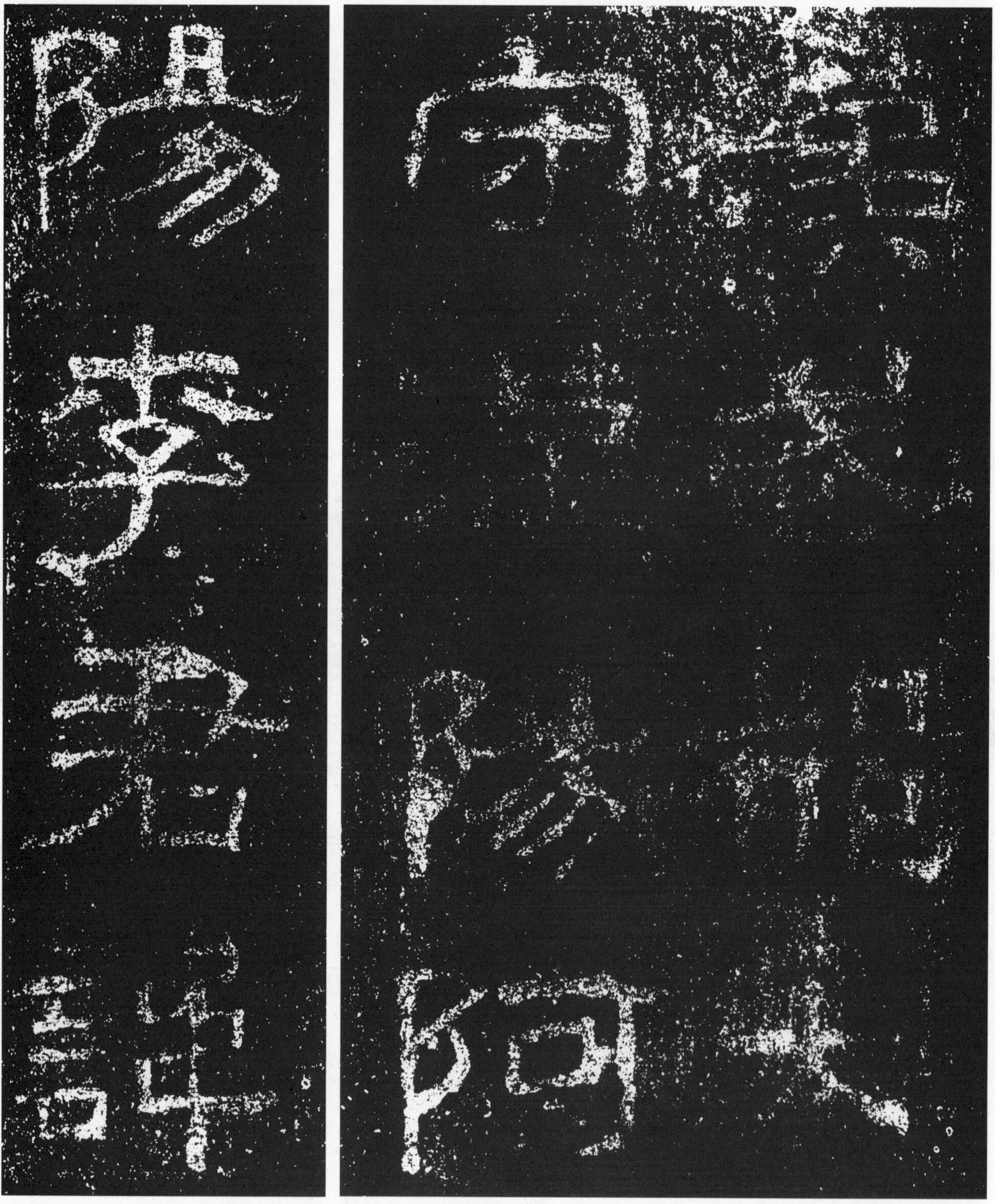

圖三

圖 四

圖五

清初拓本

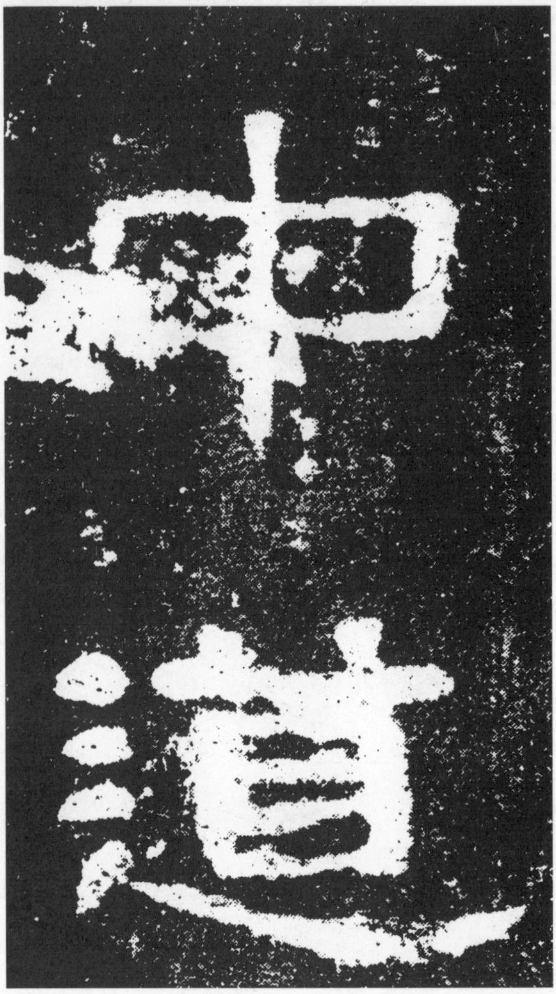

余本

圖六

清初拓本　　　　余本

圖七

一大黑塊（圖七），而且與下面『四年』兩字是完全相連的，無剪割拚接痕迹。那麽，怎麽理解這漏刻的『建寧』二字呢？首先，是否是原石無『建寧』兩字，是清初以前經人刓鑿時加刻的？我以爲不可能！因爲，北宋曾鞏《南豐集》中已經有明確著録，並爲這個年月日有過專題的議論，説明北宋以前這個年號是存在的。其次，從清初拓本看，『建寧』二字雖有泐損，但其書法風格完全與通篇文字的書風一致，絶無後加的可能。第三，入清以後，『建寧』二字成了考證墨本椎拓年代的重要依據之一，無論書家、藏家、書畫碑帖商賈均十分注意這二字的變化情況，但在碑帖考據學興起之前，也就是説在清初之前，是不太可能有人在此二字上動手脚做文章的，而只有在清初以後，人們才對這二字予以嚴密的關注。因此，此二字的漏刻，使『黑老虎』露出了尾巴！

還有，『余本』中凡筆畫有泐損的，其泐損情況基本與清初拓本相同。清初拓本中未發現比『余本』更嚴重的風化剥泐現像。如果説『余本』是宋拓，自宋至清的四五百或五六百年間，怎么只風化無筆畫的底紋，而筆畫却未繼續泐損呢？

總上所述，『余本』是清初以後的翻刻本。在肯定這一結論的前提下，前述的一些問題就迎刃而解了。翻刻於木、石，其底版自然平整細滑。是翻刻，其筆畫泐損處就是人爲仿製的，其周邊的石花就無法自然如真。至於『建寧』二字的漏刻，我以爲可能是碑估知此二字是考據之一，二字到清初時已有泐損，故出於鄭重而暫缺，其後也可能出現了甚麽情況，竟忘記或顧不上補刻，就出手貿利了，『黑老虎』終於張開了血盆大口！試想，若以今日市場行情，一部宋拓孤本，可能價值數十萬甚至百萬元計，而這份翻本如以『宋拓』身份出現在市場中，它將大口吞噬的何止於成堆的金錢？它或許在光緒時已騙過了莫家，也騙過了民國時的陳家，直至余紹宋先生，經余先生在《金石書畫》上的大力宣傳，倘若今後再次出現，更不知將危害人們到何種程度！

前輩名家因爲歷史條件所限，有些方面的見識並不一定比現代人精深，這麽説並非貶低名賢，這是客觀事實。問題在近時有不少書畫愛好者在書畫收藏熱中，爲使書畫的鑒定得到『幫手』或『保人』，出現了只要有名家題跋者，身價可以數倍於無題跋或經公開發表者。有時甚至出現了好拓本無題跋反不如有題跋或經公開發表的差拓本，這種捨本求末、買櫝還珠的事例，着實使人吃驚，但願本文對廣大讀者有些提示作用。

一九九七年元月十九日稿

『東里潤色』張遷碑

漢《張遷碑》，中平三年（公元一八六年）立於山東。明代出土，後移置東平州學，今藏山東省泰安岱廟。通高二九二、寬一〇七、厚二〇厘米。篆額『漢故穀城長蕩陰令張君表頌』。隸書十五行、行四十二字。碑陰三列，上二列十九行，下列三行。書法運筆方整樸拙，斬釘截鐵，而結字錯綜，頗多變化。額字古質，富有裝飾性。是漢碑代表作之一。

據前人的經驗，此碑『東里潤色』等字的受損情況，是椎拓於何時代的重要標志，如『東里潤色』不損是明拓本等。因此歷代學者、書家、碑估等均對此四字給予十分關注，只是受時代局限，未能如現代人的眼福，能從衆多的印刷品中大開眼界。古人只能尋覓原拓本，而古拓難遇！於是就有做了手脚的、甚至僞本應世。凡有興趣於《張遷碑》的，誰不想在無意之中能發現、覓得一部『東里潤色』不損之明拓本呢。

那麼，首先應搞清何謂這四個字的『不損』？是否真的一絲不損呢？很遺憾，事實並非如此，據目前所知，傳世最佳的、最早的、爲世人公認的明拓本，文物出版社已公開出版。其中有關『東里潤色』四字的選頁如圖一。原來，所謂不損，只是基本不損，其實『東』『潤』兩字已明顯泐損了。這既然是所知傳世最佳本，那麼其它一切有關的問題就以此爲基礎或出發點了。

『東里潤色』四字泐損於明末清初，舊時藝苑真賞社和日本浸浸堂之印本就是那個時期的拓本，謹愼地説這是清初的拓本（見圖二）。『東』字已損大半；『里』字已完全不可見了；『潤』字左上一半已損；『色』字上部也已受小損。按理説能够得到這樣的原拓本已是很不容易了，因爲他畢竟是清初的古物呀！然而，藏家猶嫌非一流尤物，而碑估猶嫌憑此還未能獲得更豐厚的利潤。於是，充舊、做舊的事就層出不窮了。

一九八二年二月，長春古籍書店影印出版的一部《張遷碑》（見圖三），底本也是清初舊拓本，而其中『東里潤色』四字，就是在石泐露白處用填墨的辦法做出的。這與本文圖一所示稍作對比，就不怕不識貨了。可以看出，填墨者未見過、或無明拓作範本，是完全憑想像填墨的，所以所填『東』、『里』、『潤』三字顯得幼稚可笑，原來的精神面貌，已絲毫無存了。這還不够，作假者還在其它碑字的四周，填去了許多石泐痕，此舉大約也是爲了顯示其拓得早，殊不知自然産生的石花，一經填墨，其剩下未填者就顯得不自然，就好像人爲鑿出的一般，一點一點均匀分布，這是行家一見即識的。可見作假者不識，他不怕讓千百人識破，只要有一人上當被騙足矣！

上述作假，還是在清初的底本上稍做動作而已，只不過是爲了使這一古拓提高一個檔次，受騙者買王得羊不失所望，得到的畢竟還是清初拓本，然而世有更甚者，即完全做假的僞作。

舊時碑估據所有舊拓，私下翻刻求利者甚多。即使現今有些古碑集中的名勝之地，翻刻新拓，欺蒙初學者之事也屢有所聞。

圖四所示，是一九二四年初版。一九二七年第五次印刷的一個印本選頁。藏版者是古越琴石山房，出

版發行者是上海會文新記書局。其帖名竟印着『初拓漢張遷碑』。真不知是出版商不懂還是有意騙人！翻刻本與原拓本放在一處對比，相信稍有書法、文物常識者均能一目瞭然的，但在舊時一般人的見識受到極大限制的情況下，這樣公開發行五版的翻刻本，真不知欺騙瞭多少書法愛好者，使人臨摹多年，甚至一生，到頭來還不知學的竟是假貨僞品，害人非淺。試想如果這樣的僞品墨拓本，萬一真有人信以爲真，甚而信以爲明拓，購者經濟上，精神上所受的損失和『墨老虎』躲在暗地捧腹大笑的對比，確實是令人心寒的。因而揭之如上。

一九九七年八月二十四日初稿

文物版　明拓本

圖一

日本浸浸堂本　藝苑真賞社本　明末清初拓

圖二

右白虎，系軸頭取兩邊飾。《詩》：和鈴央央，傳鈴在旗上。《爾雅》：有鈴曰旗騎者，在車後旗下。故曰鈴下也。曰：門下小史，門下如：門亭長門功曹；書佐小史，如干小史二百三十七人。主簿如主簿録下事，均見《百官志》。雖刻工少率，是東漢物也，余歸里，訪吾鄉著録諸漢刻不得，僅得無年月殘石三，今於淄得此，亦足慰矣。十一月十日壬辰記。（朵雲軒藏初拓、朱拓《君車畫像》上，近人趙時棡書録之全文）。

陳介祺，清嘉慶十八年（一八一三）生，道光二十五年（一八四五、三十三歲）進士，咸豐初加侍讀學士銜。咸豐四年（一八五四、四十一歲）乞假歸里。酷嗜金石文字，與阮元、吴式芬、李仕賢等好古之士交往三十年，晚而彌篤，與吴雲、潘伯寅、吴大澂、王懿榮等名家交往尤密。鑒藏古印、金器、石刻，秦漢磚瓦極爲豐富，顏其齋曰：簠齋、十鐘山房、萬印樓、君子磚館、匋廬、三代古陶軒、千化範室、古瓦量齋、秦詔量瓦之齋、秦鐵權齋。又自號：君車漢石亭長、齊東陶父、古陶主人等。

簠齋在收得《君車畫像》後，在一年多的時間内（陳氏於甲申一八八四年卒），用上等銀硃，重色精拓（墨拓稀見）若干，並在拓紙邊鈐蓋一套專用鑒藏印。陳氏殁後，此石應該有一段時間還保存在子孫家族手中。不知何時始從陳家散出，僅知約於光緒末爲祝姓古玩商購至北京轉手易主。又知於宣統元年（一九〇九）經上海售出，流向法蘭西，今藏法國巴黎博物館。

自一八八四年至一九〇九年原石出國，在此期間之原石真拓，不再蓋有簠齋專用鑒藏印。因舊時子孫不到萬不得已，一般不敢冒用先人之名義，外人假冒則真假易辨。

君車畫像校勘記

東漢《君車畫像》，或稱『門下小史畫像』，蓋因畫像左上方有『君車』、右上方有『門下小史』簽題而得名。

根據原石原拓整幅知原石約高九十厘米，横近一百三十厘米，畫像分二層，存人物八個、車一乘、馬七匹。各段圖像上方有簽題五處，刻『君車』、『鈴下』、『門下小史』、『門下書佐』、『主簿』等字，隸書。有典型的東漢書法風氣。原石背面刻有大龍虎圖像（只是傳世品多不拓）。無論書畫還是鐫刻均精當、精彩照人，是傳世漢畫像之傑出代表。

公元一八八二年（清光緒十年，壬午）冬，畫像出土於山東臨淄，旋爲濰縣金石藏家陳介祺（時年七十）收得。陳氏如獲至寶，運回濰坊，築亭呵護，自號『君車漢石亭長』，並專刻藏印，撰《臨淄東漢畫像石記》：

光緒壬午（一八八二）冬，臨淄人掘土得漢石，上鋭如屋，鋭處方缺似容棟者，下列畫像二層，如武祠而大；上層之右一車張蓋，内坐二人；其右爲御，執佩控一馬，車前有掩軋，蓋前馬上隸書題君車二字，後一騎馬者題鈴下二字，又一題門下小史；下層之右似樹似芝，後亦一騎馬者題門下書佐，又一未刻字；後一樹又題主簿二字，像缺，極車馳馬驟之勢。余獲而考之，蓋州刺史太守之像，其曰君、使君也。曰鈴下，《東京賦·疏》：谷飛鈴。《文選·薛注》：飛鈴以緹油，廣八尺，長挂地。左青龍，此石真拓傳世極少，故向爲行家所重，偶爾覓得如獲重寶，因而不惜重金徵購，引得碑估作僞貿利，翻刻之石出焉。由於博雅好古之士往往在偶然獲見之際，一無資料參考，二則心熱焦躁，故極容易以假爲真，甚至在上當受騙後仍蒙在鼓裏。歷來『黑老虎』是最難識破的。

前人曾校勘過此石拓片，記録了第二層第二馬後蹄處原石斷而翻刻不斷，如圖一，可是我以爲還有可以補充的。

一、在書畫範圍内，書法的作僞是最難逼真的。從圖三的比較中，可見原石字迹雖也有泐損處，但綫條筆法仍現出古質勁利的風格，翻刻本字形雖接近但軟弱肥鈍，甚而如『門下書佐』之『書佐』兩字、『鈐』字等牽强附會，一望而知出于倣作。

二、從原畫角度出發。如圖四，上層中馬騎者的胸部、臂部到背後，有絲織物在風中飄動，原刻綫條纖細柔韌，非高手刻必不能佳。而翻刻之石此部分實在看不見是風中的織物，倒十分酷似騎者托着一把掃帚，所刻綫條與原石相比有天壤之别。

三、原刻除文字圖像外，空白處有竪條形斷斷續續的底紋，而翻刻拓片則一片空白，這肯定是翻刻者之嚴重疏漏。

四、據我所見上海朵雲軒和北京大學圖書館所藏原石真拓，有個共同的現像，在畫像的兩邊鈐有陳介祺的六枚鑒藏印。而且所鈐打的位置也基本一致。右邊鈐：朱文『癸未簠齋七十一』、白文『古之田間大夫』、白文『君車漢石亭長』、朱文『半生林下田間』四印；左邊鈐：白文『簠齋藏石』、白文『齊東陶父』兩印，如圖五。（注：北京大學圖書館藏拓另有一印『壬午』。説明，壬午收得此石，而陳氏親自主持椎拓的主要時間在癸未。甲申，陳氏卒）。據此可知，鈐有上述六方真藏印之朵雲軒、北京大學圖書館藏精拓本，均此石之初拓本。當然，我在拙撰《陳介祺與曹望禧造像》一文中，已經指出，傳世碑拓中，有不少仿刻的簠齋藏印，同樣應該認真辨析。

如我所搜集的資料和所作的補充校勘是正確的話，那麽近年來在市場上出現的拓本之真僞和所拓時間就不言而喻了。

一九九九年五月三十日於昆明旅舍

《書法》總一四七期發表

翻刻本　　原石原刻

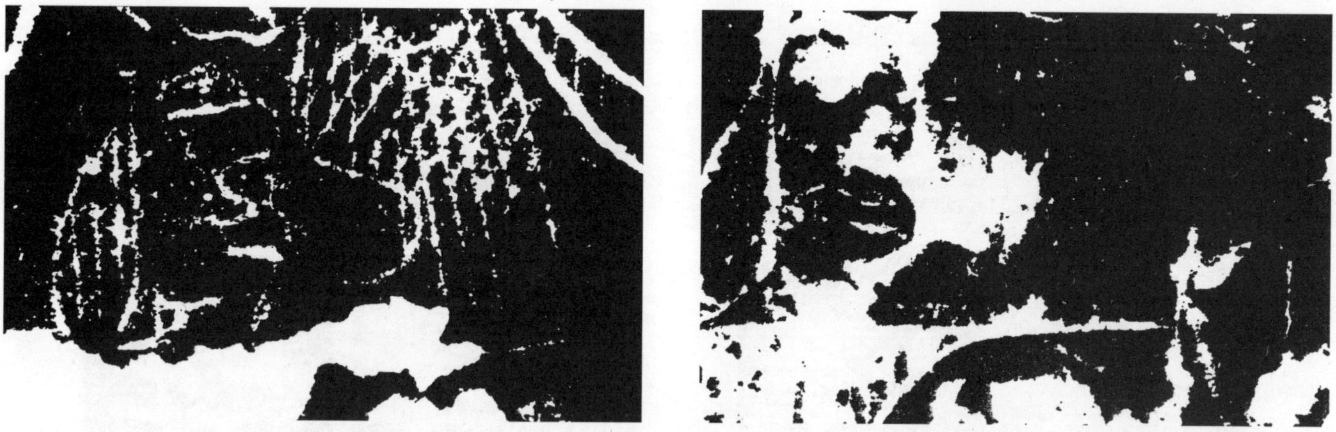

圖　一

原石原刻

翻刻本

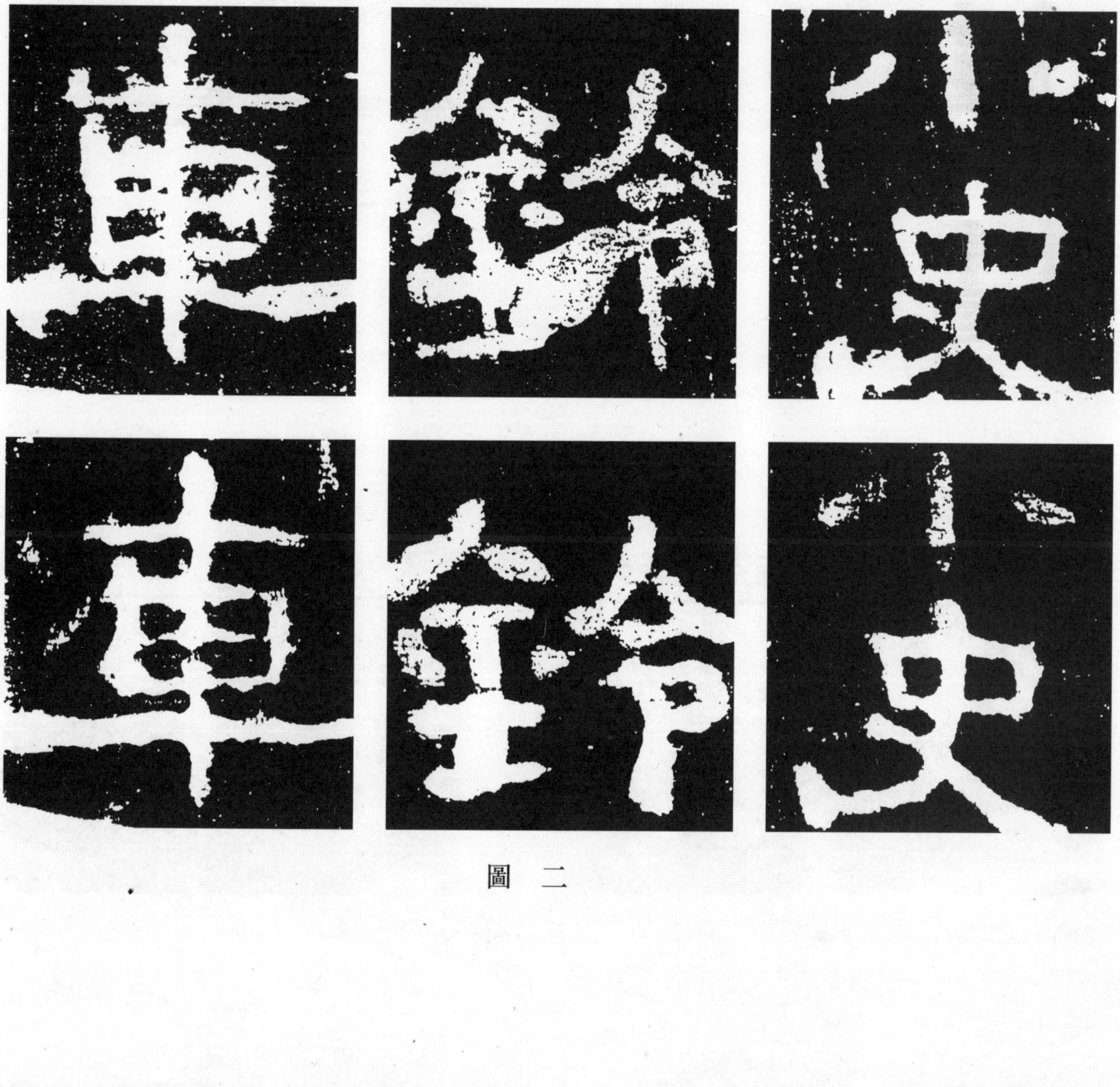

圖　二

翻刻本

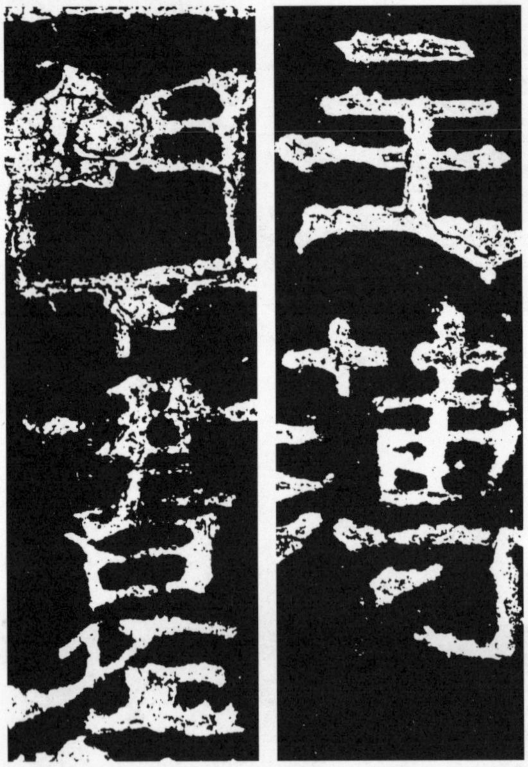

原石原刻

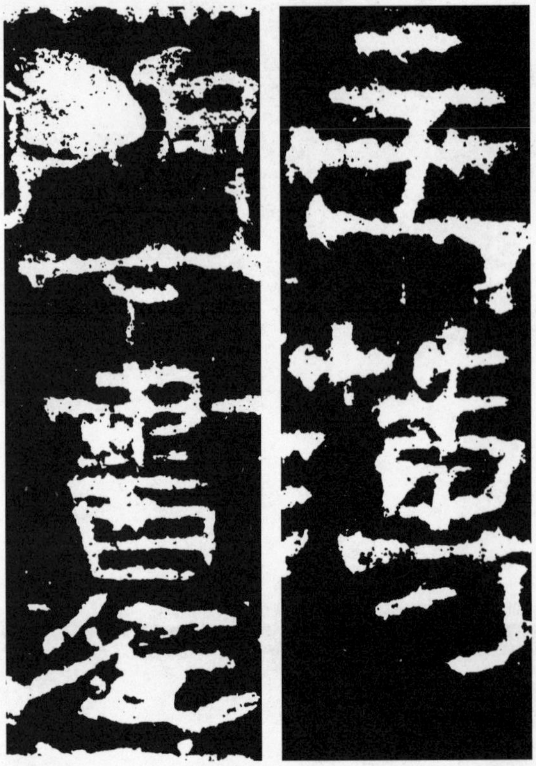

圖　三

翻刻本

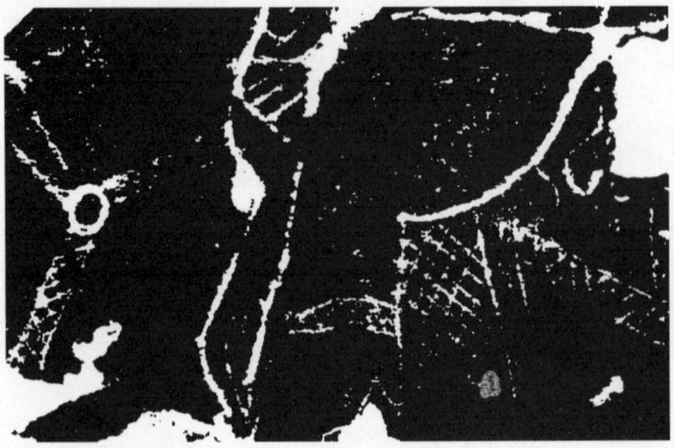

原石原刻

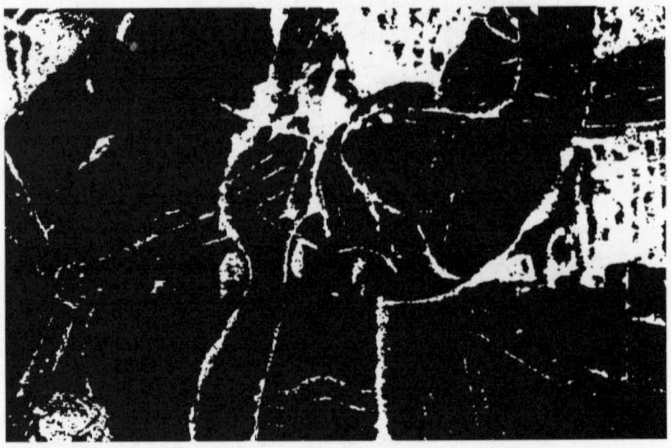

圖　四